KB273858

반도체 밸류체인 투자

반도체 밸류체인 투자

밸류체인을 알고 나면 앞으로 오를 종목이 보인다!

손정우 지음

국일 증권경제연구소

넓은 바다에서 우리는 무엇을 믿고 항해하는가

처음 투자를 시작할 때의 마음은 망망대해에 첫발을 내딛는 것과 닮아 있습니다. 어떤 날은 바다가 잔잔합니다. 파도는 낮고 바람은 순해서, 돛만 올리면 배는 알아서 앞으로 나아갑니다. 그러다 어느 순간 하늘이 흐려지고, 바람은 방향을 바꾸고, 파도는 높아집니다. 그제야 우리는 깨닫습니다. '나는 바다를 이해한 게 아니라, 운이 좋았을 뿐이구나.'

반도체는 지금 이 시대의 바다 한가운데에 있습니다. AI 시대를 반도체 없이 설명할 수는 없습니다. 특히 메모리 반도체가 AI 산업의 성능과 효율을 좌우하는 지금, 한국의 투자자들은 어쩌면 순풍을 타고 멀리 와 있는지도 모르겠습니다. 그런데 정작 이 거대한 산업을 제대로 이해한 뒤 투자하는 사람은 생각보다 많지 않습니다.

반도체는 세계에서 가장 거대한 공동 작업입니다. 한 장의 칩은 하나의 회사가 혼자 만들 수 없습니다. 설계와 공정이 있고, 장비와 소재가 있고, 패키징과 테스트가 있고 그리고 시스템이 있습니다. 그래서 반도체는 "누가 제일 잘하느냐"의 산업이라기보다 "누가 얼마나 잘 연결되어 있느냐"의 산업에 더 가깝습니다. 저는 그 연결을 밸류체인이라고 부릅니다.

영화 속 한 장면을 떠올려 봅니다. 어둠 속에서 주인공이 길을 잃습니다. 손전등은 약하고, 소리는 불안하고, 무엇보다 방향을 알 수 없습니다. 그런데 어느 순간, 멀리서 희미한 불빛 하나가 보입니다. 그 불빛을 보는 순간 사람들은 달리기 시작합니다. 문제는 그 불빛이 '등대'인지, '가로등'인지 혹은 '누군가의 불장난'인지 알 수 없다는 데 있습니다. 시장에서도 우리는 종종 그런 불빛을 쫓습니다. 그리고 불빛이 꺼질 때마다 다시 불안해집니다.

투자자에게 밸류체인은 소문보다 정직한 나침반입니다. 시장이 흔들릴 때 붙잡아야 하는 것은 '유명한 이름'이 아니라, 병목이 어디에서 생기고 어디에서 풀리는지를 보여 주는 나침반입니다. 그 나침반을 손에 쥐고 있으면, 파도가 커져도 방향은 사라지지 않습니다.

이 책이 기존의 반도체 책들과 다른 점이 있다면, 반도체를 '8대 공정'으로 촘촘히 나열하는 방식으로만 쓰지 않았다는 데 있습니다. 공정을 깊게 파고들 수도 있지만 많은 독자에게 장벽이 되고, 투자 관점에서는 때로 너무 작은 숲에 머물게 합니다. 반도체는 기술이지만, 투자에서 중요한 것은 기술 그 자체가 아니라 '기술이 어디로 흐르는가'입니다. 그래서 저는 공정을 설명하되 투자에 유효한 수준에서 멈추고, 그 다음 이야기를 더 길게 하려 했습니다. 기술이 산업을 어떻게 바꾸고, 그 변화가 밸류체인의 어디에 돈을 모으는지를 중심에 두었습니다.

기업을 하나하나 세세하게 소개하는 방식도 일부러 피해 갔습니다. 기업은 살아 있는 생물과도 같습니다. 같은 회사도 몇 년 사이 완전히 다른 회사가 되곤 합니다. 어떤 해에는 설비 투자를 늘리고, 어떤 해에는 구조 조정을 하고, 어떤 해에는 전략을 바꿉니다. 그 변화가 주가로 반영됩니다. 주가는 단순히 '기업 설명서'로 읽히지 않습니다. 주가는 매 순간 다음 문장을 써 내려가는 생물에 더 가깝습니다.

그래서 저는 기업을 박제하고 싶지 않았습니다. 대신 기술, 병목, 공급망, 고객, 시장을 설명함으로써 독자가 스스로 기업을 평가하게끔 하고 싶었습니다. 어떤 뉴스가 와도 흔들리지 않게, 어떤 유행이 와도 휩쓸리지 않게, 상황이 바뀌어도 다시 길을 찾을 수 있도록 나침반처럼 말이죠. 이 책이 진짜로 전하고 싶은 것은 '정답'이 아니라, 그 정답을 찾는 방법입니다.

그 방법의 핵심은 '글로벌'입니다. 국내만 보면 놓치는 신호가 너무 많습니다. 반도체는 국경을 넘어 움직이고, 병목도 국경을 넘어 생깁니다. 신호가 어디에서 먼저 나타나는지, 그 신호가 어디로 향하는지에 따라 주가의 흐름은 달라집니다. 국내만 바라보면 우리는 중요한 변화를 늘 '결과'로만 보게 됩니다. 주가가 오른 뒤에야 이유를 찾는 것은 너무 늦습니다. 투자는 먼저 변화의 방향을 상상하고, 마음의 발걸음을 미리 옮기는 일이어야 합니다. 그래서 저는 '글로벌 밸류체인'이라는 관점을 이 책의 중심에 놓았습니다.

또 하나, 이 책에서 제가 욕심 낸 것은 '확장'입니다. 저는 반도체만 설명하다가 멈추고 싶지 않았습니다. 이제 반도체는 단독 산업이 아니라 거의 모든 산업의 기초가 되었기 때문입니다. 우리는 앞으로도 수많은 단어를 만나게 될 겁니다. 피지컬 AI, 로봇, 자율주행, 우주, 양자 등. 어떤 투자자에게는 그 단어들이 멀고 어렵게 느껴질지 모릅니다. 저는 그 거리감을 조금이라도 줄이고 싶었습니다. 책의 후반부에서 반도체를 중심으로 피지컬 AI와 우주, 양자를 연결한 데는 이런 이유가 있습니다. 반도체를 축으로 바라보면, 새로운 영역도 기존 기술과 새로운 기술이 연결되는 흐름으로 보이기 시작합니다. 그리고 기업들이 왜 그런 선택을 하고, 어떤 준비를 하는지도 조금은 더 선명해집니다.

사람도 기업도 어떤 때는 '실력'보다 '환경'이 운명을 바꿉니다. 실력 있는 사람이 좋은 무대에 서지 못해 빛을 못 보기도 하고, 평범해 보이던 사람이 시대의 흐름을 타고 기회를 잡기도 합니다. 그런데 그 환경을 만드는 것은 대부분 '연결'입니다. 좋은 사람을 만나고, 좋은 시스템을 만나고, 좋은 타이밍과 구조를 만나는 것. 결국 인생도 밸류체인입니다.

저는 반도체 전공자도, 현장에서 일하는 엔지니어도 아닙니다. 오히려 그 점이 이 책의 출발점이었습니다. 저는 어떤 분야든 모르는 사람의 자리에서 시작하는 불안이 어떤 것인지 알고 있습니다. 그래서 살아남기 위해 더 치열하게 공부했고 더 많이 기록했습니다. 그 시간을 지나오며 제가 믿게 된 것은 단 하나였습니다. 시간을 들인 공부는 결국 사람을 배신하지 않는다는 것. 저는 제가 쌓아 온 '시간의 농도'를 믿습니다.

이 책은 그 치열한 기록을 한 권에 담으려는 마음에서 시작되었습니다. 바다 위에서 흔들릴 때마다, 누군가에게 작은 나침반이 되기를 바랍니다. 소문이 아니라 구조를, 유행이 아니라 흐름을, 불빛이 아니라 등대를 붙잡을 수 있도록.

이 책이 나오기까지 제 삶의 밸류체인이 되어 주신 수많은 분께 깊이 감사드립니다.

손정우 드림

 ────────────────────────────────────

이제 누구와도 쉽게 연결될 수 있는, 그래서 누군가의 생각이 바로 나의 결정에 도움을 주는 AI 세상에 들어섰다. AI의 주인공은 반도체다. 기술과 기업 그리고 미래의 위협까지 반도체 산업의 구석구석을 담은 책이다. 주가는 이익의 그림자이고, 이익은 사업의 그림자일 뿐이다. 그림자만 쫓다 보면 실체를 놓치게 된다. 저자는 반도체 사업 그 자체에 집중해, 우리를 지름길로 안내해 준다. 미래로 향하는 시선을 갖고자 하는 이들에게 이 책은 매우 유용하다. 지금을 살아가는 투자자들을 위한 책이다.

_윤지호(전 LS증권 전무)

투자에서 가장 어려운 일은 수많은 정보 속에서 핵심을 가려내고, 그 핵심을 매크로의 큰 흐름과 연결해 올바른 판단을 하는 것이다. 저자는 AI 변화의 중심에 있는 반도체를 단기 뉴스에 그치지 않고 산업 구조와 밸류체인으로 연결해 해석한다. 그동안 일관된 기준으로 산업을 분석해 온 저자가 반도체 투자자들에게 꼭 필요한 책을 내놓아서 반갑다. 이 책은 스스로 좋은 기업을 찾고 투자하고 싶어 하는 독자들에게 길잡이가 될 것이다. 반도체를 통해 AI라는 거대한 파도를 이해하고 싶은 투자자라면 반드시 곁에 두고 읽어야 할 책이다.

_오건영(신한은행 프리미어 패스파인더 단장)

이 책은 IT 산업의 이해와 실전 투자라는 두 마리 토끼를 모두 잡을 수 있게 해 준다. 저자는 반도체에 대한 풍부한 지식과 실전 투자를 병행하고 있기 때문이다. 저자야말로 반도체 장인이라고 칭할 만하다. 그의 문장은 기술을 '설명'하는 데서 멈추지 않고, 숫자와 밸류체인 그리고 시장의 사이클을 '판단'으로 연결해 독자의 투자 감각을 한 단계 끌어올린다. 읽고 나면 IT 산업이 왜 움직이는지 그리고 무엇을 사야 하는지에 더해 '언제·왜' 움직여야 하는지가 선명해진다.

_선진짱(전업투자자)

반도체 산업은 기술의 진보와 공급망의 실행력이 함께 맞물려야 앞으로 나아갈 수 있는 분야다. AI 시대가 열리며 산업의 기대치는 높아졌고, 동시에 현장에서는 더 높은 신뢰성과 더 정교한 운영이 요구되고 있다. 이 책은 기술 변화가 산업 전반에 미치는 파급을 한쪽으로 치우치지 않게 정리해, 냉정한 판단을 돕는다. 반도체는 사이클이 존재하지만, 결국 경쟁력은 준비된 시간만큼의 결과로 돌아온다. 이제 한국의 메모리 반도체는 AI 시대의 핵심으로 부상했다. 이 책에서 설명하는 글로벌 반도체 밸류체인에 대한 이해가 더욱 필요한 시점이다.

_노종원(전 SK하이닉스 사장)

이 책의 강점은 '넓음'과 '연결'에 있다. 저자는 반도체 전반을 깊게 이해하는 데서 멈추지 않고, 그 주변의 연결 기술까지 폭넓게 바라본다. 그리고 흩어진 정보를 밸류체인이라는 지도 위에 올려, 독자가 산업을 '점'이 아닌 '흐름'으로 이해하도록 이끈다. 투자라는 어려운 작업은 결국 본인이 책임져야 하지만, 올바른 안내자가 있으면 시행착오를 크게 줄일 수 있다. AI 시대의 중심에 반도체가 있는 지금, 이 책은 반도체 투자에 첫발을 내딛는 사람은 물론이고 기존 투자자에게도 탁월한 나침반이 되어 줄 것이다.

_선호정(국립군산대 신소재공학과 교수, 『친절한 반도체』 저자)

PART 02
반도체 기초와 밸류체인 이해하기

PART 03
AI 혁명과
반도체 지형 변화

SEMICONDUCTOR VALUE CHAIN

PART 01

왜
반도체인가?

Chapter 01

타임머신을 타고
과거로 갈 수 있다면

재벌집 막내아들이 된다면

간혹 과거로 돌아간다면 '어떤 주식에 투자해서 부자가 될까?'라는 즐거운 상상을 해 보곤 합니다. 저 역시 2022년에 방영한 드라마인 〈재벌집 막내아들〉을 보며 그런 상상에 깊이 빠져들었습니다. 드라마 속 주인공은 억울한 죽음을 당한 뒤 1987년 재벌가의 막내 손자 '진도준'으로 회귀합니다. 살면서 마치 결과를 아는 것처럼 어른스럽게 행동하는 사람을 보고 '인생 2회차' 아니냐고들 하는데, 드라마에서 주인공이 실제로 인생 2회차를 살아가게 됩니다. 그것도 기억을 온전히 보존한 채, 달리 말하면 미래를 전부 아는 상태로 말이죠. 그리고 그 지식을 이용해 최단 기간에 부를 극대화합니다. 제가 가장 놀랐던 첫 번째 장면입니다.

드라마 속 주인공은 1987년 할아버지가 소원을 물어볼 때 첫 번째 승부수로, 분당 땅을 선물로 달라고 합니다. 미성년자는 계좌를 만들어도 직접 주식 투자를 할 수가 없었기에, 그 시대에 합법적인 틀 안에서 초등학생이 할 수 있는 최고의 종잣돈을 만드는 선택을 한 것이죠. 그 결과, 1996년 스무 살이 됐을 때 그는 이미 엄청난 시드머니를 손에 쥐게 됩니다. 여기서 우리가 봐야 할 포인트는 투자에서 초기 시드머니를 어떻게 만드느냐가 결정적으로 중요하다는 점입니다.

두 번째 승부수는 더 놀랍습니다. 1996년 3월, 원/달러 환율은 780원 안팎이었습니다. 1995년 중순에는 760원대까지 떨어졌으니, 역사적으로 원화가 가장 강한 시기 중 하나였죠. 주인공은 이 시기에 240억 원 전 재산을 달러로 바꿉니다. 1년 9개월 뒤, 1997년 말 IMF 외환위기가 터지고 환율은 1,700원대로 치솟습니다. 단순히 환율만 놓고 계산해도 원화 기준 자산 가치는 두 배 이상이 되어 버립니다. 여기에 영화 〈타이타닉〉 제작 투자로 몇 배를 벌고, 아마존 비상장 주식으로 10배 가까운 수익을 냅니다. 환율과 글로벌 자산 여기에 위기의 타이밍, 이 세 가지가 겹치면서 주인공의 자산은 단기간에 조 단위로 불어납니다.

우리는 여기에 주목해야 합니다. 과거로 돌아간다고 해서 누구나 '압도적인 부자'가 될 수는 없습니다. 단순히 한두 종목의 대박 타이밍을 아는 것만으로는 부족합니다. 드라마 속 주인공처럼 환율, 문화, 글로벌 기업의 성장 등 투자의 기회들을 순서대로 꿰고 있어야만 거대한 부를 쌓을 수 있습니다.

우리는 흔히 '과거로 가면 엔비디아나 비트코인을 사놓고 잊어버려야지'라고 단순하게 생각합니다. 하지만 현실은 냉정합니다. 준비되지 않은 사람에게 과거 여행은 그저 스쳐 지나가는 풍경일 뿐입니다. 드라마이기 때문에 과거의 경제적인 상황들을 딱딱 맞혔지만, 일반인이 그러기에는 현실적으로 어렵습니다. 주인공이 되돌아간 1987년부터 현재까지 타임라인에 맞춰 투자를 할 수 있는 가장 대표적인 산업이 반도체입니다. 만약 제가 과거로 돌아간다면 반도체를 공부한 지식을 바탕으로 1987년에는 전성기를 구가하던 일본 반도체 기업에, 1990년대에는 인텔과 같은 미국 반도체 기업과 닷컴 주식에 투자했을 것 같습니다. 즉 시대마다 돈이 흐르는 물길을 정확히 아는 것이 핵심입니다.

그러나 안타깝게도 우리에게 타임머신은 없습니다. 그렇다면 우리는 부자가 될 기회를 영영 놓친 것일까요? 아닙니다. 과거로 돌아갈 수는 없지만, 과거를 복기함으로써 내일을 준비할 수는 있습니다. 경제 흐름을 읽는 힘, 산업 구조를 이해하는 힘 그리고 큰 그림을 그리는 습관이 필요합니다. 스쳐 지나가는 기회를 알아채고 잡을 준비가 되어 있느냐가 중요합니다. 준비되지 않은 사람에게 버블은 항상 공포겠지만, 준비된 사람에게 버블은 일생일대의 기회가 됩니다.

'수많은 위기 속에서 기회가 올 때까지 살아남는 힘' 그리고 '내 앞에 온 기회를 알아보고 낚아채는 힘'. 이 두 가지가 있어야 진짜 부자가 될 수 있습니다. 살아남는 체력이 없으면 큰 기회가 오기 전에 계좌가 먼저 무너질 것이고, 기회를 알아보는 안목이 없으면 온 세상이 떠들어대는 기회조차 눈앞에서 놓치고 말 것입니다. 그렇다면 그 안목을 어디서 길러야 할까요? 여기서부터 이 책의 진짜 이야기가 시작됩니다. 반도체 투자는 우리가 가질 수 있는 유일하고도 가장 현실적인 '타임머신'입니다.

지난 50년의 역사를 되돌아보면, 반도체 산업은 인류의 삶을 바꾼 결정적인 순간마다 그 중심에 있었습니다. 메인프레임에서 PC로 넘어가던 시기, PC에서 인터넷과 모바일 시대로 넘어가던 시기, 스마트폰에서 클라우드, 데이터센터 시대로 넘어가던 시기 그리고 지금의 AI 혁명기까지. 기술의 변곡점마다 주도주는 바뀌었고, 그 시대 최고의 반도체 주식은 어김없이 엄청난 부를 안겨 주었습니다. 준비되지 않은 사람에게 기술 버블은 공포였지만, 흐름을 읽는 사람에게는 계층 이동의 사다리였습니다.

과거로 돌아갈 수는 없지만, 그때 어떤 일이 벌어졌는지, 무슨 중요한 신호가 있었는지, 어떤 기업이 어떻게 주도주가 됐는지를 공부하는 일은 지금도 할 수 있습니다. 이 책에서 제가 여러분께 드리려는 선물은 단 하나입니다. 반도체라는 산업을 통해 미래를 미리 볼 수 있는 안목을 기르는 것입니다. 드라마 〈재벌집 막내아들〉의 진짜 교훈은 '과거로 돌아가야만 부자가 될 수 있다'가 아닙니다. 지금 이 순간에도 누군가는 '타임머신 같은 기회'가 될 선택을 하고 있다는 사실을 깨닫는 것입니다.

자, 이제 타임머신을 타고 반도체의 역사 속으로 그리고 다가올 미래의 밸류체인 속으로 함께 들어가 보시죠.

반도체는 시대마다 주도주였다

우리가 기억하는 주식시장 역사의 순서는 이렇습니다. 1990년대는 인터넷과 닷컴, 2000년대는 중국과 원자재, 2010년대는 스마트폰과 플랫폼 그리고 2020년대는 전기차와 AI. 겉으로 보이는 간판은 늘 화려하게 바뀌었지만, 깊이 들여다보면 언제나 그 밑바닥에는 '반도체'가 단단히 깔려 있었다는 사실을 발견하게 됩니다. 플랫폼이 무엇이든, 서비스가 어떻게 바뀌었든, 결국 정보를 저장하고 계산하고 주고받는 건 모두 반도체의 몫이었기 때문입니다.

주식시장에서 '주도주leading stock'란 단순히 주가가 많이 오른 종목을 뜻하지 않습니다. 그 시대를 관통하는, 삶의 방식을 바꾸고 전 산업을 이끌어 가는 대장 격인 주식을 말합니다. 지난 40년 동안 이 왕좌의 주인은 항상 반도체 기업들이었습니다.

시간을 거슬러 올라가 보겠습니다. 타임머신을 타고 각 시대로 이동한다고 가정해 봅시다. 겉으로 드러난 주인공 뒤에 숨겨져 있던 '진짜 부의 원천'이 어떻게 이어져 왔는지 추적해 보겠습니다.

1970~80년대:
컴퓨터라는 단어가 반도체를 부른 시대

한국에서는 '전자'라는 단어조차 낯설었지만, 미국과 일본에서는 이미 컴퓨터가 군대와 기업을 중심으로 존재감을 키우고 있었습니다. 당시의 지상 과제는 '컴퓨터를 더 작게, 더 싸게, 더 빠르게 만들자'는 것이었습니다.

이 불가능해 보였던 목표를 현실로 만든 것이 바로 집적회로IC와 마이크로프로세서였습니다. 반도체가 없었다면 컴퓨터는 여전히 방 하나를 가득 채우는 거대한 계산기로 남았을 것입니다. 이 시기 시장의 주인공은 인텔Intel, 텍사스 인스트루먼트TI, 일본의 NEC, 도시바 같은 기업이었습니다.

당시만 해도 컴퓨터는 특정 연구소에서나 쓰는 물건이라 생각했지만, 미래를 내다본 투자자들은 언젠가 모든 책상 위에 컴퓨터가 놓일 것이라 믿고 인텔과 TI에 베팅했습니다. 그리고 1980년대에 IBM PC와 애플 매킨토시가 등장하며 그 믿음은 현실이 됐습니다. 컴퓨터가 팔릴 때마다 그 안에 들어가는 고가의 칩들은 기업들에게 막대한 이익을 안겨 주었습니다. 즉 컴퓨터가 주도주였던 시대의 안쪽에는 이미 반도체가 진짜 주도주로 숨 쉬고 있었던 것입니다.

1990년대:
인터넷과 PC 그리고 '윈텔'의 시대

1990년대의 키워드는 'PC와 인터넷'입니다. 혹시 그 시절 컴퓨터 본체에 붙어 있던 파란색 스티커를 기억하십니까? 바로 'Intel Inside' 로고입니다. 당시에는 컴퓨터를 살 때 다른 부품은 몰라도 CPU가 펜티엄인지 여부는 반드시 확인했습니다. 이 시기는 마이크로소프트의 윈도우Windows와 인텔이 손을 잡고 전 세계를 지배하던, 이른바 '윈텔Wintel 제국'의 시대였습니다. 사무실의 모든 책상 위에 PC가 놓이고, 가정마다 인터넷이 연결되기 시작했습니다. 이 거대한 인프라를 구동하는 핵심 두뇌인 CPU를 독점하다시피 했던 인텔은 당시 그야말로 '절대 반지'를 낀 제왕과도 같았습니다. 이때 인텔에 투자했다는 것은, 단순히 반도체 회사가 아니라 정보화 혁명 그 자체에 투자한 것과 같았습니다.

만약 우리가 1990년대로 돌아간다면 대부분 닷컴 버블의 상징인 인터넷 서비스 기업에 눈독을 들였을 것입니다. 그러나 거품이 꺼진 뒤에도 살아남아 돈을 번 기업은, PC 보급률 상승에 따라 CPU와 메모리를 팔았던 반도체 기업들이었습니다.

2000년대:
휴대폰과 중국 그리고 '모바일 반도체'의 부상

2000년대에 들어서면서 세상은 두 가지 키워드로 변합니다. 바로 '중국'과 '휴대전화'입니다. 중국이 세계의 공장에서 시장으로 성장했고, 피처폰에서 스마트폰으로 넘어가는 모바일 혁명이 시작됐습니다. 2007년, 스티브 잡스가 아이폰을 세상에 내놓으면서 모든 것이 바뀌었습니다. 사람들은 이제 책상 앞에 앉아 인터넷을 하는 것이 아니라, 길거리를 걸으며 손바닥 위에서 세상을 검색하기 시작했습니다.

표면적으로는 중국 소비주, 조선, 철강 같은 산업재가 시장을 주도

한 것처럼 보입니다. 하지만 반도체 투자자의 눈으로 보면 이 시기 역시 '모바일 반도체의 시대'였습니다. 휴대전화 한 대가 팔릴 때마다 통신을 연결하는 모뎀 칩(퀄컴), 전력을 관리하는 PMIC, 화면을 제어하는 구동 칩 등 수많은 반도체가 필요했습니다. 이때 중요한 비즈니스 모델의 변화가 일어납니다. 공장 없이 설계만 하는 '팹리스fabless' 기업과 이들의 칩을 대신 만들어 주는 '파운드리foundry'의 등장입니다.

2010년대:
스마트폰, 클라우드 그리고 메모리 슈퍼 사이클

아이폰이 촉발한 스마트폰 혁명은 전 세계 70억 인구를 24시간 연결시켰습니다. 우리가 쓰는 애플리케이션과 사진들은 스마트폰을 넘어 거대한 '클라우드 데이터센터'에 저장되기 시작했습니다.

스마트폰이 급속도로 보급되면서 중대한 변화가 일어나는데, PC 시대의 제왕이었던 인텔이 힘을 쓰지 못하게 된 것입니다. PC는 전원 코드를 꽂고 쓰니 전력을 많이 먹어도 성능만 좋으면 그만이었으나 배터리로 돌아가는 스마트폰은 달랐습니다. 전기를 덜 먹으면서도 효율적인 칩이 필요했죠. 이 틈을 파고든 것이 바로 퀄컴Qualcomm과 같은 기업입니다. 그리고 스마트폰이 폭발적으로 늘어나면서 손톱만 한 칩 안에 데이터를 저장할 공간이 엄청나게 필요해졌는데, 이 수혜를 고스란히 입은 곳이 바로 메모리 반도체 강자 삼성전자와 SK하이닉스입니다. 이 모든 칩을 위탁받아 생산해 주는 대만 TSMC의 독주가 시작된 것도 바로 이 시기입니다. 즉 PC에서 스마트폰으로 우리의 손에 들린 기계가 바뀌자, 주식시장의 왕좌도 인텔에서 모바일 반도체 기업들로 넘어갔습니다.

이 시기는 스마트폰의 두뇌인 모바일 AP(애플, 퀄컴)와 클라우드 데이터센터를 채우는 메모리 반도체(삼성전자, SK하이닉스)의 전성기였습니다. 특히 데이터센터 수요가 폭발하며 찾아온 '메모리 슈퍼 사이클'은 한국 반도체 기업들을 세상의 중심으로 이끌었습니다.

엔비디아가 게이머용 그래픽카드 회사에서 AI 연산의 표준으로 주목받기 시작한 것도 이 무렵입니다. 겉으로는 메타, 구글, 아마존 같은 플랫폼 기업이 세상을 지배하는 것처럼 보였지만, 그들의 거대한 데이터센터를 돌아가게 만든 건 결국 반도체였습니다.

2020년대:
AI 그리고 다시 돌아온 '가장 순수한 반도체 주도주'

2020년대, 우리는 아주 흥미로운 장면을 목격하고 있습니다. 플랫폼이나 서비스 회사가 아닌, 반도체 회사 하나가 전 세계 시장을 압도하는 시대가 도래했습니다. 바로 엔비디아입니다.

ChatGPT로 시작된 생성형 AI 붐은 AI 데이터센터라는 거대한 인프라 투자를 불러왔습니다. 이제는 단순한 계산이 아니라, AI를 학습시키고 추론하는 능력이 국가 경쟁력이 됐습니다. 이 과정에서 GPU, HBM고대역폭 메모리, 첨단 패키징 등 반도체 밸류체인 전체가 시장의 중심에 섰습니다. AI 반도체의 대표주자인 엔비디아와 함께 최근에는 메모리 반도체 기업들이 시장의 중심이 되었습니다.

역사는 반복됩니다. 반도체는 시대마다 다른 옷(PC, 스마트폰, AI)을 입고 등장했을 뿐, 항상 그 시대의 가장 강력한 주도주였습니다. 문제는 '우리가 그 사실을 미리 알아보느냐'에 있습니다. 과거의 반도체 주도주들이 어떤 흐름에서 탄생했는지 이해한다면, 지금 우리 눈앞에서 벌어지는 변화 속에서 다음 주도주가 어디서 튀어나올지 추적할 수 있습니다.

이제 기술의 판이 새로 만들어질 때 주도주가 왜 필연적으로 바뀔 수밖에 없는지 조금 더 깊이 살펴보겠습니다.

기술의 전환점에서
주도주가 바뀐다

앞서 우리는 시대마다 간판은 달라도 그 뒤에는 늘 반도체가 있었다는 사실을 확인했습니다. 그런데 여기서 한 가지 의문이 생깁니다. 어떤 회사는 새로운 시대가 열리자마자 무섭게 치고 올라가는데, 어떤 회사는 왜 전 세계가 다 아는 1등이었음에도 불구하고 서서히 잊히는 걸까

New S 커브와 Old S 커브의 교차

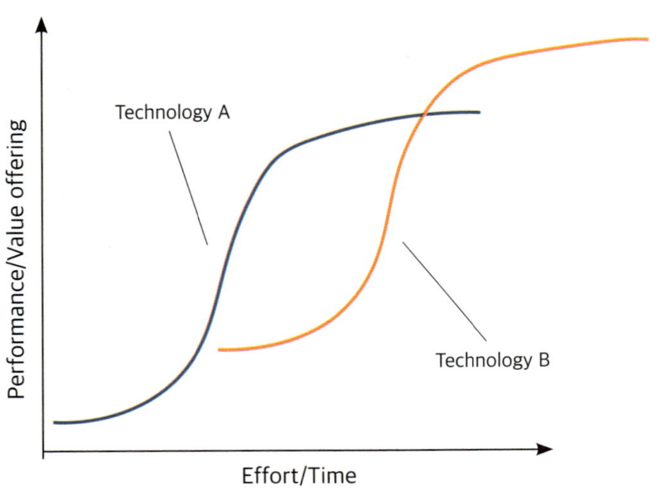

요? PC 시대의 제왕이었던 인텔은 왜 모바일 시대에 힘을 쓰지 못했을까요? 피처폰의 절대 강자 노키아는 왜 스마트폰 시대에 몰락했을까요?

그 답은 '기술의 전환점'에 있습니다. 투자자로서 우리가 반드시 기억해야 할 한 문장이 있다면 바로 이것입니다. '기술의 S 커브가 바뀔 때 주도주도 바뀐다.'

S 커브의 법칙:
낡은 파도가 부서질 때 새로운 파도가 온다

모든 기술에는 수명이 있습니다. 기술의 발전 과정을 그래프로 그려 보면 알파벳 'S' 자 모양을 그립니다. 그래서 이를 'S 커브'라고 부릅니다.

처음 도입기에는 기술은 낯설고 비싸기도 해서 성장 속도가 느립니다. 그러다 어느 임계점을 넘어서면 성능과 보급 속도가 폭발적으로 늘어나는 성장기가 옵니다. 하지만 영원히 성장하는 기술은 없죠. 보급이 웬만큼 되고 기술적 한계에 부딪히면 성장은 둔화되고 정체되는 성숙기가 찾아오기 마련입니다. 이때 중요한 건, 한 기술의 S 커브가 끝나 갈 때쯤 언제나 새로운 S 커브가 옆에서 올라오기 시작한다는 점입니다.

투자의 기회, 즉 '대박'은 어디서 터질까요? 바로 기존 기술(Old S 커브)이 성숙기에 접어들어 둔화될 때, 새로운 기술(New S 커브)이 바닥에서 막 고개를 드는 교차점입니다. 이 골든크로스가 발생하는 순간, 기존의 1등 기업과 새로운 도전자 사이의 운명이 뒤바뀝니다. 역사 속에서 이 교차점이 어떻게 부의 이동을 만들어 냈는지 살펴보겠습니다.

IBM에서 윈텔로:
하드웨어에서 소프트웨어로의 이동

1980년대 초반, 컴퓨터 시장의 절대 강자는 IBM이었습니다. '컴퓨터는 곧 IBM'이라는 공식이 통하던 시절이었죠. 하지만 PC개인용 컴퓨터라는 새로운 S 커브가 시작되자, 판의 흐름이 미묘하게 바뀌었습니다.

IBM이 개방형 구조를 택하면서 하드웨어 조립은 누구나 할 수 있는 경쟁 영역이 됐고, 마진은 깎이게 됐습니다. 반면 PC의 '두뇌(CPU)'와 '영혼(OS)'을 장악한 인텔과 마이크로소프트는 PC가 팔릴수록 돈이 쌓이는 구조를 만들었습니다.

메인프레임이라는 거대한 하드웨어의 S 커브가 저물고 PC라는 대중적 플랫폼의 S 커브가 올라올 때, 주도권은 '상자를 만드는 자'에서 '핵심 부품과 소프트웨어를 만드는 자'로 넘어간 것이죠. 혁신은 늘 그렇듯 가장 화려한 곳이 아니라 가장 이익이 집중되는 곳으로 주도주를 이동시킵니다.

노키아에서 애플로:
전화기에서 손안의 컴퓨터로

두 번째 전환점은 더 극적이었습니다. 피처폰 시절, 노키아는 전 세계 시장점유율 40%를 넘나드는 공룡이었습니다. 전화기는 통화 품질이 좋고 튼튼하면 그만이라는 기존 S 커브의 법칙 안에서 노키아는 완벽했습니다. 하지만 애플은 휴대전화를 전화기가 아니라 '손안의 컴퓨터'로 재정의했습니다. 이 순간 경쟁의 기준이 통화 품질에서 운영체제

(iOS), 앱 생태계, 칩(AP)으로 옮겨갔습니다.

노키아는 변화를 찻잔 속의 태풍으로 여겼고, 그사이 애플과 안드로이드 생태계가 새로운 S 커브의 주인공이 됐습니다. 하드웨어의 시대가 가고, 사용자 경험UX과 생태계의 시대가 온 것입니다.

인텔에서 ARM/TSMC로: 속도에서 효율로

반도체 투자자가 가장 주목해야 할 전환점은 바로 이 부분입니다. 인텔은 왜 모바일 시장을 놓쳤을까요?

PC 시대의 미덕은 '속도'였습니다. 전기를 많이 먹더라도 무조건 빠른 고성능 CPU가 최고였죠. 인텔은 이 분야의 최강자였습니다. 그러나 모바일 시대의 미덕은 '효율'이었습니다. 배터리로 하루 종일 버텨야 하니, 성능이 좀 낮더라도 전기를 덜 먹는 기술이 핵심이었습니다.

여기서 설계도만 파는 영국의 ARM과 만들어 주기만 하는 대만의 TSMC 연합군이 등장합니다. 팹리스 기업들이 ARM의 설계도를 바탕으로 저전력 칩을 만들고 이를 TSMC가 대량생산해 주는 구조가 정착되면서, 거대 공룡 인텔이 혼자서 설계/생산/판매를 다 하던 방식은 효율성 경쟁에서 밀리게 됐습니다. 기술의 S 커브가 '고성능'에서 '저전력/다품종'으로 바뀌자, 반도체 생태계의 권력도 이동한 것입니다.

지금 우리 눈앞의 전환점: AI와 이종 결합

이제 시선을 현재로 돌려보겠습니다. 지금 우리는 또 다른 S 커브의 시작점에 서 있습니다. 과거보다 훨씬 빠르고 강력한 변화들입니다.

저장의 전환

데이터센터/PC/모바일에서 HDD는 점점 줄어들고, SSD가 표준이 됐습니다. HDD는 용량 대비 가격에서는 여전히 강점이 있지만, 속도와 에너지 효율에서 SSD를 따라갈 수 없습니다. 이 흐름 속에서 SSD의 시대가 도래했고, 여기에 AI 시대에는 HBM, 차세대 메모리가 핵심이 되고 있습니다.

연산의 전환

CPU는 범용 프로세서로서 여전히 중요하지만, AI/그래픽/대규모 병렬 연산에서는 GPU와 NPU가 훨씬 효율적입니다. 이 변화의 정중앙에 있는 기업이 바로 엔비디아입니다. 앞으로는 서버, 엣지, 디바이스 곳곳에 GPU와 NPU 등 AI 가속기가 들어갈 것입니다.

구조의 전환

더 이상 칩 하나를 작게 만드는 게 어려워지자, 여러 칩을 이어 붙여 성능을 높이는 패키징packaging과 칩렛chiplet 기술이 새로운 S 커브로 떠오르고 있습니다.

투자자가 던져야 할
네 가지 질문

기술의 전환점은 지나고 나면 선명해 보이지만, 당시에는 안개 속에 있는 것처럼 불확실합니다. 그래서 저는 여러분이 새로운 기술이나 기업을 볼 때 다음 네 가지 질문을 필터처럼 사용하길 권합니다. 이 네 가지를 통과한다면, 그 기업은 다음 S 커브의 주도주가 될 확률이 매우 높습니다.

Q. 성능과 비용(혹은 편의성), 두 마리 토끼를 다 잡았는가?

단순히 성능만 좋은 기술은 틈새시장에 머뭅니다. 성능이 좋아지면서 비용이 획기적으로 낮아지거나 사용하기 압도적으로 편해져야만 대중적인 S 커브를 그릴 수 있습니다.

Q. 기존 1등 기업이 따라오기 힘든 구조인가?

기존 주도 기업은 지금의 비즈니스 모델이 너무 잘 돌아가기 때문에 새로운 판으로 넘어가는 것이 오히려 손해일 수 있습니다. 이때 등장하는 것이 소위 '혁신가의 딜레마'입니다. 이 틈을 이용해 신생 혹은 후발 기업들이 도전하여 기회를 잡으면서 새로운 S 커브의 주도주가 되는 형태가 나타납니다.

Q. 밸류체인에서 누가 가장 많은 이익을 가져가는 구조인가?

PC 시대에는 조립 업체가 아니라 CPU 업체가 돈을 벌었습니다. AI 시대에는 AI 서비스를 만드는 회사보다 그 서비스를 돌리기 위한 GPU 와 HBM을 파는 회사가 먼저 돈을 법니다. 밸류체인에서 병목 *bottleneck*

을 쥐고 있는 곳을 찾아야 합니다.

Q. 아직 덜 알려진 필수 '곡괭이'는 무엇인가?

시장은 엔비디아 같은 화려한 간판스타를 먼저 알아봅니다. 하지만 진짜 고수익의 기회는 그 간판스타가 없으면 아무것도 못하는 숨겨진 조연들에서 나옵니다. 이 책에서 집중적으로 다룰 패키징, 검사 장비, 기판, 소재 기업들이 바로 그들입니다.

이 네 가지 질문을 마음에 품고 다음 장으로 넘어가 보겠습니다. 지금 전 세계 투자자들의 답안지는 '엔비디아'로 쏠려 있습니다. 과연 엔비디아는 이 네 가지 질문을 모두 통과했을까요?

대다수의 선택은 엔비디아

　타임머신 이야기로 돌아가 봅시다. 드라마 〈재벌집 막내아들〉 속 주인공 진도준(송중기)은 1980~90년대 한국 경제의 흐름을 꿰뚫고 있었기에 분당 땅, 달러 환전, 기아차 인수까지 완벽한 선택을 해냅니다. 미국으로 건너가서도 영화 〈타이타닉〉과 아마존 비상장 주식에 투자하며 부의 정점을 찍습니다. 그렇다면 시대를 조금 옮겨서, 만약 우리가 2010년대 중반이나 2020년 초반으로 타임슬립을 할 수 있다면 여러분은 어디에 올인하시겠습니까?

　제가 운영하는 텔레그램 채널에서 이와 관련하여 설문을 한 적이 있습니다. '과거로 돌아간다면 어떤 반도체 주식을 사겠는가?'라는 질문에 무려 92%가 한 치의 망설임 없이 '엔비디아NVIDIA'를 선택했습니다.

　실제로 2015년이든, 2018년이든, 2020년이든 엔비디아를 꾸준히 사 모은 투자자는 단순히 돈을 번 수준을 넘어 인생의 궤적이 바뀌었습니다.

　그렇다면 여기서 아주 중요한 질문을 하나 던지겠습니다. "어떤 사람들은 그 변화의 시그널을 읽고 엔비디아를 산 반면, 어떤 사람들은 왜 끝까지 사지 못했을까요?" 엔비디아라는 한 회사를 해부하여 '위대한 반도체 주도주'를 알아보는 눈을 길러 보겠습니다.

그래픽카드 회사,
틈새에서 첫 번째 S 커브를 그리다

엔비디아의 시작은 지금처럼 거창한 'AI 제왕'이 아니었습니다. 그저 PC 게임용 그래픽카드를 만드는 회사였습니다. 1990년대 후반, 인텔이 CPU로 세상을 지배할 때, 젠슨 황 CEO는 정면 승부 대신 '그래픽 연산'이라는 틈새시장niche market을 파고들었습니다. CPU가 혼자 처리하기 버거워하는 3D 그래픽 작업을 대신해 주는 보조 칩, 이것이 GPU의 시작이었습니다.

당시 투자자들에게 엔비디아는 그저 게임 신작이 나오면 주가가 오르고, PC가 안 팔리면 주가는 떨어지는 그런 경기 민감주였습니다. 하지만 엔비디아는 이 작은 S 커브(PC 그래픽 시장) 안에서 남모를 칼을 갈고 있었습니다.

CUDA, 아무도 거들떠보지 않던
두 번째 S 커브의 씨앗

엔비디아 역사에서 그리고 반도체 투자 역사에서 가장 결정적인 순간을 꼽으라면 저는 2006년 '쿠다CUDA'의 발표를 꼽습니다. 쿠다는 쉽게 말해 엔비디아가 전 세계 개발자들에게 보낸 초대장이었습니다. 초대장은 다음의 내용이었습니다. "우리가 만든 GPU는 단순히 게임 화면만 띄우는 게 아닙니다. 수천 개의 코어가 달린 엄청난 계산기입니다. 이걸 여러분이 마음대로 쓸 수 있게 개방할 테니, 연구든 개발이든 마음껏 해 보세요."

당시 시장의 반응은 싸늘했습니다. "그래픽카드 회사가 무슨 범용 컴퓨팅이야?", "돈도 안 되는 짓을 왜 해?"라며 무시했죠. 당장 숫자로 찍히는 매출이 없었으니까요. 다만 선구적인 연구자들은 달랐습니다. 직렬 처리에 강한 CPU로는 도저히 풀 수 없는 방대한 데이터 연산을, 병렬 처리에 강한 GPU가 해결해 줄 수 있다는 것을 본능적으로 알아챘습니다. 이때 쿠다의 잠재력을 믿고 투자한 사람들은 미래를 본 셈입니다.

2012년의 충격 그리고
갈라진 투자자의 운명

2012년, AI 업계의 전설적인 사건이 터집니다. 이미지 인식 대회에서 GPU를 활용한 딥러닝 모델이 기존 방식을 압도적인 차이로 누르고 우승한 것입니다. 이 사건을 기점으로 구글, 메타, 아마존 같은 빅테크 기업들이 엔비디아의 GPU를 쓸어 담기 시작했습니다. 명백한 두 번째 S 커브(AI 데이터센터)의 시작이었습니다.

흥미로운 건 이때도 투자자들의 운명은 극명하게 갈렸다는 점입니다. 같은 뉴스와 같은 차트를 봤는데도 말이죠. 엔비디아를 사서 끝까지 들고 간 '승자'와 구경만 한 '패자'의 차이는 무엇이었을까요?

첫째는 시장의 크기TAM를 본 사람 vs. 현재의 PER주가수익비율만 본 사람입니다. 승자들은 엔비디아가 겨냥하는 시장을 '게임'이 아니라 '전 세계의 모든 데이터센터 연산'으로 정의했습니다. 시장 규모가 수백 조 원으로 커질 것을 상상했죠. 반면 패자들은 "PER이 너무 비싸다", "부품 회사에 거품이 꼈다"며 재무제표의 숫자만 탓했습니다.

둘째는 구조적 변화를 본 사람 vs. 단순 사이클로 본 사람입니다. 승자들은 PC 교체 주기라는 파도 위에 'AI 혁명'이라는 거대한 해일이 오고 있음을 알아챘습니다. 패자들은 "반도체 업황이 꺾이면 같이 죽는다"며 단기 트레이딩 관점으로만 접근하다가 거대한 상승 랠리 중간에 주식을 다 팔아 버리고 말았습니다.

셋째는 생태계를 본 사람 vs. 칩 하나로만 본 사람입니다. 승자들은 엔비디아를 '플랫폼 기업'으로 바라봤습니다. 개발자들이 CUDA 생태계에 적응해 버리면, 다른 회사 칩으로 절대 갈아타지 못할 것이라는 락인lock-in 효과를 알았습니다. 패자들은 그저 '인텔이나 AMD도 비슷한 칩을 만들면 끝 아닌가?'라고 단순하게 생각했습니다.

넷째는 공포를 견딘 사람 vs. 숫자에 흔들린 사람입니다. 엔비디아의 주가는 결코 직선으로 오르지 않았습니다. 코인 채굴 붐이 꺼질 때, 금리가 오를 때마다 주가는 반토막이 나기도 했습니다. 승자들은 이 변동성을 '매수 기회'로 삼았고, 패자들은 공포에 질려 바닥에서 주식을 던졌습니다.

엔비디아가 글로벌 시가총액 1위의 기업이 된 이유는 명확합니다. 시장을 예측한 게 아니라, 시장을 '창조'했습니다. 세상이 병렬 연산을 필요로 할 때까지 기다린 게 아니라, 병렬 연산이 가능한 환경(CUDA)을 먼저 만들고 기다렸습니다. 인텔이 그랬고 애플이 그랬듯, 위대한 기업은 소비자가 무엇을 원하는지 알기도 전에 제안합니다.

엔비디아는 칩, 소프트웨어, 생태계를 수직 계열화했습니다. 대부분

의 팹리스는 칩 설계에만 집중하지만, 엔비디아는 칩 위에 소프트웨어
SW와 개발자 커뮤니티를 얹어 '대체 불가능한 성벽'을 쌓았습니다. 이
것을 우리는 기술적 해자moat라고 합니다. 이것이 엔비디아가 제조업
체가 아닌 플랫폼 기업으로 평가받는 이유입니다.

엔비디아는 반도체 밸류체인의 '절대 권력'이 됐습니다. 지금 AI 서
버 시장을 보십시오. 메모리HBM 회사도, 패키징 회사도, 장비 회사도
모두 엔비디아의 로드맵만 바라보고 있습니다. 고객사가 "우리는 엔비
디아 GPU를 쓰겠습니다"라고 결정하는 순간, 밸류체인의 모든 돈은
엔비디아를 중심으로 흐르게 되는 법입니다.

과거로 돌아가 2015년의 엔비디아에 투자할 수는 없지만, '제2의 엔
비디아'를 찾을 수는 있습니다. 엔비디아의 성공 방정식을 기억하십시
오. 작은 틈새에서 시작해 독자적인 생태계를 구축하고, 남들이 보지
않는 새로운 S 커브를 준비하며, 기술 전환점에서 밸류체인의 정중앙
을 차지하는 기업. 이런 기업을 찾아내는 것이 바로 우리가 이 책을 읽
으며 타임머신을 만드는 과정입니다.

엔비디아보다 뛰어난 반도체 주식이 있었다

앞서 설문에서 우리는 타임머신을 타고 5년 전으로 돌아간다면 대부분의 투자자가 주저 없이 엔비디아를 선택할 것이라는 점을 확인했습니다. 실제로 2022년 10월 저점부터 2025년 10월 고점까지, 엔비디아 주가는 19배 이상(1,800%대) 폭등하며 현대 증시 역사에 남을 기록을 세웠습니다.

그런데 아주 흥미로운 사실이 하나 있습니다. 반도체 역사를 길게 펼쳐 보면, 엔비디아보다 훨씬 더 미친 수익률을 보여 준 주식들이 존재했다는 점입니다. '엔비디아가 끝판왕 아니었어?'라고 생각하시는 분들을 위해 데이터가 증명하는 세 가지 유형의 '전설적인 반도체 주식'들을 소개합니다. 이를 통해 우리는 주식 투자에 있어 1등 주식만이 무조건 정답이 아니라는 사실도 깨달을 수 있습니다.

1년간 2,600% 폭등:
3G 시대의 엔비디아, '퀄컴'

1999년으로 타임머신을 타고 가 봅시다. 당시 IT 시장의 화두는 인터넷과 '3세대3G 이동통신'이었습니다. 모두가 휴대폰을 들고 다니던 때, 이동통신의 핵심 기술인 CDMA코드분할다중접속 특허를 쥐고 있던 회사가 바로 퀄컴입니다.

1999년 한 해 동안 퀄컴의 주가는 무려 2,600% 상승했습니다. 1년 사이에 주가가 27배가 된 것입니다. 1992년 저점부터 2000년 고점까지로 계산하면 무려 26,000%, 즉 260배가 올랐다는 집계도 있습니다. 엔비디아 수치가 애교로 보일 정도의 과격한 상승이었습니다.

이유는 단순했습니다. 당시 메가 트렌드는 '휴대폰 보급'이었고, 퀄컴은 그 길목을 지키는 문지기와도 같았습니다. 퀄컴은 칩을 팔아서도 돈을 벌었지만, 전 세계 모든 3G 휴대폰 제조사로부터 '특허 로열티'를 받았습니다. '칩 판매+로열티'라는 막강한 수익 구조 덕분에 휴대폰이 팔릴수록 돈이 쏟아져 들어왔습니다. 물론 닷컴 버블이라는 광기가 더해진 결과였지만, 초기 투자자들은 이 회사가 단순한 부품 회사가 아니라 '모바일 시대의 권력자'임을 간파했기에 인생을 바꿀 수익을 올릴 수 있었습니다.

합법적인 치트키:
복리의 마법사 'ASML'

퀄컴이 단기간의 폭발력으로 승부했다면, 장기적인 복리의 힘으로 엔비디아를 압도한 기업도 있습니다. 바로 네덜란드의 ASML입니다. 이 회사는 전 세계에서 유일하게 최첨단 반도체 장비인 'EUV 노광장비'를 만듭니다. 삼성전자도, TSMC도, 인텔도 이 회사 장비 없이는 최신 칩을 단 한 개도 만들 수 없습니다. 경쟁자가 없는 유일무이한 '슈퍼을'인 것입니다.

ASML의 주가는 하루아침에 10배씩 오르는 일이 드뭅니다. 그러나 2003년에 140%, 2017년에 56%, 2019년에 90% 등 꾸준히 강한 상승을 보여 주었습니다. 10년, 20년 장기 누적 수익률로 따지면 엔비디아 못지않은, 아니 더 마음 편한 수익을 안겨 준 셈입니다. 엔비디아가 AI의 두뇌라면, ASML은 반도체 세계의 '수도'나 '전기' 같은 인프라입니다. 이 회사에 장기 투자한 사람들은 매일 시세를 확인하며 가슴 졸이는 대신, 독점 기업이 누리는 편안한 복리의 기쁨을 누렸을 것입니다.

사이클의 파도를 타다:
미친 탄성의 '키옥시아 & 샌디스크'

또 다른 유형은 극적인 반전을 보여 준 '사이클 레버리지형' 주식들입니다. 대표적으로 키옥시아와 샌디스크가 있습니다.

저는 2024년 말 AI 산업이 추론 영역으로 본격 확산되면 스토리지의 병목이 나타날 것으로 예상하여 키옥시아, 샌디스크와 같은 NAND 및 SSD 업체를 추천한 적이 있습니다. 이는 적중했고, 1년 정도 만에 현재까지 키옥시아는 16배, 샌디스크는 22배 이상 오르는 기적을 보여 주고 있습니다.

여기까지 이야기했을 때 이렇게 생각하는 독자들이 있을 겁니다. "그럼 퀄컴, ASML, 키옥시아, 샌디스크가 엔비디아보다 좋은 회사인가요?" 그렇지는 않습니다. 이 장의 제목인 '엔비디아보다 뛰어난 반도체 주식이 있었다'에 '일정 기간 동안 수익률 기준'이라는 조건이 붙어야 합니다. 중요한 건 숫자 그 자체가 아니라, 숫자가 어떤 구조에서 나왔는가를 이해하는 것입니다.

저는 엔비디아보다 더 미친 수익률을 보여 준 반도체 주식이 과거에도 있었고 앞으로도 있을 거라는 점을 강조하고 싶습니다. 중요한 건 그 이름이 아니라, 그들이 서 있던 자리와 구조입니다. 그래서 이 책은 3G 시대의 퀄컴, 미세 공정 시대의 ASML, AI 시대의 엔비디아처럼 시대의 기술 전환점에서 밸류체인의 정중앙을 차지하는 회사는 어떻게 탄생하는지 그리고 다음 기술의 전환점에서는 무엇을 미리 봐야 하는지, 주도 산업이 본격적으로 성장할 때는 밸류체인의 어디까지 파고 들어가서 기회를 찾아야 하는지를 배우는 데 목적이 있습니다.

과거의 엔비디아보다 오른 종목들은 지금 시점에서는 복기 자료일 뿐이지만 복기를 통해 기술의 전환점, 밸류체인에서의 위치, 플랫폼과 표준의 힘, 버블과 실체를 구분하는 안목을 배운다면 우리가 앞으로 맞이할 AI 이후의 시대—피지컬 AI, 우주, 양자, 차세대 메모리 등 수많은 전환점—에서 제2의 퀄컴, 제2의 엔비디아 혹은 아예 새로운 형태의 주인공을 찾아낼 확률은 지금보다 훨씬 높아질 것입니다.

다음 장부터는 이런 관점을 바탕으로 왜 산업 분석과 밸류체인 이해가 반도체 투자에서 특히 중요한지 그리고 초보 투자자가 어떻게 이 복잡한 세계를 자기만의 지도로 정리할 수 있는지를 본격적으로 풀어 보려고 합니다.

Chapter
02

반도체 투자
기본 마인드

산업 분석이 중요한 이유

오랫동안 증권사 PB 및 여의도 펀드매니저로 있으면서 일반인 주식 투자자들 앞에서 강의를 할 기회가 많았습니다. 제가 경험한 주식 투자를 시작한 지 얼마 안 된 대다수 사람들의 질문은 이랬습니다. "어떤 종목이 오를까요?", "이 회사 좋아 보이는데 사도 될까요?", "지금 들어가면 늦지 않을까요?" 대부분 투자자의 관심은 '종목'에 쏠려 있었습니다. 유튜브, 커뮤니티, 뉴스에서 거의 개별 종목 이야기를 하기 때문인지도 모릅니다. 저도 방송이나 유튜브에 출연하면 단도직입적으로 종목을 사거나 팔라는 말을 해 주라는 요청을 많이 받습니다. 그런 미디어에 노출될수록 자연스럽게 초급 투자자들은 차트가 예뻐 보이는 종목을 찾고, 유행하는 테마를 검색하여 매매하는 패턴을 갖기 쉽습니다. 그러다 잘못된 습관이 형성되어 누가 산다는 주식을 따라 사 보고, 단기 수익이 나면 우쭐도 해 보고, 반면 한 번 크게 손실을 보면 '역시 주식은 어렵다' 하고 시장을 떠나 버리곤 합니다.

투자를 전쟁에 비유한다면, '종목'은 내가 들고 싸울 총이나 칼과 같습니다. 물론 좋은 무기를 갖는 건 중요합니다. 그러나 더 중요한 것은 내가 싸울 전쟁터가 어디인지, 지금 우리 군의 기세가 어떤지—이기고 있는지 지고 있는지—, 즉 '전황'을 파악하는 것입니다. 지고 있다면 아무리 좋은 무기를 들고 있어도 살아남기가 힘듭니다. 반대로 이기고 있다면 평범한 무기만으로도 승리할 확률이 높아집니다.

이 분야에 유명한 비유가 하나 있습니다. '좋은 회사에 투자하라.' 이 말은 맞으면서도 불완전한 진실에 가깝습니다. 주식의 가격은 크게 세 가지가 맞물려서 움직입니다. 시장(매크로, 유동성, 금리), 산업(섹터, 밸류체인), 기업(개별 종목). 이 세 가지가 겹쳐져서 우리가 보는 '주가'라는 결과가 만들어집니다. 쉽게 말해서 시장은 날씨, 산업은 파도, 기업은 서퍼(보드)에 비유할 수 있습니다. 아무리 서핑 실력이 좋아도 파도가 없는 잔잔한 바다에서는 멋지게 파도를 탈 수 없습니다. 반대로 파도가 너무 거칠고 위험하면 서핑 실력이 좋아도 언제 넘어질지 모르는 상황이 됩니다. 기업 분석만 한다는 것은 서퍼의 실력과 보드의 재질만 보고 투자하는 것과 비슷합니다. 하지만 진짜 중요한 것은 지금 이 사람이 어떤 파도 위에 올라타 있는지를 아는 것입니다. 그 파도가 바로 산업입니다.

투자하는 데 있어 좋은 기업과 좋은 산업 중 무엇이 더 중요할까요? 이와 관련해서 저는 이런 질문을 자주 하곤 합니다. '좋은 회사인데 산업이 별로인 경우와 평범한 회사인데 산업이 폭발적으로 성장하는 경우 중 어디에 투자해야 할까?' 상황에 따라 다르지만 장기적으로 큰 수익을 만든 사례들을 돌아보면 '좋은 산업의 괜찮은 회사'인 경우가 훨씬 많은 것 같습니다.

간단히 숫자로 생각해 보겠습니다. 산업이 연 3% 성장하는 시장에서 아무리 잘해도 기업이 연 10~15% 성장을 넘어서기 어렵습니다. 반대로 산업이 연 20~30% 성장하는 시장에서는 1등 기업이 아니더라도 연 30~50% 이상 성장하는 기업이 자주 등장합니다. 즉 산업 성장률이 기업 성장률의 상한선을 정해 주는 것입니다. 그래서 장기 투자할 때 이 회사가 속한 산업이 앞으로 5년, 10년 동안 성장할 수 있는지를 먼저 보는 것입니다. 그리고 그 안의 괜찮은 기업들을 추려 나가야 합니다.

나무를 보는 것만으로는 숲의 산불을 피할 수 없습니다. 그래서 개별 기업 분석(나무)에만 몰두하는 투자자는 큰 실수를 저지르기 쉽습니다. 기업의 실적은 좋은데 주가가 계속 떨어지는 경우를 본 적이 있을 겁니다. 대부분 산업 전체에 악재가 닥쳤을 때 이런 현상이 발생합니다. 예를 들어, 한 반도체 장비 회사의 기술력이 세계 최고라고 칩시다. 그런데 갑자기 전 세계적인 불경기 때문에 삼성전자나 SK하이닉스가 내년에 공장 투자를 멈추겠다고 선언합니다. 그러면 이 장비 회사는 아무리 기술이 좋아도 물건을 팔 곳이 없어지겠죠. 이건 개별 회사의 잘못이 아닙니다. 산업 전체의 사이클cycle이 꺾인 탓입니다. 산업 분석을 한다는 것은 '숲의 날씨'를 보는 것과 같습니다. 지금 태풍이 오고 있는지, 가뭄이 들었는지, 햇살이 비추는지를 파악해야 합니다. 숲 전체에 불이 났는데, 내 나무만 무사하기를 바랄 수는 없습니다. 특히 반도체는 사이클을 타는 산업이기 때문에, 지금이 겨울인지 봄인지 파악하는 산업 분석이 그 무엇보다 중요합니다.

산업을 보면 '버블'과 '진짜 성장'이 구분됩니다. 요즘처럼 AI, 로봇, 우주, 양자 등 새로운 키워드가 쏟아져 나올 때 진짜 구조적 성장인지, 단순한 단기 테마인지를 구분하기가 어렵습니다. 이걸 구분하는 기준 역시 산업 분석에서 나옵니다. 한 예로, 어떤 테마가 유행한다고 했을 때 다음과 같은 질문을 던져 볼 수 있습니다. '이 산업의 최종 고객은 누구인가?', '고객이 이 기술을 꼭 써야만 하는가?(비용/편의/규제/성능)', '전체 매출/CAPEX자본적 지출 또는 설비 투자/시장 크기가 앞으로 몇 년 동안 얼마나 늘어날 수 있겠는가?', '밸류체인상 누가 가장 많은 이익을 가져가는가?', '이 산업을 막는 규제와 기술적 한계는 무엇인가?'

이 질문에 답할 수 있다면 다음과 같은 능력이 생길 것입니다. '이건 한 번 반짝하고 끝날 테마다', '이건 시간은 걸리겠지만, 진짜로 세상을 바꾸는 흐름이다'. 이 차이는 투자 결과에서 엄청난 간극을 만들어 낼 것입니다. 앞서 본 엔비디아처럼요. 이 산업 구조를 이해하고 있었다면 엔비디아 주가가 급등했을 때에도 단순히 '버블'로만 보지 않고, '버블+실체 있는 성장'이라는 관점에서 좀 더 냉정하게 판단할 수 있었을 것입니다.

산업을 보면 어디까지 보유할지도 보입니다. 많은 분이 겪는 고민 중 하나가 매수는 잘하는데 언제 팔아야 할지를 모르겠다는 점입니다. 이 문제 역시 기업 분석만으로는 답이 잘 나오지 않습니다. 왜냐하면 기업 실적이 좋을 때에도 산업 전체가 정점일 수 있기 때문입니다. 재고가 쌓이기 시작하고, 가격 인하 압력이 커지고, 경쟁사가 늘어나고, 고객사 CAPEX가 줄어들기 시작할 때, 기업의 재무제표에는 조금 늦게 그 흔적이 나타납니다. 반대로 산업 분석을 하고 있었다면 이런 신호를 조금 더 일찍 발견할 수 있습니다. 산업에 긍정적인 신호가 쏟아질 때, 모두가 환호하고 소리칠 때, 의심하면서 빠져나올 준비를 할 수 있습니다.

산업 분석은 전문가의 영역이 아닙니다. '이 정도로 분석하려면 애널리스트 수준은 되어야 하는 거 아닌가요?' 하고 묻는 분들이 있는데, 꼭 그렇지는 않습니다. 우리가 하려는 것은 리포트를 쓰는 수준의 산업 분석이 아닙니다. 개인 투자자에게 필요한 것은 그보다 훨씬 단순한 버전입니다. 이 산업이 커질 것인가, 산업의 핵심 밸류체인은 어떻게 구성됐는가, 그 밸류체인 중 구조적으로 중요해지는 기술 병목은 어디인가, 그 기업은 어떤 경제적 해자를 보유했는가 등만 파악하더라도 '테마 따라잡기'에서 '산업 흐름을 타는 투자'로 완전히 차원이 달라지게 될 것입니다.

대부분이 반도체 투자를 어려워하는 이유

　1장에서 '반도체는 시대마다 주도주였다'는 이야기를 했습니다. 세상이 디지털화되고, AI 시대가 도래하면서 반도체가 중요해진 건 모두가 공감할 겁니다. 그렇게 반도체 주식에 제대로 투자해 볼까 하고 마음먹는 순간 벽에 부딪히는 느낌을 받은 적이 있을 겁니다. 전문가들이 반도체 산업이나 기술 트렌드에 대해 적어 놓은 글을 봐도 이해가 잘 되지 않아서 유튜브 영상까지 찾아서 보곤 할 텐데요. 유튜브의 단점 중 하나는 현상에 대한 설명과 너무 지엽적인 투자 판단이 대부분이라는 데 있습니다. 그렇다고 너무 이론에 입각한 책을 보면 지치기가 쉬워서 결국 본질에 어긋난 주식 투자를 할 확률이 높습니다.

　오프라인 서점의 경제 경영 코너를 둘러보면 반도체 관련 책은 항상 베스트셀러 매대에 올라와 있습니다. 사람들의 관심이 뜨겁다는 방증이죠. 그래서 큰마음을 먹고 책을 한 권 집어 들거나 증권사에서 나온 반도체 리포트를 다운로드해서 읽어 보지만, 첫 페이지를 넘기는 순간 의욕은 절망으로 바뀝니다. 'EUV 노광 공정에서 High-NA 수치 개구, NA가 높을수록 더 많은 빛을 모아 더 작은 패턴을 그릴 수 있다 장비 도입이 지연되면서… HBM4

수율 확보가 관건이며… GAA gate-all-around 트랜지스터 구조가 어쩌고….'
마치 외계어 같다는 느낌을 받습니다. 분명 한글로 쓰여 있는데 해석
이 잘 안 되고, 결국 몇 번 읽다가 덮어 버리고는 이렇게 생각합니다.
'역시 문과 출신인 내가 할 영역이 아니야. 그냥 소비재나 사야겠다.'

반도체 투자가 유독 어렵게 느껴지는 것은 여러분의 잘못이 아닙니
다. 이 산업 자체가 일반 소비재와는 완전히 다른 세 가지 특성을 가지
고 있기 때문입니다. 이 세 가지 장벽을 이해하는 것이 반도체 공부의
첫걸음입니다.

첫째, 용어의 장벽:
외계어와의 조우

가장 큰 장벽은 단연 '용어'입니다. 반도체는 최첨단 공학의 결정체
입니다. 물리학, 화학, 전자공학 용어들이 난무합니다. DRAM, NAND
Flash까지는 들어 본 사람도 EUV, FinFET fin field-effect transistor, ALD원자층 증
착, CMP화학기계적 연마, TSV through silicon via 같은 용어가 튀어나오면 머리가 지
끈거립니다. 적지 않은 사람이 화장품 주식에는 '이번 신상 립스틱 색
깔이 예쁘네'라는 이유로 투자를 감행하는 반면, 반도체 주식에 투자할
때는 '이 회사의 식각 etching 기술이 얼마나 정밀한가'를 따져야 할 것 같
은 압박감을 느낍니다.

그러나 겁먹지 마십시오. 우리는 반도체를 만드는 엔지니어가 되려
는 것이 아니라, 반도체로 돈을 버는 투자자가 되려는 것입니다. 자동
차 운전을 잘하기 위해 엔진의 연소 공학이나 변속기의 기어비 공식을
알 필요는 없습니다. 그저 이 차가 잘 달리는지, 연비가 좋은지, 엑셀과

브레이크 위치가 어디인지만 알면 됩니다. 반도체도 마찬가지입니다. 용어의 뜻을 학술적으로 파고들기보다 이 기술이 왜 필요한지, 그래서 누가 돈을 버는지만 연결할 줄 알면 충분합니다.

둘째, 경험의 부재:
눈에 보이지 않는 제품

두 번째 이유는 반도체가 B2B기업 대 기업 제품이기 때문입니다. 우리는 농심이 출시한 '먹태깡'이라는 과자를 편의점에서 사 먹어 보고 '아, 이거 대박 나겠는데?'라고 직관적으로 판단할 수 있고, 현대차가 내놓은 신차를 대리점에 가서 타 볼 수 있습니다. 반면 삼성전자가 세계 최초로 3나노 GAA공정을 성공했다는 뉴스가 나와도, 우리는 그걸 만져볼 수도 써 볼 수도 없습니다. 그것은 그저 스마트폰 깊숙한 곳에 박혀 있을 뿐입니다. 내 눈에 보이지 않고 내 손으로 만질 수 없으니, 체감하기가 어렵습니다.

그래서 반도체 투자는 '상상력'과 '연결 고리 찾기'가 필요합니다.

내가 좋아하는 아이폰 신제품이 나왔네? → 여기에 들어가는 칩은 누가 만들었지? → TSMC가 만들었구나. → TSMC에 장비는 누가 공급하지?

이렇게 꼬리에 꼬리를 무는 질문을 통해 보이지 않는 칩을 머릿속에 그리는 연습을 해야 합니다.

셋째, 선행성:
뉴스와 반대로 가는 청개구리 주가

반도체 투자를 처음 시작한 분들이 가장 많이 멘탈이 무너지는 순간이 있습니다. '삼성전자 사상 최대 실적 달성!' 이 뉴스를 보고 지금이다 싶어서 주식을 샀는데, 다음 날부터 주가가 주구장창 빠지는 경험을 한 번쯤 해 봤을 겁니다. 반대로 '반도체 겨울이 온다, 적자 전환'이라는 우울한 뉴스가 도배될 때 기가 막히게 주가가 바닥을 찍고 오르기도 합니다.

반도체 주식은 '경기 선행지표'의 성격이 매우 강합니다. 주식시장은 '오늘 돈을 얼마나 벌었는가'보다 '6개월 뒤에 얼마나 더 벌 수 있는가'를 봅니다. 사상 최대 실적이 나왔다는 건 지금이 정점peak이고 앞으로는 내려갈 일만 남았다는 뜻으로 해석되기도 합니다. 이 사이클의 타이밍을 맞히는 것이 일반 투자자에게는 너무나 어렵습니다. 호재에 팔고 악재에 사야 한다는 역발상 투자가 말처럼 쉽지 않습니다. 실전에서는 공포감을 이겨 내기 어렵기 때문입니다.

한국 시장에서 반도체 투자는 삼성전자와 동의어처럼 취급됩니다. 요즘에는 HBM 때문에 SK하이닉스가 잘하고 있어서, 이제는 이 두 회사를 먼저 떠올릴 겁니다. 이는 자동차 산업을 언급할 때 현대차와 기아만 생각하는 것과 비슷합니다. 반도체라는 거대한 숲 안에서 우리가 아는 건 일부에 불과합니다. 삼성전자 하나 사면 반도체는 끝이라고 생각하는 순간, AI 패키징/HBM/기판/전력 반도체 같은 중요한 투자 기회를 놓치게 됩니다. 이건 마치 바닷가에 와서 파도 소리만 듣고 돌아가는 격입니다. 실제로 물에 들어가서 파도가 센지, 어디가 얕고 깊은지 몸으로 느껴 봐야 진짜 바다를 경험했다고 할 수 있습니다.

여러분 모두가 '셰프'가 될 필요는 없습니다. '미식가'가 되십시오. 이런저런 이유들 때문에 많은 분이 반도체 투자를 포기합니다. 그러나 반대로 생각하면 이 장벽들 때문에 공부한 사람에게는 확실한 초과 수익을 안겨 주는 곳이 바로 반도체 시장입니다. 남들이 어려워서 떠날 때 조금만 지식을 갖추면 남들보다 훨씬 유리한 고지를 점령할 수 있습니다. 앞서 말씀드렸듯 우리는 반도체 칩을 직접 설계하거나 만드는 셰프가 될 필요가 없습니다. 셰프가 만든 요리를 맛보고 맛집인지, 손님이 많이 올지를 평가할 수 있는 미식가 수준의 지식만 있으면 됩니다. 이 책의 목표가 바로 여러분을 '반도체 미식가'로 만들어 드리는 것입니다. 어려운 공학 용어는 최대한 쉬운 일상의 언어로 번역해 드릴 것입니다. 복잡한 공정은 돈이 되는 핵심만 추려 낼 것입니다.

반도체는 어렵습니다. 하지만 '투자를 위한 반도체'는 생각보다 단순합니다. 이제 마음의 짐을 좀 내려놓으셨나요? 그럼 투자를 위해 세상 돌아가는 일에 어떻게 관심을 가져야 하는지, 다음 장에서 구체적인 방법을 알아보겠습니다.

반도체 투자는
세상에 대한 관심이다

많은 분이 저에게 묻습니다. "반도체 투자를 잘하려면 어떤 책을 봐야 하나요? 전공 서적을 사야 할까요?" 그때마다 저는 이렇게 대답합니다. "서점에 가기 전에 먼저 주변을 둘러보세요. 그리고 요즘 사람들이 무엇에 미쳐 있는지를 관찰하세요."

투자 고수가 되는 가장 빠른 길은 복잡한 공학 공식을 외우는 것이 아닙니다. 세상이 어떻게 변하고 있는지, 사람들이 어디에 지갑을 열고 있는지를 예민하게 관찰하고 그것을 반도체와 연결하는 노력부터 해야 합니다. '요즘 사람들이 이걸 많이 쓰는 이유는 뭘까?'라는 질문에서 출발해야 합니다. 세상은 늘 변화의 방향을 작은 신호로 먼저 알려줍니다. 출퇴근 시간 지하철을 타면 포털 뉴스만 보던 예전과 달리 유튜브 쇼츠/틱톡/인스타 릴스 같은 숏폼 영상, 넷플릭스/디즈니+ 같은 스트리밍 서비스 등을 손 안에서 소비합니다. 게임도 PC/콘솔 패키지 중심에서 모바일 게임과 클라우드 게임, 라이브 서비스 형태로 24시간 접속해 플레이하는 쪽이 주류가 됐습니다. 집과 사무실을 둘러보면 한 대의 데스크톱이 전부였던 시절과 다르게 이제는 노트북, 태블릿, 스마트폰은 기본이고, 스마트워치와 무선 이어폰, 스마트TV, 로봇청소기 심지어 자동차까지 모두 네트워크에 연결된 '디지털 기기'가 되어 있습니다. 회사 업무도 로컬 PC에 저장하던 문서에서 슬랙/노션/구글 드라이브 같은 클라우드 협업 도구로 완전히 넘어갔습니다. 이런 변화는 모두 하나의 방향을 가리킵니다. 더 많은 화면, 더 많은 센서, 더 많은 연결, 더 많은 AI 연산이 필요해지고 있다는 뜻입니다. 그리고 그 모든 흐름의 뒤에는 데이터를 더 많이 만들고, 더 오래 저장하고, 더 빠르게 계산하게 만드는 힘이 있습니다. 그 힘이 바로 반도체 수요를 키우는 근본 동력입니다.

반도체 투자는 이처럼 단순한 궁금증이나 관심에서 출발합니다. 요즘 사람들은 무엇을 더 많이 쓰는지, 이 현상이 1, 2년 반짝하고 끝날지 아니면 5, 10년 동안 이어질 큰 흐름인지 따져 보는 것에서 시작합니다. 스마트폰이 처음 나왔을 때도 그랬습니다. 그저 신기한 새 제품 정도로 보고 넘긴 사람과 휴대폰을 작은 컴퓨터처럼 쓸 거라고 본 사람 간은 전혀 다른 투자를 하게 됩니다. ChatGPT가 등장했을 때도 어떤 사람은 잠깐 체험해 보는 것으로 끝냈지만, 어떤 사람은 소프트웨어가 만들어지는 방식, 정보 검색, 콘텐츠 생산 구조 자체가 바뀔 수 있다고 봤습니다. 전자는 엔비디아 주가가 많이 올랐다는 소식을 듣는 정도에 그치지만, 후자는 AI 연산량이 이렇게 늘어나면 GPU, HBM, 네트워크, 패키징, 전력 인프라까지 어떤 구간에서 수요가 폭발할지 연결해서 생각합니다. 이 차이가 결국 계좌의 차이로 이어집니다.

우리는 흔히 반도체를 '산업의 쌀'이라고 부릅니다. 쌀 그 자체보다 쌀을 어디에 얼마나 쓰느냐를 보는 것이 더 중요하다는 뜻입니다. 쌀 값이 오를지를 예측하고 싶다면 논으로 가기 전에 동네 식당과 분식집, 도시락 가게부터 둘러보세요. 손님이 줄을 서 있는 가게가 많아질수록 쌀 소비도 자연스럽게 늘어날 수밖에 없습니다. 반도체도 마찬가지입니다. 삼성전자나 SK하이닉스 같은 회사는 '농부'에 가깝습니다. 우리가 직접 이 회사들로부터 칩을 사는 일은 거의 없습니다. 우리가 실제로 소비하는 것은 스마트폰, 전기차, 클라우드 서비스, 생성형 AI 같은 완제품과 서비스입니다. 결국 반도체 투자의 출발점은 농부와 직면하는 것이 아니라, 사람들이 어떤 제품과 서비스를 더 많이 쓰는지, 어떤 시장의 줄이 길어지고 있는지를 살펴보는 데 있습니다. 투자 용어로 이것을 '전방 산업 분석'이라고 부릅니다. 현명한 반도체 투자를 위해서는 이 전방 산업의 흐름을 읽는 일이 선행되어야 합니다.

실제로 반도체 슈퍼 사이클은 항상 우리 일상의 변화에서 시작됐습니다.

사례 1

COVID-19 이후, 집이 곧 사무실/학교가 된 순간

2020년 COVID-19가 터지자 집은 순식간에 사무실이자 학교가 됐습니다. 아침에는 회사 화상회의, 낮에는 아이 온라인 수업, 저녁에는 넷플릭스와 유튜브로 마무리하는 생활이 일상이 됐죠. 이때 많은 집에서 같은 고민을 했습니다. '노트북 한 대로는 도저히 안 되겠다.' 결국 노트북을 한 대 더 사고, 태블릿을 추가로 사고, 웹캠/마이크/와이파이 공유기도 갈아 끼웠습니다. 회사도 상황은 같았습니다. 직원들이 집에서 접속하는 트래픽을 감당하려면 클라우드 서버와 데이터센터 증설이 필요했습니다.

노트북, 태블릿, 공유기, 서버에는 모두 CPU와 메모리, 저장장치 같은 반도체가 들어갑니다. 재택근무와 온라인 수업이라는 '생활 패턴의 변화'가 결국 PC와 서버 수요를 밀어 올렸고, 그 뒤에서 반도체 주문이 폭증했습니다. 실제로 이 시기에 메모리/서버 관련 반도체 기업들이 사상 최고가를 여러 번 갈아치웠습니다. 생활이 바뀌면 그다음에 산업이 움직이고, 마지막에 반도체가 따라 움직인다는 걸 보여 주는 대표적인 사례입니다.

게임 하나가 바꾼 그래픽카드 시장

PC방에 가면 모든 모니터에 배틀그라운드 로비 화면이 떠 있던 시기가 있었습니다. 손님들은 한마디씩 했습니다. "사장님, 이 컴퓨터에 렉이 걸려요. 프레임이 끊겨요." 문제는 CPU가 아니라 그래픽카드였습니다. 고사양 게임이 제대로 돌아가려면 기존 PC 사양으로는 버티기 어려웠고, PC방 사장님들은 어쩔 수 없이 그래픽카드를 한 줄, 두 줄씩 교체했습니다.

게임 하나가 문화 현상이 될 정도로 히트하면, 그다음에는 PC 업그레이드 수요가 따라붙습니다. 그래픽카드 업체가 수혜를 보고, 그 안에 들어가는 GDDR 메모리, 전력 반도체, 기판 업체들까지 주문이 같이 늘어납니다. 지금은 고사양 게임뿐 아니라 영상 편집, 스트리밍, 생성형 AI를 로컬에서 돌리는 'AI PC'까지 등장하고 있습니다. 이런 흐름을 빨리 캐치한 사람은 '다음 그래픽카드 사이클'을 찾는 눈이 생깁니다.

바퀴 달린 스마트폰, 전기차의 진짜 얼굴

최근 몇 년 사이 도로를 보면 파란 번호판이 눈에 띄게 늘었습니다. 한 번 전기차를 타 보면 금방 느낌이 옵니다. 계기판도 풀 디지털, 중앙에는 대형 터치스크린, 뒷좌석용 화면까지 달린 차도 있습니다. 후방 카메라, 360도 서라운드 뷰, 차선 유지, 자동 주차, OTA over-the-air 업데이트…. 이런 기능 하나하나가 모두 반도체입니다. 전자제어 장치ECU, 센서, 카메라이미지센서, 레이더, 인포테인먼트, 배터리 관리 시스템BMS까지 전부 칩으로 움직입니다.

예전 내연기관 차량에 들어가던 반도체가 수백 개 수준이었다면, 최신 전기차/고급 자율주행차에는 수천 개 단위의 반도체가 들어갑니다. 출퇴근길에 전기차가 많아졌다는 생각에서 한 걸음만 더 나아가면, 차량용 MCU, 전력 반도체, 카메라 모듈, 레이더, 자율주행용 SoC system on chip 같은 키워드가 보이기 시작합니다. 단순한 풍경 변화가 특정 반도체 섹터의 구조적 성장으로 연결되는 지점입니다.

역설적이지만 저는 반도체 투자가 가장 인문학적인 영역이라고 생각합니다. 기술은 차갑지만, 그 기술을 쓰는 것은 결국 뜨거운 피가 흐르는 '사람'이기 때문입니다. 사람들이 더 편해지고 싶어서(AI, 자율주행), 더 즐겁고 싶어서(게임, 메타버스), 더 연결되고 싶어서(스마트폰, SNS) 만들어 낸 욕망의 총합이 결국 반도체 주문량으로 이어집니다. 그러니 반도체 투자를 어렵게만 생각하지 마세요. 여러분이 오늘 하루 스마트폰으로 무엇을 검색했는지, 친구들과 어떤 게임 이야기를 했는지, 요즘 유행하는 전자제품이 무엇인지에 보다 관심을 가지세요. 그것이 복잡한 차트 분석보다 훨씬 정확한 미래의 지도가 되어 줄 것입니다.

세상에 대한 호기심을 잃지 않는 한 반도체 시장의 기회는 열려 있
습니다.

반도체 투자는
글로벌로 분석해야 한다

삼성전자 주식을 산 투자자가 가장 먼저 확인할 것은 무엇일까요? 정답은 '미국 필라델피아의 새벽 마감 시황'입니다. 한국 주식시장이 열리기 전인 아침 7시, 반도체 고수들은 약속이나 한 듯 스마트폰으로 미국의 '필라델피아 반도체 지수sox'를 확인합니다. 왜냐하면 전날 밤 미국 반도체 주식들이 어떻게 끝났느냐가 오늘 한국 반도체 주식의 시초가를 결정하는 강력한 가이드라인이 되기 때문입니다.

왜 한국의 삼성전자는 미국의 눈치를 볼까요? 자존심 상하는 일이라 생각할 수도 있지만, 이는 반도체 산업의 구조적 특징 때문입니다. 반도체 투자를 하려면 머릿속에 세계지도 한 장을 펼쳐 놓아야 합니다.

하나의 칩을 만들기 위한
지구촌 이어달리기

반도체 산업은 한 나라가 혼자서 북 치고 장구 칠 수 없는 구조입니다. 완벽한 분업화가 되어 있기 때문입니다. 이해하기 쉽게 반도체 생산 과정을 '글로벌 이어달리기'에 비유해 보겠습니다.

미국은 설계에 강점이 있습니다. 반도체 설계는 경기의 작전판을 짜고 지휘하는 감독과 같습니다. 엔비디아, AMD, 애플, 퀄컴 같은 회사들이 원하는 칩의 설계도를 그리고 요청합니다. 설계도에 필요한 원천 기술과 특허는 대부분 미국이 쥐고 있습니다. 반도체 장비는 강자가 국가마다 분산되어 있습니다. 글로벌 5대 장비사에 네덜란드의 ASML, 미국의 램리서치, 어플라이드 머티리얼즈, KLA, 일본의 도쿄일렉트론이 있습니다. 이어달리기를 하려면 좋은 운동화와 트랙이 필요하듯 이런 회사들이 반도체를 만드는 기계를 공급합니다.

실제 선수들이 땀 흘려 뛰는 제조 영역에서는 대만과 한국에게 강점이 있습니다. 대만의 TSMC는 설계도대로 칩을 위탁 생산(파운드리)하고, 삼성전자와 SK하이닉스는 데이터를 저장하는 메모리 반도체를 만듭니다. 이렇게 만들어진 칩은 중국/베트남 등의 전자제품 조립 공장으로 가거나 미국의 클라우드 데이터센터로 들어갑니다.

이 네 단계가 톱니바퀴처럼 맞물려 돌아갑니다. 만약 엔비디아가 요즘 칩 주문이 줄었다고 재채기를 하면, 대만의 TSMC는 감기에 걸리고, 한국의 SK하이닉스는 몸살을 앓게 되는 구조입니다. 반대로 대만에 큰 지진이 나서 공장이 멈추면, 전 세계 반도체 공급이 막혀 가격이 폭등합니다. 그래서 반도체 투자는 '연결 고리'를 읽는 게 중요한 게임입니다. 삼성전자 하나만 쳐다보고 있다고 답이 구해지지 않습니다. 전 세계 톱니바퀴가 어떻게 돌아가는지를 봐야 주식의 운명이 보이는 것입니다.

반도체 투자자의 필수 체크리스트:
마이크론과 TSMC

그렇다면 구체적으로 어떤 해외 기업을 눈여겨봐야 할까요? 한국 투자자에게 가장 중요한 '선행지표' 역할을 하는 두 회사가 바로 마이크론과 TSMC입니다.

먼저 미국의 마이크론은 삼성전자, SK하이닉스와 함께 세계 메모리 반도체 시장을 삼분하고 있는 회사입니다. 반도체 산업에서 역할이 똑같아서 주가도 쌍둥이처럼 움직입니다. 미국 시장은 한국 시간으로 새벽에 마감하는데, 만약 간밤에 마이크론 주가가 크게 올랐다면 오늘 아침 한국 시장에서 삼성전자와 SK하이닉스도 상승 출발할 확률이 매우 높습니다. 마이크론의 실적 발표나 CEO의 발언은 한국 반도체 투자의 예고편이나 다름없습니다.

다음으로 대만의 TSMC는 전 세계 반도체 생산의 절반 이상을 담당하는 거인입니다. 이 회사의 월별 매출 데이터는 전 세계 IT 경기의 체온계와도 같습니다. TSMC 매출이 늘어난다는 것은 애플, 엔비디아 같은 고객사들이 주문을 많이 넣는다는 뜻이고, 이는 곧 반도체 시장 전체의 호황을 의미합니다.

지정학적 리스크:
정치가 주가를 흔든다

최근 들어 글로벌 분석이 더 중요해진 이유가 하나 더 있는데, 바로 '정치'입니다. 과거의 반도체는 단순한 '산업'이었지만, 지금은 국가 안보를 좌우하는 '전략 물자'가 됐습니다. 미국이 중국에게 첨단 반도체 장비 구매 측면에서 규제를 걸면 중국 매출 비중이 높은 미국 장비 회사 주가가 떨어지고, 중국 공장을 가진 한국 반도체 기업들은 눈치를 보느라 투자를 머뭇거리게 됩니다. 일본이 한국에게 소재 수출을 제한했을 때 우리 주식시장이 출렁거렸던 것을 기억할 겁니다. 당시 한국은 일본의 반도체 소재 의존도가 매우 높았는데, 이 사건으로 어쩔 수 없이 국산화 개발 속도가 빨라졌습니다. 최근에는 중일 분쟁 조짐이 격화되면서 중국은 희토류를, 일본은 반도체 소재를 분쟁의 도구로 사용하고 있습니다. 이에 한국의 반도체 소재 회사들의 주가가 급등하기도 했습니다. 이제 반도체 투자자는 워싱턴의 백악관 발표와 베이징의 반응까지 체크해야 하는 시대가 됐습니다.

정리하자면 반도체 투자는 '글로벌'로 분석해야 합니다. 한국 기업에 투자하더라도 최소한 미국의 엔비디아, 마이크론 그리고 대만의 TSMC는 같이 분석해야 합니다. 미국이 설계를 잘하고 있는지, 대만이 공장을 잘 돌리고 있는지, 유럽과 일본의 장비 공급에 문제가 없는지를 모두 분석해야 진정한 반도체의 수요/공급과 생산 문제를 파악할 수 있습니다. 이 흐름을 읽을 줄 안다면 여러분은 단순히 한국의 일개 주주가 아니라 전 세계 산업 동향을 꿰뚫고 있는 글로벌 투자자가 되는 것입니다.

장기 투자 종목과 단기 트레이딩 종목의 구분

주식시장에는 '우량주는 무조건 장기 투자하라'는 격언이 있습니다. 개인적으로는 반은 맞고 반은 틀린 말이라고 생각합니다. 특히 반도체 시장에서 이 말을 맹신했다가는 10년을 기다려도 원금을 회수하지 못하는 비극이 벌어질 수도 있습니다.

반도체 기업은 크게 두 부류로 나뉩니다. 하나는 '사이클을 타는 기업'이고, 다른 하나는 '구조적으로 성장하는 기업'입니다. 이 둘의 투자 접근법은 완전히 다릅니다. 내가 산 주식이 어느 쪽에 속하는지를 모른 채 투자하는 것은, 축구공을 들고 농구장에 가는 것과 같습니다. 룰이 다른 게임을 하고 있으니 이길 수가 없는 법이죠.

사이클 기업:
밀물에 들어와 썰물에 나가라

사이클 기업에는 대표적으로 메모리 반도체(삼성전자, SK하이닉스,

마이크론, 키옥시아, 샌디스크) 기업들이 속합니다. 이들의 제품(DRAM, NAND)은 일종의 '원자재commodity'와 같습니다. 석유나 밀가루처럼 삼성전자가 만든 DRAM과 마이크론이 만든 DRAM 간 성능 차이가 크지 않습니다. 제품이 표준화되어 있다 보니 승부는 '가격'과 '수급'에서 갈리는 특징이 있습니다. 경기가 좋아 수요가 폭발하면 가격이 급등해 이익이 엄청 나지만, 경기가 식어 재고가 쌓이면 가격이 폭락해 적자를 볼 수도 있습니다.

이런 기업에 투자할 때 가장 위험한 행동은 '역대급 실적' 같은 기사 또는 뉴스 문구를 보고 따라 사는 것입니다. 주식시장이 6개월을 선행한다고 했을 때 주식시장보다 선행하는 게 반도체 주식이기 때문에, 실적이 표면적으로 바닥을 찍기 전에 주가가 먼저 바닥을 찍고, 반대로 실적이 고점을 찍기도 전에 주가가 먼저 꺾여 내려갈 수도 있습니다. 사이클 주식은 이런 주가 특성을 경험적으로 학습해야 합니다. 그래서 사이클 기업은 '트레이딩trading'의 영역이라고 말합니다. 결혼하듯 평생 함께하는 주식이 아니라, 계절에 맞춰 옷을 갈아입듯 사이클에 맞춰 사고파는 유연함이 필요합니다.

구조적 성장 기업: 독점과 해자를 가진 자

구조적 성장 기업은 경기의 파도를 타긴 하지만 긴 시계열로 보면 우상향합니다. 주로 '대체 불가능한 기술'이나 '강력한 플랫폼'을 가진 회사들이 여기에 속합니다. 1장에서 소개한 ASML(노광장비 독점), TSMC(압도적 1등 파운드리) 같은 기업이 그 예입니다. 이들은 원자재를 파는 게 아니라 '명품'을 판다고 합니다. 대체제가 없으니 공급자 중심의 시장이 형성되고 가격결정권도 어느 정도 가지고 있습니다. 반도체 경기가 좀 안 좋아도, 고객사들은 미래를 위해 이들의 장비와 소프트웨어를 계속 사야 하는 경우가 있습니다.

이런 기업들은 '바이 앤 홀드buy & hold' 전략이 유효합니다. 단기적인 등락에 연연하지 않고, 월급날마다 적립식으로 모아 가는 전략도 좋습니다. 자녀들에게 증여를 위해 장기적으로 모아 주기에 좋은 주식들이 여기에 해당합니다. 시간이 지날수록 기술적 해자가 높아져 1등의 지위가 더 공고해지기 때문입니다. 사이클 기업이 '타이밍' 싸움이라면, 구조적 성장 기업은 '인내심' 싸움입니다.

변화하는 기업:
사이클에서 성장으로

앞서 두 가지의 구분은 영원하지 않습니다. 최근 아주 흥미로운 변화가 나타나고 있습니다. 바로 만년 사이클 기업이었던 메모리 반도체 회사들의 변신입니다. 이런 변화를 찾아내는 게 주식 투자에는 제일 유리한 기회입니다.

SK하이닉스가 주도하는 HBM이 대표적인데, 과거 메모리는 그냥 찍어 내서 시장에 내다 파는 물건이었지만, HBM은 엔비디아 같은 고객의 주문을 받아 맞춤 제작해 주는 '스페셜티specialty' 제품에 가깝습니다. 이렇게 되면 단순한 원자재 성격이 옅어지고, 기술력에 따라 제값을 받는 수주형 산업으로 바뀌게 됩니다. 즉 사이클 기업이 구조적 성장 기업으로 재평가re-rating받는 구간이 생깁니다. 이때 주가는 폭발적인 상승 탄력을 받습니다.

최근 메모리 반도체 주식들이 범용 메모리에서도 예전과는 다른 패턴을 보여 주려는 것 같습니다. AI 산업에서 예전의 범용 메모리 반도체 제품들이 일종의 주문형 제품화가 되고, 공급이 예전보다 빠르게 늘지 않아 가격 변동의 사이클이 길어지는 모습도 보여 줍니다. 현재의 메모리가 새로운 비즈니스로 재편되는 것인지, 아니면 예전의 사이클과 달라지는 것인지를 주목할 필요가 있겠습니다. 사이클도 기간이나 진폭이 상황마다 달라질 수 있다는 점도 경험적으로 계속 쌓아 둘 필요가 있습니다.

내 포트폴리오는 어디에 있을까요? 2장을 마무리하며 여러분의 계좌를 한 번 점검해 보십시오. 혹시 사이클의 꼭대기에서 '장기 투자'를 외치며 경기 민감주를 붙들고 있진 않나요? 반대로 10, 20년 가져가야 할 독점 기업을 단지 10% 올랐다고 홀라당 팔아 버리진 않았나요?

반도체 투자는 '농사'와 같습니다. 어떤 작물(사이클 기업)은 계절마다 수확해서 내다 팔아야 하고, 어떤 나무(성장 기업)는 십 년을 키워 울창한 숲을 만들어야 합니다. 이 두 가지를 구분하는 눈을 갖는 것, 그것이 실패하지 않는 반도체 투자의 기본 마인드입니다.

마지막으로 주식을 매수할 때 스스로에게 던져 볼 만한 질문을 간단한 체크리스트로 정리해 보겠습니다.

■ 구조적 성장 기업인지 확인하는 질문

1. 이 회사가 속한 산업은 향후 5~10년 동안 계속 커질 가능성이 있는가?

2. 밸류체인에서 대체하기 어려운 자리에 있는가?

3. 고객이 이 회사를 쓰다가 다른 회사로 갈아타기 힘든 구조(락인 효과)가 있

는가?

4. 벌어들인 이익을 R&D/CAPEX/인수 등으로 미래 성장에 잘 재투자하고 있
  는가?

5. 실적이 일시적으로 흔들려도 내가 이해하는 범위 안에서 설명이 가능한가?

여기서 3개 이상 '그렇다'라고 답할 수 있다면, 장기 동행 후보로 볼
수 있습니다.

■ 사이클 기업인지 확인하는 질문

1. 매출/이익이 가격/재고/CAPEX에 따라 크게 출렁이는 구조인가?

2. 경쟁사가 많고, 시간이 갈수록 가격 경쟁 압력이 커지는 제품인가?

3. 특정 고객사/단일 산업 비중이 너무 높아서 한 곳만 흔들려도 실적이 크게 출
  렁이는 구조인가?

4. 과거 10년 차트를 봤을 때 장기 우상향이라기보다 몇 번의 큰 파동을 반복하
  고 있는가?

5. 이 회사를 생각하면 '영원히 가져갈 기업'보다는 '이번 사이클에 잘 먹고 나와
  야지'라는 생각이 더 강한가?

여기서 3개 이상 '그렇다'라면, 단기/중기 파도타기용으로 마음먹고
들어가는 편이 더 안전합니다.

자, 이제 마음의 준비는 끝났습니다. 왜 반도체인지 그리고 어떤 마
음으로 투자해야 하는지도 알았습니다. 이제는 실력을 키울 시간입니
다. 도대체 DRAM은 무엇이고 NAND는 무엇인지, 파운드리는 무엇이
고 팹리스는 무엇인지. 뉴스를 봐도 뭔 말인지 모르겠던 분들을 위해

준비했습니다. 어려운 공학 교과서는 덮어 두세요. 투자자에게 필요한 만큼의 지식만 아주 쉽고 빠르게 떠먹여 드리겠습니다. 다음 파트에서 반도체 기초와 밸류체인 이해, 이제 본격적으로 반도체의 속살을 파헤치러 가겠습니다.

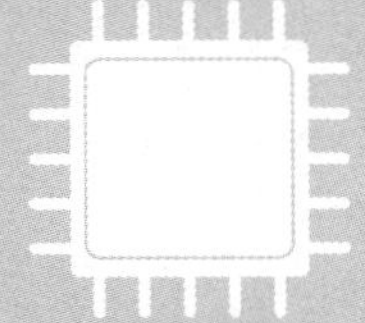

PART 02

반도체 기초와 밸류체인 이해하기

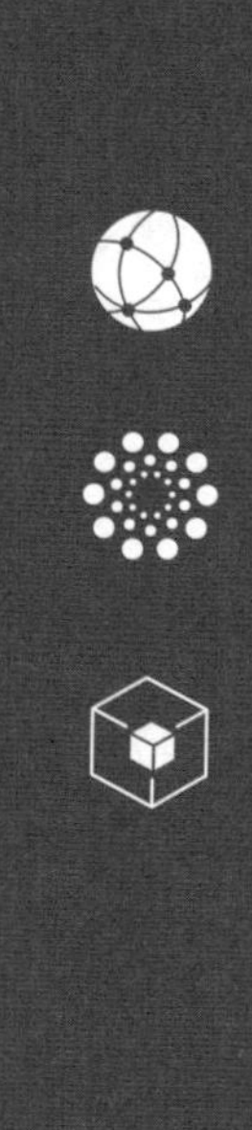

Chapter 03

반도체 기초 101
- 트랜지스터부터 칩까지

내 일상 속
반도체 지도 그리기

많은 분이 반도체 공부를 시작할 때 이렇게 묻습니다. "반도체가 중요하다는 건 알겠는데, 도대체 내 삶이랑 무슨 상관이죠?"

뉴스에서는 '반도체는 산업의 쌀이다', '4차 산업혁명의 원유다'라며 거창한 말을 쏟아 내지만, 정작 우리 눈에 보이는 반도체는 거의 없습니다. 스마트폰을 사도, 전기차를 타도 매끈한 껍데기만 보일 뿐 그 안에 숨은 칩을 직접 들여다볼 일은 없으니 당연히 멀게 느껴질 수밖에 없습니다.

그래서 이 장의 출발점은 기술이 아닙니다. 복잡한 회로도나 수학 공식도 아닙니다. 우리가 하루를 살아가면서 쓰는 기기들 속에 반도체가 어디에, 어떤 역할로 숨어 있는지 눈에 보이게 꺼내 보는 것. 이것이 3장의 첫 번째 목표입니다.

한 번 이 '지도'를 그려 두면, 뒤에서 다룰 '메모리 vs. 로직', '공정 노드', '패키징' 같은 어려운 용어들도 매일 손에 쥐는 기기 안의 부품으로 연결해서 이해할 수 있게 됩니다. 자, 저와 함께 반도체 위를 걷는 하루를 시작해 보겠습니다.

아침에 눈을 뜨면 손이 제일 먼저 향하는 곳은 대부분 스마트폰일 겁니다. 알람을 끄고, 밤새 온 메시지를 훑어보고, 오늘 날씨를 확인합니다. 주식 애플리케이션을 열어 간밤의 미국 증시를 체크하기도 하죠. 겉으로 보면 그저 화면이 커지고 손가락에 반응하는 기계일 뿐입니다. 하지만 그 짧은 몇 분 사이에, 스마트폰 안에서는 수십 개의 반도체가 동시에 비명을 지르며 돌아갑니다.

- **생각하는 칩**: 화면 뒤에는 스마트폰의 두뇌가 있습니다. 애플리케이션을 실행하고 화면을 그려 주는 이 칩을 AP application processor라고 부릅니다. 퀄컴이나 애플, 삼성전자가 만드는 이 칩이 "주인님이 주식 애플리케이션을 켰어, 화면을 띄워!"라고 명령을 내립니다.
- **작업 책상**: AP가 일을 하려면 데이터를 펼쳐 놓을 책상이 필요합니다. 카카오톡, 주식 애플리케이션, 브라우저 등을 잠시 올려 두고 빠르게 계산하는 공간, 이곳이 바로 DRAM입니다. 우리가 흔히 '램'이라고도 부르는 반도체입니다.
- **창고**: 그렇다면 사진, 동영상, 애플리케이션 설치 파일은 어디에 있을까요? 전원이 꺼져도 지워지지 않는 거대한 창고, 바로 NAND flash에 저장됩니다. 256GB, 512GB 하는 숫자가 바로 이 창고의 크기입니다.
- **관리자**: 이 모든 부품이 전기를 마구잡이로 쓰면 배터리가 금방 방전되겠죠? "너는 지금 쉬니까 전기를 끊고, 너는 일하니까 전기를 줄게"라며 전력을 배분하는 칩, 전력관리반도체 PMIC가 숨어 있습니다.
- **입과 귀**: 주식 정보를 가져오려면 기지국과 대화해야 합니다. 5G, Wi-Fi, 블루투스 칩들이 눈에 보이지 않는 전파를 데이터로 바꿔 주는 역할을 합니다.

알람을 끄는 그 순간부터 여러분은 이미 팹리스(설계), 파운드리(생산), 메모리 기업들이 만든 기술의 집약체를 만지고 있는 것입니다.

여러분은 집을 나와 지하철역 개찰구에 교통카드를 찍습니다. "삑" 하는 소리와 함께 게이트가 열립니다. 아주 단순해 보이지만, 이 1초 사이에도 반도체끼리의 대화가 오갑니다.

카드 안에는 잔액 정보를 담고 보안을 지키는 칩이 들어 있고, 개찰구 단말기에는 카드를 읽는 센서와 요금을 계산하는 마이크로컨트롤러MCU와 이 정보를 중앙 서버로 보내는 통신 칩이 들어 있습니다. 카드를 대는 순간 이 칩들이 암호를 주고받으며 "이 카드는 유효해, 잔액이 충분해, 문을 열어"라는 결정을 내립니다.

회사에 도착해 노트북을 켜고, 엑셀 프로그램과 메신저, 웹 브라우저를 동시에 띄웁니다. 노트북도 스마트폰과 구조는 비슷합니다. 그저 두뇌가 모바일용 AP가 아니라, 더 복잡한 계산을 잘하는 CPU(인텔, AMD 등)입니다. 저장장치도 SSD라는 이름으로 바뀌었지만, 속을 뜯어보면 결국 NAND flash 반도체 덩어리입니다.

여기서 한 가지 더 상상력을 발휘해야 합니다. 우리가 작성한 문서를 구글 드라이브나 사내 클라우드에 '저장'하는 순간, 그 데이터는 어디로 갈까요? 노트북을 떠나 회사 건물 밖, 어딘가에 있는 거대한 데이터센터로 날아갑니다. 그곳에는 수천, 수만 대의 서버가 24시간 돌아가고 있습니다. 우리가 문서를 저장할 때 하는 클릭 한 번이 데이터센터에 있는 CPU, 고용량 메모리, AI 반도체를 깨워서 일을 시킵니다.

점심시간, 식당 키오스크에서 메뉴를 고르고 결제합니다. 터치를 인식하는 센서 칩, 화면을 보여 주는 구동 칩DDI, 카드 결제 정보를 암호화하는 보안 칩이 작동합니다.

퇴근길에 보이는 전기차는 어떨까요? 전기차는 이제 '이동수단'이라기보다 '바퀴 달린 반도체'에 가깝습니다. 배터리가 과열되지 않게 감시하는 칩BMS, 모터를 돌리기 위해 고전압 전기를 통제하는 전력 반도체, 차선을 인식하고 앞차와의 거리를 계산하는 자율주행 칩 ADAS, 내비게이션과 음악을 틀어 주는 인포테인먼트 칩 등 과거 내연기관 차에는 200~300개의 반도체가 들어갔지만, 최신 전기차에는 무려 2,000~3,000개의 반도체가 들어갑니다.

하루를 쭉 돌아보니 어떤가요? 반도체를 빼고는 단 1분도 일상생활이 불가능하다는 것을 느꼈을 겁니다. 그런데 반도체 종류가 너무 많아 벌써 머리가 아프다고요? 걱정하지 마십시오. 투자자 입장에서 반도체는 딱 5가지 역할로만 구분하면 됩니다. 앞으로 어떤 어려운 반도체 용어가 나와도 이 5가지 서랍 중 하나에 넣으면 됩니다.

- **생각하는 칩(logic)**: 계산하고 명령을 내립니다(CPU, GPU, AP, NPU)
- **기억하는 칩(memory)**: 데이터를 저장합니다(DRAM, NAND, HBM)
- **느끼는 칩(sensor)**: 빛, 소리, 동작을 전기 신호로 바꿉니다(이미지센서 등)
- **대화하는 칩(connectivity)**: 통신을 연결합니다(5G 모뎀, Wi-Fi, 블루투스)
- **움직이는 칩(power/drive)**: 전력을 제어하고 기계를 움직입니다(PMIC, 전력 반도체, DDI)

여러분이 스마트폰을 켜는 순간부터 잠들 때까지, 이 5형제는 끊임없이 상호작용하며 세상을 움직입니다. 앞으로 우리가 배울 '공정 미세화', '패키징', 'AI 반도체' 같은 어려운 기술들은 결국 이 5가지 칩이 '더 똑똑하게(생각)', '더 많이(기억)', '더 빠르게(대화)', '더 효율적으로(움직임)' 작동하게 만드는 과정이기 때문입니다.

0과 1의 세계
| 비트, 논리, 트렌지스터 |

앞서 우리는 일상 속 기기들에 반도체가 얼마나 깊숙이 스며들어 있는지 살펴봤습니다. 이제 스마트폰의 화면을 뚫고, 플라스틱 케이스를 열고, 그 안에 있는 새까만 칩의 내부로 더 깊이 들어가 보겠습니다.

스마트폰이든, 거대한 AI 서버든, 전기차든 겉모습은 달라도 그 안의 칩이 하는 일은 놀라울 만큼 단순합니다. 가장 안쪽 깊은 곳에서는 오직 0과 1, 두 가지 상태만이 존재합니다. 이 두 개의 숫자가 반도체 세계를 구성하는 알파벳입니다. 이 장에서는 반도체의 가장 기초가 되는 세 가지 키워드—비트^{bit}, 논리^{logic}, 트랜지스터^{transistor}—를 통해 0과 1의 세계가 어떻게 마법을 부리는지 알아보겠습니다.

비트:
정보의 원자

비트는 정보를 담는 가장 작은 상자입니다. 이 상자가 표현할 수 있는 상태는 딱 두 가지뿐입니다. '0' 아니면 '1'입니다. 처음 들으면 너무 단순해서 시시해 보일 수 있습니다. 하지만 우리가 사는 세상의 많은 일은 이 두 가지 선택의 조합으로 이루어져 있습니다. 전등 스위치가 꺼져 있으면 0, 켜져 있으면 1. 시험에 떨어졌으면 0, 붙었으면 1. 문이 닫혀 있으면 0, 열려 있으면 1 등등.

비트 하나로는 할 수 있는 게 별로 없지만 모이기 시작하면 이야기가 달라집니다. 비트가 1개면 경우의 수는 두 가지(0, 1)지만, 2개가 되면 네 가지(00, 01, 10, 11), 3개가 되면 여덟 가지가 됩니다. 비트가 하나 늘어날 때마다 표현할 수 있는 세상은 두 배씩 넓어집니다.

우리는 이 원리를 이용해 세상을 숫자로 바꿉니다. 예를 들어, 'A'라는 글자는 숫자 65로 약속하고, 65를 0과 1로 바꿔 저장합니다. 사진을 확대해 보면 수많은 점(픽셀)으로 되어 있죠? 점 하나하나의 밝기와 색상을 숫자로 매기고, 이를 0과 1로 저장합니다. 영상은 시간의 흐름에 따라 사진과 소리가 어떻게 변하는지 숫자로 기록하는 방식입니다.

우리가 유튜브를 보고 카카오톡을 보내는 그 순간에도 기기 안에서는 수조 개의 0과 1이 강물처럼 흐르고 있는 셈입니다. 그렇다면 이 0과 1을 누가, 어떻게 계산하는 걸까요? 여기서 '논리'가 등장합니다.

논리:
0과 1을 요리하는 레시피

컴퓨터가 생각한다는 것은 거창한 철학적 사유가 아닙니다. 수많은 '조건'을 따지는 일입니다. 우리가 일상에서 하는 판단도 알고 보면 조건문으로 바꿀 수 있습니다.

비가 오고(AND) 나가야 하면 → 우산을 챙긴다.

비가 오거나(OR) 햇빛이 강하면 → 우산을 챙긴다.

문이 열려 있지 않다면(NOT) → 문을 연다.

컴퓨터는 이 조건들을 AND(그리고), OR(또는), NOT(아니다)이라는 세 가지 기본 논리로 처리합니다. 이 단순한 논리들이 수천, 수만 번 겹쳐지면 '두 숫자를 더하라', '비밀번호가 맞는지 확인하라', '이 사진이 고양이인지 개인지 구별하라' 같은 복잡한 판단을 할 수 있게 됩니다. AI가 시를 쓰고 그림을 그리는 마법도, 그 바닥을 파헤쳐 보면 결국 이 무수한 논리 연산—0과 1의 덧셈과 곱셈—들이 초고속으로 수행된 결과입니다.

트랜지스터:
논리를 현실로 만드는 스위치

자, 이제 투자자가 꼭 알아야 할 핵심 부품이 등장합니다. 앞서 말한 비트와 논리는 눈에 보이지 않는 개념입니다. 이 개념을 실제 물리적인 기계로 구현해 주는 장치가 바로 '트랜지스터'입니다.

트랜지스터의 정체는 아주 간단합니다. 전기를 켜고 끄는 초미세 스위치입니다. 집 벽에 있는 전등 스위치를 생각해 보세요. 손으로 누르면 불이 켜지고(1), 다시 누르면 꺼집니다(0). 트랜지스터도 똑같습니다. 다만 손가락 대신 '전기신호'로 켜고 끄며, 그 크기가 바이러스보다 작다는 점이 다를 뿐입니다. 이 트랜지스터 스위치 2, 3개를 연결하면

덧셈을 할 수 있고, 수천 개를 모으면 계산기가 되며, 수십억 개를 손톱만 한 공간에 때려 넣으면 최신 스마트폰의 두뇌AP가 됩니다. 즉 반도체 칩이란 '수십억 개의 나노 스위치가 모여 있는 거대한 빌딩'인 셈입니다.

'몇 나노' 공정의
진짜 의미

여기서 우리가 뉴스에서 듣는 '3나노 공정 양산', '2나노 경쟁'이라는 말의 의미가 풀립니다. '공정이 미세해진다(나노 수가 작아진다)'는 것은 트랜지스터 스위치의 크기를 더 작게 만든다는 뜻입니다. 스위치를 작게 만들면 무엇이 좋을까요? 투자자라면 이 세 가지 이점을 반드시 기억해야 합니다.

- **성능 향상(더 똑똑하게)**: 같은 면적의 칩 안에 더 많은 스위치를 집어넣을 수 있습니다. 뇌세포가 많을수록 똑똑하듯, 트랜지스터가 많을수록 연산 능력이 좋아집니다.
- **전력 절감(더 오래 가게)**: 스위치가 작으면 켜고 끄는 데 드는 힘(전기)이 줄어듭니다. 배터리가 오래 가고, 데이터센터의 전기세를 아껴 줍니다.
- **속도 향상(더 빠르게)**: 스위치 사이의 거리가 좁혀져 전자가 이동하는 시간이 단축됩니다.

AI 시대가 오면서 칩 하나에 더 많은 데이터를, 더 빠르게 처리해야 한다는 압박이 커졌습니다. 그래서 삼성전자와 TSMC, 인텔이 천문학적인 돈을 쏟아부으며 누가 더 작은 스위치를 만드느냐에 목숨을 거는 것입니다.

AI도 결국
트랜지스터의 춤이다

마지막으로 이 0과 1의 세계를 요즘 가장 핫한 AI와 연결해 보겠습니다. ChatGPT가 사람처럼 대답할 때 우리는 AI가 자의식을 가진 게 아닌가 하고 의심하기도 합니다. 하지만 AI 모델은 수많은 0과 1의 숫자 뭉치를 엄청난 속도로 확률 계산하는 일을 합니다. 엔비디아의 GPU가 AI 시대의 황제가 된 이유도 여기에 있습니다. GPU는 아주 복잡한 논리보다는 단순한 0과 1의 반복 계산을 동시에 처리하는 데 특화된, 수만 개의 트랜지스터 덩어리이기 때문입니다.

아무리 기술이 발전하고 세상이 변해도 반도체의 본질은 변하지 않습니다. '어떻게 하면 0과 1을 담는 스위치(트랜지스터)를 더 작게, 더 많이, 더 효율적으로 만들 것인가?' 이 질문이 팹리스, 파운드리, 장비, 소재 기업들의 주가를 움직이는 거대한 동력입니다.

저장하는 칩과
생각하는 칩

앞서 우리는 0과 1이라는 가장 작은 정보 단위와 그것을 다루는 스위치인 트랜지스터에 대해 살펴봤습니다. 이제 시야를 조금 넓혀, 실제 시장에 나와 있는 반도체 칩들을 크게 두 개의 부족으로 나누어 보겠습니다. 저장하는 칩인 메모리와 생각하는 칩인 로직. 반도체 세상을 이해하는 가장 중요한 첫 번째 분류가 바로 이것입니다.

이 두 가지를 구분할 줄 알게 되면, 복잡했던 반도체 뉴스가 정리되

반도체 품목별 시장 규모(2025년 기준)

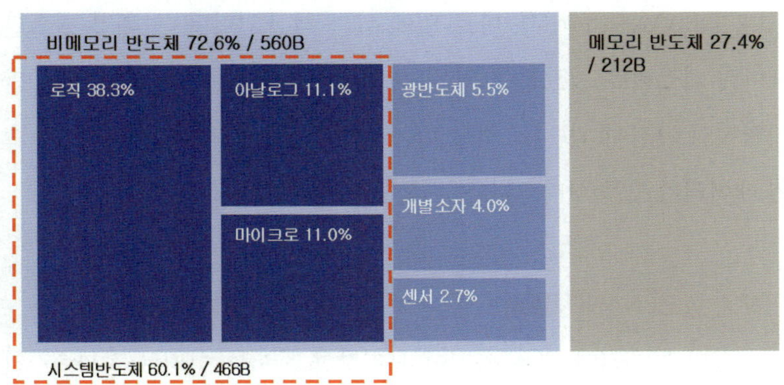

어 들리기 시작합니다. '메모리 가격 반등', '시스템 반도체(로직) 육성', 'AI 반도체 전쟁' 같은 말들이 단순한 유행어가 아니라, 서로 다른 산업의 이야기를 하고 있다는 것을 깨닫게 될 겁니다.

메모리:
데이터가 머무는 공간

먼저 한국 반도체 산업의 주력인 메모리부터 보겠습니다. 메모리는 말 그대로 데이터를 '저장'하는 역할을 합니다. 일상생활에서 비유를 들자면, 메모리는 크게 책상 위와 서랍 속이란 두 가지 공간으로 나눕니다. 우리가 일을 할 때 지금 당장 봐야 하는 서류는 책상 위에 펼쳐 두지만, 다 본 서류나 나중에 볼 책은 서랍이나 책장에 넣어 둡니다. 컴퓨터나 스마트폰도 똑같은 원리입니다.

작업 공간: DRAM(램)

우리가 노트북에서 엑셀 프로그램, 인터넷, 메신저를 동시에 켜 놓고 일을 할 때 이 프로그램들이 올라가 있는 공간이 바로 DRAM(램)입니다. DRAM은 '두뇌CPU 바로 옆에 있는 책상'입니다. 두뇌가 필요할 때마다 바로바로 자료를 가져올 수 있어서 속도가 매우 빠릅니다. 단 치명적인 단점이 있는데, 책상 위는 퇴근할 때 치워야 하듯 전원을 끄면 데이터가 모두 사라집니다. 이를 '휘발성 메모리'라고 부릅니다.

보관 창고: NAND flash

그렇다면 우리가 찍은 사진이나 저장한 문서는 어디로 갈까요? 전원을 꺼도 지워지지 않는 서랍, 즉 NAND flash로 들어갑니다. 스마트 폰 용량이 256GB, 512GB라고 할 때 그 숫자가 바로 이 NAND flash 의 크기입니다. DRAM보다 속도는 느리지만, 전기가 없어도 데이터를 안전하게 보관하는 '비휘발성 메모리'입니다.

로직:
계산하고 판단하는 두뇌

이제 로직 반도체를 보겠습니다. 한국에서는 흔히 '시스템 반도체' 라고도 부르는 로직은 저장된 데이터를 가져와서 더하고, 빼고, 그림을 그리고, 명령을 내리는 '생각하는 칩'입니다. 역할에 따라 이름이 조금 씩 다릅니다.

- **CPU(만능 두뇌)**: 컴퓨터 전체를 관리하는 똑똑한 관리자입니다. 문서 작업부 터 웹서핑까지 못하는 게 없습니다(인텔, AMD).
- **GPU(근육질 두뇌)**: 원래는 게임 그래픽을 그리던 칩이었지만, 단순 반복 계 산을 엄청나게 잘한다는 특기 덕분에 지금은 AI 연산의 핵심이 됐습니다(엔비 디아, AMD).
- **NPU(AI 전용 두뇌)**: 오직 AI만을 위해 태어난 칩입니다. 사람의 뇌 신경망을 모방해 효율성을 극대화했습니다.
- **MCU(기계의 두뇌)**: 밥솥, 세탁기, 자동차 창문 버튼 뒤에 숨어서 기계를 제어 하는 작은 두뇌입니다. 작지만 없어서는 안 될 존재입니다.

메모리와 로직, 이 둘의 관계는 요리로 비유했을 때 가장 직관적으로 다가옵니다. 메모리가 식재료라면 로직은 셰프입니다. 아무리 미슐랭 3스타 요리사(로직)라도 냉장고에 재료(메모리)가 없으면 요리를 할 수 없습니다. 반대로 최고급 한우(메모리)가 산더미처럼 쌓여 있어도, 요리할 사람(로직)이 없으면 그저 썩어 가는 고기에 지나지 않습니다.

AI 시대가 되면서 이 둘의 관계는 더욱 끈끈해졌습니다. AI는 엄청나게 많은 양의 재료를 순식간에 손질해야 하는 고난도 작업을 수행합니다. 그래서 요리사(GPU) 바로 옆에 재료(HBM)를 잔뜩 쌓아 두고 미친 속도로 공급해 주는 구조가 필수적입니다.

자, 이제 투자자에게 가장 중요한 질문을 던져 보겠습니다. 왜 이 둘을 구분해야 할까요? 바로 돈을 버는 방식, 즉 '산업의 룰'이 다르기 때문입니다. 메모리DRAM, NAND는 '규격화된 제품'입니다. 삼성전자의 16GB DRAM과 SK하이닉스의 16GB DRAM은 성능 차이가 크지 않습니다. 마치 휘발유나 밀가루 같은 '원자재commodity' 성격이 강합니다. 그래서 경쟁의 핵심은 누가 더 싸게, 많이 만드느냐에 있습니다. 경기가 좋아 수요가 폭발하면 가격이 급등해 모두가 떼돈을 벌지만(호황), 너도나도 공장을 지어 물량이 쏟아지면 가격이 폭락합니다(불황). 투자자는 이 거대한 사이클을 읽어야 합니다. 반면 로직은 '맞춤형 제품'에 가깝습니다. 엔비디아의 GPU와 인텔의 CPU는 서로 바꿔 낄 수가 없습니다. 고객이 원하는 기능과 소프트웨어가 다르기 때문입니다. 그래서 경쟁의 핵심은 누가 대체 불가능한 기술(설계)을 가졌느냐에 있습니다. 한 번 엔비디아 생태계에 들어온 개발자는 다른 곳으로 가기 힘듭니다. 이를 '락인lock-in 효과'라고 합니다. 로직 기업 투자는 사이클 타이밍보다 누가 시장을 지배하는 독점적 지위를 가졌는가를 찾는 것이 더 중요합니다.

마지막으로 살짝 힌트를 드리자면, 지금 반도체 시장은 이 오랜 경

계가 무너지고 있습니다. 요리사(GPU)가 재료(메모리)를 가지러 냉장
고까지 가는 시간조차 아까워서, 아예 조리대 바로 옆에 재료를 쌓아
두기 시작했습니다. 이것이 바로 뒤에서 지겹도록 다룰 HBM입니다.
메모리가 단순한 창고를 넘어 로직과 한 몸처럼 움직이는 시대, 이것이
AI 반도체 혁명의 핵심입니다. 이 흥미진진한 변화는 나중에 Part 3와
4에서 깊이 있게 다루겠습니다.

지금은 이것만 기억하면 됩니다. '저장하는 메모리는 재료, 생각하
는 로직은 요리사 그리고 투자법은 사이클과 독점이다.' 이제 칩의 종
류는 알았습니다. 그럼 이 칩들은 도대체 무엇으로, 어떻게 만들어질
까요? 다음 장에서는 반도체의 어머니 '실리콘 웨이퍼'의 세계로, 모래
를 밟으러 가 보겠습니다.

모래에서 칩이 되기까지

앞서 우리는 비트, 논리, 메모리, 로직 같은 반도체의 기능과 종류를 알아봤습니다. 하지만 이 모든 개념은 허공에 떠 있는 것이 아닙니다. 결국 반도체 칩은 손으로 만질 수 있는 물건입니다. 0과 1이 뛰어노는 운동장, 그 물리적인 실체가 바로 실리콘 웨이퍼silicon wafer 입니다. 뉴스에서 자주 보는, 방진복을 입은 엔지니어가 들고 있는 반짝이는 원판이 바로 이것입니다. 이 장에서는 흔하디흔한 모래 한 줌이 어떻게 최첨단 기술의 결정체인 웨이퍼로 변신하는지, 그 여정을 따라가 보겠습니다.

왜 하필 실리콘일까?

세상에는 수많은 원소가 있는데, 왜 하필 실리콘규소, Si이 반도체의 주인공이 됐을까요? 이유는 크게 세 가지입니다.

첫째, 전기를 통제하기 좋습니다. 실리콘은 평소에는 전기가 잘 안

통하지만, 불순물을 조금 섞어 주면 전기가 잘 통하게 변합니다. 즉 전기를 흐르게 했다가, 끊었다가를 마음대로 조절할 수 있는 최고의 재료입니다. 이것이 반도체semiconductor의 본질이죠.

둘째, 지구상에 가장 흔합니다. 실리콘은 모래, 자갈, 바위 등 지구 지각의 약 27%를 차지합니다. 구하기 쉽고 가격이 저렴해 대량생산에 유리합니다.

셋째, 튼튼합니다. 반도체를 만드는 과정은 수백 도의 고온과 독한 화학약품을 견뎌야 합니다. 실리콘은 열과 화학적 스트레스를 아주 잘 버텨 내는 안정적인 친구입니다.

모래에서 잉곳으로: 99.9999999%의 순도

웨이퍼의 고향은 바닷가 모래나 자갈석영입니다. 그러나 모래를 그대로 쓸 수는 없습니다. 불순물을 완벽하게 제거해야 합니다. 반도체용 실리콘의 순도는 '99.9999999%'에 달합니다. 9가 무려 9개, 그래서 '나인 나인nine nines'이라고도 부릅니다. 이 정도면 지구상에서 가장 순수한 물질 중 하나입니다.

이렇게 정제된 실리콘을 뜨거운 도가니에 녹인 뒤 '잉곳ingot'이라는 결정을 만듭니다. 만드는 과정은 솜사탕이나 달고나를 만드는 것과 비슷합니다. 녹아 있는 실리콘 용액에 작은 씨앗 결정seed을 담그고, 천천히 회전시키며 위로 끌어올립니다. 그러면 실리콘이 씨앗에 달라붙으며 굳어지는데, 이것이 자라나면 마치 거대한 원기둥 모양의 소시지 같은 덩어리가 됩니다. 이것이 바로 잉곳입니다.

썰고 닦아서 거울처럼:
웨이퍼의 탄생

이제 거대한 소시지(잉곳)를 얇게 썰 차례입니다. 다이아몬드 톱을 이용해 잉곳을 얇은 원판 모양으로 잘라 냅니다. 이렇게 잘린 판을 '웨이퍼wafer'라고 부릅니다. 하지만 막 잘라 낸 웨이퍼는 표면이 거칠거칠해서 쓸 수가 없습니다. 그래서 표면을 갈아내고grinding, 화학 용액으로 닦아 내어etching/cleaning, 원자 단위까지 매끄럽게 만드는 연마polishing 과정을 거칩니다.

완성된 웨이퍼는 거울처럼 반짝입니다. 왜 이렇게까지 매끄러워야 할까요? 웨이퍼는 반도체를 그리기 위한 '도화지'이기 때문입니다. 울퉁불퉁한 종이 위에는 세밀한 그림을 그릴 수 없듯이, 나노nm 단위의 초미세 회로를 그리기 위해서는 티끌 하나의 굴곡도 없는 완벽한 평면이 필요합니다.

투자 관점에서 보면, 이 고순도 웨이퍼를 만들 수 있는 회사는 전 세계에 일본의 신에츠, 섬코, 대만의 글로벌웨이퍼스, 한국의 SK실트론 등 손에 꼽을 정도입니다. 진입 장벽이 매우 높은 시장이라는 뜻입니다.

웨이퍼가 클수록 돈이 된다:
12인치의 경제학

반도체 뉴스를 보다 보면 '8인치200mm 웨이퍼', '12인치300mm 웨이퍼'라는 말을 듣게 됩니다. 왜 웨이퍼 크기가 중요할까요? 바로 '원가' 때문입니다.

웨이퍼를 피자라고 생각해 봅시다. 같은 시간과 노력을 들여 피자를 굽는다면, 작은 피자(8인치)보다 라지 피자(12인치)를 구웠을 때 나올 수 있는 조각(반도체 칩)의 개수가 훨씬 많습니다. 한 번 공정을 돌릴 때 칩을 100개 만드는 것보다 200개 만드는 것이 칩 한 개당 생산 단가를 획기적으로 낮출 수 있겠죠. 그래서 반도체 역사는 웨이퍼를 더 크게 만드는 방향으로 발전해 왔습니다. 현재 최첨단 메모리와 로직 반도체는 대부분 생산 효율이 가장 좋은 12인치 웨이퍼에서 만들어집니다. 다면 구형 공정이나 전력 반도체 등은 여전히 8인치에서 만들어지기도 합니다.

이제 모래에서 시작된 여정이 끝났습니다. 우리 앞에는 원자 단위로 매끄럽게 닦인 12인치 실리콘 웨이퍼가 놓여 있습니다. 이 웨이퍼를 '신도시 건설을 위한 평평한 땅'이라고 상상해 보십시오. 이제 이 땅 위에 팹리스(설계자)가 그려 준 설계도에 따라, 파운드리(건설사)가 들어와 건물을 짓기 시작할 것입니다. 트랜지스터라는 수십억 채의 아파트를 짓고, 전자가 이동하는 도로(배선)를 깔고, 층과 층을 연결하는 엘리베이터를 설치할 것입니다.

이 건설 과정을 우리는 '반도체 전공정$^{\text{fab process}}$'이라고 부릅니다. 다음 장에서는 이 매끄러운 웨이퍼 위에 어떻게 빛과 화학 가스를 이용해 나노미터 크기의 초미세 도시를 건설하는지, 그 마법 같은 공정의 세계로 들어가 보겠습니다.

공정 한 바퀴

앞서 우리는 모래에서 시작해 거울처럼 반짝이는 도화지, 실리콘 웨이퍼가 만들어지는 과정을 봤습니다. 이제 그 깨끗한 웨이퍼 위에 실제로 트랜지스터라는 집을 짓고, 전선이라는 도로를 깔아 '칩'을 만들 차례입니다.

반도체 제조공정은 수백 단계를 거치지만, 결국 네 가지 동작의 무한 반복이기 때문입니다.

- **찍고(패턴/노광)**: 빛으로 밑그림을 그립니다.
- **깎고(식각)**: 필요 없는 부분을 파냅니다.
- **덮고(증착)**: 그 위에 새로운 막을 입힙니다.
- **섞고(이온 주입)**: 실리콘의 성질을 바꿉니다.

이 사이사이에는 '씻고(세정)'와 '다듬는(CMP)' 과정이 쉴 새 없이 끼어듭니다. 마치 시루떡이나 레이어 케이크를 만들 듯, 이 과정을 수백 번 반복하며 층층이 쌓아 올리면 비로소 반도체가 완성됩니다. 이 '마법의 한 바퀴'를 아주 쉽게 풀어 보겠습니다.

패턴:
빛으로 그리는 초정밀 밑그림

첫 단추는 웨이퍼 위에 회로의 밑그림을 그리는 패턴 공정입니다. 현장에서는 '노광 photo lithography'이라고 부릅니다. 붓이나 펜으로 그리는 게 아니라, '빛'을 이용해 사진을 찍듯이 회로를 인쇄합니다.

- **준비(포토레지스트)**: 먼저 웨이퍼 위에 빛에 반응하는 특수 감광액을 얇게 바릅니다. 옛날 필름 카메라의 필름 역할을 하는 액체입니다.
- **촬영(노광)**: 회로도가 그려진 원판(마스크)을 대고 강한 빛을 쏩니다. 그러면 빛을 받은 부분의 감광액 성질이 변합니다.
- **현상(development)**: 현상액을 뿌리면 빛을 받은 부분—혹은 안 받은 부분—만 씻겨 나가며 웨이퍼 위에 회로 모양의 패턴이 남습니다.

투자 포인트 ———

반도체 공정 중 가장 비싸고 중요한 단계입니다. 빛을 쏘는 장비(ASML의 EUV 등)와 빛에 반응하는 포토레지스트, 설계도의 도화지가 되는 블랭크 마스크가 핵심 밸류체인입니다. 워낙 비싼 공정이기 때문에, 여기에 EUV 마스크의 결함을 검사하는 장비가 중요합니다.

식각:
필요 없는 부분을 깎아 내는 조각

밑그림이 그려졌으니 이제 필요 없는 부분을 깎아 내야 합니다. 이를 식각etching 공정이라고 합니다. 마치 판화나 조각을 하는 것과 같습니다.

- **습식 식각(wet)**: 약품(액체)에 담가서 녹여 내는 방식입니다. 빠르고 싸지만, 아주 정밀한 모양을 내기는 어렵습니다.
- **건식 식각(dry/plasma)**: 최근 미세 공정의 대세입니다. 가스를 플라즈마 상태로 만들어, 이온들이 웨이퍼 표면을 두들겨 깎아 내는 방식입니다. 아주 깊고 좁은 구멍을 수직으로 뚫을 수 있어 초미세 공정에 필수적입니다.

투자 포인트 ———

반도체가 3D 구조(위로 쌓는 형태)로 바뀌면서 구멍을 깊게 뚫어야 하는 식각 장비와 이때 쓰이는 특수가스, 소모성 부품(링, 전극 등) 기업들이 주목받고 있습니다.

증착:
얇은 막을 입히는 도색

깎아 냈으니 이제 무언가로 채우거나 덮어야 합니다. 전기가 안 통하는 절연막을 입히거나 전기가 통하는 금속막을 입히는 과정을 증착deposition 공정이라고 합니다. 단순히 페인트를 칠하는 수준이 아닙니다. 나노미터 두께로 아주 균일하게 입혀야 합니다.

- CVD(화학 기상 증착): 가스끼리 화학반응을 일으켜 막을 입힙니다.
- PVD(물리 기상 증착): 금속 타깃을 때려서 튀어나온 입자를 웨이퍼에 달라붙게 합니다.
- ALD(원자층 증착): 이게 요즘 핵심입니다. 원자를 한 층, 한 층 벽돌 쌓듯이 쌓아 올립니다. 속도는 느리지만 두께를 완벽하게 조절할 수 있어 미세 공정에서 수요가 폭발하고 있습니다.

증착 공정은 횟수가 가장 많습니다. 장비도 중요하지만 증착에 쓰이는 재료(전구체, 특수가스)를 공급하는 소재 기업들의 실적과 직결되는 공정입니다.

이온 주입:
반도체의 맛을 내는 양념

앞서 실리콘은 전기를 흐르게 할지 말지 조절할 수 있는 재료라고 했습니다. 그 조절 능력을 부여하는 것이 이온 주입ion implantation 공정입니다. 순수한 실리콘 웨이퍼에 붕소B나 인P 같은 불순물 이온을 대포처럼 쏘아서 깊숙이 박아 넣습니다. 마치 요리에 소금이나 설탕을 쳐서 맛을 바꾸는 것과 같습니다. 이 과정을 거쳐야 비로소 실리콘이 전기가 통하는 반도체의 성질을 갖게 됩니다.

이온 주입은 칩 성능을 결정하는 '불순물 주입' 공정이라서, 그걸 해 주는 장비와 장비에 계속 들어가는 소모품/부품/가스 기업들이 함께 수혜를 받습니다.

숨은 영웅들:
세정과 평탄화

이 화려한 4대 공정 사이사이에 반드시 껴야 하는 조연들이 있습니다.

- **세정(cleaning)**: 공정 한 단계가 끝날 때마다 씻어 내야 합니다. 먼지 한 톨이 거대한 바위처럼 작용해 불량을 만들기 때문입니다. 수율(성공률)의 핵심입니다.
- **평탄화(CMP)**: 층을 계속 쌓다 보면 표면이 울퉁불퉁해집니다. 그 위에 건물을 또 지을 수 없으니, 화학약품과 패드로 문질러 표면을 평평하게 갈아 냅니다. 특히 칩을 높게 쌓는 HBM 같은 최신 메모리에서 그 중요성이 엄청나게 커졌습니다.

자, 이제 전체 그림을 맞춰 봅시다. 반도체 칩 하나를 만들기 위해 찍고(패턴) → 깎고(식각) → 덮고(증착) → 씻고(세정) → 다듬기(CMP)의 과정이 레시피에 따라 수백 번 반복됩니다. 투자자는 이 반복의 방향만 읽어도 큰 그림을 잡을 수 있습니다. '미세 공정 경쟁이 심해질수록 노광(EUV)과 정밀 증착(ALD)의 비중이 커지겠구나', '3D로 더 쌓을수록 깊게 파는 식각과 평평하게 만드는 CMP가 많이 쓰이겠구나' 하고 말이죠. 기술 용어를 다 외우지 않아도, 반도체가 어디로 진화하는지만 잡으면 돈의 흐름이 따라옵니다.

선폭과 공정 노드

반도체 뉴스를 보다 보면 '삼성전자 3나노 양산', 'TSMC 2나노 공정 로드맵 발표' 같은 표현이 끝도 없이 등장합니다. 겉보기에는 숫자가 작을수록 좋은 것 같고, 앞자리가 바뀔 때마다 세상이 뒤집어질 것처럼 보입니다. 이 장에서는 투자자 입장에서 반드시 이해하고 넘어가야 할 두 가지 개념인 선폭feature size과 공정 노드process node를 아주 쉽게 정리해 보겠습니다.

먼저 선폭이란 말 그대로 '선의 두께'를 말합니다. 웨이퍼 위에 그려지는 트랜지스터와 전선들은 모두 선과 면의 조합입니다. 여기서 선폭은 '실제 공정에서 구현 가능한 가장 얇은 선의 두께'를 뜻합니다.

도로에 비유해 볼까요? 같은 넓이의 땅에 도로를 깐다고 가정해 봅시다. 차선 폭이 넓으면 4차선밖에 못 만들지만, 차선 폭을 절반으로 줄이면 8차선을 만들 수 있습니다. 통행량이 두 배로 늘어나는 셈이죠. 반도체도 똑같습니다. 선폭이 줄어들면 손톱만 한 칩(땅) 위에 트랜지스터(차선)를 훨씬 더 많이, 빽빽하게 집어넣을 수 있습니다. 이것이 반도체 기술 발전의 핵심인 '집적도density 향상'입니다.

과거에는 90나노 공정처럼 선폭 숫자가 비교적 직관적으로 공정 이름이 되곤 했습니다. 하지만 기술이 복잡해지면서 오늘날의 3나노는 실제 길이가 정확히 3nm라는 의미보다 '마케팅 이름표'에 가깝습니다. 그래서 투자자 입장에서는 숫자에 너무 집착할 필요가 없습니다. 3나노가 4나노보다 실제 선폭이 1nm 줄었다고 해석하기보다 이전 세대보다 한 단계 더 진화한 프리미엄 공정이구나 하고 이해하는 것이 훨씬 현실적입니다.

그렇다면 왜 반도체 회사들은 수십조 원을 쏟아부으며 이 숫자를 1나노라도 더 줄이려고 할까요? 바로 PPA라고 불리는 반도체의 3대 미덕 때문입니다.

- **P(performance, 성능)**: 트랜지스터 사이 거리가 가까워지니 전자가 이동하는 시간이 줄어듭니다. 즉 계산 속도가 빨라집니다.
- **P(power, 전력)**: 트랜지스터 스위치를 켜고 끄는 데 드는 힘이 줄어듭니다. 배터리가 오래 가고, 전기세가 덜 나옵니다.
- **A(area, 면적)**: 칩 크기를 줄일 수 있습니다. 혹은 같은 크기에 기능을 더 많이 넣을 수 있습니다.

특히 AI 시대가 되면서 '전력'이 핵심이 됐습니다. AI 데이터센터의 전기세가 천문학적으로 나오자 비싸더라도 전기를 덜 먹는 최신 미세 공정 칩을 쓰려는 수요가 폭발한 것입니다. 엔비디아와 애플이 TSMC의 최선단 공정(3나노 등)을 싹쓸이하는 이유가 바로 여기에 있습니다.

그러나 여기에는 함정이 있습니다. 숫자가 작아질수록 칩을 만드는 비용이 기하급수적으로 늘어난다는 점입니다. 과거에는 미세 공정으로 가면 칩 가격이 싸졌습니다. 웨이퍼 한 장에서 칩이 더 많이 나오니까요. 하지만 지금은 3나노 공정 웨이퍼 한 장 가격이 2만 달러(약 2700만 원)를 훌쩍 넘습니다. EUV 같은 초고가 장비를 써야 하고, 공정 난도가 극악으로 높아졌기 때문입니다. 그래서 최근 반도체 시장은 두 갈래로 쪼개지고 있습니다.

- **최선단 공정(4나노 이하)**: 돈은 얼마든지 줄 테니 최고 성능을 내놔라(AI, 최신 스마트폰).
- **레거시 공정(28나노 이상)**: 적당한 성능에 싸고 튼튼하면 된다(자동차, 가전, IoT).

투자자로서 우리는 이 포인트를 놓치면 안 됩니다. 이 회사는 3나노 경쟁을 하는 회사인가, 아니면 레거시 공정에서 짭짤한 수익을 내는 회사인가? 최신 공정만 좋다고 생각하면, 알짜배기 레거시 장비주나 소재주를 놓칠 수 있습니다.

최근에는 이제 더 이상 줄이는 건 물리적으로 불가능하다는 곡소리가 나옵니다. 원자 크기 수준까지 왔기 때문입니다. 그래서 엔지니어들은 단순히 작게 만드는 것을 넘어, 새로운 묘수를 찾아냈습니다.

- **구조를 바꾼다(GAA, BSPDN)**: 트랜지스터 모양을 아예 바꿔서 전기를 더 잘 흐르게 만듭니다(삼성전자가 먼저 도입한 GAA 기술이 대표적입니다).
- **이어 붙인다(패키징)**: 칩을 억지로 작게 만드는 대신, 서로 다른 칩을 이어 붙여서 성능을 높입니다(이것이 뒤에서 배울 칩렛과 어드밴스드 패키징입니다).

즉 지금의 반도체 경쟁은 '누가 더 숫자를 줄이느냐'에서 '누가 더 똑똑하게 쌓고 연결하느냐'로 넘어가고 있습니다. 이 흐름을 이해해야만 왜 패키징 회사의 주가가 오르는지 알 수 있습니다.

한 개의 칩이
완성되기까지

인류는 거대한 무언가를 만들 때마다 '시간'과 '자본'의 벽을 마주했습니다. 피라미드, 성당, 대항해도 그랬습니다. 반도체는 현대의 성당에 가깝습니다. 겉보기에는 손톱만 한 칩이지만, 그 뒤에는 수년의 시간과 조 단위의 돈, 그리고 셀 수 없는 실패가 층층이 쌓여 있습니다.

최신 칩 하나를 설계하려면 수백 명의 엔지니어가 오랜 시간 매달려야 합니다. 설계에는 전용 소프트웨어EDA가 필요하고, 이미 검증된 설계 자산IP을 빌려오는 비용도 들어갑니다. 그리고 상징적인 비용이 하나 있습니다. 바로 '마스크mask값'입니다. 웨이퍼에 회로를 찍어내는 원판을 만드는 비용은 최첨단 공정일수록 높게 발생합니다. 설계도를 완성해 공장으로 넘기는 순간을 업계에서는 '테이프아웃tape-out'이라고 부릅니다. 이름은 가벼워 보이지만 그 의미는 무거운데, 그 순간부터는 수천억 원짜리 주사위를 던지는 베팅이 시작되기 때문입니다. 설계에 치명적인 오류가 있으면 비용과 시간이 함께 날아가게 됩니다.

설계도가 공장(파운드리)에 도착했다고 해서 바로 칩이 생산되는 것도 아닙니다. 공장은 자본의 집약체라서, 최첨단 공장을 짓는 데는 수십조 원 단위의 자본이 투입되곤 합니다. 그리고 공정은 느립니다. 웨이퍼 한 장이 들어가서 칩으로 만들어져 나오기까지는 여러 달이 걸립니다. 공정 단계가 많고 장비 앞에서 대기하는 시간도 있고 중간 검사도 반복됩니다. 이 리드타임 때문에 반도체 산업에는 독특한 공포가 있습니다. '우리가 지금 만드는 칩이 세상에 나올 때쯤에도 유효할까?' 만약 시장이 꺾이면 공장에서 열심히 만들던 칩이 나오기도 전에 악성 재고가 될 수 있습니다.

칩 하나가 기획에서 판매까지 가는 시간을 간단히 정리하면, 대체로 다음의 흐름입니다. 먼저 어떤 칩을 만들지 정하는 기획 단계가 있고, 설계와 검증에 시간이 걸립니다. 그다음 샘플을 뽑고 수율yield을 끌어올려 양산 가능한 수준으로 만드는 시간이 필요합니다. 결국 오늘 우리가 보는 최신 칩은 이미 몇 년 전부터 준비된 결과물입니다. 반대로 말하면, 오늘 투자 판단은 미래를 선반영하는 시장의 위에서 이루어질 수밖에 없습니다.

이 거대한 돈과 시간의 리스크를 누가 떠안는지에 따라 투자 포인트가 달라집니다. 팹리스는 제품이 안 팔리면 설계비를 날리는 제품 실패 리스크를 지지만, 성공하면 공장을 직접 짓지 않았기에 높은 마진을 누릴 수 있습니다. 파운드리는 고객 주문이 끊겨 공장이 멈추면 치명적인 가동률 리스크를 지지만, 안정적인 고객을 확보하면 규모의 경제로 장기적인 우위를 쌓습니다. 장비/소재사는 고객사의 투자 사이클에 따라 출렁이지만, 공정 난도가 올라갈수록 장비와 소재의 중요도가 커지는 구조적 수혜를 함께 받습니다.

결론은 하나로 정리됩니다. 반도체는 높은 CAPEX와 긴 시간의 산업이라는 점입니다. 그래서 시간이 갈수록 승자 독식이 강화되는 구조를 보입니다. 1등이 돈을 벌어 재투자하고, 기술과 규모의 격차를 더욱 벌리는 루프가 만들어지기 때문입니다. 투자자는 이 냉혹한 구조를 인정해야 합니다. 언젠가의 막연한 희망보다 이미 이 자본 전쟁에서 승기를 잡은 기업, 혹은 그 승자에게 없어서는 안 될 도구를 파는 기업을 골라내는 쪽이 더 합리적입니다.

Chapter 04

반도체 밸류체인
한눈에 보기

한 장으로 보는
반도체 밸류체인 지도

우리가 쓰는 반도체 칩 하나가 탄생하기까지는 상상하는 것보다 훨씬 복잡하고 거대한 '이어달리기'가 필요합니다. 어떤 회사는 설계도만 그리고, 어떤 회사는 그 설계도를 받아 공장에서 칩을 찍어 내기만 합니다. 또 어떤 회사는 그 공장에 들어가는 기계를 만들고, 어떤 회사는 기계를 돌릴 가스를 공급합니다. 마지막에 칩을 예쁘게 포장해서 검사하는 회사도 따로 있습니다. 이 수많은 회사가 톱니바퀴처럼 맞물려 돌아가는 생태계, 우리는 이것을 '반도체 밸류체인value chain'이라고 부릅니다.

조금 더 서사적으로 말하면, 반도체 밸류체인은 현대판 제국의 지도와 닮았습니다. 제국이 유지되려면 설계(법과 제도)가 필요하고, 생산(농업과 공업)이 필요하며, 보급(군수와 물자)이 필요하고, 검문소와 관문(검사와 유통)이 필요합니다. 그리고 결국 제국의 운명을 결정하는 것은 세금이 어디서 걷히고 어디로 흐르는지, 즉 돈의 흐름입니다. 그래서 본격적으로 각 기업을 분석하기 전에 먼저 거대한 지도를 한 장 펼쳐 보겠습니다. 앞으로 우리가 여행할 반도체 제국의 행정 구역도입

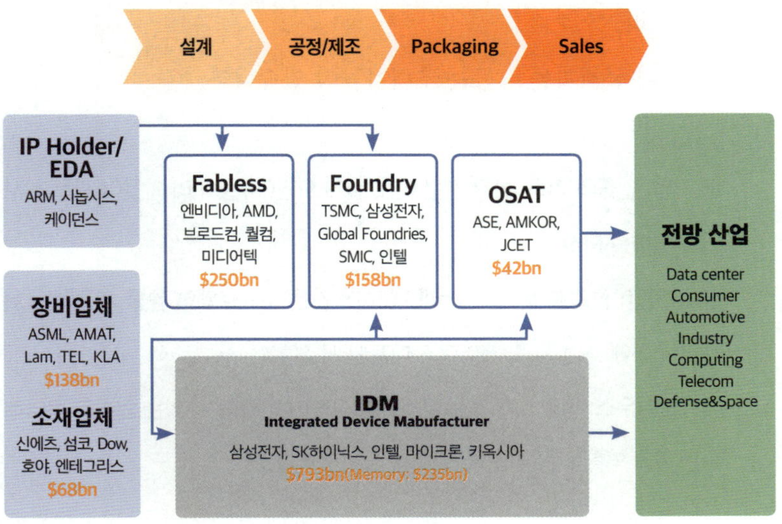

니다. 이 지도는 크게 6개의 구역으로 나뉩니다.

설계자들의 마을:
팹리스와 디자인하우스

공장(굴뚝)은 없지만, 이곳에서 모든 전쟁이 시작됩니다. 팹리스 fabless는 'fabrication공장'이 'less없다'는 뜻입니다. 공장 없이 오직 설계만 하는 회사로 엔비디아, AMD, 퀄컴, 애플이 여기에 속합니다. 이들은 반도체라는 건물을 짓기 위한 '설계도'를 그립니다. 건물을 짓는 땅(공장)도 벽돌(웨이퍼)도 없지만, 건물의 구조와 기능을 결정하는 가장 핵심적인 두뇌 집단입니다. 중세 도시국가에서 대장장이가 칼을 만들었다면, 이곳의 장인들은 규칙을 만듭니다. 어떤 명령어를 쓸지, 어떤 연산을 빠르게 할지, 어떤 전력을 얼마에 맞출지, 이러한 결정이 시장을 갈라놓습니다.

그리고 이 설계자들을 돕는 조력자들이 있습니다.

- **IP 기업**: 건물의 기둥, 창문 같은 기초 설계 도면(IP)을 미리 만들어 파는 회사입니다(예: ARM).
- **EDA 기업**: 설계를 하기 위한 캐드(CAD) 같은 소프트웨어 툴을 제공하는 회사입니다(예: 시놉시스, 케이던스 디자인 시스템즈).
- **디자인하우스**: 팹리스가 그린 설계도를 공장이 이해할 수 있는 언어로 번역해 주는 가교 역할을 합니다(예: 글로벌 유니칩, 알칩).

생산자들의 요새:
파운드리

설계도가 완성되면 지도의 중앙, 거대한 굴뚝이 있는 요새로 넘어갑니다. 바로 파운드리입니다. 이들은 팹리스가 그려 준 설계도를 바탕으로 위탁 생산만 전문으로 합니다. 대만의 TSMC가 절대적인 왕좌를 지키고 있는 상황으로 시장점유율은 TSMC가 70%, 삼성전자가 7%로 10배가량 차이가 납니다. 삼성전자는 오히려 3위인 중국의 SMIC(시장점유율 5%)에 쫓기는 모습입니다.

파운드리는 웨이퍼 위에 나노 단위의 도시를 건설해 주는 일을 합니다. 수십조 원짜리 공장과 수천 명의 오퍼레이터가 24시간 돌아가는, 반도체 제조의 심장부입니다. 고대의 성벽 도시가 외적을 막기 위해 더 두껍고 정교한 성을 쌓았듯이, 첨단 공정으로 갈수록 이 요새의 성벽은 더 비싸지고 더 복잡해집니다. 그리고 성벽이 높아질수록 그 성을 지키는 자의 협상력도 강해집니다.

만능 플레이어:
IDM

지도 한편에는 설계와 생산을 혼자서 다 하는 거인들이 살고 있습니다. IDM integrated device manufacturer, 우리말로는 종합 반도체 기업입니다. 삼성전자, SK하이닉스, 인텔, 마이크론이 대표적입니다. 이들은 설계부터 제조/판매까지 수직계열화를 이루고 있습니다. 특히 '메모리 반도체'는 제품이 규격화되어 있어서, 설계와 생산을 한 회사가 빠르게 처리하는 IDM 방식이 훨씬 효율적입니다. 그래서 메모리 시장은 IDM이, 시스템 반도체(비메모리) 시장은 팹리스-파운드리 분업 체제가 주류를 이룹니다. 즉 같은 반도체라도 무기(설계) 중심의 전쟁과 군수(제조) 중심의 전쟁이 다르게 전개된다는 뜻입니다.

후방의 지원군:
장비와 소재

파운드리와 IDM이 공장을 돌리려면 무기가 필요합니다. 지도 위아래에서 끊임없이 물자를 공급하는 곳이 바로 소부장(소재/부품/장비) 섹터입니다. 여기서 한 번 관점을 바꾸면, 반도체는 '기술'이 아니라 '물류'이기도 합니다. 장비는 한 번 사면 몇 년을 쓰지만, 소재는 공장이

도는 한 매일 들어가는 혈액입니다. 제국의 전쟁이 길어질수록 보급로가 중요해지는 것처럼, 공정이 미세해질수록 소재와 장비의 존재감은 커집니다.

- **장비(equipment)**: 노광기, 식각기, 증착기 같은 기계를 만듭니다(예: ASML, 램 리서치, 어플라이드 머티리얼즈, 도쿄일렉트론).
- **소재(material)**: 웨이퍼, 감광액, 특수가스 같은 소모품을 댑니다. 이들은 반도체 공장이 멈추지 않게 하는 혈액이자 엔진입니다. 공정이 미세해질수록 이들의 기술력이 칩의 성능을 좌우하게 됩니다(예: 인테그리스, 린데, 신에츠화학).

마무리의 미학: OSAT(패키징 & 테스트)

공장에서 갓 구워져 나온 웨이퍼는 아직 쓸 수 없는 상태입니다. 지도의 가장 오른쪽, OSAT^{outsourced semiconductor assembly and test} 구역으로 이동합니다. 이곳에서는 웨이퍼를 칩 단위로 자르고, 전기가 통하게 연결하고, 플라스틱 케이스를 씌워 포장(패키징)합니다. 그리고 불량품이 없는지 최종 검사 및 테스트를 합니다. 과거에는 단순 포장 취급을 받았지만, 최근 HBM처럼 칩을 어떻게 쌓고 연결하는지가 중요해지면서 가장 뜨거운 격전지로 떠오르고 있습니다(예: ASE, 앰코). 즉 포장이 아니라 구조 설계의 마지막 결정이 된 것입니다. 아시다시피 역사적으로 마지막 관문은 제국의 운명을 좌우했죠.

지도의 끝:
최종 고객

이렇게 완성된 반도체는 어디로 갈까요? 지도의 종착지인 빅테크 기업들입니다. 구글의 데이터센터, 테슬라의 전기차, 애플의 아이폰으로 들어갑니다. 결국 이 최종 고객들이 지갑을 열어야 팹리스가 설계를 하고, 파운드리가 공장을 돌립니다. 즉 돈의 흐름은 오른쪽의 고객에서 왼쪽의 팹리스/장비로 거슬러 올라갑니다.

이 지도를 머릿속에 넣어 놓으면 반도체 투자가 훨씬 쉬워집니다. 반도체 밸류체인에서 '물건(웨이퍼)'은 왼쪽에서 오른쪽으로 흐르고, '돈'은 오른쪽에서 왼쪽으로 흐릅니다. 최종 고객이 AI 서비스를 하기 위해 돈을 풀면 팹리스는 그 돈을 보고 칩을 설계하고, 파운드리에 생산을 맡기며 대금을 지불합니다. 파운드리는 생산을 위해 장비사에게 기계를 사고, 소재사에게 가스를 주문합니다. 만들어진 칩은 OSAT 업체를 거쳐 포장된 뒤 다시 고객에게 전달됩니다.

우리가 이번 챕터에서 하려는 일은 이 거대한 흐름 속에서 각 단계의 주인공들이 돈을 버는 방식business model을 파헤치는 것입니다. 팹리스는 어떻게 공장 하나 없이 영업이익률 50%를 찍을까? 파운드리는 왜 매년 수십조 원을 투자해야만 살아남을까? 장비 회사는 왜 반도체 불황기에도 주가가 오를까? 패키징 회사는 왜 갑자기 AI 시대의 신데렐라가 됐을까? 이런 질문들에 대한 답변을 하기 위해 이제부터 같이 걸어 들어가 보겠습니다.

설계의 세계
| 팹리스, IP, EDA |

이제 밸류체인 지도의 맨 왼쪽, 반도체 부가가치의 50% 이상을 가져가는 '설계의 제국'으로 들어갑니다. 이곳은 공장 굴뚝 대신 천재들의 아이디어와 특허 소송이 난무하는 곳입니다. 우리는 여기서 세 그룹을 만납니다. ① 칩을 기획하는 팹리스, ② 설계도의 밑바탕을 파는 IP 기업, ③ 설계 도구를 파는 EDA 기업입니다. 이들이 어떻게 돈을 벌고, 최근 어떤 이슈로 주가가 요동치는지 지금 시장의 이야기로 풀어보겠습니다.

팹리스:
칩 전쟁의 최전선

팹리스는 '공장이 없다'는 것이 중요한 게 아니라, 바로 '시장market을 창조한다'는 것이 핵심입니다. 이들은 소비자가 무엇을 원하는지 가장 먼저 파악하고, 수천억 원을 배팅해 그에 맞는 칩을 내놓습니다. 역사에서 신대륙을 처음 발견한 나라가 교역로를 장악했듯, 새로운 컴퓨팅 패러다임을 먼저 잡는 팹리스가 밸류체인의 상류를 점령합니다.

엔비디아: 칩이 아니라 플랫폼을 판다

엔비디아를 단순히 'GPU 만드는 회사'로만 알면 주가를 이해할 수 없습니다. 최근 엔비디아의 핵심 이슈는 '블랙웰Blackwell', '루빈Rubin' 같은 차세대 AI 칩입니다. 과거에는 칩 하나만 잘 만들면 됐지만 최신 B200, GB300 같은 제품은 칩 하나가 아니라 칩 72개를 묶어서 하나의 거대한 '슈퍼컴퓨터 랙rack' 형태로 팝니다. 마이크로소프트나 메타 같은 빅테크 고객사들이 별도로 서버를 제작하는 것보다는 엔비디아의 시스템을 적용하는 것이 더욱 효율적이기 때문입니다. 엔비디아는 이제 반도체 부품 회사가 아니라, AI 데이터센터 전체를 설계해 주는 회사로 진화했습니다.

여기서 엔비디아의 본질은 하드웨어가 아니라 '표준'입니다. 칩 성능표는 매년 바뀌지만, 플랫폼의 규칙은 오래 갑니다. 엔비디아는 이제 반도체 부품 회사가 아니라, AI 데이터센터 전체를 설계해 주는 회사로 진화했습니다. 도시 설계자가 도로와 수도를 설계하면 그 위에 수많은 건물이 올라오듯, 엔비디아는 AI 공장의 인프라를 통째로 설계하고 그 규칙 위에서 생태계를 확장합니다. 투자자는 칩 스펙보다 이 생태계의 잠금장치가 얼마나 단단한지를 봐야 합니다.

퀄컴: 스마트폰을 넘어 PC로

퀄컴의 최근 화두는 '탈脫스마트폰'입니다. 스마트폰 시장이 포화되자 퀄컴은 '스냅드래곤 X 엘리트'라는 칩을 들고 노트북 시장(AI PC)에 침투했습니다. '인텔 CPU보다 배터리는 오래 가고 AI 성능은 좋다'며 도전장을 낸 것이죠.

　동시에 퀄컴은 애플과 미묘한 관계에 있습니다. 애플이 자체 모뎀 칩을 만들겠다며 결별을 선언했지만, 기술 개발에 난항을 겪으며 퀄컴과의 계약을 연장했습니다. 팹리스 투자에서는 이런 주요 고객사와의 재계약/결별 이슈가 주가에 직격탄이 됩니다. 퀄컴은 애플 리스크를 줄이기 위해 자동차용 AP, XR확장 현실, 산업용 IoT사물 인터넷까지 설계 범위를 넓히며 두 번째, 세 번째 성장축을 키우는 중입니다.

AMD: 영원한 추격자이자 사냥꾼

　AMD의 포지션은 아주 흥미롭습니다. CPU에서는 인텔을 위협하고, GPU에서는 엔비디아를 추격합니다. 최근에는 엔비디아 칩을 구하기 어려운 상황에서 'MI300X' 같은 AI 가속기를 내놓았습니다. 엔비디아의 CUDA 생태계가 너무 확실하기에 대체 제품으로서 내놓은 셈입니다. 두 번째 선택지를 원하는 고객에게 얼마나 빨리, 안정적인 성능을 보여 주느냐가 관건입니다. AMD는 ROCm 생태계와 소프트웨어 호환성을 끌어올리며, 엔비디아의 과점 구도가 흔들리는 틈새에서 집요하게 점유율을 잠식하는 전략을 취하고 있습니다.

IP 기업:
반도체의 세금 징수원

　IP intellectual property 기업은 완성된 칩이 아니라, 칩 내부의 특정 기능(블록) 설계도를 팝니다. 팹리스가 건물을 짓는 건축가라면, IP 기업은 특허받은 기둥과 벽돌을 파는 자재상이라고 볼 수 있습니다. 그리고 이

TSMC의 IP 파트너

출처: TSMC

자재상은, 때로 제국의 국경세를 걷는 세금 징수원처럼 강합니다. 한 번 채택된 코어 IP는 바꾸는 비용이 너무 크기 때문입니다.

ARM: 모바일의 황제, 서버를 넘보다

ARM은 최근 반도체 업계에서 가장 뜨거운 감자입니다. 전 세계 스마트폰의 99%가 ARM의 기본 설계도아키텍처를 씁니다. 최근 ARM의 주가 상승 포인트는 'V9 아키텍처'로의 전환입니다. 스마트폰 칩이 구형 V8에서 신형 V9 설계도로 넘어가면, ARM이 받는 로열티가 2배 가까이 뜁니다. 앉아서 월세를 2배 올리는 셈이죠.

또한 아마존이나 구글이 자체 서버 칩을 만들 때도 ARM의 설계도를 사다 씁니다. 이를 'CSS compute subsystem' 비즈니스라고 하는데, 단순히 도면만 주는 게 아니라 최적화까지 해 주고 돈을 더 받는 고수익 모델입니다. 결국 스마트폰 교체 주기와 하이퍼스케일러들의 직접 설계 트렌드가 이어지는 한, ARM은 설계실에 앉아 있으면서 전 세계 IT CAPEX 성장의 과실을 나눠 갖는 구조입니다. 다만 V9 전환 속도와 고객사들의 자체 ISA(예: RISC-V) 채택 움직임은 계속 모니터링해야 합니다. '성장 프리미엄'이 어느 수준까지 허용될지가 투자에서 가장 큰 쟁점이 됩니다.

칩렛 시대와 인터페이스 IP

최근 칩을 여러 개 이어 붙이는 '칩렛chiplet' 기술이 뜨면서, 칩끼리 통신하게 해 주는 '인터페이스 IP'가 중요해졌습니다. 시놉시스나 케이던스, 알파웨이브 같은 회사들이 PCIe, CXL 같은 연결 통로 IP를 팔아 짭짤한 수익을 냅니다. 칩이 쪼개질수록 연결 부품은 더 많이 필요하다는 것이 투자의 핵심입니다. 결국 '연결'은 비용이 아니라 칩 성능과 수율을 결정짓는 전략 자산이 됐고, 특정 프로토콜에서 독점적 기술력을 가진 IP 회사들은 반도체 CAPEX 증가의 레버리지를 그대로 누릴 수 있습니다. 앞으로 HBM, 광인터커넥트, 패키징 고도화까지 이어지면, 물리적으로 작아지는 칩만큼이나 보이지 않는 '인터페이스 레이어'가 밸류체인에서 차지하는 위상은 더 커질 수밖에 없습니다.

IP의 구성

출처: TSMC

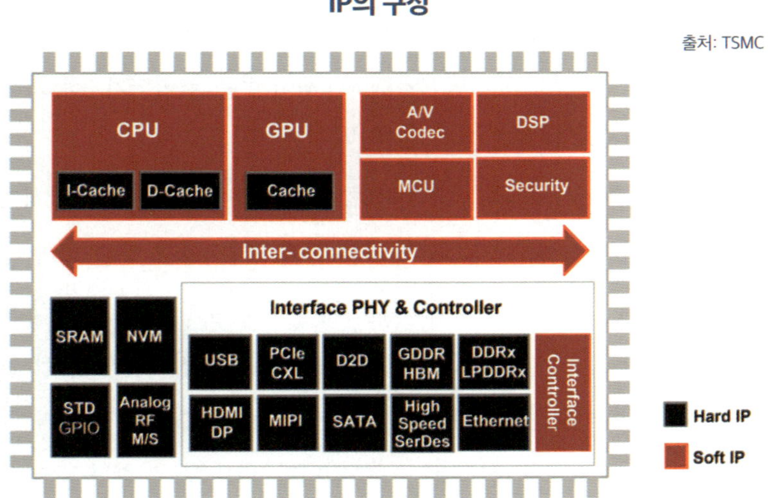

EDA 기업:
AI가 설계하는 AI 칩

EDA electronic design automation는 반도체 설계용 소프트웨어CAD를 만드는 회사입니다. 시놉시스와 케이던스가 시장을 꽉 잡고 있는 과점 시장입니다. 그런데 이 조용한 강자들이 최근 AI 산업에서 숨은 수혜주로 떠올랐습니다. 인간의 머리가 감당할 수 없는 복잡도가 오면 문명은 도구를 발명합니다. EDA는 반도체 문명이 만든 가장 강력한 도구입니다.

미세 공정의 필수재(GAA와 2나노)

삼성전자가 3나노 GAA 공정을 도입하고, TSMC가 2나노로 가면 칩 내부 구조가 완전히 바뀝니다. 기존의 설계 툴로는 시뮬레이션조차 할 수 없습니다. 팹리스와 파운드리는 울며 겨자 먹기로 EDA 툴을 최신 버전으로 업그레이드해야 합니다. 반도체 기술이 어려워질수록 EDA 기업의 매출은 자동으로 오릅니다. 특히 GAA와 3D 패키징이 결합되면 전기/열/기계 스트레스까지 한 번에 계산해야 해서, 시놉시스/케이던스 같은 업체의 '멀티피직스 시뮬레이션' 툴 없이는 양산 자체가 불가능해집니다. 공정이 한 단계 진화할 때마다 라이선스 단가와 사용량이 같이 올라가는 구조라, EDA는 반도체 CAPEX 사이클에서 가장 안정적인 '필수 구독료' 비즈니스로 볼 수 있습니다.

시놉시스의 DSO.ai와 케이던스의 Cerebrus

가장 흥미로운 최신 트렌드는 'AI를 위한 설계'가 아니라 '설계를 위한 AI'입니다. 칩 하나에 들어가는 트랜지스터 수가 수백억 개에 이르면서 이제는 사람이 일일이 배치/배선을 하는 것이 사실상 불가능해졌고, 그래서 AI한테 전력 소모가 가장 적고 성능이 잘 나오는 회로 배치를 찾아 달라고 명령하는 시대가 된 것이죠. 시놉시스의 DSO.ai, 케이 던스의 Cerebrus 같은 툴이 이런 역할을 하는데, 엔비디아나 삼성 등이 설계 기간을 줄이고 PPA(전력/성능/면적)를 개선하기 위해 앞다퉈 도입하고 있습니다. EDA 기업 입장에서는 고객사의 인건비와 리스크를 줄여 주는 만큼 가격 협상력이 더 커지고, 설계 성능이 좋아질수록 성과 기반 과금 모델을 붙일 여지도 생깁니다. 장기적으로는 어떤 회사의 AI 설계 툴을 쓰는지가 곧 칩 성능 격차와 직결되는, 새로운 경쟁 구도로 발전할 가능성이 큽니다.

글로벌 30대 팹리스

(2026.02.17 기준)

세계 30대 반도체 팹리스 기업 (IP Holder / EDA 포함)	국가	시가총액 ($M)	주요 제품
NVIDIA	미국	4,442,283	GPU/AI 가속기(데이터센터), CPU, 네트워킹(InfiniBand/Ethernet), 엣지·오토모티브 SoC, CUDA 기반 SW 플랫폼
Broadcom	미국	1,541,719	데이터센터 네트워킹 스위치/라우터 ASIC, 커스텀 ASIC/가속기, 스토리지·인터커넥트(PCIe/스토리지 컨트롤), 광통신 DSP/PHY, 무선/브로드밴드 칩
AMD	미국	338,017	x86 CPU(EPYC/Ryzen), GPU(Instinct/Radeon), FPGA/Adaptive SoC(Xilinx), DPU/SmartNIC(Pensando), 임베디드
Intel	미국	233,716	CPU(Xeon/Core), GPU/가속기(데이터센터/클라이언트), AI 가속기(Gaudi 등), FPGA(Altera), 네트워킹/커넥티비티
Texas Instruments	미국	205,252	아날로그(시그널체인) + 전력관리(PMIC), MCU/프로세서(임베디드), 자동차/산업용 아날로그
Analog Devices	미국	164,717	고성능 아날로그·혼합신호, RF/마이크로파, 전력·배터리/PMIC, 센서(MEMS 포함), 산업/자동차 솔루션

세계 30대 반도체 팹리스 기업 (IP Holder / EDA 포함)	국가	시가총액 ($M)	주요 제품
Qualcomm	미국	150,127	모바일 SoC(Snapdragon), 셀룰러 모뎀(5G/4G), RF Front-End, Wi-Fi/BT, 자동차(디지털 콕핏/ADAS), IoT/엣지 AI
ARM Holdings	영국	133,047	CPU/GPU IP(Neoverse/Cortex/Mali), 시스템 IP(인터커넥트/메모리/보안), 컴퓨트 서브시스템(CSS)·플랫폼 IP
MediaTek	대만	94,312	스마트폰 SoC(Dimensity), Wi-Fi/BT/GNSS 등 커넥티비티, 스마트TV/셋톱, 브로드밴드, 자동차 SoC
Synopsys	미국	83,623	EDA 툴(설계/검증), 반도체 IP(인터페이스/프로세서 등), SW 보안·품질, 실리콘 라이프사이클(테스트/모니터링)
Cadence	미국	81,513	EDA 툴(설계/검증), 반도체 IP(인터페이스 등), 시스템 분석(시뮬/열·SI/PI), 에뮬레이션/프로토타이핑
Infineon	독일	68,727	전력 반도체(Si/SiC/GaN), 자동차 MCU(AURIX 등), 전력모듈/드라이버IC, 센서·보안(보안 MCU)
Cambricon	중국	68,633	AI 가속기(훈련/추론) + 엣지 AI 칩/카드·서버 솔루션
Marvell	미국	66,603	데이터센터 네트워킹(스위치/PHY), 스토리지 컨트롤러, 커스텀 ASIC, DPU/가속, 광/전기 인터커넥트(PAM4 DSP 등)
NXP Semiconductors	네덜란드	61,517	차량용 MCU/프로세서, 차량용 네트워킹(CAN/Ethernet), 레이더/센서, 보안(Secure Element), 산업·IoT 아날로그
Monolithic Power Systems	미국	56,122	전력관리 IC(PMIC/DC-DC), 전원 모듈, 데이터센터·자동차·산업용 전력 솔루션
Microchip Technology	미국	42,512	MCU/MPU, FPGA(구 Microsemi), 타이밍/클록, 아날로그·전력, 보안/커넥티비티(임베디드)
GigaDevice	중국	31,676	SPI NOR Flash(주력), MCU(32-bit 등), 임베디드 메모리 솔루션(일부 DRAM/특수메모리 포함)
Renesas Electronics	일본	30,162	자동차/산업 MCU, 자동차 SoC, 아날로그·전력(PMIC/드라이버), 커넥티비티(USB/BT/Wi-Fi 등 포트폴리오)

세계 30대 반도체 팹리스 기업 (IP Holder / EDA 포함)	국가	시가총액 ($M)	주요 제품
STMicroelectronics	이탈리아	29,871	MCU(STM32), 센서(MEMS), 전력 반도체(SiC 포함), 아날로그, 자동차/산업용 전장 솔루션
Montage Technology	중국	29,458	서버 DIMM용 메모리 인터페이스 칩(DDR5 RCD/DB·버퍼 계열), 메모리·서버 플랫폼 인터커넥트
On Semiconductor	미국	28,452	전력 반도체(특히 SiC), 전력모듈/PMIC, 자동차·산업용 이미지센서, 전동화(인버터/충전) 솔루션
Credo Technology	미국	21,936	고속 SerDes/PHY, Retimer, AEC(Active Electrical Cable), 광/전기 인터커넥트용 DSP/모듈·IP
Astera Labs	미국	21,843	PCIe/CXL 커넥티비티(리타이머/스마트 케이블), CXL 메모리 연결 컨트롤러, 플랫폼 SW(관리/텔레메트리)
Will Semiconductor	중국	21,045	CMOS 이미지센서(주력), 아날로그/PMIC(보유 라인), 스마트폰/자동차 카메라용 CIS
VeriSilicon	중국	21,043	ASIC/SoC 설계 서비스(디자인하우스) + 반도체 IP(ISP/NPU 등), 오토모티브·IoT용 커스텀 칩
MACOM	미국	18,315	RF/마이크로파(방산·통신), 광통신용 아날로그/광부품(드라이버/TIA 등), 위성·레이더용 반도체
Lattice Semiconductor	미국	13,354	저전력 FPGA(Edge/Industrial), 보안/연결용 FPGA, 엣지 AI 가속(소형 FPGA)
Rockchip Electronics	중국	11,272	ARM 기반 애플리케이션 프로세서/SoC, AIoT/엣지 AI SoC, 멀티미디어 코덱·디스플레이/카메라 ISP 등 주변 멀티미디어 IP 통합 플랫폼
Rambus	미국	10,975	메모리 인터페이스 IP(DDR/HBM 등), 보안 IP, SerDes/인터커넥트 IP + (일부) 메모리 인터페이스용 칩 제품

공장으로 먹고사는 회사들

앞에서 우리는 반도체의 두뇌, 설계 회사팹리스들을 살펴봤습니다. 이제 넥타이를 풀고 작업복을 입을 시간입니다. 수십조 원짜리 공장이 24시간 굉음을 내며 돌아가는 곳, '공장으로 먹고사는 회사들'의 세계로 들어갑니다.

이곳은 파운드리위탁 생산와 IDM종합반도체 그리고 메모리 기업들이 치열하게 경쟁하는 전쟁터입니다. 투자자들은 늘 헷갈립니다. 'TSMC는 왜 삼성보다 시가총액이 3배 정도 클까?', '메모리는 왜 맨날 롤러코스터를 탈까?' 이 질문들의 답은 간단합니다. 이들이 돈을 버는 방식, 즉 '공장의 경제학'이 다르기 때문입니다. 역사로 치면, 어떤 제국은 상업(무역)으로 성장했고, 어떤 제국은 농업(생산력)으로 버텼습니다. 반도체도 마찬가지입니다. 누군가는 설계를 받아 찍어 내는 능력으로, 누군가는 수직 계열화를 통한 안정적인 공급으로, 누군가는 비트Bit를 더 싸고 더 많이 찍어 내는 규모로 승부합니다.

파운드리:
슈퍼 을의 반란

파운드리는 남의 설계도를 받아 칩을 대신 만들어 주는 '하청 업체'입니다. 그런데 이상합니다. 요즘은 하청 업체인 TSMC가 원청 업체인 팹리스에 큰소리를 칩니다. 왜 그럴까요? 시대가 바뀌면 권력의 자리도 바뀝니다. 군주가 칼을 쥔 자에서 화약을 쥔 자로, 다시 산업혁명 이후에는 공장을 가진 자로 이동했듯, 지금 반도체 시대의 권력은 최첨단 공장을 제때 돌릴 수 있는가로 이동했습니다

TSMC vs. 삼성전자 파운드리

TSMC: 하청에서 킹 메이커로

TSMC는 이제 단순한 공장이 아니라, 전 세계 IT 기업의 운명을 배분하는 킹 메이커입니다. 엔비디아, AMD, 애플, 구글, 아마존의 최첨단 AI 칩을 대량으로 찍어 낼 수 있는 곳은 사실상 TSMC 한 곳뿐이기 때문입니다. AI 붐 이후 TSMC는 3나노급 이하 공정과 CoWoS 같은 고급 패키징에 CAPEX를 집중하면서 AI 가속기 매출이 2024년에 3배,

2025년에 다시 2배 가까이 성장한 데 이어 2026년에도 50% 이상 성장할 것이라고 가이던스를 주고 있습니다. 그럼에도 투자설명회에서 고급 공정/패키징 생산능력capacity, CAPA이 고객사 수요의 3분의 1 수준에 불과하다고 밝힐 만큼, 지금도 수요를 다 받지 못하는 '공급자 우위' 시장입니다. 여기에 HBM을 여러 개 붙인 AI 칩을 만들기 위한 CoWoS 패키징은 TSMC가 사실상 표준이 됐고, 글로벌 수요가 2024년 37만 장에서 2026년 100만 장 수준으로 폭증할 것으로 예상됩니다. 이 구조에서는 고객이 줄을 서는 입장이라, TSMC는 높은 영업이익률을 유지한 채 먼저 예약하고 더 많이 선지급하는 고객에게 생산 우선권을 줄 수 있습니다. 요약하면, TSMC의 비즈니스 모델은 초격차 기술과 만성적인 공급 부족이 만들어 낸 슈퍼 을z의 포지션입니다.

삼성전자 파운드리: 턴어라운드를 노리는 도전자

삼성전자는 메모리에서는 1등이지만, 파운드리에서는 TSMC를 쫓는 챌린저입니다. 2025년 3분기 기준 파운드리 시장점유율은 7% 수준으로, 71%인 TSMC와의 격차는 아직 매우 큽니다. 삼성의 무기는 TSMC보다 먼저 도입한 GAAgate-all-around 기반 3나노 공정입니다. 2022년 세계 최초로 3나노 GAA 양산을 선언했고, 3나노 출하를 화성에서 시작한 뒤 평택으로 확대하면서 본격적인 대량생산 체제를 깔고 있습니다.

투자 관점에서 삼성 파운드리의 핵심 포인트는 ① 수율 개선, ② 대형 고객 레퍼런스입니다. TSMC의 첨단 공정/CoWoS 라인이 AI 수요를 다 소화하지 못하면, 삼성은 가격/패키징 조건을 앞세워 일부 물량을 가져올 수 있습니다. 여기에 2나노 GAA에서 의미 있는 수율과 플래그십 고객(빅테크, 대형 팹리스)을 확보하는 순간, 시장은 메모리 회사가 아니라 TSMC의 실질적인 대체 옵션으로 프레이밍을 바꿀 가능성이 있습니다.

인텔 파운드리: 제국의 역습, 고위험 리레이팅 베팅

인텔은 IDM 2.0 전략과 함께 과거의 Intel Foundry Services[IFS]를 'Intel Foundry'라는 독립 사업부로 재정비하며, 미국 땅에서 미국/글로벌 칩을 만드는 제2의 TSMC가 되겠다는 목표를 내세웠습니다. 인텔의 승부수는 18A → 14A로 이어지는 첨단 공정 로드맵입니다. 여기서 18A와 14A의 A는 Å(옹스트롬)을 뜻하며, 18A는 1.8나노, 14A는 1.4나노로 변환할 수 있습니다. 그러나 실제 물리 치수보다는 마케팅 용어 측면이 강합니다. 최근에는 마이크로소프트의 차세대 AI 프로세서 'Maia 2'를 18A 공정으로 수주했다는 보도가 나왔고, 애플의 엔트리급 M 시리즈 칩 일부를 18A로 생산하는 딜이 검토 중이라는 분석도 나옵니다.

문제는 시간과 돈입니다. 인텔은 미국/유럽에서 대형 팹을 동시에 짓느라 막대한 CAPEX를 쓰고 있지만, TSMC/삼성 수준의 대량 양산 레퍼런스를 아직 만들지 못했습니다. 마이크로소프트/미디어텍 같은 파운드리 고객과 미국/유럽 정부 보조금이라는 조합이 안정적인 수익 구조로 이끌어 내느냐가 핵심 변수입니다. 그래서 인텔 파운드리는 투자자 입장에서 '제국의 역습'인 동시에 '고위험 리레이팅 베팅'입니다. 만약 18A/14A 공정이 계획대로 안착하고 애플/마이크로소프트급 고객이 장기 계약으로 묶인다면 밸류에이션 재평가가 가능하지만, 수율/스케줄/CAPEX 부담이 꼬이는 순간에는 돈만 엄청 쓴 꼴이 될 수 있습니다.

IDM(종합반도체):
제국을 유지하는 자들

IDM integrated device manufacturer은 설계부터 생산, 패키징, 판매까지 한 회사에서 처리합니다. 파운드리/팹리스처럼 쪼개진 분업 체계와 달리, 여전히 수직 계열화의 제국을 유지하고 있죠. 메모리 업체를 제외한 IDM 업체에 대해서 설명해 보겠습니다.

차량용 반도체의 강자들

텍사스 인스트루먼트TI, 인피니언Infineon, NXP 같은 회사들은 3나노/2나노 전쟁을 크게 신경 쓰지 않습니다. 이들이 파는 것은 스마트폰 AP가 아니라, 아날로그/전력/차량용 반도체입니다. 화려하진 않지만 한 번 깔리면 10년 이상 바꾸기 어려운 칩이 이들의 주력 제품입니다.

비즈니스 모델의 핵심은 여전히 '다품종 소량생산과 롱테일 고객'입니다. TI는 산업/자동차가 전체 매출의 70%를 차지할 정도로 이 영역에 집중하고 있고, 수만 종의 제품을 전 세계 수십만 고객에게 파는 구조를 유지합니다. 인피니언은 자동차용 반도체에서 글로벌 1위로, 2025년 기준 약 150억 유로 매출 중 상당 부분을 차량용 전력/SiC실리콘 카바이드 디바이스에서 벌어들입니다. NXP 역시 연 매출 122억 달러 중 70억 달러 이상이 자동차에서 나올 정도로, 완전히 오토모티브 IDM으로 포지셔닝 되어 있습니다.

전기차/자율주행 트렌드는 이들에게 구조적 추세를 만들어 줍니다. 차량 한 대에 들어가는 반도체 개수는 2024년 평균 824개 수준에서 2030년 1,100개 이상으로 늘고, 차량당 반도체 비용도 760달러대에서 1,300달러 수준까지 올라갈 것으로 예상됩니다. 특히 인버터/온보드 차저OBC /고전압 배터리 관리에 쓰이는 SiC 전력 반도체는 EV가 팔리면 물량이 자동으로 깔리는 필수 부품이 되어 가고 있습니다. 이 오래된 IDM들이 요즘 다시 각광받는 이유는 단순합니다. 자동차가 컴퓨터가 될수록 이들의 반도체 콘텐츠 비중이 계속 늘고 있다는 사실이 숫자로 확인되고 있기 때문입니다.

메모리:
비트를 찍어 내는 대량생산의 미학

메모리는 팹리스/파운드리와는 완전히 다른 게임을 합니다. 기본적으로는 여전히 '원자재' 시장입니다. 같은 세대의 DRAM이라면 체감상 1등이 만든 것과 3등이 만든 것의 성능 차이는 크지 않습니다. 그래서 전통적으로는 '누가 더 싸게, 더 많이 찍어 내느냐'가 승부를 갈랐습니다.

삼성전자, SK하이닉스, 마이크론: 과점의 공포와 환희

현재 DRAM/HBM을 합친 메모리 시장은 삼성전자, SK하이닉스, 마이크론 세 회사가 사실상 대부분을 나눠 갖는 과점 구조입니다. 2025년 3분기 기준으로 보면 SK하이닉스가 DRAM+HBM 점유율 33.2%로 1위, 삼성전자가 32.6%로 2위, 마이크론이 25.7%로 뒤를 잇는 구도입니다.

과거에는 이 세 회사가 업황이 좋을 때마다 공장을 증설하며 치킨게임을 벌인 탓에 사이클이 꺾이면 다 같이 손실을 보는 일이 반복됐습니다. 하지만 최근 1, 2년 사이 상황이 확 바뀌었습니다. 3사 모두 과잉 증설을 하지 않겠다는 기조로 돌아섰습니다. 실제로 삼성은 수요가 폭발해도 DRAM 생산을 공격적으로 늘리지 않고 주문의 70% 정도만 받으면서 일부 고객에게는 장기 물량 계약도 하지 않고 있습니다. SK하이닉스는 향후 매출의 30%를 설비/기술 투자에 재투자하되, 공급을 시장 수요보다 천천히 늘리며 가격 방어에 더 신경 쓰고 있습니다. 마이크론 역시 일본 히로시마에 대규모 공장을 짓지만 생산은 2028년 이후에야 본격화되는 일정으로, 당분간 공급을 조심스럽게 관리하는 전략입니다.

투자자 입장에서 보면, 메모리는 여전히 사이클 산업이지만 세 회사의 CAPEX/증설 의지에 따라 사이클의 깊이와 길이가 달라지는 시장으로 진화하고 있습니다. 과점 기업들이 공급을 조절해 가격을 관리하는 구조가 자리 잡으면서, 예전처럼 '치킨게임 → 적자 → 증설 중단 → 폭등'의 극단적 롤러코스터는 줄어드는 대신, 높은 가격이 더 오래 유지되는 고수익 사이클이 나타나고 있습니다.

HBM: 메모리의 규칙을 깨다

전통적인 원자재 메모리 공식을 완전히 뒤흔든 주인공이 바로 HBM high bandwidth memory입니다. AI 가속기용 필수 부품이 되면서, 이제 HBM은 더 이상 톤당 얼마로 팔리는 원자재가 아니라, 그 회사가 아니면 못 만드는 주문형 스페셜티 제품에 가까워졌습니다. 2025년 3분기 기준 HBM 시장에서 SK하이닉스는 60.8% 점유율로 1위, 삼성은 17.2%, 마이크론이 22%를 차지하고 있습니다. 2026년 생산 예정 HBM 물량이 사실상 전량 '솔드 아웃'이라는 코멘트가 나올 정도로, 수요는 넘치는데 공급이 따라가지 못하는 상황입니다.

흥미로운 점은 이 과정에서 메모리 기업의 전략과 밸류에이션이 함께 바뀌고 있다는 것입니다. HBM은 고객 맞춤 설계/검증/공정 튜닝이 필수라 일반 DRAM처럼 쉽게 대체하기 어렵고, 불량이 나면 GPU 한 패키지 전체가 날아가기 때문에 고객도 가격보다 품질/신뢰성을 우선합니다. 그 결과 SK하이닉스처럼 HBM 기술과 고객 레퍼런스를 선점한 기업은 적자 구간에서도 주가가 구조적으로 리레이팅되는 모습을 보여 줍니다. 여기에 마이크론이 2028년 가동을 목표로 일본 히로시마에 96억 달러 규모의 HBM 팹 투자를 발표하는 등 세 회사 모두 HBM/차세대 DRAM(HBM4/4E)에 CAPEX를 집중하고 있습니다.

앞으로 메모리 섹터를 볼 때는 단순히 '비트 성장률'만 볼 것이 아니라 HBM/특수 메모리 비중이 얼마나 빨리 올라가는지, AI 고객과의 장기 계약 구조가 어떻게 변하는지를 함께 봐야 합니다. 요약하면, 메모리는 여전히 비트를 찍어 내는 대량생산의 미학이지만, HBM 덕분에 특수 주문형 초고부가가치 사업으로 재평가되고 있습니다.

이 거대한 공장들을 볼 때 투자자는 세 가지만 기억하면 됩니다.

• CAPEX

공장에 돈을 쏟아붓는 구간에서는 감가상각과 이자 비용 때문에 이익이 잘 나지 않습니다. 그러나 2, 3년 뒤 라인이 본격 가동되기 시작하면, 그때부터는 같은 CAPEX설비 투자로 찍어 내는 비트/웨이퍼가 매출과 이익을 급격히 끌어올립니다. 지금 누가 HBM/첨단 파운드리/AI 패키징에 공격적으로 투자하는지를 보면, 몇 년 뒤 이익 사이클의 승자가 어느 쪽일지 대략 가늠할 수 있습니다.

• 가동률

반도체 공장은 24시간 풀로 돌려야 돈이 됩니다. 가동률이 떨어졌다는 뉴스는 단기적으로 수요 부진과 마진 악화를 의미하지만, 재고 조정이 마무리되고 가동률이 바닥 찍고 반등한다는 시그널이 뜨는 순간부터는 다음 업 사이클의 초입일 가능성이 큽니다. 즉 가동률 차트는 업황의 현재와 방향을 동시에 보여 주는, 가장 단순하면서도 강력한 경기 지표입니다.

• 감가상각

수십조 원짜리 장비와 팹 건설 비용은 여러 해에 걸쳐 비용으로 나눠 반영됩니다. 이 감가상각 부담이 줄어드는 타이밍에 매출이 유지되거나 오히려 늘기 시작하면, 추가 CAPEX 없이도 영업이익이 레버리지처럼 튀어 오르는 구간이 열립니다.

정리하면, 파운드리는 기술 초격차와 패키징으로 가격 주도권을 쥐고, IDM은 수직 통합과 공정 효율로 꾸준한 캐시 플로우cash flow를 만들며, 메모리는 공급 조절과 HBM 같은 고부가 제품으로 사이클을 재설계하고 있습니다.

보이지 않는 승부처

반도체 뉴스의 대부분은 삼성전자, TSMC, 엔비디아 이야기입니다. 투자자들의 시선도 자연스럽게 웨이퍼를 굽는 전공정에 쏠려 있죠. 그런데 2023년 이후 시장을 뒤흔든 뉴스는 의외의 곳에서 나왔습니다.

"엔비디아가 칩을 다 만들어 놓고도 못 판다. 패키징 공장이 부족해서다."

웨이퍼 위에 아무리 멋진 회로를 새겨도, 그 칩을 잘라 기판 위에 올리고 전기를 연결해 패키지로 완성하지 않으면 비싼 돌덩이에 불과합니다. 이 마지막 1%를 완성하는 단계가 바로 후공정입니다. 오랫동안 단순 노가다 취급을 받던 이 영역이, AI 붐과 함께 성능과 공급을 동시에 좌우하는 병목이자 '보이지 않는 승부처'로 격상된 것입니다. 이제 그 극적인 변화를 세 가지 키워드로 살펴보겠습니다.

패키징:
빵 포장에서 예술 작품으로

패키징 packaging은 웨이퍼에서 잘라 낸 칩을 기판 위에 올리고, 전기 신호가 오갈 수 있도록 배선을 연결한 뒤, 이를 보호용 몰드(플라스틱/에폭시 등)로 감싸는 공정입니다. 과거에는 말 그대로 빵을 비닐봉지에 담는 포장에 가까웠습니다. 기술 난도가 상대적으로 낮다 보니 주로 인건비가 싼 중국/동남아 OSAT들이 맡았습니다.

하지만 지금의 어드밴스드 패키징 advanced packaging은 전혀 다른 게임입니다. 미세 공정만으로는 더 이상 성능/전력 효율을 끌어올리기 어렵게 되자 엔지니어들은 칩을 옆으로 붙이고(2.5D), 위로 쌓고(3D), 메모리와 로직을 한 기판 위에 촘촘히 통합하기 시작했습니다. 이런 접근을 통틀어 이종 집적 heterogeneous integration이라고 부릅니다. AI 가속기의 성능과 전력 효율은 이제 공정 노드뿐 아니라 패키징 아키텍처가 절반 이상을 결정한다고 해도 과언이 아닙니다.

TSMC의 CoWoS: 패키징으로 세상을 지배하다

엔비디아 H100/B100를 분해해 보면, 중앙의 GPU 다이 Die와 옆에 둘러선 여러 개의 HBM 스택이 하나의 거대한 인터포저/기판 위에 매우 가깝게 붙어 있습니다. 로직과 HBM 사이 거리를 극단적으로 줄여야 AI 학습에 필요한 데이터가 초고속으로 오갈 수 있습니다. 이 구조를 안정적으로, 대량으로 뽑아낼 수 있는 곳이 바로 TSMC의 CoWoS 라인입니다.

2023~2024년 내내 CoWoS 생산능력 부족이 AI GPU 공급의 병목이었고, 2025년 초 기준으로도 전 세계 CoWoS 수요는 2024년 37만

장 → 2025년 67만 장 → 2026년 100만 장 수준으로 폭증할 것으로 전망됩니다. TSMC는 관련 팹 증설을 통해 CoWoS 월 생산능력을 2025년에는 7만 장 수준으로, 2026년에는 9.5만장까지 끌어올리려 하지만, 엔비디아/AMD/클라우드 3사의 수요를 다 맞추기엔 여전히 빠듯한 수준입니다.

엔비디아 젠슨 황은 지난 2년간 업계의 어드밴스드 패키징 생산능력이 4배 가까이 늘었지만 여전히 병목이라고 말했고, Hopper 세대에서 쓰던 CoWoS-S에서 Blackwell 세대용 CoWoS-L로 패키징 기술을 업그레이드하는 중이라고 밝혔습니다.

여기서 중요한 포인트는 TSMC가 이제 칩을 만들어 주는 공장을 넘어, '공정'과 '패키징'을 묶어 제공하며 고객을 락인 하는 플랫폼 사업자로 변신했다는 점입니다. 패키징이 단순 조립이 아니라 TSMC가 파운드리 왕좌를 방어하는 핵심 무기가 된 셈입니다.

OSAT의 진화: ASE와 앰코

이 판의 변화는 당연히 전문 패키징 업체OSAT들에게도 기회가 됩니다. 세계 1위 ASE(대만)와 2위 앰코Amkor(미국)는 과거의 단순 조립 비즈니스를 넘어, 2.5D/3D, 팬아웃, 패널 레벨, CPO(광/전기 집적) 같은 첨단 패키징으로 포트폴리오를 재구성하고 있습니다.

ASE는 2025년 CAPEX를 전년 대비 10억 달러 이상 늘려, AI/HPC용 2.5D/3D 패키징과 HBM 기판, CPO용 VIPack 플랫폼에 집중 투자하겠다고 밝혔습니다. 패키징 사업 내에서도 어드밴스드 패키징 비중이 이미 절반을 넘었고, 글로벌 OSAT 시장점유율은 45% 수준으로 추정됩니다. AI 가속기의 이종 집적이 늘어날수록 ASE는 '파운드리-OSAT-고객'을 잇는 핵심 허브 역할을 하게 됩니다.

앰코는 한 단계 더 나아가 미국 애리조나 피오리아에 20억 달러 규모의 어드밴스드 패키징 캠퍼스를 짓고 있습니다. 이 프로젝트는 CHIPS Act로부터 최대 4억 달러 보조금을 받았고, 완공 시 최대 70억 달러까지 투자 규모가 확대될 수 있습니다. 애플과 엔비디아가 초기 핵심 고객으로 참여했고, 인근 피닉스 TSMC 팹에서 나온 웨이퍼를 바로 가져와 패키징/테스트까지 처리하는 전공정-후공정 일체형 공급망을 구축하는 것이 목표입니다.

테스트:
1억짜리 칩을 위한 보험

칩을 만들었다면 제대로 작동하는지 끝까지 확인해야 합니다. 칩 하나 가격이 몇 천 원에서 몇 만 원 수준이었던 때에는 불량이 나올 경우 버리면 된다고 생각했습니다. 그러나 지금은 엔비디아 B200 한 개가 3만~4만 달러 수준이고, 이를 72개 올린 GB200 NVL72 랙 가격은 대당 260~300만 달러까지 올라갑니다. 이런 초고가 칩 하나가 불량으로 섞여 들어가서 전체 서버 랙 시스템을 망가뜨리면, 단순 불량이 아니라 재앙 수준이 됩니다. 그래서 테스트 공정은 이제 단순 검사라기보다, 초고가 AI 칩을 지키는 필수 보험이 됐습니다.

테라다인과 어드반테스트: 테스트 듀오폴리의 경제학

반도체 테스트 장비 시장은 사실상 미국 테라다인^{Teradyne}과 일본 어드반테스트^{Advantest}가 양분하고 있습니다. 두 회사가 합쳐 전 세계 테스트 장비 시장의 약 80%를 차지하는, 전형적인 과점 구조입니다.

AI 칩은 구조가 너무 복잡해졌습니다. 로직 다이는 수백억 개 트랜지스터에, 옆에는 HBM이 3D로 쌓여 있고, 패키징도 2.5D/3D 구조입니다. 이런 칩을 검증하려면 다양한 전압/온도/클록 속도 조합에서 수많은 패턴을 병렬로 넣어 보며, 패키지/HBM/인터커넥트까지 한 번에 체크해야 합니다. HBM처럼 적층 구조이면서 초고속 신호를 주고받는 메모리는 스택 전체의 신뢰성을 보장하기 위해 웨이퍼 테스트와 패키지 테스트에서 모두 매우 정교한 검증이 필요합니다.

문제가 복잡해질수록 테스트 항목 수, 테스트 시간, 필요 장비 수가 모두 늘어납니다. 결국 칩이 복잡해질수록 장비 판매/유지 보수/업그레이드로 돈을 더 버는 구조가 만들어진 것이죠. 테스트 장비는 한 번 깔리면 10년 가까이 사용되고, 신규 공정/신규 패키징이 나올 때마다 모듈/옵션 업그레이드를 팔 수 있기 때문에, CAPEX 사이클이 출렁여도 구조적 수요가 유지되는 비즈니스라는 점이 투자 포인트입니다.

소모품의 경제학: 프로브 카드와 소켓, 끝없는 리필 비즈니스

테스트 장비만큼이나 중요한 게 장비와 칩을 연결해 주는 소모품입니다. 웨이퍼 위 칩을 직접 찌르는 프로브 카드probe card, 패키지 칩을 꽂아 시험하는 소켓/인터페이스 보드 같은 것들입니다.

글로벌 시장에서는 이탈리아의 테크노프로브Technoprobe와 미국 폼팩터FormFactor가 대표적인 강자입니다. Yole 리포트 기준 2024년 전 세계 프로브 카드 시장은 약 24억 달러 규모이고, AI용 로직/HBM용 메모리 프로브 카드가 가장 빠르게 성장하는 세그먼트로 꼽힙니다. 폼팩터는 이미 메모리 3사 모두에 HBM용 프로브 카드를 공급하며 HBM/AI용 테스트 소모품의 핵심 공급자로 자리 잡았고, HBM 전용 아키텍처와 대량 병렬 테스트 기술을 앞세워 점유율을 높여 가고 있습니다. 테크노프로브는 로직 반도체용 프로브 카드의 선두 주자인데, 현재 메모리 3사 모두에 퀄 인증을 진행 중이며, 2026년에 HBM용 프로브 카드를 공급할 예정입니다.

한국의 리노공업은 이 흐름의 숨은 챔피언입니다. IC 테스트 소켓과 소켓 내 프로브 핀을 만드는 회사로, 미세 공정/고속 신호에 맞춘 자체 기술력 덕분에 영업이익률 40%대라는 아주 이례적인 수익성을 꾸준히 기록하고 있습니다. 프로브 핀/소켓은 공정이 미세해질수록, 신호 속도가 빨라질수록, 테스트 조건이 엄격해질수록 더 자주 갈아 줘야 하고 더 비싸질 수밖에 없는 소모품입니다.

투자 관점에서 보면 이 소모품 업체들의 특징은 세 가지입니다. 칩이 많이 팔릴수록 테스트는 늘어나고, 테스트가 늘어날수록 소모품은 더 빨리 닳는다는 단순하지만 강력한 볼륨 레버리지, 고객이 한 번 특정 소켓/프로브 카드 스펙을 설계에 넣으면 쉽게 다른 업체로 바꾸기 어려운 스펙 락인spec lock-in 그리고 CAPEX 부담입니다. 이에 테스트 장비 업체보다 훨씬 가벼운데 마진 구조는 오히려 더 좋은 경우가 많습니다.

기판:
칩이 딛고 서는 땅

마지막 숨은 강자는 기판substrate입니다. 칩(건물)을 메인보드/서버보드(땅)에 연결하기 위해 깔아 주는 기초공사죠. 겉에서 보면 초록색 판때기일 뿐이지만, AI 서버 시대에는 이 판때기의 스펙이 칩 성능/전력/신뢰성을 좌우합니다. 문명사에서 늘 그랬습니다. 화려한 성당보다 중요한 것은 그 성당이 버틸 '지반'이었고, 속도와 번영의 시대에 진짜 힘은 보이지 않는 기반 시설에서 나왔습니다.

이비덴과 신코: AI가 키운 ABF 기판 황제들

AI 칩은 크기도 크고, 연결해야 할 신호와 전원 라인이 수천, 수만 가닥입니다. 이 복잡한 배선을 머리카락보다 얇은 선으로 10층, 20층씩 쌓아 올린 게 바로 FC-BGA^{Flip Chip BGA}+ABF 기판입니다. AI 서버/HPC용 ABF 기판 시장은 2023년 50억 달러 안팎에서 2030년 100억 달러 수준으로 두 배 가까이 성장할 것으로 보이고, 서버/HPC용만 따로 봐도 2033년까지 연 16%대 성장률이 예상됩니다.

이 시장의 상위 5개 업체(이비덴, 신코, 유니마이크론, 난야PCB, AT&S)가 글로벌 물량의 70% 이상을 차지하는 구조인데, 그중에서도 이비덴^{Ibiden}과 신코^{Shinko Electric}가 서버/AI용 고다층 기판의 정점에 서 있습니다.

이비덴은 AI 서버용 ABF 기판 수요에 맞춰 SAP 공정 전용 신규 공장(오노 플랜트)을 증설 중입니다. 회사 자료를 보면 AI 서버용 기판 수요 지수가 2022년 1.0 → 2023년 1.8 → 2025~27년 2.5배 수준까지 늘어나는 그림을 전제로 CAPEX를 올리고 있고, 대형/다층/내장 소자(임베디드 파워) 요구가 커질수록 수익성이 더 좋아질 것이라고 명시합니다. 신코는 PC/일반 서버 수요 둔화로 2024년까지 플립칩 패키지/고급 BGA 기판 매출이 부진했지만, 고급 스마트폰/고부가 메모리/AI 서버용 패키지 수요 확대로 제품 믹스를 다시 끌어올리는 중입니다.

엔비디아/인텔/AMD가 칩을 설계/제조해도, 이비덴과 신코 그리고 상위 몇 개 업체가 공급하는 ABF 기판이 없으면 패키지 자체를 완성할 수 없습니다. 한 장에 수십만 원 하는 고급 기판이면서 HBM/AI GPU를 제대로 돌리려면 선택지가 거의 없다는 점이 이들의 힘입니다.

유리 기판: 차세대 'AI 서버 전용 토지'

이제는 ABF를 넘어 유리glass 기판이 차세대 기술로 부상하고 있습니다. SKCAbsolics는 미국 조지아주 코빙턴에 유리 기판 공장을 지으면서 CHIPS Act 1단계 보조금을 확보했고, 연 1.2만 m² 규모의 시제품 생산 능력을 갖췄습니다. SKC 자료에 따르면 유리 기판을 적용하면 패키지 두께와 전력 소모를 절반 이하로 줄이면서, 데이터 처리 속도를 최대 40%까지 높일 수 있다고 강조합니다.

삼성전기도 2024년 이후 전시에서 대면적 글라스 코어 패키지 기판을 공개했습니다. 기존 유리 기판 대비 두께를 약 40% 줄이면서 휨warpage을 크게 개선하고, 대면적 기판의 신호 손실을 줄이는 데 초점을 맞추고 있습니다. 삼성전기는 서버/AI/자율주행용 고급 FCBGA와 함께 유리 기판을 차세대 성장 축으로 지목하고, 글로벌 고객사와 협업을 강화하겠다고 밝혔습니다.

인텔 역시 2030년 전후 유리 기판 양산을 목표로 한 로드맵을 공개했고, 최근에는 직접 생산뿐 아니라 라이선스 형태로 기술을 개방해 삼성/SKC 등과 생태계를 키우는 움직임도 보입니다.

다만 여전히 생산 공정/장비/수율 측면에서 넘어야 할 산이 많기 때문에 유리 기판은 곧 당장 ABF를 다 대체하기보다는 AI/HPC용 초고급 세그먼트에서 먼저 퍼지는 중장기 테마로 보는 것이 현실적입니다.

기판 비즈니스의 리스크: CAPEX와 사이클 사이에서

기판은 전형적인 장치 산업입니다. 다층 FC-BGA 라인 하나 깔려면 수천억~조 단위 CAPEX가 들어가고, 한 번 증설하면 최소 몇 년은 그 설비를 굴려야 합니다. 이런 산업 구조 때문에 리스크도 분명합니다. 서버/PC 경기가 꺾이면 고정비+감가상각이 그대로 남은 상태에서 가동률이 떨어져 손익이 급격히 나빠집니다. 실제로 신코를 포함한 주요 기판 업체들은 2023~24년 PC/일반 서버 수요조정 국면에서 플립 칩 패키지/고급 BGA 매출과 이익이 크게 둔화되는 경험을 했습니다. 반대로 AI 서버/HPC 수요가 폭발하자 2021~22년에는 ABF 기판이 대란 수준으로 공급이 부족했고, 이를 보고 전 세계 업체들이 일제히 CAPEX를 키우면서 2026년 이후에는 일부 세그먼트에서 다시 공급 과잉이 나올 수 있다는 경고도 나옵니다.

삽을 파는 자들의 경제학

골드러시 시절, 가장 확실하게 돈을 번 사람은 금을 캐는 광부가 아니라 광부에게 청바지와 곡괭이를 판 상인이었습니다. 반도체도 똑같습니다. 삼성전자와 TSMC가 수율 전쟁을 벌이고 엔비디아와 인텔이 칩 전쟁을 벌일 때, 누가 이기든 웃는 자들이 있습니다. 바로 공장에 기계를 대는 '반도체 장비 기업'들입니다.

이들은 단순한 납품업체가 아닙니다. 때로는 삼성전자 회장님이 비행기를 타고 날아가 장비 좀 달라고 사정해야 하는 '슈퍼 을'이기도 합니다. 장비 한 대가 늦어지면 공장 전체가 늦어지고, 공장 전체가 늦어지면 제품 출시가 늦어지며, 제품 출시가 늦어지면 시장점유율이 흔들립니다. 그래서 장비 산업은 공정 기술이면서 시간을 파는 산업이기도 합니다. 이 독특한 권력 관계와 돈의 흐름을 세 구역으로 나눠 파헤쳐 보겠습니다.

전공정 장비:
슈퍼 을들의 독무대

웨이퍼 위에 회로를 그리는 전공정은 반도체 밸류체인에서 기술 장벽이 가장 높은 구간입니다. 사실상 전 세계 4, 5개 회사가 핵심 공정을 나눠 맡는 과점 시장이고, 한 번 고객이 붙으면 바꾸기 어려운 '슈퍼 을'들이 포진한 영역입니다.

ASML: 반도체 세계의 절대 반지

네덜란드 기업 ASML은 노광lithography 장비의 '단일 독점' 플레이어입니다. 특히 7나노 이하 공정에 필수적인 EUV극자외선 노광장비는 지구상에서 ASML만 만들 수 있고, 최근 양산이 시작된 High-NA EUV는 장당 가격이 3~4억 달러를 넘는 것으로 알려져 있습니다.

2026년 ASML은 매출 442억 달러, 영업이익률 30.2%를 전망하고 있습니다. 과거 40%를 웃돌았던 영업이익률에 비해서는 다소 내려왔지만 여전히 높은 영업이익률을 자랑합니다. 미국이 xLight 같은 스타트업을 키워 EUV 광원 국산화를 노리고 있지만, 어디까지나 '광원' 이야기이고, 완성형 노광 스캐너는 여전히 ASML이 유일합니다. 제국의 인쇄술을 독점한 자가 지식을 장악했듯, 초미세 패턴을 찍어 내는 빛의 기계를 독점한 ASML은 반도체 문명의 한복판에 서 있습니다.

램리서치: 3D NAND의 식각 황제

웨이퍼를 깎아 내는 식각 분야의 대표는 미국의 램리서치Lam Research입니다. 3D NAND가 300단, 400단을 넘어 1,000단을 향해 가는 시대에는 위에서 아래까지 머리카락보다 가는 채널을 곧게 뚫는 고종횡비 HAR, high aspect ratio 식각 기술이 핵심 병목입니다.

램리서치는 3D NAND용 HAR 식각에서 사실상 업계 표준으로, Cryo 3.0 같은 극저온 식각 공정으로 1,000단을 향한 로드맵을 공식화하며 메모리 업체들과 공동 개발을 진행 중입니다. 2026년 램리서치는 매출 224억 달러, 영업이익률 29.5%를 전망하고 있고, 여전히 3D NAND/DRAM/로직 전공정에 걸쳐 식각과 관련된 툴로 높은 점유율을 확보하고 있습니다. NAND를 높게 쌓을수록 그리고 구조가 복잡해질수록 식각 공정 비중과 Lam의 매출이 함께 증가한다는 점이 투자 포인트입니다. 수직으로 높아지는 도시가 생길수록 땅속 기초공사(식각)가 더 어려워지는 것과 같습니다.

어플라이드 머티어리얼즈: 전공정의 장비 백화점

어플라이드 머티어리얼즈Applied Materials, AMAT는 전공정 장비 업계의 '종합 백화점'입니다. 증착(CVD, PVD, ALD), 식각, CMP(연마), 이온 주입, 열처리, 검사/계측 및 어드밴스드 패키징 장비까지 거의 모든 공정에 장비 라인업을 보유하고 있습니다.

2026년 AMAT는 매출 310억 달러, 영업이익률 27.6%를 전망하고 있고, 거대한 설치 베이스에서 나오는 서비스/소프트웨어 매출은 70억 달러로 전망되며 꾸준한 캐시카우 역할로 실적 안정성을 높여 줍니다. 투자자 입장에서 AMAT는 특정 공정에만 의존하지 않고, 메모리/로직/파운드리/패키징 전체 CAPEX를 기초체력으로 흡수하는 장비 ETF 같은 존재로 이해해 두면 좋습니다.

도쿄 일렉트론: 일본 장비 제국의 에이스

도쿄 일렉트론Tokyo Electron, TEL은 글로벌 WFE웨이퍼 팹 장비 업체 중 매출 기준 4위권에 자리한 일본의 대표 장비 회사입니다. 포트폴리오는 AMAT처럼 증착/식각/세정/열처리/패키징 전 단계에 걸쳐 넓게 깔려 있지만, 특히 코터/디벨로퍼(포토레지스트 도포/현상 장비)에서 EUV용 장비 기준 점유율 90~100%에 가까운 독점적 지위에 있다는 것이 특징입니다.

TEL은 3D NAND 전환 이후 증착/식각 장비 쪽 비즈니스도 크게 성장했고, 2015~2024년 동안 매출 연평균 12.9%, 영업이익 연평균 20% 성장, 영업이익률 24.9%라는 매우 높은 수익성을 기록했습니다. 2026년 기준 매출 AI/HPC, HBM, 첨단 로직 공정이 늘어날수록 EUV 공정 단계와 고난도 증착/식각이 함께 늘어나기 때문에, TEL 역시 장기적으로 ASML/AMAT/Lam과 함께 구조적 수혜를 공유하는 일본 측 키 플레이어입니다.

후공정/패키징 장비:
AI 시대의 신데렐라

과거에는 전공정 장비가 주인공이었지만, AI 서버와 HBM이 폭발적으로 늘면서 후공정back-end 장비사들이 새롭게 스포트라이트를 받고 있습니다. 글로벌 후공정 장비 시장도 AI/HPC용 어드밴스드 패키징 투자에 힘입어 2025년 이후 연 6~9% 성장하는 구조로 재평가되고 있죠.

한미반도체: HBM의 필수품, TC 본더

한국의 한미반도체는 HBM 열압착 공정에 올인한 결과, 몇 년 사이 매출이 2.5배 이상 늘고 '매출 1조 클럽' 후보로 거론되는 회사가 됐습니다. 핵심 제품이 바로 TC 본더Thermo Compression Bonder 입니다. TSV가 뚫린 DRAM 다이를 여러 층 수직으로 쌓아 압착하는 장비로, 엔비디아 AI GPU에 들어가는 HBM3E를 양산할 때 SK하이닉스 라인에서 사실상 표준 장비로 쓰였습니다.

한미반도체는 세계 최초 TSV 듀얼 스태킹 TC 본더를 내놓은 이후, NCF/MR-MUF 등 HBM 공정에 필요한 대부분의 TC 본딩 기술을 확보했고 관련 특허를 100건 이상 쌓았습니다. 이 공로로 HBM용 TC 본더는 2025년 산업부/코트라가 선정한 '월드클래스 제품' 인증까지 받았습니다. 다만 최근 SK하이닉스가 한화세미텍 장비를 함께 도입하며 공급선을 다변화하고 있어, 한미반도체의 SK하이닉스 단독 공급 구도는 이미 깨졌습니다. 그럼에도 불구하고 HBM3E 양산 구간에서 여전히 높은 점유율과 레퍼런스를 유지하고 있고, 마이크론/삼성향 매출 확대, 차세대 HBM4용 장비/하이브리드 본더 개발 같은 스토리가 잠재적인 업사이드로 남아 있습니다.

디스코: 자르고 갈아 내는 장인

일본의 디스코Disco는 웨이퍼를 얇게 갈아 내는grinding/잘라 내는dicing 장비에서 독보적인 플레이어입니다. 3D 적층, 칩렛, HBM 같은 패키징이 늘수록 웨이퍼를 더 얇고 정교하게 가공해야 하기 때문에, 전공정/후공정 사이를 잇는 초정밀 기계 가공 영역에서 디스코의 존재감이 커졌습니다. Yole 자료에 따르면 2023년 기준 백엔드 장비 시장에서 디스코는 약 20% 점유율로 1위를 차지했고, 강점은 얇은 웨이퍼 가공과 다이싱/그라인딩 기술입니다. 2026년 디스코는 매출 4228억 엔, 영업 이익률 30.6%를 전망하며, 여전히 5μm까지 얇게 갈아 내는 박형화 기술/SiC 전력 반도체용 다이싱/HBM용 초박형 웨이퍼 공정 등에서 기술 리더십을 보여 주고 있습니다.

이오테크닉스: '레이저 미세가공'으로 후공정의 병목을 푸는 장인

이오테크닉스는 레이저 기반 정밀가공 기술을 무기로, 과거 일본 디스코가 강했던 그루빙grooving/스텔스 다이싱stealth dicing 영역을 국산화하며 후공정/패키징 밸류체인에서 존재감을 키워 온 회사입니다. HBM 적층이 고도화될수록 더 얇고 더 정교하게 자르고 가공하는 공정 중요도가 올라가는데, 이오테크닉스는 다이싱뿐 아니라 적용 영역을 넓혀 가며 포트폴리오를 확장하는 그림을 보여 줍니다. 또한 레이저 어닐링/마킹 장비처럼 전후공정을 가로지르는 수요 기반을 갖고 있어, 특정 공정 사이클에만 의존하지 않는 점도 강점으로 평가됩니다. 드릴러driller에서도 비중이 커지는 상황에서 미세 홀hole/UV자외선 레이저 드릴링 수요와 글라스 기판 트렌드가 맞물릴 경우 성장 레버리지로 작동할 여지가 있습니다. 여기에 웨이퍼 박형화/적층 고도화 과정에서 주목받는 디본더De-bonder까지 기대 아이템으로 거론되고 있습니다. AI 패키징의 디테일이 커질수록 레이저 장비의 무대가 넓어진다는 관점에서 스토리를 만들 수 있는 업체입니다.

계측/검사 장비:
불량과의 전쟁

공정이 미세해질수록 눈에 보이지 않는 결함defect을 잡는 일이 전체 수율을 좌우합니다. 전공정/후공정 어디서든 이 공정 결과가 제대로 나왔는지를 확인하는 계측/검사 장비metrology & inspection가 없으면, 수조 원짜리 팹도 그저 비싼 실험실에 그칩니다.

KLA: 수율을 지배하는 자

미국의 KLA는 계측/검사 장비 시장의 절대 강자입니다. 웨이퍼 표면 결함 검사, 패턴 계측, 마스크/레티클 검사, 어드밴스드 패키징 계측까지 불량을 찾아내는 모든 구간에 장비를 깔아 놓고 있습니다. 최근 리포트 기준, KLA는 프로세스 컨트롤 시장에서 50~60%대 점유율을 꾸준히 유지하며 사실상 1위 사업자로 자리 잡고 있습니다. 2026년 KLA는 매출 134억 달러, 영업이익률 35.0%를 전망하고 있습니다. 반도체 회사 입장에서는 수율을 1~2%만 더 올릴 수 있다면 장비값은 나중 문제이기 때문에, KLA는 업황이 나쁠 때도 비교적 안정적인 수요와 마진을 누립니다.

실제로 삼성/TSMC가 신규 노드에서 수율이 안 나온다고 했을 때, 공정 조건을 이것저것 바꿔 보는 것보다 KLA 장비로 어디서 결함이 터지는지 지도를 먼저 그려 보는 게 훨씬 빠릅니다. 한 번 라인에 들어간 뒤에는 레시피/데이터가 공정에 깊이 얽히기 때문에, 다른 업체 장비로 바꾸기가 거의 불가능해지는 것도 KLA의 해자입니다.

레이저텍: EUV 마스크를 보는 단 한 쌍의 눈

레이저텍Lasertec은 EUV 노광에 쓰이는 포토마스크/블랭크 마스크 결함 검사 장비에서 사실상 글로벌 점유율 100%를 차지하는 일본 기업입니다. TSMC, 인텔, 삼성 등이 사용하는 EUV용 포토마스크 결함 검사 장비를 사실상 독점 공급하고 있어, ASML의 EUV 노광기가 깔리는 곳에는 레이저텍 장비가 따라 들어간다고 봐도 과언이 아닙니다. 특히 실제 공정에서 사용하는 13.5nm EUV 파장을 그대로 써서 마스크를 검사하는 ACTIS 시리즈(액티닉 EUV 마스크 검사 장비)는 EUV 공정의 품질을 좌우하는 핵심 설비입니다. 최근에는 High-NA EUV 세대까지 대응하는 ACTIS A300 시리즈와 CNT 펠리클용 PELMIS EUV 펠리클 검사 장비까지 선보이며, 2nm 이후 세대에서도 사실상 대체 불가 포지션을 굳히고 있습니다. ASML의 EUV/High-NA 설치 대수가 늘고, 로직/DRAM이 2nm/1.4nm 세대로 갈수록 레이저텍 장비 없이는 생산이 불가능해지기 때문입니다. 다만 매출의 대부분이 EUV 마스크 관련 장비에 집중되어 있어, EUV 투자 사이클의 일시적 스톱에도 실적/주가 변동성이 커질 수 있다는 점은 리스크입니다.

Onto/Camtek/Nova: 미세 패턴과 패키징을 보는 다른 눈들

KLA가 시장 절대 1위지만, 주변에 Onto Innovation, Camtek, Nova 같은 '틈새 강자'들도 있습니다.

Onto Innovation은 포토/패턴 계측과 CMP, 어드밴스드 패키징용 계측에 강점이 있는 미국 회사로, AI/HBM용 패키지 기판/RDL 계측 수요를 레버리지 삼아 성장하고 있습니다. Camtek은 이스라엘 기업으로, FC-BGA/패키지/어드밴스드 패키징 검사에 특화된 장비를 공급하며, ABF 기판/HBM 패키징 검사 수요 증가의 직접 수혜주로 자주 거론됩니다. Nova는 박막 두께/물성 측정 같은 소프트 계측에 강한 업체로, EUV/GAA/3D NAND 등 공정이 복잡해질수록 수요가 늘어나는 구조를 갖고 있습니다.

이 회사들은 KLA처럼 전 영역을 장악하기보다는 특정 공정/패키징 구간의 미세 계측에 초집중해서 자리 잡은 플레이어들입니다.

파크시스템스: '손끝으로' 결함을 느끼는 나노 계측의 강자

파크시스템스는 반도체 공정에서 AFM원자현미경 기반 계측에 특화된 기업으로, 눈에 보이지 않는 나노 지형을 만져서 측정하는 장비를 만듭니다. 미세 공정이 2nm로 내려가고 구조가 GAA/3D 적층으로 복잡해질수록, 단순 이미지 검사만으로는 잡히지 않는 표면/형상/재료 특성의 미세 차이가 수율을 갈라놓는데, AFM은 이 구간에서 존재감이 커집니다. 파크시스템스는 IMEC과의 협업을 통해 공정 개발에서 양산, 불량 분석 전 단계에서 쓰일 AFM 메트롤로지 솔루션을 함께 고도화하며, 생산수율/성능 개선을 목표로 한 프로토콜 개발까지 확장하고 있습니다. 대표 제품군인 NX-3DM 같은 인라인 메트롤로지 AFM은 멀티사이트 분석과 자동 최적화 등을 통해 연구용 장비의 영역을 넘어 생산형 계측으로 진화하는 흐름을 보여 줍니다.

장비주의
세 가지 법칙

장비주에 투자할 때는 일반 제조업과는 다른 세 가지 법칙을 기억하면 좋습니다.

수주 잔고가 곧 미래의 매출이다

장비는 주문 즉시 찍어 내는 제품이 아닙니다. 설계 커스터마이징, 설치/검증까지 포함하면 리드 타임이 6개월~1년씩 걸립니다. 그래서 지금 발표되는 분기 실적보다 앞으로 1~2년 동안 납품될 수주 잔고 backlog가 꾸준히 쌓이는지를 보는 것이 더 중요합니다. 장비 사이클의 고점/저점을 가르는 핵심 선행지표가 바로 이 수주 잔고입니다.

서비스 매출이 바닥을 지켜 준다

장비사는 기계를 한 번 팔고 끝나는 사업이 아닙니다. 설치된 장비 installed base를 기반으로 유지 보수, 소모품, 소프트웨어/공정 업그레이드 에서 매년 반복적인 매출이 발생합니다. 이 비즈니스는 마진도 높고, 공장 가동이 완전히 멈추지 않는 한 쉽게 줄어들지 않습니다. 그래서 업황이 꺾여도 실적의 바닥이 단단하게 받쳐지는 구조가 만들어집니다.

미세화와 적층은 장비사의 축제다

공정이 7나노에서 5나노, 3나노로 갈수록 그리고 NAND가 100단에서 200단, 300단으로 쌓일수록 공정 단계는 늘어나고, 장비 한 대당 가격과 필요 대수도 같이 늘어납니다. 노광, 식각, 증착, 클리닝, 계측/검사까지 모든 공정에서 더 정밀한 장비를 새로 사야 하기 때문에, 기술 난이도 상승 자체가 장비사의 구조적 성장 동력이 됩니다.

글로벌 30대 장비사

(2026.02.17 기준)

세계 30대 반도체 장비 기업	국가	시가총액 ($M)	주요 제품
ASML	네덜란드	553,160	EUV 스캐너, DUV(ArF immersion/ArF/KrF) 노광 스캐너, 리소 소프트웨어·컴퓨테이셔널 리소(공정 최적화)
Lam Research	미국	295,959	식각(Dielectric/Conductor), 증착(주로 CVD/ALD 계열), PR 스트립/클린(애싱·세정) 등 WFE
Applied Materials	미국	287,327	증착(PVD/CVD/ALD), CMP, 식각(특정 분야), 이온주입(Varian), 일부 계측/검사 및 공정 제어 SW
KLA	미국	192,708	결함 검사(웨이퍼/패턴/레티클), 계측(CD/Overlay/막두께·재료), 공정관리(수율·결함 분석 SW 포함)
Tokyo Electron	일본	130,462	코터/디벨로퍼(Track), 식각, 증착, 세정(싱글 웨이퍼 클린) 등 WFE 전반
Advantest	일본	122,410	ATE(SoC/메모리 테스트), 시스템레벨 테스트, 번인/핸들링 연계 테스트 솔루션
Disco	일본	51,171	다이싱쏘/스텔스 다이싱(레이저), 웨이퍼 그라인딩(박막화), 폴리싱/슬라이싱 등 웨이퍼 절단·가공 장비
NAURA Technology Group	중국	51,126	식각, 증착(CVD/PVD/ALD), 열처리/확산(일부 라인), 세정 등 중국계 WFE 포트폴리오
Teradyne	미국	48,105	ATE(SoC/메모리), 테스트 자동화/핸들러·인터페이스 연계, 전자부품 테스트
ASM International	네덜란드	40,646	ALD(주력), 에피택시(Epi) 장비(일부) - 첨단 증착 공정 중심
AMEC	중국	31,331	식각(ICP etch) + 증착(MOCVD 중심) - 중국계 전공정 핵심 장비
Canon	일본	27,603	성숙공정 DUV 스테퍼(i-line/KrF 중심, 일부 ArF), 나노임프린트(NIL)
Lasertec	일본	18,243	EUV 마스크 블랭크/레티클 결함 검사, 마스크 결함 리뷰·계측(포토마스크 검사 핵심)
BE Semiconductor Industries	네덜란드	17,207	어드밴스드 패키징 조립 장비(다이 어태치/플립칩), TCB/하이브리드 본딩, 웨이퍼레벨 패키징 조립

세계 30대 반도체 장비 기업	국가	시가총액 ($M)	주요 제품
Ebara	일본	16,809	드라이 진공펌프(식각·CVD 등 공정용), 가스 어베이트먼트(배기/처리), CMP 시스템(평탄화) 등 팹 인프라/장비
Nordson	미국	16,547	정밀 디스펜싱/제팅(언더필·접착제·솔더페이스트), 선택 코팅, 패키징 공정용 도포/분사 장비
한미반도체	대한민국	14,537	TCB/TC 본더(특히 HBM 패키징), 다이 본딩/어셈블리(후공정) 장비
Nova	이스라엘	13,116	계측(Metrology) 장비(막두께·CD·재료 특성 등), 공정 제어/피드백(수율 향상)
Screen Holdings	일본	13,020	습식 세정 장비(싱글/배치), 코터/디벨로퍼(Track) 등 리소·세정 중심
Onto Innovation	미국	10,924	검사/계측(웨이퍼 패턴·리소 공정 제어), 패키징/어드밴스드 패키지 검사·메트롤로지
Kokusai Electric	일본	9,116	배치 열처리(산화/확산/어닐), 배치 LPCVD(질화막/폴리 등), 300mm 배치 열공정 플랫폼
Camtek	이스라엘	7,185	AOI/계측(어드밴스드 패키징: 범프/본딩/웨이퍼레벨 검사), 결함 검사·측정 장비
ASMPT	홍콩	5,522	반도체 어셈블리/패키징 장비(다이·와이어 본딩, 몰딩/조립 계열), SMT 장비(그룹 내)
ACM Research	미국/중국	4,227	습식 세정/클린(전공정 세정), 박리·오염 제거 등 Wet Process 장비
Nikon	일본	4,194	DUV 리소그래피(주로 i-line/KrF/ArF) 스테퍼·스캐너(성숙공정 중심), 고정밀 정렬·스테이지/광학 기반 리소 장비
Rorze	일본	4,070	EFEM/Sorter(전공정 로딩·분류), 웨이퍼 핸들링 로봇(진공/클린 로봇), 스토커/자동화(팹 AMHS 연동)
Kulicke & Soffa Industries	싱가포르	3,748	와이어 본딩, 다이 본딩/어태치, 웨지/볼 본딩 등 후공정 조립 장비
원익IPS	대한민국	3,700	PECVD, ALD, Diffusion/Thermal 시스템(열처리/확산 계열) 등 전공정 증착·열공정 장비
이오테크닉스	대한민국	3,100	반도체 레이저 마커(주력), 레이저 커팅/가공, 레이저 어닐링 등 레이저 응용 공정 장비
Axcelis	미국	3,024	이온주입(Ion Implant) 장비(Purion 플랫폼: High energy/Mid/High current, SiC 파워 디바이스용 라인 포함)

스펙이 결정하는
비즈니스

지금까지는 수조 원짜리 공장(삼성전자, TSMC)과 수천억 원짜리 장비(ASML)를 봤습니다. 여기까지만 보면 이런 생각이 들 수 있습니다.

'반도체는 다 조兆 단위 싸움이네. 개인 투자자가 파고들 틈은 없는 거 아닌가?'

틈은 소재/부품에 있습니다. 이들은 웨이퍼, 특수가스, 화학약품, 포토레지스트 같은 소모품을 팝니다. 겉으로는 평범한 B2B 화학/소재 회사 같지만 한 번 라인 안에 들어가면 수율/안전/환경 인증이 얽혀 있어 거의 안 바뀝니다. 이러한 구조 덕분에 소재/부품 기업들은 락인이 걸린 구독 모델에 가까운 캐시 플로우를 만들어 냅니다. 문명사로 치면, 화려한 왕궁보다 소금과 철이 더 오래 권력을 만들었습니다. 소재/부품은 반도체 산업의 소금과 철입니다.

웨이퍼:
과점 시장의 평화

반도체의 출발점은 실리콘 웨이퍼wafer입니다. 이 시장은 전 세계 5개 회사가 90% 이상을 점유하는 전형적인 초과점 구조입니다. 일본의 신에츠화학Shin-Etsu과 섬코SUMCO가 압도적인 투톱이고, 대만의 글로벌웨이퍼스GlobalWafers, 독일의 실트로닉Siltronic, 한국의 SK실트론이 그 뒤를 잇는 구도는 2020년 이후 지금까지도 큰 틀에서 변하지 않았습니다.

신에츠 화학: 영업이익률 30%의 비밀

신에츠는 그냥 화학 회사가 아니라 웨이퍼/PVC/실리콘/반도체 재료를 다루는 초대형 소재 제국입니다. 이 중 실리콘 웨이퍼는 순도/결정 결함/평탄도에서 타사가 따라오기 힘든 수준의 품질을 만들며, 최첨단 로직/메모리 공정용 300mm 웨이퍼에서 사실상의 표준처럼 쓰입니다. 웨이퍼는 한 번 고객 공정에 맞춰 스펙을 잡아 놓으면, 바꾸는 순간 공정 조건 전체를 다시 튜닝해야 합니다. 그래서 신에츠처럼 기술력이 압도적인 기업은 가격 협상에서 을이 아니라 갑甲에 가까운 위치를 차지하게 됩니다. 실제로 웨이퍼 사업부는 30% 안팎의 높은 영업이익률을 오래 유지하는 대표적인 고수익 소재 비즈니스입니다.

200mm 웨이퍼의 역설

최신 스마트폰/서버는 300mm(12인치) 웨이퍼를 쓰지만, 전력 반도체/차량용 MCU/아날로그 칩의 상당 부분은 아직도 200mm(8인치) 웨이퍼에서 만들어집니다. 문제는 상위 웨이퍼 업체들이 첨단 300mm에 CAPEX를 집중하느라, 200mm 웨이퍼 증설은 아주 제한적으로만

해 왔다는 점입니다. 실제로 200mm 웨이퍼는 2020년 이후 꾸준히 증설되고 있지만, 자동차/전력 반도체 수요 속도를 따라잡지 못해 타이트한 상태가 계속된다는 분석이 많습니다. 그 결과, EV/자동차용 파워칩 수요가 폭발한 2021~2024년에는 새 공장을 300mm로 짓는 바람에 막상 200mm 웨이퍼가 부족한 상황이 펼쳐졌습니다. 최첨단만이 전부가 아니라는 산업의 현실을 가장 단적으로 보여 주는 사례입니다. 최근 다시 200nm 웨이퍼의 공급 부족 현상이 재현되고 있습니다. AI 데이터센터에 전력 반도체의 수요가 급증하는데 파운드리의 생산능력은 부족한 상황입니다. 이에 한국의 DB반도체와 같은 200nm 웨이퍼 파운드리 업체의 수혜가 연결되는 흐름입니다.

특수가스와 케미컬: 공장의 혈액

반도체 공장은 거대한 화학 실험실입니다. 장비는 몇 년에 한 번 발주하지만, 특수가스/에칭액/세정액/슬러리 같은 케미컬은 공장이 돌아가는 동안 쉬지 않고 들어갑니다.

러-우 전쟁과 네온 가스 대란

2022년 러시아-우크라이나 전쟁이 시작됐을 때, 업계가 가장 먼저 긴장한 것 중 하나가 네온(Ne) 가스였습니다. 네온은 DUV 노광장비의 레이저용 희귀가스로, 2022년 당시 세계 공급의 약 50%가 우크라이나에서 나왔습니다. 전쟁으로 주요 네온 생산 업체들이 가동을 중단하면서 글로벌 반도체 공급망 리스크가 크게 부각됐습니다.

이 사건 이후 각국 정부와 반도체 기업들은 희귀가스/특수가스 국산화와 다변화에 속도를 내기 시작했습니다. 한국에서도 티이엠씨, 원익머트리얼즈 등 특수가스 업체들이 네온/크립톤/제논 분리/정제 설비를 확대하며 공급망 내 입지를 강화했습니다. 티이엠씨는 네온/헬륨/크립톤/제논 등 레이저용 희귀가스를 분리/정제하는 설비를 갖추고, 포토리소그래피/이온 주입 등 핵심 공정용 희귀가스를 자체 기술로 공급하는 회사로 자리 잡았습니다.

특수가스 비즈니스는 공장 옆에 전용 탱크 또는 파이프라인을 박아 넣고 10년 이상 장기 공급 계약을 맺는 구조입니다. 공장이 멈추지 않는 이상 가스 공급사는 매 분기 반복되는 현금 흐름을 가져가는 전형적인 인프라형 사업입니다.

동진쎄미켐과 솔브레인: 국산화의 상징

2019년 일본의 수출 규제로 촉발된 포토레지스트/불화수소[HF]/플루오린 폴리이미드 규제는 한국 입장에서 치명적이었습니다. 공장을 세울 수도 있는 소재였기 때문입니다. 이 위기에서 동진쎄미켐(포토레지스트), 솔브레인(고순도 불화수소) 등 국내 소재사들이 적극적인 국산화를 추진했고, 그 결과 한국의 일본산 포토레지스트 의존도는 93%(2018년)에서 60%(2025년)대 중반까지 낮아졌다는 통계가 나옵니다. 일본은 2023년 수출 규제를 공식적으로 해제했지만, 그사이 한국/대만/중국에서 국산화/다변화 플레이어들이 성장했습니다.

포토레지스트:
빛의 마법사들

포토레지스트PR는 웨이퍼 위에 바르는 감광액입니다. 빛(레이저)에 반응해 회로 패턴을 남기는, 말 그대로 반도체 공정의 잉크입니다. 이 시장은 여전히 일본 기업들의 텃밭입니다. JSR, TOK Tokyo Ohka Kogyo, 신에츠, 후지필름 등이 포토레지스트 시장의 75~90%를 점유하고 있고, 특히 EUV용 포토레지스트는 기술 장벽이 매우 높아 일본/미국/유럽 소수 업체 위주로 시장이 형성되어 있습니다. EUV용 PR 시장만 따로 보면 2024년 약 3억 달러 규모에서 2031년 14억 달러까지 성장할 것으로 전망되는데, 이는 3나노/2나노/EUV 멀티 패터닝 공정 확산과 함께 구조적인 성장 섹터로 분류됩니다.

흥미로운 변화도 있습니다. 일본 JSR은 2024년 한국에 EUV 포토레지스트 공장을 짓기 시작했고, 동진쎄미켐/삼양NC 등 한국 업체들도 High-NA EUV용 포토레지스트 개발에 나서면서 일본 기술+한국 생산, 한국 로컬 경쟁이라는 혼합 구조가 빠르게 만들어지고 있습니다.

CMP 슬러리와 부품:
소모품의 경제학

CMP chemical mechanical planarization 는 웨이퍼 표면을 완전히 평평하게 갈아내는 공정입니다. 이때 쓰이는 연마제(슬러리)와 패드는 프린터 잉크처럼 계속 닳아 없어지는 전형적인 소모품입니다. 글로벌 CMP 슬러리 시장은 약 20억 달러(2024년)에서 35억 달러 이상(2032년)으로 성장할 것으로 예상되며, 반도체 공정 미세화와 3D NAND/HBM 적층이 늘어날수록 그 중요도가 커지는 영역입니다.

슬러리 시장의 글로벌 플레이어로는 Entegris(구CMC Materials 포함), Showa Denko, Fujimi, DuPont, Merck, JSR 등이 있고, 여기에 케이씨텍, 동진쎄미켐, 솔브레인 등 한국 기업들도 이름을 올리고 있습니다. 케이씨텍은 CMP 장비와 세리아ceria 기반 CMP 슬러리를 동시에 공급하는 회사로, 비메탈/메탈 계열 슬러리 국산화에 성공하여 반도체용 슬러리 매출만 연간 수천억 원인 것으로 알려져 있습니다. 장비와 슬러리를 함께 공급할 수 있기 때문에, 한 번 라인에 들어가면 장비와 슬러리 묶음으로 락인 되는 구조를 만들 수 있다는 점이 투자 포인트입니다.

CMP 슬러리와 패드는 공장의 가동률과 웨이퍼 투입량에 정비례합니다. 장비 CAPEX는 사이클에 따라 크게 출렁이지만, 슬러리/패드 같은 소모품은 라인이 돌아가는 한 매일매일 팔립니다. 그래서 CMP 슬러리/케미컬 업체들은 반도체 소재 중에서도 가장 '구독 모델'에 가까운 매출 구조를 가졌다고 볼 수 있습니다.

소재/부품주의
세 가지 특징

소재/부품주에 투자할 때는 장비주와는 다른 세 가지 특징을 알아야 합니다. 소재/부품 특유의 룰이 있습니다.

스펙이 곧 밥줄이다

반도체 공정은 수천 개의 변수가 맞물려 돌아갑니다. 쓰던 약품을 다른 회사 것으로 바꿨다가 수율이 1%만 떨어져도 손실이 수백억 원입니다. 그래서 소재 하나를 바꾸는 데도 장기간의 테스트/라인 튜닝이 필요하고, 그만큼 한 번 고객 공정에 채택되면 웬만해선 바꾸지 않는 구조가 만들어집니다. 소재 기업의 가장 큰 자산은 공장보다도 고객 라인에 박혀 있는 스펙spec입니다.

인증은 지루하지만, 통과하면 굉장히 달콤하다

새 소재/부품이 라인에 들어가려면 1~2년 걸리는 혹독한 인증qual test을 거칩니다. 투자자 입장에선 이 기간이 답답하게 느껴지지만, 통과만 하면 그 칩/공정이 유지되는 동안 수년간 안정적 매출이 사실상 예약됩니다. 포토레지스트/CMP 슬러리/특수가스 같은 품목들은 한 번 들어가면 제품 수명 내내 따라가는 경우가 많습니다.

가동률이 곧 주가의 심장박동이다

'누가 CAPEX를 더 쓰는가'에 민감한 장비주와 달리, 소재/부품주는 기존 공장이 얼마나 빽빽하게 돌아가는가(가동률)에 더 민감합니다. 삼성전자/TSMC가 감산 종료, 라인 풀가동을 선언하는 시점에는 장비주보다 소재/부품주가 먼저 움직이는 경우가 많습니다. 웨이퍼 투입량이 늘어나면 웨이퍼/가스/케미컬/슬러리/PR이 바로 늘어나기 때문입니다.

글로벌 30대 소재/부품사

"세계 30대 반도체 소재/부품 기업 (기판 포함)"	국가	시가총액 ($M)	주요 제품
Air Liquide	프랑스	116,185	벌크/온사이트 가스($N_2/O_2/Ar/H_2$ 등), 전자특수 가스(공정·세정용), 가스 공급/정제·매니지먼트(팹 인프라)
Linde	독일	89,583	벌크·온사이트 가스, 전자특수가스, 가스 공급·정제/혼합(전자급) 및 현장 공급 인프라
Shin-Etsu Chemical	일본	67,694	실리콘 웨이퍼(300mm 중심), 포토레지스트(ArF/KrF 등), 블랭크 마스크(쿼츠), 펠리클/리소그래피 소재
Merck KGaA	독일	65,341	포토레지스트(패터닝 소재), 현상액/스트리퍼, ALD/CVD 전구체(Thin-film 소재), 습식 공정용 전자급 케미칼
Air Products & Chemicals	미국	61,829	벌크/온사이트 가스, 전자특수가스(에천트/클린/증착용), 고순도 가스 공급·매니지먼트
Hoya	일본	59,191	포토마스크(로직/메모리), 블랭크 마스크(쿼츠) 및 마스크 관련 소재
BASF	독일	53,463	전자급 습식공정 케미칼(세정/현상/스트리퍼), CMP 슬러리(PLANAPUR), 구리 공정용 에천트/케미칼(SELECTIPUR 등), 고순도 공정 케미칼
JX Advanced Metals	일본	39,161	스퍼터링 타겟(Ta/Ti/W/Cu/Al 등), 고순도 금속/합금(배선·박막용), 도금/박막용 소재
Ajinomoto	일본	28,492	ABF(빌드업 절연 필름), 패키지 기판용 절연/수지·필름(FC-BGA 핵심 소재)
Fujifilm Holdings	일본	24,651	포토레지스트(패터닝), CMP 슬러리/연마재, 현상/스트리퍼·세정 케미칼(전자급)
Dow	미국	22,688	실리콘/고분자 소재(패키징), 언더필·접착/봉지(Encapsulation) 계열, 절연/방열 기능성 폴리머
DuPont	미국	20,816	CMP 패드(Ikonic 중심), CMP 관련 소모재/공정 케미칼, 패키징/기판용 필름·절연/접착(폴리이미드 등)
Entegris	미국	19,961	오염제어(필터/정제), 가스·케미칼 딜리버리, FOUP/캐리어 등 팹 소모재·인프라, CMP 슬러리/패드
Unimicron	대만	17,962	FC-BGA/FC-CSP 패키지 기판(서브스트레이트), HDI/고다층 PCB, IC 캐리어(고다층·미세배선)
Sumitomo Metal Mining	일본	17,027	스퍼터링 타겟/고순도 금속 소재(박막·배선), 금속/합금(전자재료)

"세계 30대 반도체 소재/부품 기업 (기판 포함)"	국가	시가총액 ($M)	주요 제품
Ibiden	일본	16,950	패키지 기판(서버/AI용 고다층), 고다층 PCB/서브스트레이트
Nippon Sanso	일본	16,092	전자특수가스, 벌크/온사이트 가스, 고순도 가스 공급·정제/혼합(팹 인프라)
Nitto Denko	일본	15,837	다이싱 테이프, 백그라인드/보호 테이프(웨이퍼 보호), 라미네이션/기능성 필름(패키징 공정)
Technoprobe	이탈리아	13,731	프로브카드(웨이퍼 소트용: 로직/메모리), 고핀카운트/미세피치·고속 신호 대응 카드
Resonac	일본	12,217	CMP 슬러리/소재(평탄화), 패키징 소재(몰딩/절연/접착 계열), 기능성 소재(공정/패키지용)
Mitsubishi Chemical	일본	9,988	전자급 케미칼(용매/세정 등), 패키징/기판용 수지·필름(절연/접착), 기능성 폴리머
두산	대한민국	9,277	CCL(동박적층판), 프리프레그/레진 등 PCB·패키지 기판용 소재(고다층/고주파 대응)
AGC	일본	8,790	합성 쿼츠/광학유리(마스크 블랭크·기판 유리), 고순도 유리 소재(리소/마스크용), 관련 소재(전자재료)
Toppan	일본	8,633	포토마스크(로직/메모리), 펠리클, 마스크 관련 소재/서비스(고해상도 패터닝)
Dai Nippon Printing	일본	8,601	포토마스크(첨단/성숙공정), 마스크 관련 공정·서비스(고정밀 패터닝)
Nan Ya Printed Circuit Board	대만	8,560	ABF 패키지 기판(FC-BGA 등), HDI/고다층 PCB(서버/네트워크용)
FormFactor	미국	7,394	프로브카드(웨이퍼 소트), 테스트 인터페이스 솔루션(고주파/고핀카운트 대응)
Tokyo Ohka Kogyo	일본	6,945	포토레지스트(KrF/ArF/EUV 계열 포함), 현상액/스트리퍼, EBR·세정 보조 케미칼
GlobalWafers	대만	6,783	300mm/200mm 실리콘 웨이퍼 + 에피(EPI) 웨이퍼
Sumitomo Chemical	일본	6,259	포토레지스트(ArF/KrF/EUV), 현상/스트리퍼, 패터닝 관련 전자재료(고순도 소재 포함)
Mitsui Chemical	일본	5,758	펠리클(리소 공정용), 패키징/기판용 기능성 폴리머(절연/접착), 고기능 필름/수지
이수페타시스	대한민국	5,200	초고다층 PCB(서버/네트워크/AI 인프라), 고주파·고속 신호용 PCB(저손실 소재 적용)
리노공업	대한민국	5,146	테스트 소켓/컨택터(테스트 인터페이스), 고핀카운트·고속 신호 대응 소켓(메모리/로직)

누가 판을 짜는가

지금까지는 반도체를 직접 만드는 회사들 이야기를 따라가 봤습니다. 설계하는 팹리스, 공장을 돌리는 파운드리와 IDM, 그 옆에서 장비를 대는 업체들까지요.

이제 시선을 완전히 반대편으로 돌려보겠습니다. 이 모든 칩을 실제로 돈 주고 사가는 쪽, 바로 '최종 고객end user'입니다. 우리가 궁금한 건 결국 하나입니다.

'누가 마지막으로 주문서에 도장을 찍고, 누가 기술의 방향을 정하는가?'

반도체는 혼자 떠다니는 부품이 아닙니다. 스마트폰 안에, 전기차 안에, AI 데이터센터 랙 안에 들어가 완제품의 일부로 숨 쉬고 있습니다. 그리고 이 거대한 완제품을 만드는 빅테크big tech 기업들이야말로 반도체 생태계의 진짜 판짜기입니다. 이들이 설계를 바꾸고, 스펙을 한 줄 고치는 순간 수많은 반도체 업체가 줄줄이 재설계에 들어갑니다. 제국의 법전이 바뀌면 지방 행정이 한꺼번에 바뀌는 것처럼, '고객의 요구'는 산업 전체를 움직이는 헌법이 됩니다.

스마트폰 제국:
애플의 독재와 안드로이드 연합

스마트폰은 여전히 전 세계 반도체 수요의 3, 4할을 차지하는 거대한 시장입니다. 이 판을 움직이는 플레이어는 많아 보이지만, 구조는 의외로 단순합니다. 한쪽에는 애플이라는 절대 권력, 다른 한쪽에는 안드로이드 연합이 서 있습니다.

애플: 반도체 업계의 슈퍼 갑

애플Apple은 그저 아이폰을 많이 파는 고객사가 아닙니다. 직접 설계하고, 직접 사들이는 포식자에 가깝습니다. 아이폰에 들어가는 A 시리즈 AP, 맥에 들어가는 M시리즈 칩을 스스로 설계하고, TSMC에게 가장 많은 물량을 가장 먼저 안정적으로 만들길 요구합니다. 실제로 TSMC 매출의 25% 안팎이 애플에서 나오는 것으로 알려져 있고, 3나노 같은 최첨단 공정은 거의 애플 전용 라인처럼 돌아갑니다. 애플이 다음 아이폰의 공정을 정하는 순간, TSMC는 해당 노드 생산능력과 수율을 맞추기 위해 수조 원을 더 투자하고, 장비 업체들은 그 공정 스펙에 맞는 장비를 앞다퉈 개발합니다. 결국 애플이 정한 스펙이 곧 파운드리/장비 업계의 사실상 표준이 되는 구조입니다. 반도체 회사들이 애플과 미팅하려고 줄을 서는 이유가 여기에 있습니다. '수요'가 '규칙'이 되는 시대입니다.

삼성전자와 중화권 OEM: 다층적인 먹이사슬

안드로이드 진영은 훨씬 다층적입니다. 맨 앞단에 삼성전자, 샤오미, 오포, 비보 같은 완성품 제조사OEM가 있고, 그 뒤에는 퀄컴/미디어텍 같은 칩 설계사AP, 다시 그 뒤에 파운드리와 메모리, 부품사가 줄줄이 서 있습니다.

최근 키워드는 한마디로 '온 디바이스on-device AI'입니다. 갤럭시 S24 시리즈부터 삼성은 카메라 보정, 통역, 요약, 문자 작성 같은 기능에 AI를 전면에 내세웠고, 퀄컴은 스냅드래곤 8 Gen 3/8s Gen 3를 AI 스마트폰 플랫폼으로 포지셔닝했습니다. 구글은 픽셀에 자체 텐서tensor 칩을 넣으면서 스마트폰용 AI 모델을 직접 올리고 있습니다. 안드로이드 진영 전체가 단순 스펙 경쟁에서 이제는 AI 기능이 가능한 스마트폰으로 게임의 룰을 바꾸고 있는 셈입니다.

AP 쪽에서는 퀄컴, 미디어텍, 삼성 LSI가 NPU/온 디바이스 AI 성능을 강조해야 하고, 메모리 쪽에서는 고용량 LPDDR5X, UFS 4.0 채택이 빨라지고, 카메라/센서, 전력 반도체, RF 칩까지 줄줄이 스펙 업그레이드를 요구받습니다. 한 기술의 파도가 오면 그 파도는 밸류체인의 모든 모래알을 함께 움직입니다.

데이터센터와 클라우드: 하이퍼스케일러의 전성시대

AI 시대의 무대 중앙에는 이제 하이퍼스케일러hyperscaler가 서 있습니다. 구글, 아마존AWS, 마이크로소프트Azure, 메타 같은 초대형 클라우드 기업이죠. 이들은 더 이상 IT 기업 고객이 아니라, 반도체 업계 전체의 최종 오더 북을 쥔 실질적인 설계자에 가깝습니다.

큰손들의 쇼핑 리스트: CAPEX 가이던스

이들이 매년 쓰는 설비 투자CAPEX 규모는 차원이 다릅니다. 2025년 기준으로 아마존/마이크로소프트/알파벳/메타를 합친 연간 CAPEX 가이던스는 3600억~4000억 달러(약 500조 원 이상) 수준까지 올라와 있고, 그중 상당수가 AI 데이터센터와 관련 인프라에 직접 투입되는 돈입니다. 이 돈은 엔비디아/AMD 같은 AI GPU/가속기, 메모리 3사의 HBM, TSMC/삼성의 최첨단 파운드리 라인 그리고 수많은 전력/네트워크/스토리지 업체들로 흘러갑니다. 그래서 분기 실적 시즌마다 투자자들은 하이퍼스케일러들의 투자 관련 코멘트를 기다립니다.

자체 칩 개발: 협상력을 키우는 전략

최근 가장 눈에 띄는 흐름은 하이퍼스케일러들의 자체 칩custom chip 내재화입니다. 대표적으로 구글은 TPU V5p/v5e에 이어 2024년 6세대 TPU V6eTrillium를 공개했고, 2025년에는 내부용 7세대 TPU V7, Ironwood를 서비스에 투입한 것으로 알려져 있습니다. 아마존은 2세대 Trainium2T2를 탑재한 Trn2 인스턴스를 상용화하고, 2025년 말에는 차세대 Trainium3를 공개한 상태입니다. 마이크로소프트는 Maia 100으로 Azure/OpenAI용 가속기를 자체 설계해 일부 워크로드workload, 시스템 또는 애플리케이션이 특정 작업을 완료하기 위해 수행하는 모든 처리 작업, 프로세스, 활동의 총량과 유형를 돌리고 있으며, 차세대 Maia 200(코드명 Braga)은 양산 시점을 2026년으로 미루면서도 라인업 확장을 준비 중입니다. 메타는 광고/추천 모델에 최적화된 MTIA 2i 칩을 자사 데이터센터에 대규모로 깔면서, 특정 워크로드에서 GPU 대비 TCO를 40% 이상 줄였다는 결과를 내놓고 있습니다.

겉으로 보면 '탈엔비디아 선언'처럼 보이지만, 실제로는 완전 대체라기보다 '포트폴리오 분산+협상력 강화'에 가깝습니다. 초대형 모델/최신 아키텍처는 여전히 엔비디아/AMD GPU 비중이 높고, 비용/전력 효율이 중요한 특정 워크로드(광고 랭킹, 검색, 추천, 일부 추론 등)를 자체 칩으로 치환해 TCO 및 공급 리스크를 줄이는 전략입니다. 이 흐름은 엔비디아에게는 언젠가 마진 압박으로 돌아올 수 있는 장기 변수이자 TSMC/삼성 같은 파운드리 그리고 설계 지원을 맡는 디자인하우스/EDA/IP 업체들에게는 새로운 칩 프로젝트가 줄줄이 생기는 초대형 기회입니다. 한마디로 공급자 독점의 시대에서 대형 수요자의 협상력 시대로 전쟁의 양상이 바뀌는 중입니다.

모빌리티:
바퀴 달린 컴퓨터의 등장

자동차가 내연기관에서 전기차EV, 더 나아가 소프트웨어 정의 차량SDV으로 바뀌면서, 완성차 업체들도 이제 '바퀴 달린 컴퓨터'를 만드는 기술 기업이 됐습니다. 자연스럽게 반도체 업계에서 스마트폰 다음 큰 손 자리를 자동차가 넘겨받는 중입니다.

자동차 업계의 애플: 테슬라

테슬라는 자동차 회사보다는 애플식 수직 계열화를 택한 IT 회사에 가깝습니다. 자율주행용 FSD 칩을 직접 설계하고, 생산은 삼성전자 파운드리에 맡기는 구조죠. 차량용 OS운영체제, 소프트웨어 스택, 칩까지 한 손에서 설계/관리하기 때문에, 차 한 대를 통째로 '업그레이드 가능한 컴퓨터'로 다루고 있습니다. 테슬라가 사이드미러를 빼고 카메라/레이더로 대체하겠다고 하면 이미지센서/레이더/차량용 ISP 기업들이 수혜를 보고, 인버터에 SiC실리콘 카바이드 전력 반도체를 쓰겠다고 하면 SiC 웨이퍼/디바이스 업체(Infineon, onsemi, STMicro 등)가 단번에 성장 섹터로 부각됩니다. 이처럼 테슬라의 설계 변경이 곧 글로벌 차량용 반도체/소재 업체들의 매출 구조를 바꾸는 트리거가 되고 있습니다.

전통 강자들의 반격: 현대차, 도요타, 폭스바겐

전통적인 완성차 업체들은 오랫동안 보쉬Bosch, 콘티넨탈Continental, 덴소Denso 같은 1티어 부품사를 통해 반도체를 우회 구매해 왔습니다. 그러나 코로나 이후 차량용 반도체 쇼티지를 정면으로 맞으면서 생각이 완전히 바뀌었습니다. 중간 단계를 너무 많이 거치면 정작 필요한 칩을 제때 못 구한다는 걸 뼈저리게 경험한 거죠.

그 이후 흐름은 분명합니다. 현대차/기아는 인포테인먼트, ADAS, 전력 반도체 등에서 삼성전자/엔비디아/모빌아이 같은 기업과 직접 파트너십을 맺고, 폭스바겐/BMW/메르세데스는 퀄컴, 엔비디아, TI, 인피니언 등과 칩 수준에서의 장기 공급 계약을 체결하며, 도요타/혼다도 소프트웨어 정의 차량SDV 전환을 선언하고 자체 OS, 통합 ECU, 센서 스택을 직접 기획하는 단계로 올라왔습니다. 이제 자동차 개발 회의실에는 디자이너와 엔지니어만 있는 게 아니라, 어느 파운드리 공정에 어떤 AP/MCU/SiC를 몇 개씩 쓸지를 논의하는 반도체 담당 임원들이 함께 앉습니다. 모빌리티는 이제 컴퓨팅 플랫폼이 됐습니다.

밸류체인별 투자 성격

팹리스부터 최종 고객까지, 반도체 밸류체인에 등장하는 모든 플레이어를 훑어봤습니다. 이제 HTS를 켜 볼 차례입니다. '반도체 슈퍼 사이클이 온다'는 뉴스에 어떤 종목은 상한가를 찍고, 어떤 종목은 겨우 2% 오르고 끝납니다. 반대로 업황이 꺾이면 어떤 주식은 반토막이 나는데, 어떤 주식은 꿈쩍도 안 하고 버티죠.

이는 섹터마다 주가를 움직이는 'DNA'가 다르기 때문입니다. 이걸 모른 채 매매하는 건 농구 감독이 가드에게 리바운드 잘 잡으라고 소리치는 것과 같습니다. 자, 그럼 내 투자 성향과 목표 수익률에 맞는 포지션은 어디인지 하나씩 짚어 보겠습니다.

팹리스
- 홈런 타자의 스윙

팹리스는 반도체 투자의 '꽃'이자 가장 공격적인 '야수' 포지션입니다.

주가 특성(high beta)

변동성이 압도적으로 큽니다. 신제품/신아키텍처가 시장에서 대박 나면 주가는 순식간에 몇 배씩 뜁니다. 반대로 제품 개발이 늦어지거나 고객사 채택에 실패하면 바닥을 뚫고 내려가는 속도도 그만큼 빠릅니다. 고정비 구조가 두텁다 보니 매출이 늘어날 때 이익이 레버리지로 폭발하는 대신, 줄어들 때는 적자로 돌아서는 속도도 빠릅니다.

투자 적기

팹리스는 숫자보다 스토리와 기술 방향이 먼저입니다. 새로운 기술 트렌드가 막 열릴 때가 핵심이죠. 스마트폰 초기에 퀄컴, AI 붐 초기에 엔비디아가 그 예입니다. 과거 실적을 분석하기보다 다음 신제품이 어떤 스펙인지, 그걸 써 줄 전방 고객이 누구인지를 보는 게 중요합니다. 큰 손실(한 예로 -30%)을 감수하는 대신 5, 10배를 노리는 타입이라면, 팹리스가 가장 어울리는 그라운드입니다.

파운드리 & IDM: 항공모함의 항해

삼성전자, TSMC 같은 제조사는 거대한 항공모함입니다. 한 번 방향을 틀면 오래 걸리지만, 웬만한 파도에는 잘 뒤집히지 않습니다.

주가 특성(medium beta)

전체 시장지수와 비슷하거나 조금 둔하게 움직이는 편입니다. 수십조 원짜리 설비와 자산이 깔려 있어 망할 걱정은 거의 없는 대신, 단기간에 2, 3배 오르는 그림도 잘 나오지 않습니다. 구조적으로 업황이 좋아질 때 천천히, 나쁠 때도 완만하게 움직입니다.

투자 적기

이쪽은 정반대로, 피바람이 불 때를 노리는 섹터입니다. '반도체 적자 전환', '공장 가동률 최저' 같은 제목의 기사가 쏟아질 때가 돌아보면 역사적 바닥인 경우가 많았습니다. 반대로 '사상 최대 실적'이 뉴스에 도배될 때는 오히려 매도를 고민해야 할 때죠. 대규모 CAPEX 발표는 단기적으로는 악재처럼 보이지만, 몇 년 뒤에는 그 설비가 돌아가며 매출과 이익을 키우는 씨앗이 됩니다. 밤에 맘 편히 자고 은행 이자보다는 조금 더, 길게 가져가고 싶다면 파운드리/IDM이 좋은 포지션이 될 수 있습니다.

장비:
채찍 효과의 끝판왕

장비주는 반도체 사이클의 '증폭기'입니다. 전방 투자 계획이 바뀔 때 가장 먼저, 가장 격하게 반응하는 섹터죠.

주가 특성(high beta)

고객사(삼성전자, SK하이닉스, TSMC 등)가 설비 투자를 줄이는 순간, 신규 발주는 0에 가까워질 수 있습니다. 반대로 투자 재개가 선언되면 수주가 한 번에 몰리면서 실적과 주가가 수직으로 솟구칩니다. 같은 반도체인데도 메모리/파운드리는 조정 중일 때 장비주는 다음 사이클을 선반영하는 그림이 자주 나오는 이유가 여기에 있습니다.

투자 적기

장비주는 실적이 좋아졌을 때가 아니라 그 직전 단계인 '수주가 쌓이기 시작할 때'가 포인트입니다. 수주 공시, 고객사의 CAPEX 가이던스 상향, 정부/기업의 신규 팹 투자 발표 같은 것들이 선행지표입니다. 삼성전자가 평택에 새 공장을 짓는다는 뉴스가 언론에 나올 때쯤이면, 정작 핵심 장비주는 이미 상당 부분 올라가 있습니다. 그래서 장비는 뉴스가 아니라 공시와 CAPEX 숫자를 먼저 보는 섹터입니다. 사이클의 파도를 타서, 몇 분기 안에 강한 수익률을 노려보겠다는 순수 사이클 플레이어에게 어울리는 영역입니다.

소재/부품:
가랑비에 옷 젖는 구독 경제

소재/부품은 반도체 공장의 '생필품'에 가깝습니다. 화려하지도 급등락이 많지도 않지만, 한 번 라인 안에 들어가면 아주 끈질깁니다.

주가 특성(low to medium beta)

장비처럼 들쭉날쭉하지 않고, 공장이 완전히 멈추지만 않는다면 매출이 비교적 꾸준히 이어집니다. 웨이퍼, 특수가스, 포토레지스트, CMP 슬러리 같은 것들은 라인이 돌아가는 한 매일매일 소비되는 소모품입니다. 한 번 퀄인증을 통과하고 나면 차트가 완만하게 우상향을 그리는 경우가 많습니다.

투자 적기

소재/부품은 장비와 정반대로, 설비 투자보다 가동률을 봐야 하는 섹터입니다. 설비를 새로 지을 때 오르는 건 장비주이고, 감산을 멈추고 라인을 다시 풀로 돌린다는 시그널이 나올 때 힘을 받는 건 소재/부품입니다. 그래서 삼성전자/하이닉스가 감산 종료, 생산 정상화를 언급하기 시작하면, 가장 마음 편하게 담을 수 있는 쪽이 바로 이 섹터입니다. 변동성은 최소화하고 꾸준히 캐시카우를 키워 가고 싶다는 가치 지향 투자자라면, 소재/부품 쪽을 '코어 포지션'으로 두고 다른 섹터를 위에 얹는 방식이 잘 맞습니다.

이제 무기는 준비됐습니다. 그러나 문제는 전쟁터가 급변한다는 데 있습니다. 지금까지의 반도체는 '모바일과 PC'가 이끌어 온 평화로운 시대였다면, 지금부터 펼쳐질 이야기는 모든 규칙을 파괴하는 거대한 해일, 'AI 혁명'에 관한 것입니다. AI는 팹리스의 순위를 뒤집고, 메모리의 역할을 바꾸고, 패키징을 주인공으로 만들고 있습니다. 우리가 그린 이 지도 위에서 AI라는 태풍이 어떻게 돈의 흐름을 바꾸고 있는지, 그 격동의 현장으로 들어가 보겠습니다.

SEMICONDUCTOR VALUE CHAIN

PART 03

AI 혁명과
반도체 지형 변화

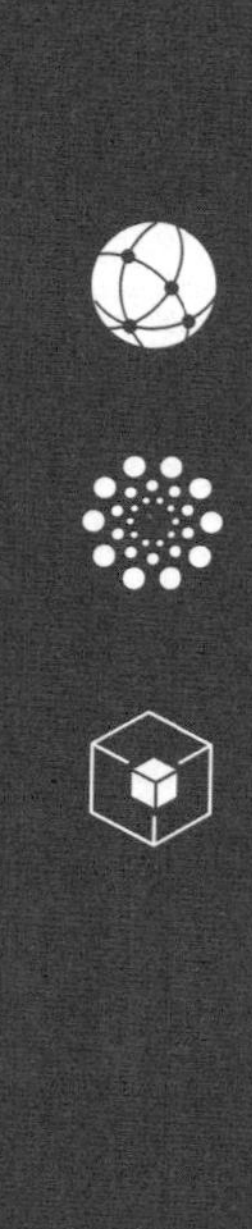

Chapter 05

AI 혁명의 한가운데에서

ChatGPT3의 등장과
시작된 10년

2022년 11월, 전 세계 투자자와 기술 업계 사람들의 단체 대화방에는 하루에도 몇 번씩 같은 링크가 올라오고 분주한 대화가 오갔습니다. 처음에는 다들 대수롭지 않게 생각했을 겁니다. 얼굴 인식도 되고, 번역도 잘 되고, 스마트폰 안에 AI라고 붙은 기능은 이미 충분한 상황이었으니까요. 그저 또 하나의 챗봇 정도로 생각했을 겁니다. 실제로 22년 말 즈음에는 LLM large language model 이란 용어보다는 챗봇이란 용어로 더 불리기도 했습니다. 그렇게 2주일, 한 달이 지나면서 사람들은 질적으로 다른 게 등장했다고 느끼기 시작합니다. 프로그래머는 '디버깅 도우미'로 썼고, 마케터는 광고 문구를 뽑게 했고, 학생들은 리포트 초안을 요청했고, 투자자는 산업 리포트 요약을 시켰습니다.

ChatGPT3는 그 전까지의 AI와 접근 방식 측면에서 달랐습니다. 그 전의 AI는 연구자에게는 논문 속 수식이었고, 개발자에게는 API 문서 속 함수였으며, 일반인에게는 제품 속 어딘가에 들어 있는 기술 정도였습니다. 반면 ChatGPT는 달랐습니다. 별도의 프로그램을 설치하지 않아도 되며, 로그인만 하면 바로 쓸 수 있고, 무엇보다 말만 걸면 되는 인터페이스를 갖고 있었습니다. 처음으로 앱app이 아니라 대화 상대였습니다. 이 차이는 투자자에게 매우 중요하게 다가옵니다. 기술이 세상을 바꾸는 순간은 성능이 좋아진 때가 아니라 일반인에게 널리 쓰이는 시기거든요. 스마트폰도 그랬습니다. 터치스크린 기술은 그 전에도 있었지만, 아이폰과 앱스토어가 등장하면서 일반인의 손에 쥐어졌을 때 비로소 산업 전체가 재편됐던 것입니다. ChatGPT의 등장은 AI에게 그런 '아이폰 모멘트'와 같은 인식을 준 사건이었습니다.

ChatGPT를 처음 써 본 사람들은 새로운 느낌을 받았을 겁니다. 분명 언어 모델이라고 했는데, 간단한 코드는 물론이고 표와 기획서의 구조까지 짜 줍니다. 언어를 아는 데서 그치지 않고 이해하는 것 같다는 생각을 하게 됩니다. 연구원들은 이를 두고 이멀전트 어빌리티emgergent ability, 즉 '불현듯 나타나는 능력'이라고 표현했습니다. 핵심 키워드는 '스케일링 법칙scaling law'에 있었습니다. 모델의 파라미터 수, 학습에 쓰이는 데이터 양 그리고 연산량을 일정한 방식으로 키워 나가면 성능이 예쁘게 곡선을 그리며 함께 좋아진다는 의미입니다. 이게 중요했던 이유는 AI 성능이 더 이상 운에 맡겨진 게 아니라 자본과 인프라에 의해 예측 가능해졌다는 점 때문입니다. 계산 자원과 데이터를 더 쏟아부으면 어느 정도 성능 향상을 기대할 수 있다는 뜻이었고, 이에 기업들은 투자 대비 수익화의 가능성을 보고 막대한 투자를 감행했습니다. 그러다 어느 지점을 넘어서면 단순 문장 예측 수준을 넘어서 추론/코딩/요약/번역 같은 새로운 능력이 불쑥 등장하는 구간이 보입니다. 진짜로 새로운 지능이 생긴 것인가에 대해서는 전문가들 사이에서도 논쟁이 치열했지만, 중요한 건 스케일을 늘리는 것만으로도 우리가 예상하지 못한 수준의 유용한 기능들이 연달아 열리고 있다는 사실입니다.

그 전까지의 AI는 대부분 특정 기능을 잘하는 도구에 불과했습니다.

얼굴 인식, 스팸 메일 분류, 추천 알고리즘, 음성 인식 등 각각 잘 쓰였지만, 어디까지나 하나의 기능을 담당하는 부품이자 도구였습니다. 반면 ChatGPT 이후의 언어 모델은 조금 다른 길로 가고 있습니다. 하나의 모델이 글을 쓰고, 코드를 짜고, 기획서를 만들고, 회의록을 요약하고, 제품 설명서를 만들고, 고객 응대 스크립트를 만들고, 심지어 사용자의 말투와 스타일을 학습해 개인화된 비서로 진화했습니다. 이제 AI는 엑셀 옆에 붙어 있는 함수 하나가 아니라 새로운 운영체제 위에서 돌아가는 수많은 앱의 기반에 가깝습니다. 스마트폰 시대에 iOS/안드로이드가 플랫폼이 되어 그 위에 수많은 앱이 올라간 것처럼 AI 시대에는 LLM이 지능 플랫폼 역할을 하고, 그 위에 각 산업/직무/기업 맞춤형 에이전트와 서비스가 올라가는 구조로 바뀌고 있습니다.

ChatGPT 3의 등장은 AI의 소프트웨어 측면을 드라마틱하게 보여준 사건이었습니다. 그러나 진짜 큰 변화는 막 시작됐습니다. 지금 AI는 대부분 화면 속 텍스트, 스마트폰 안의 앱, PC 속 소프트웨어 형태로 머물러 있습니다. 하지만 앞으로 10년간 AI의 핵심 키워드는 물리적 확장, 즉 피지컬physical AI가 될 가능성이 큽니다. 피지컬 AI란 간단히 말해 실제 세상과 몸으로 상호작용하는 AI입니다. 소프트웨어와 하드웨어가 함께 진화하는 시간이며, 반도체는 그 중심에 서게 될 것입니다.

ChatGPT 3 이후 언론에서는 AGI artificial general intelligence, 범용 인공지능, ASI artificial super intelligence, 초지능 같은 용어들이 자주 등장했습니다. 간단히 정리하면 AGI는 인간과 비슷한 수준으로 다양한 과제를 이해하고 처리할 수 있는 인공지능을 말합니다. 특정 분야에 한정되지 않고 여러 영역에서 유연하게 문제를 해결합니다. ASI는 인간보다 훨씬 뛰어난 지적 능력을 갖춘 인공지능을 말합니다. 상상 속 슈퍼 AI에 가까운 개념이죠. 일각에서는 곧 AGI가 온다고 주장하기도 하고, 지금의 언어 모델은 AGI와는 거리가 멀다고 말하기도 합니다.

우리가 원하는 AI는 어떤 모습일까요? 영화 속 장면을 한 번 떠올려 보겠습니다. 〈아이언맨〉의 자비스 같은 유능한 비서형 AI, 영화 〈그녀her〉에 나오는 감정까지 교감하는 AI, 또는 〈터미네이터〉 시리즈나 반유토피아적 SF에서 등장하는 통제 불가능한 AI도 있습니다. 인류가 바라는 AI의 이상형은 인간의 한계를 보완해 주고, 반복적이고 위험한 일을 대신하며, 더 나은 결정을 도와주는 '확장된 지능augmented intelligence'에 가까울 겁니다. 반대로 우리가 경계해야 할 AI는 소수의 권력자나 집단이 통제 수단으로 독점하는 도구, 인간의 이해/감시 밖에서 자율적으로 의사결정을 내리는 시스템, 편향과 오류가 있지만 그 사실이 숨겨진 채 절대적인 진실처럼 포장되는 알고리즘일 것입니다. 이 책에서는 철학적인 논쟁보다는 AI가 산업과 반도체 그리고 우리의 투자 환경을 어떻게 바꾸고 있는지에 초점을 맞추겠지만, 이 질문은 머릿속에 계속 가져갔으면 합니다.

메타의 수석 AI 과학자 얀 르쿤Yann LeCun은 여러 인터뷰에서 이런 취지의 말을 했습니다. 지금의 LLM은 대단한 도구이지만, 진정한 의미의 지능에 도달하려면 아직 갈 길이 멀다고. 르쿤은 특히 AI가 실제 세계를 이해하고, 상식과 물리법칙을 체득하고, 장기적인 계획을 세우며 행동하는 능력은 지금의 LLM만으로는 충분하지 않다고 지적합니다. 또 한 가지 흥미로운 비교를 합니다. 우리가 보는 세상은 대부분 영상/이미지/소리입니다. 텍스트는 그중 극히 일부일 뿐입니다. 그런데 지금까지의 AI는 인류가 남긴 텍스트 데이터에 집중해 발전해 왔습니다. 르쿤을 비롯한 연구자들은 앞으로의 AI는 텍스트뿐 아니라 영상, 이미지, 음성, 센서 데이터 등 멀티 모달multi-modal 정보를 함께 이해하고, 로봇/자율주행 등 피지컬 AI와 결합해 실제 세계를 체화해야 한다고 말합니다. 즉 지금의 LLM 혁명은 AI 여정의 마지막이 아니라 본격적인 출발점에 가깝다는 것입니다.

역사를 돌아보면, 인류의 삶과 경제구조를 통째로 바꿔 놓은 기술들이 있습니다. 금속활자 인쇄 기술, 증기기관, 전기, 인터넷, 스마트폰이 등장했을 때 일부 직업은 사라지고, 새로운 산업과 일자리가 생기고, 자본의 흐름과 부의 분배 방식이 바뀌었습니다. AI, 특히 LLM과 피지컬 AI의 등장은 이 계보 속 어디쯤에 자리 잡게 될까요? 저는 개인적으로 금속활자와 인터넷의 중간 어디쯤을 보고 있습니다. 인쇄술이 지식/정보의 복제를 혁명적으로 싸게 만들고, 인터넷이 정보 전달 속도를 거의 0에 가깝게 만들었다면, AI는 지식 생성/분석/조합/활용의 비용을 급격히 낮추는 기술입니다. 이는 결국 교육, 연구, 기업 운영, 투자, 개인의 일상적인 의사결정까지 삶의 거의 모든 영역에 영향을 줄 것입니다.

이 책은 그 가운데서도 특히 반도체 밸류체인과 투자에 초점을 맞춥니다. 왜냐하면 AI의 눈에 보이는 혁명 뒤에서 눈에 잘 보이지 않는 반도체의 혁명이 동시에 진행되고 있기 때문입니다. ChatGPT3가 던진 파장은 결국 데이터센터, 메모리, 네트워크, 전력 인프라, 로봇과 자율주행, 우주와 양자 기술까지 연결되며 다음 10년의 투자 지도를 다시 그리게 될 것입니다.

30년 만에 반복되는 메가 트렌드

지금 AI 사이클을 두고 누군가는 스마트폰 혁명과 비교하고, 누군가는 인터넷 혁명과 비교합니다. 저는 이번 AI 사이클은 PC/인터넷 혁명과 스마트폰 혁명이 한 번에 겹쳐 오는 흐름이라고 설명합니다. 즉 AI 사이클은 생각보다 장기적이며, 아직 초기일 뿐입니다. 한 번도 겪어 보지 못한 일 같지만 역사의 패턴으로 보면 이미 한 번 지나간 길이 조금 다른 모습으로 되돌아오고 있는 것입니다.

PC가 본격적으로 가정과 사무실에 들어온 시점을 대략 1980년대 중반, 상징적으로는 1984년 전후로 보곤 합니다. 그 이전에도 컴퓨터는 존재했지만 기업/연구소의 대형 장비였지, 일반인들이 쓰는 도구는 아니었습니다. PC의 보급은 처음으로 개인이 직접 만지는 컴퓨터라는 측면에서 중요한 의미가 있었습니다. 1980년대 중반의 PC는 지금 기준으로 보면 계산기보다 조금 나은 수준의 성능이었고, 용도도 워드프로세서, 간단한 스프레드시트, 아주 단순한 게임 정도에 불과했습니다. 그러나 그 작은 시작이 마이크로소프트의 윈도우, 인텔의 CPU, 수많은 소프트웨어 회사들, 인터넷, 나아가 오늘날의 클라우드와 모바일까지 이어지는 거대한 메가 트렌드의 출발점이었습니다.

AI도 마찬가지입니다. AI라는 연구 분야 자체는 수십 년 전부터 존재했습니다. 하지만 일반인의 눈에 AI가 현실적인 변화로 다가온 첫 장면은 많은 분이 기억하는 2016년 알파고일 것입니다. 세계 최정상 바둑 기사였던 이세돌 9단과 인공지능이 맞붙어 승부를 겨루는 장면. 그 전까지 AI는 게임 속 캐릭터나 SF 영화의 소재에 가까웠습니다. 알파고가 처음으로 AI를 대중에게 심어 준 거죠. 그래서 저는 1984년 PC 보급의 시작을 2016년 알파고의 등장이 준 충격과 나란히 놓고, 이 둘을 30년 간격으로 반복되는 첫 번째 신호로 보고 싶습니다. PC가 처음 등장했을 때만 해도 그 이후 30년 동안 인터넷/스마트폰/클라우드까지 이어질 거라 생각한 사람은 거의 없었을 것입니다. 마찬가지로 우리는 AI의 30년짜리 그림이 어디까지 이어질지 제대로 상상하지 못하고 있을 가능성이 큽니다.

메가 트렌드를 이해할 때 단순하게 정리할 수 있는 기준이 하나 있습니다. 인류에게 가장 소중한 두 가지는 바로 돈과 시간입니다. 경제학의 언어로 바꾸면 돈은 자본capital, 시간은 노동labor입니다. 역사 속 혁신 기술들은 언제나 이 둘을 동시에 건드렸습니다. PC는 계산과 문서 작업의 속도를 인간 손으로 할 수 있는 수준을 넘어서 몇 백, 몇 만 배로 끌어올렸습니다. 같은 시간에 더 많은 일을 할 수 있게 해 준 도구였습니다. 인터넷은 지리적 거리를 거의 지워 버렸습니다. 시공간의 제약 없이 정보와 지식의 커뮤니케이션이 가능해졌습니다. 스마트폰은 인터넷에 접속하기 위해 자리에 앉을 필요조차 없게 만든 디바이스입니다. 지하철 안, 침대 위, 길을 걷다가도 정보와 서비스를 불러올 수 있게 만들었습니다. PC가 계산과 디지털 문서화의 혁신이었다면, 인터넷은 네트워크와 연결의 혁신이었고, 스마트폰은 항상 연결된 디바이스로서 확장성을 만들어 준 것입니다.

이제 AI는 정보를 단순히 검색하는 수준을 넘어서 정보를 이해하고 조합하고 요약하고 새로운 형태로 재구성해 주고 있습니다. 사고와 지식의 확장을 눈에 띄게 도와주는 기술이라는 점이 중요합니다. 게다가 AI는 앞으로 스마트폰을 포함한 다양한 디바이스를 만나며 더 강력한 확장성을 갖게 될 것입니다. 스마트폰 속 AI 비서, PC/노트북 속 코파일럿, 자동차와 로봇에 탑재된 물리적 AI, 웨어러블/AR 글래스 등. 인터넷이 연결을 담당했다면 AI는 그 연결 위에서 생각과 의사결정을 보조하고, 때로는 대신해 줄 것입니다.

이제 과거 30년을 투자자의 눈으로 한 번 훑어보겠습니다. PC 보급 초기에는 마이크로소프트가 운영체제와 오피스 소프트웨어로, 인텔이 CPU로 성장했습니다. 'Wintel'이라는 말이 상징하듯 마이크로소프트는 소프트웨어 플랫폼을, 인텔은 하드웨어 두뇌를 장악하면서 PC 시대의 중심에 서게 됩니다. PC가 깔렸다면 이제 그것들을 네트워크로 묶어야 하겠죠. 이 구간에서 빛났던 회사들이 시스코Cisco 같은 네트워크 장비 업체였습니다. 라우터, 스위치, 광통신 장비들은 인터넷 고속도로의 다리와 터널 역할을 하며 전 세계 통신 인프라 투자의 직간접적인 수혜를 받았습니다. 인프라가 깔리면 그 위에서 돌아가는 소프트웨어와 서비스가 뜹니다. 구글은 검색과 광고 모델로 인터넷 소프트웨어의 새로운 수익 방식을 보여 주었고, 야후, 아마존, 각종 포털/커머스/메일 서비스들이 '웹 서비스'라는 생태계를 만들었습니다.

인터넷의 진짜 폭발은 PC가 아니라 스마트폰에서 왔습니다. 아이폰은 모바일용 운영체제와 앱스토어라는 새로운 플랫폼을 제시했고, 애플과 안드로이드 진영의 스마트폰은 이 손안의 컴퓨터를 전 세계에 보급했습니다. 이 과정에서 페이스북메타, 아마존, 넷플릭스, 구글 등 이른

바 FANG으로 불리는 플랫폼 기업들이 모바일/클라우드 기반의 서비스 경제를 장악했습니다. 스마트폰과 웹 서비스가 폭발적으로 늘어나면서, 눈에 보이지 않는 곳에서 데이터센터와 클라우드 인프라 투자가 급격히 증가했습니다.

이제 이 패턴을 AI 시대에 대입해 보겠습니다. PC 시절의 MS-DOS/윈도우와 비슷한 역할을 AI 시대에는 오픈AI를 비롯한 LLM 개발사들이 하고 있습니다. 표준으로 완전히 굳어진 것은 아니지만, LLM이 AI 시대의 기본 운영체제에 가까운 역할을 하고 있다는 점은 분명합니다. PC 시대의 인텔이 CPU를 팔며 성장했다면, AI 시대의 하드웨어 수혜자는 지금까지는 엔비디아입니다. LLM을 학습시키고, AI 서비스를 구동하는 데 필요한 GPU를 공급하며, AI 데이터센터 투자의 중심에 서 있습니다. 인텔이 그랬듯 연산 성능을 올리고 더 많은 칩을 파는 구조로 성장해 왔습니다. AI 모델이 커질수록 데이터센터, 네트워크, 전력 인프라, 냉각/전력 반도체/전력망 같은 물리적 인프라 투자가 뒤따릅니다. 인터넷 시대에는 시스코와 통신장비 회사들이 수혜를 받았다면, AI 시대에는 AI 전용 데이터센터를 짓는 기업—전력 인프라/HVDC/ESS, 고성능 네트워크/광 인터커넥트 같은 영역—이 수혜를 받고 있습니다.

인프라가 어느 정도 깔리고 나면 그 위에서 돌아가는 소프트웨어의 시대가 옵니다. AI 분야에서도 비슷한 흐름이 진행 중입니다. 가장 먼저 정부와 공공 영역B2G이 움직이고 있습니다. 국가 안보, 정보 분석, 인프라 관리, 공공 행정에 AI를 적용하는 기업들이 본격적으로 수주를 따내고 있습니다. 이런 영역에서는 팔란티어Palantir 같은 회사가 대표 사례로 자주 언급됩니다. 그다음은 기업 대상B2B 영역입니다. 사내 문서 검색, 업무 자동화, 회계/법무/고객 응대, 제조 최적화 등 에이전틱

AI(agentic AI, 스스로 작업을 수행하는 AI 에이전트)가 점점 실험 단계에서 현장으로 내려오고 있습니다. 마지막으로 가장 넓게 확산되는 구간은 개인 고객(B2C)입니다. 개인 비서형 AI, 교육, 헬스케어, 재테크, 엔터테인먼트 등 우리 일상에 파고드는 서비스들이 스마트폰과 새로운 디바이스를 타고 확산될 것입니다. 스마트폰 시대에 애플이 아이폰이라는 디바이스를 들고 나오며 인터넷의 확장성을 폭발적으로 키웠듯, AI 시대에도 AI를 가장 잘 담아낼 디바이스가 필요합니다. 여러 후보가 있겠지만, 많은 투자자들은 테슬라가 자율주행차와 휴머노이드 로봇을 통해 AI 시대의 '물리적 디바이스 플랫폼'을 쥐지 않을까 예측하고 있습니다.

디바이스 보급 이후의 단계는 서비스의 대중화입니다. 스마트폰이 깔리자 배달 애플리케이션, 공유 경제, OTT, SNS 같은 서비스가 폭발적으로 늘어났듯, AI가 다양한 디바이스와 결합하면 로봇, 자율주행, 드론, 온 디바이스 AI 서비스 같은 영역에서 새로운 비즈니스 모델이 쏟아질 것입니다.

그다음 파동으로 저는 양자(quantum)와 우주(space)를 주목합니다. AI가 고도화될수록 연산량과 전력 소비, 데이터 저장/전송 인프라의 부담이 기하급수적으로 커집니다. 이 병목을 풀기 위한 다음 단계 기술로 양자컴퓨팅과 양자 네트워크, 우주 기반 데이터센터와 위성 인프라 같은 영역이 조용히 준비되고 있습니다.

AI 사이클은 생각보다 훨씬 길고, 중간 중간에 수많은 부분적인 투자 기회가 숨어 있는 메가 트렌드입니다. 'PC → 인터넷 → 스마트폰 → 클라우드'로 이어진 지난 30년 동안 딱 한 번 기회를 잡아서 부자가 된 사람도 있지만, 여러 번의 파동 속에서 꾸준히 기회를 포착한 사람도 있을 것입니다. AI도 미리 준비를 잘한다면 모델과 GPU의 초기 구간, 데이터센터와 전력/네트워크 인프라 구간, B2G/B2B/B2C 소프트웨어 확산 구간, 피지컬 AI와 온 디바이스 AI 구간 그리고 그 뒷단에서 준비되는 양자/우주 인프라 구간까지, 장기적인 사이클에서 꾸준히 기회를 포착할 수 있을 것입니다.

3단계 AI 산업 사이클

요즘 증시에 다시 '슈퍼 사이클'이라는 말이 자주 들리고 있습니다. HBM이 부족하다는 말이 들리다가 요즘에는 일반 메모리도 부족하다는 말이 들릴 정도로 하루가 멀다 하고 포커스가 바뀌는 실정입니다. 이런 상황이다 보니 대체 어디까지가 일시적인 테마이고, 어디부터가 구조적 변화인지 헷갈리기 쉽습니다. 이럴 때 투자자가 잡고 있어야 할 것은 AI 산업이 어떤 순서로 성장하는가에 대한 큰 지도입니다. AI도 하나의 산업이기 때문에 '초기 → 성장 → 성숙'이라는 단계를 거치고, 각 단계마다 병목이 되는 지점이 바뀌며 그 병목을 해결하는 기업들이 주도주가 됩니다.

저는 AI의 산업 사이클을 크게 세 단계로 나눠 설명합니다.

Phase 1. 훈련의 시대

Phase 2. 추론의 시대

Phase 3. 서비스의 시대

AI 산업 사이클

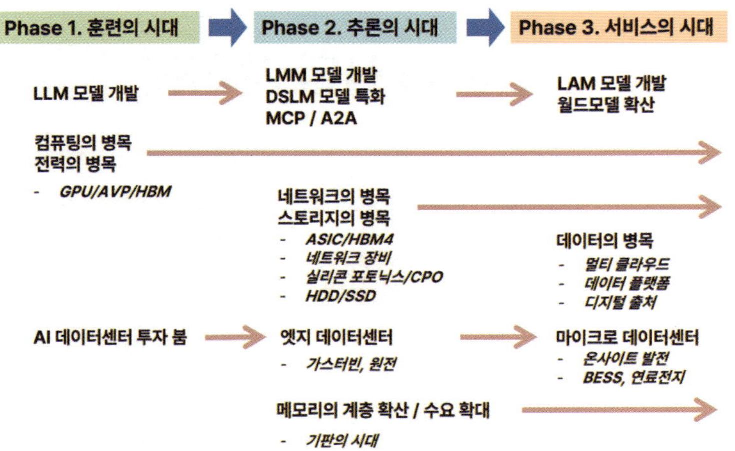

지금 우리가 서 있는 위치, 앞으로 자본이 흘러갈 방향을 이해하려면 이 세 단계를 머릿속에 동시에 올려놓을 필요가 있습니다.

AI 산업 사이클을 보기 전에 한 가지 원칙을 짚겠습니다. 산업에서 가장 큰돈이 모이는 곳은 가장 큰 병목이 있는 곳입니다. 도로를 한 번 생각해 보겠습니다. 처음에는 차가 너무 적어서 신호등이 병목입니다. 차가 늘어나면 차선 수가 부족해지는 구간이 병목이 됩니다. 차선을 넓혀 놓으면 고속도로 진입/출구, 톨게이트가 막힙니다. AI도 똑같습니다. 처음에는 연산(컴퓨팅)이 부족해서 문제가 되고, 연산을 늘려 놓으면 네트워크/스토리지가 따라오지 못해 막히고, 그 물길을 뚫어 놓으면 결국 데이터/서비스/전력이 새로운 병목이 됩니다. 이 병목이 움직일 때마다 시장의 주도주도 같이 움직입니다.

AI 산업의 Phase 1은 초거대 언어 모델을 훈련시키던 시기입니다. GPT-3, GPT-4 같은 모델이 등장하면서 수천억, 수조 개의 파라미터를 학습해야 했고, 여기서 가장 먼저 드러난 병목은 누가 봐도 GPU였습니다. GPU가 없으면 학습을 시작조차 할 수 없고, 한 번 학습에 들어가면 몇 주, 몇 달씩 데이터센터 전체를 점유하게 됩니다. 그래서 빅테크 기업들은 서로 먼저 GPU를 확보하기 위한 수급 전쟁을 벌였습니다. 이 연산 병목을 풀기 위해 자연스럽게 세 가지 축이 강조됩니다. 연산 엔진인 GPU/AI 가속기, GPU 옆에서 데이터를 공급하는 초고속 메모리인 HBM, GPU와 HBM을 물리적으로 붙여 주는 기술인 첨단 패키징입니다. Phase 1에서 시장의 내러티브는 매우 단순했습니다. GPU가 곧 AI라는 것. 실제로 이때는 엔비디아, HBM을 잘 만드는 메모리 업체, CoWoS를 제공하는 파운드리 업체가 시장의 스포트라이트를 거의 독점했습니다.

훈련이 끝난 모델은 이제 실제 서비스에 쓰입니다. 챗봇, 검색, 번역, 영상/이미지 생성, 업무 자동화, 코딩 도우미까지 수많은 서비스가 등장하면서, AI는 실제 트래픽을 받는 인프라로 바뀌었습니다. 이때부터 상황이 달라집니다. 훈련이 한 모델을 몇 주 동안 돌리는 작업이라면, 추론은 수많은 사용자가 동시에 짧게, 자주 AI를 호출하는 작업입니다. 여기서 병목은 GPU만으로 설명되지 않습니다. GPU는 열심히 계산할 준비가 되어 있는데, 정작 데이터가 제때 도착하지 않는 상황이 곳곳에서 발생합니다. 이때부터 본격적으로 네트워크와 스토리지의 병목이 산업의 중심으로 떠오릅니다.

AI 데이터센터 안에서는 수십, 수백 개의 GPU가 하나의 거대한 클러스터처럼 묶여 동작합니다. 엔비디아의 NVL72 같은 시스템은 GPU 72개를 하나의 초거대 GPU처럼 연결하는 개념입니다. 이 구조를 지탱하는 것이 바로 스위치 칩, 네트워크 장비, 고속 광모듈, 실리콘 포토닉스, CPO co-packaged optics 같은 기술입니다. 속도가 400G, 800G, 1.6T로 올라갈수록 기존의 전기적 전송만으로는 전력과 발열, 신호 손실이 감당되지 않기 때문에 전기를 빛으로 바꿔 보내는 광 기반 네트워크가 핵심으로 올라옵니다. 즉 Phase 2에서는 GPU를 얼마나 잘 연결하느냐가 승부처가 됩니다. 지금은 용어 개념을 이해하지 못해도 괜찮습니다. 그저 흐름과 맥락을 이해하는 게 중요합니다.

추론은 큰 파일을 한 번에 읽는 작업이 아니라 작은 조각의 데이터를 엄청나게 자주, 가능한 한 빨리 읽고 쓰는 작업입니다. 그래서 스토리지의 속도와 지연latency이 가장 중요해집니다. 데이터센터의 중심 스토리지는 SSD+NVMe-oF로 재편되고, 대용량/저비용 저장소는 여전히 HDD가 맡는 이중 구조가 굳어지고 있습니다. 쉽게 말해서 SSD는 바로바로 꺼내 주는 사서라면, HDD는 창고 깊숙한 곳에 놓인 거대한 서고에 가깝습니다. Phase 2는 연산 칩의 시대에서 데이터를 흘려보내는 시대로 확장되는 구간이라고 정리할 수 있습니다. 이 단계로 오면 주도주의 범위도 넓어집니다. 여전히 GPU와 HBM은 중요하지만, 네트워크 칩/장비, 광통신, SSD/HDD, 스토리지 컨트롤러, 클러스터/스케일아웃 시스템 같은 영역까지 투자 레이더에 올라오기 시작합니다.

<h2 align="center">Phase 3. 서비스의 시대</h2>

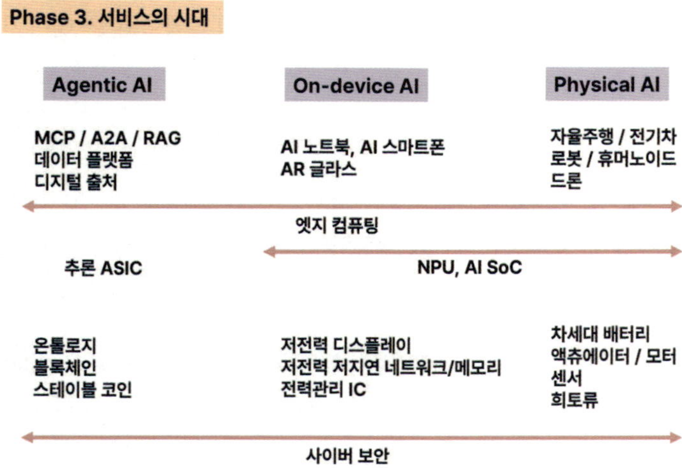

Phase 2의 인프라가 어느 정도 확장되면 AI는 더 이상 특정 회사의 실험적인 서비스가 아니라 일상의 기본 기능으로 스며들기 시작합니다. 이 단계를 저는 '서비스의 시대'라고 부릅니다. 서비스의 시대에는 AI가 세 갈래로 확산됩니다.

에이전틱 AI - 스스로 일을 처리하는 에이전트
온 디바이스 AI - 내 손안의 기기에서 돌아가는 AI
피지컬 AI - 자율주행/로봇처럼 현실을 직접 움직이는 AI

에이전틱 AI는 단순히 답을 해 주는 것을 넘어 직접 행동까지 수행하는 AI입니다. 회의 일정을 잡고, 메일을 보내고, 보고서 초안을 작성하며, 결재/예약/정산까지 여러 시스템을 연결해 자동으로 흐름을 완성합니다. 이 단계에서는 데이터 플랫폼, 에이전트 오케스트레이션(MCP/A2A), 로그/보안/과금 시스템 같은 상위 레이어 소프트웨어와 서비스가 새로운 주도주 후보로 떠오릅니다. 하드웨어 관점에서는 여전히 대규모 데이터센터와 HBM4, 고성능 네트워크, 스토리지가 뒷받침해 주어야 합니다.

온 디바이스 AI는 스마트폰, 노트북, AR 글래스 같은 개인 기기에서 직접 AI가 동작하는 형태입니다. 온라인이 아니어도 사진을 실시간으로 분석하고 통역을 해 주고 개인 비서처럼 행동합니다. 여기서는 초저전력 NPU/AI SoC, LPDDR 계열 메모리, UFS/NVMe 기반 저장장치, 냉각/패키징 기술, 고효율 배터리 같은 요소들이 중요해집니다. 즉 작지만 똑똑하고, 항상 켜져 있어도 버틸 수 있는 반도체의 시대가 열립니다.

피지컬 AI는 자율주행차, 물류/제조 로봇, 드론, 휴머노이드, 의료/

헬스케어 로봇처럼 실제 세상을 움직이는 AI입니다. 이 영역의 키워드는 성능보다도 안전성, 내구성, 실시간성입니다. 차량용 인증을 통과한 SoC, 고온/진동을 버티는 메모리, SiC/GaN 기반 전력 반도체, 센서/액추에이터, 배터리/BMS, 사이버 보안 등이 한 세트로 엮입니다.

Phase 3로 오면 반도체 주도주의 범위는 더 넓고, 더 다채로워집니다. 데이터센터용 고성능 반도체뿐 아니라, 온 디바이스 AI 칩, 차량/로봇용 SoC와 전력 반도체, 각종 센서/기판/패키징 업체까지 투자 기회 지도가 한층 복잡해지는 단계입니다.

지금까지 Phase 1~3을 나누어 설명했지만 현실에서는 이 세 단계가 차례대로 완전히 끝나는 구조가 아닙니다. 훈련 인프라 투자는 Phase 2, 3에서도 계속 이어지고, 추론 인프라(네트워크/스토리지/기판)는 서비스 확산과 함께 더 크게 성장하며, 서비스 레이어는 위 단계들 위에 겹겹이 쌓여 올라갑니다.

AI 데이터센터 이해하기

데이터센터를 떠올리면 많은 분이 서버가 잔뜩 들어 있는 건물을 생각합니다. 맞는 말이지만, AI 시대에는 그 표현만으로는 부족합니다. AI 데이터센터는 단순히 컴퓨터를 모아 둔 장소가 아니라, 전기와 냉각, 네트워크와 스토리지, 반도체와 소프트웨어가 한 덩어리로 설계된 'AI 공장'에 가깝습니다. 공장이기 때문에 투자도 공장처럼 움직입니다. 땅을 확보하고 전력을 끌어오고 설비를 깔고 장비를 가동시키는 과정에서 돈이 단계적으로 들어가고, 그 단계마다 수혜 기업이 달라집니다. 주식시장도 그 단계마다 다른 얼굴을 보여 줍니다.

데이터센터의 시작은 생각보다 소박했습니다. 기업들이 이메일을 돌리고, ERP를 운영하고, 홈페이지를 띄우기 위해 서버를 한데 모아 놓았습니다. 당시에는 공기가 잘 통하고 전기만 안정적으로 공급되면 충분했습니다. 물론 규모가 커지긴 했지만, 본질은 여전히 '기업 IT 운영'에 가까웠습니다.

그러다 인터넷이 커지고 클라우드가 등장하면서 데이터센터는 다른 성격을 갖기 시작합니다. AWS, Azure, Google Cloud 같은 거대한

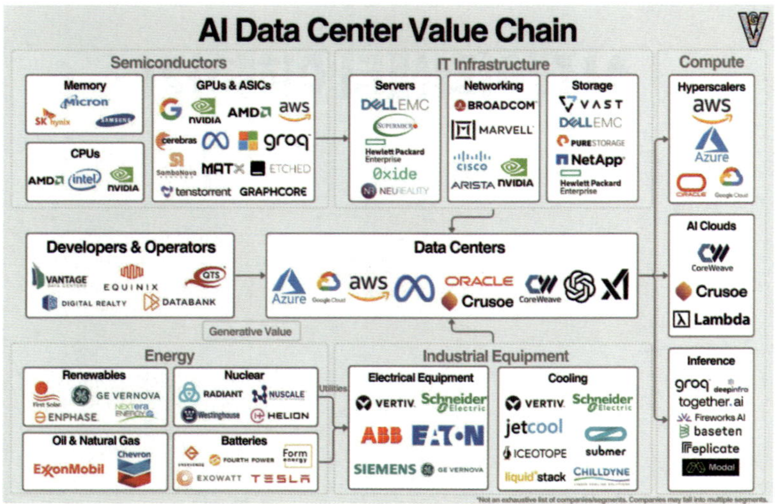

출처: Generative Value

플랫폼 기업들이 데이터센터를 전국, 전 세계에 깔아 놓으면서 데이터센터는 더 이상 기업의 뒷방이 아니라 디지털 경제의 심장이 됩니다. 이때까지는 범용 데이터센터의 시대였습니다. CPU를 중심으로 웹 서비스, 데이터베이스, 기업용 업무 시스템을 안정적으로 처리하는 것이 핵심이었습니다.

AI 데이터센터는 그다음 장면에서 탄생합니다. 딥러닝이 본격적으로 힘을 가지면서 컴퓨팅의 성격 자체가 바뀌었습니다. 예전에는 서버 한 대의 성능이 중요했습니다. CPU가 조금 더 빠르고, 메모리가 조금 더 크면 좋았습니다. 그러나 AI는 방향이 다릅니다. AI는 혼자 계산하는 천재가 아니라, 수천 개의 칩이 동시에 계산하는 합창단입니다. 합창단의 성능은 성악가 한 명의 목소리로 결정되지 않습니다. 누가 지휘하는지, 공연장이 얼마나 잘 설계됐는지, 음향과 조명이 얼마나 안정적인지에 따라 전체 수준이 갈립니다. AI 데이터센터도 마찬가지입니다. GPU가 아무리 빠르더라도 데이터가 제때 공급되지 않으면 기다리게 되고, 네트워크가 병목이면 서로 묶인 GPU들이 제각각 따로 놀게 됩니다. 전기가 부족하거나 열이 빠지지 않으면 가동률이 떨어지고, 가동률이 떨어지면 비용이 폭발합니다.

결국 AI 데이터센터는 단순한 IT 인프라가 아니라, 전력/냉각/네트워크/스토리지까지 모두 포함한 산업 설비로 진화하게 됩니다. 그래서 최근 들어 데이터센터 이야기를 하다 보면 IT 기업만 등장하지 않습니다. 전력 설비 기업, 냉각 기업, 변압기/배전 설비 기업들이 함께 등장합니다. AI 데이터센터가 IT 건물이 아니라 전기와 열을 먹는 공장이 되어 가고 있기 때문입니다.

도서관과 물류 허브

범용 데이터센터와 AI 데이터센터의 차이를 쉽게 설명해 보겠습니다. 범용 데이터센터는 조용한 도서관에 가깝습니다. 사람들이 책을 빌리고, 검색하고, 정리하는 일들이 꾸준히 이어집니다. 처리량보다 안정성이 중요합니다. 반면 AI 데이터센터는 초고속 물류 허브에 더 가깝습니다. 수만 개의 박스가 동시에 들어오고 나가며, 길이 조금만 막혀도 전체 흐름이 멈춥니다.

범용 데이터센터가 주로 CPU 성능 향상과 메모리 용량 확대 같은 서버 한 대의 개선에 의존해 성장했다면, AI 데이터센터는 서버 수천 대가 동시에 움직이는 클러스터의 효율에 의해 성능이 좌우됩니다. 범용 데이터센터의 병목이 서버 내부 처리 속도에서 많이 발생했다면, AI

범용 데이터센터 vs. AI 데이터센터

구분	범용 데이터센터	AI 데이터센터
주요 목적	웹 서비스, ERP, 이메일 등 범용 IT 워크로드 처리	대규모 AI 학습, 에이전틱 AI, 피지컬 AI 추론
성능 개선 방식	CPU 성능 향상, 메모리 용량 확대 중심	GPU/TPU/ASIC 등 특화 가속기 기반 병렬 처리
병목 지점	서버 내부 연산처리 속도	서버 간 데이터 트래픽(네트워크)
네트워크 인프라	일반 Ethernet, 제한적 대역폭	NVLink, UALink, InfiniBand, 고성능 Ethernet
전력/냉각	공랭(air cooling) 위주 전력 부담 상대적으로 낮음	액체 냉각(liquid cooling) 등 차세대 냉각 시스템 초고전력 소모
운영 구조	온프레미스 기반, 기업 내부 인력 운영	CSP 기반 대규모 클러스터, AIOps 자동화
핵심 특징	서버 단위 성능 고도화	네트워크 속도/ 대역폭 중심 최적화

데이터센터의 병목은 서버와 서버 사이에서 폭발합니다. AI는 데이터를 주고받으며 함께 계산하는 구조이기 때문에 데이터센터 내부의 트래픽이 급증합니다. 그래서 AI 데이터센터에서는 네트워크가 부가 장치가 아니라, 사실상 성능을 결정하는 핵심 부품이 됩니다.

냉각도 다릅니다. 범용 데이터센터는 공랭 중심으로도 충분했던 경우가 많습니다. 하지만 AI 데이터센터는 열 밀도가 다릅니다. 랙 하나가 먹는 전기도 다르고, 배출하는 열도 다릅니다. 그래서 액체 냉각이 빠르게 확산되고, 냉각수 분배 장치 같은 새로운 설비가 표준이 되어가고 있습니다. 이 차이 하나만 봐도 AI 데이터센터는 범용 데이터센터의 업그레이드 버전이 아니라, 새로운 종류의 공장이라고 느낄 겁니다.

누가 무엇을 팔고,
무엇이 병목이 되는가

AI 데이터센터를 밸류체인으로 보면, 겉으로는 복잡해 보이지만 핵심은 단순합니다. AI 데이터센터는 연산을 돈으로 바꾸는 공장입니다. 공장에는 엔진이 있고, 엔진에 연료를 넣는 장치가 있으며, 공장 안에 물류가 흐르는 길이 있고, 공장을 움직이게 하는 전기가 있고, 공장을 운영하는 주체가 있습니다.

먼저 엔진은 GPU와 ASIC application-specific integrated circuit, 특정 목적으로 맞춤 설계된 주문형 반도체입니다. GPU는 AI의 시대를 연 상징적인 부품입니다. 엔비디아가 위대한 이유는 GPU를 잘 만들었기 때문만이 아닙니다. GPU가 일하기 위해 필요한 서버 구성, 네트워크 연결, 소프트웨어 생태계까지 묶어 AI 시스템의 표준을 만들어 왔기 때문입니다. AI 데이터센터에서 엔비디아의 존재감은 단순한 '칩 공급사'라기보다, '공장 규격을 정하는 회사'에 가깝습니다.

그러나 엔진만으로 공장은 돌아가지 않습니다. 엔진에 연료를 공급해야 합니다. AI에서는 그 연료가 메모리입니다. 그중에서도 HBM은 단순히 빠른 메모리가 아니라, AI 데이터센터에서 사실상 성능을 결정하는 부품이 됩니다. GPU가 아무리 빠르더라도 데이터를 제때 받지 못하면 멈춰 서기 때문입니다. 그래서 훈련의 시대에서는 GPU의 병목 흐름이 GPU를 뒷받침하는 HBM과 첨단 패키징까지 이어져 동시에 주도 영역으로 올라왔습니다. 이 흐름은 추론의 시대로 넘어가면서 더 확장됩니다. 추론이 커지면 커질수록 GPU를 묶어 주는 구조가 중요해지고, 그 순간 네트워크가 병목으로 떠오릅니다.

이쯤에서 AI 데이터센터의 핵심을 한 줄로 정리한다면, AI 데이터센터는 계산이 아니라 '흐름'이 성능입니다. 흐름을 만드는 것이 네트워크이고, 흐름이 끊기지 않게 하는 것이 스토리지입니다. 추론의 시대에는 GPU가 일을 더 많이 하게 되는데, 그때 GPU는 단지 계산만 하는 기계가 아니라 거대한 시스템의 일부가 됩니다. 이 시스템의 혈관이 네트워크이고, 심장에 공급되는 영양분이 스토리지에서 올라오는 데이터라고 보면 됩니다. 그래서 AI 데이터센터 밸류체인에서 스위치 칩, 네트워크 장비, 광통신, SSD와 같은 요소들이 점점 더 중요한 자리를 차지하고 있습니다.

그리고 그 위에 전력과 냉각이 있습니다. AI 데이터센터는 전기가 없으면 멈추고, 열이 빠지지 않으면 멈추게 됩니다. 이 말은 너무 당연해 보이지만, AI 시대에는 이 당연함이 결국 병목이 되어 투자 포인트가 됩니다. GPU를 사도 전력이 없으면 설치를 못하고, 전력이 있어도 냉각이 준비되지 않으면 가동률이 떨어지게 됩니다. 가동률이 떨어지면 AI 데이터센터는 돈을 벌지 못하기 때문에, AI 데이터센터 산업에서는 전력 설비와 냉각 설비가 비용 항목이 아니라, 생산능력을 결정하는 요소가 됩니다.

마지막으로 운영 주체가 등장합니다. AI 데이터센터를 누가 운영하느냐에 따라 밸류체인의 부의 방향이 달라집니다. 그리고 이 지점에서 하이퍼스케일러와 네오클라우드가 갈라집니다.

'마트'와 '전문점'의
공존

하이퍼스케일러 vs. 네오클라우드

구분	하이퍼스케일러	네오클라우드 (AI 클라우드, GPU 클라우드, CPUaas)
정의	컴퓨팅, 스토리지, 네트워킹 등 클라우드 서비스를 제공하기 위해 대규모 데이터센터를 운영하는 기업	데이터 집약적 작업을 위해 고성능 컴퓨터 파워 제공에 중점을 둔 클라우드 기업
특징	글로벌 표준 기반의 신뢰성 높은 풀스택 인프라, AI 플랫폼/툴 등 사용자 친화적인 자체 생태계 보유	중소 규모의 분산형 인프라, 전략적 자금 조달, 하드웨어 기업과의 파트너십 홍보로 고객 요구에 맞춰 빠른 확장 가능
주요 하드웨어	CPU	GPU
서비스 목적	범용 컴퓨팅	AI, 머신러닝 등
서비스 제공 형태	CPU, 메모리, 스토리지, 네트워크 등의 사양과 용량을 사전 정의해 패키지 형태로 제공. 표준화된 요금제	• 고객 요구에 맞춰 커스텀 및 최적화 가능 • 사용량에 비례한 투명한 비용 책정
비용(H100 칩 1대 기준)	시간당 98달러	시간당 34달러
주요 고객	기업 전반	AI와 머신러닝 활용이 많은 스타트업과 연구기관, AI를 부분적으로 활용하고자 하는 일반 기업, AI 서버 확장이 필요한 하이퍼스케일러와 빅테크
주요 기업	AWS, Google Cloud, Azure	코어위브, 네비우스, 람다(비상장)

하이퍼스케일러는 거대한 마트입니다. AWS, Azure, Google Cloud 같은 기업들은 컴퓨팅, 스토리지, 네트워킹, 데이터베이스, 보안, 분석 도구까지 한 번에 제공합니다. 고객 입장에서는 편하고 안정적입니다. 글로벌 표준과 신뢰성, 운영 역량에서 따라가기 어려운 강점을 갖습니다.

다만 마트는 크기 때문에 움직임이 느릴 수 있습니다. 그리고 하이퍼스케일러는 AI만 하는 회사가 아닙니다. 기존의 범용 워크로드도 책임져야 합니다. AI가 아무리 중요해도, 기존 고객들이 쓰는 서비스의 안정성도 같이 유지해야 합니다. 이 때문에 어떤 순간에는 당장 GPU가 필요하다는 고객들의 요구를 받아 주기 어려울 수도 있습니다.

여기서 네오클라우드가 등장합니다. 네오클라우드는 마트가 아니라 전문점에 가깝습니다. GPU 클라우드, AI 학습과 추론에 최적화된 인프라 제공에 집중합니다. 고객들은 종합세트가 아니라 이번 분기 안에 돌아가는 GPU 클러스터를 원할 수도 있습니다. 특히 스타트업, 연구기관, 프로젝트 단위의 조직은 표준화된 메뉴보다 빠른 납기와 맞춤 구성을 원할 때가 많습니다. 네오클라우드는 그 지점을 파고듭니다.

네오클라우드의 성장성이 구조적으로 커질 수밖에 없는 이유는 AI 수요가 점진적이 아닌, 특정 모델이나 서비스가 뜨는 순간 갑자기 폭발하는 특성이 있기 때문입니다. 그 폭발을 모두 흡수하기에는 하이퍼스케일러의 공급망과 내부 수요 조절이 항상 완벽할 수 없습니다. 또한 AI 워크로드는 다양하기 때문에 표준화보다 최적화가 중요해지는 구간이 많습니다. 결국 시장이 커질수록 전문점이 생기는 것은 자연스러운 현상입니다. 즉 네오클라우드의 성장성은 AI 수요 그 자체의 병목이 핵심입니다. AI 수요 측면에서 둔화되면 네오클라우드의 성장성 역시 둔화될 우려가 있습니다.

이외에도 네오클라우드는 GPU 및 전력을 확보해야 하며, 가동률을 유지해야 한다는 단점을 지닙니다. 큰 고객 한두 곳에 매출이 집중되면 위험도 커질 수 있습니다. 그래서 네오클라우드는 AI 수요 자체보다는, 가동률과 계약 구조가 결국 이익을 만든다는 시각이 필요합니다. 다만 분명한 것은 AI 데이터센터 시장이 확장될수록 하이퍼스케일러만으로는 모든 수요를 흡수하기 어렵고, 그 틈을 파고드는 네오클라우드가 계속 등장할 가능성이 높다는 점입니다.

오라클의 이슈와
네오클라우드의 변동성

하이퍼스케일러 중 재무구조가 가장 취약했던 오라클은 AI 데이터센터 확장에 따른 차입 부담이 부각되며, 5년물 CDS 스프레드가 9월 60bp 미만에서 12월 중순 150bp까지 급격히 벌어졌습니다. 이에 투자자들의 우려가 집중됐고 주가도 급락했습니다. 오라클은 12월 실적 발표에서 수주 잔고의 성장세를 강하게 제시했지만 시장은 기대에 못 미친 전망과 급증하는 투자에 더 민감하게 반응했고, 이에 주가는 실적 발표 직후부터 급락했습니다. 이후 미시간 100억 달러급 데이터센터 프로젝트에서 핵심 파트너였던 '블루아울Blue Owl'이 조건 문제로 발을 빼는 이슈까지 겹치면서 투자자들의 우려는 더욱 커졌습니다.

오라클의 이슈는 네오클라우드 투자자에게 일종의 경고등처럼 작동했습니다. 시장은 오랫동안 AI 데이터센터 수요를 거의 직선으로 상정해 왔는데, 오라클처럼 인프라 확대를 전면에 내세우던 기업이 흔들리면서 투자자들은 고민에 빠졌습니다. '수요는 여전히 커 보이지만 공급망과 자금의 속도가 따라갈 수 있느냐'는 질문을 하던 초반과 달리, 사태가 지속되면 수요 자체의 지속성에 의심을 품고 맙니다.

이번 오라클의 이슈는 단순히 분기 실적 숫자 하나 때문만이 아닙니다. AI 데이터센터라는 거대한 공사가 결국 자본시장 위에서 굴러간다는 사실을 상기시켰기 때문입니다. 최근에 오라클이 연관된 대형 데이터센터 프로젝트를 둘러싸고 자금 조달과 구조에 대한 뉴스가 나온 바 있습니다. 이런 헤드라인은 시장 심리를 빠르게 위축시킵니다. 데이터센터는 서버를 사는 사업이 아니라, 전력/부지/건설/광케이블/금융까지 한 몸으로 묶인 장거리 경기와 같습니다. 그중 어느 한 고리에서라도 삐끗했다는 신호가 보이면 투자자들은 가장 레버리지가 큰 곳부터 객관적인 잣대를 들이대기 시작합니다.

전문점은 손님이 몰리면 폭발적으로 성장하지만, 한 번 주변 환경이 나빠지면 발걸음이 뚝 끊길 수도 있습니다. 하이퍼스케일러는 범용 수요가 받쳐 주는 댐이 있지만, 네오클라우드는 AI 수요라는 한 줄기 강을 더 깊게 파는 구조입니다. 그래서 수요가 강할 때는 하이퍼스케일러보다 더 민첩하게 고객을 붙잡고 납기를 당기고 구성 최적화로 승부할 수 있지만, 시장이 단 하루라도 AI 인프라 수요의 속도를 의심하는 순간 네오클라우드는 매출보다 먼저 자금 조달 비용과 가동률이 의심받습니다. 오라클 이슈가 네오클라우드 종목들의 낙폭을 키운 바탕에는 순서의 문제가 있습니다.

네오클라우드의 손익계산서는 결국 세 가지 숫자로 수렴하는데, 1) GPU를 얼마나 싸게 빨리 확보했는가, 2) 전력과 냉각을 얼마나 안정적으로 붙였는가, 3) 그 위에서 가동률을 얼마나 오래 높은 수준으로 유지하는가, 입니다. 오라클처럼 대형 사업자가 흔들리면 시장은 AI 수요의 절대량이 아니라 단기 속도와 계약의 질을 보기 시작합니다. 이

때 네오클라우드는 계약 기간, 선급금, 고객 집중도 그리고 증설의 리드 타임이 한꺼번에 재평가됩니다. 대표적인 네오클라우드 기업들을 이 관점에서 정리해 보면 그림이 훨씬 뚜렷하게 보일 것입니다.

코어위브CoreWeave는 네오클라우드의 존재 이유를 가장 공격적으로 증명해 온 회사입니다. 암호화폐 채굴에서 GPU 인프라 운영으로 옮겨 갔다는 이력은 오히려 강점이 됐습니다. GPU라는 자산을 어떻게 조달하고 굴려서 현금 흐름을 만들지에 대한 감각이 사업의 뼈대에 박혀 있기 때문입니다. 코어위브는 엔비디아 생태계와의 결속이 특히 강한 편이며, 고객이 원하는 시점에 클러스터를 띄우는 납기 경쟁력으로 이름을 알렸습니다. 이런 모델은 AI 붐의 초기에는 유리하지만, 고객 집중과 차입 구조가 시장의 주된 질문이 될 수 있습니다. 그래서 코어위브를 볼 때는 기술 스펙보다도 계약 구조와 가동률 그리고 증설 속도가 금리 환경을 이길 수 있는지부터 따져야 합니다.

네비우스Nebius는 성격이 조금 다릅니다. 네비우스는 유럽 쪽 뿌리를 가진 기술/인프라 기업으로, AI 개발자들이 실제로 쓰는 환경을 얼마나 매끈하게 제공할 수 있는지가 핵심 경쟁력으로 자주 언급됩니다. 단순히 GPU를 빌려주는 수준을 넘어, 데이터 파이프라인과 개발/운영 도구를 묶어 개발 생산성을 올리는 방향으로 이야기를 만들어 왔습니다. 이런 유형은 고객이 바뀌기 어렵다는 점에서 장기적으로는 끈끈하지만, 반대로 말하면 초기에는 대규모 CAPEX와 데이터센터 확보가 관문이 됩니다. 네비우스의 투자 포인트는 결국 두 갈래인데, 하나는 데이터센터와 전력/냉각 같은 물리 인프라를 얼마나 계획대로 쌓는지, 다른 하나는 그 위에서 반복 사용되는 고객을 얼마나 빨리 늘리는지입니다. 오라클 이슈처럼 자금의 속도에 대한 의심이 생기면, 네비우스 같은 성장형 인프라는 더욱 냉정하게 실행력을 평가받게 됩니다.

아이렌Iren은 최근 네오클라우드 스토리를 가장 단숨에 만들어 낸 케이스입니다. 원래는 비트코인을 채굴하던 회사였는데, 전력과 부지라는 핵심 자원을 쥐고 있다는 점이 AI 데이터센터로 전환하는 데 있어서 강력한 무기가 됐습니다. 최근에는 마이크로소프트와의 대형 AI 클라우드 서비스 계약 그리고 델을 통한 GPU 및 장비 조달 같은 뉴스로 시장의 시선을 강하게 끌었습니다. 숫자가 크고 화려할수록 투자자는 더 단순한 질문으로 돌아가야 합니다. 그 계약이 실제로 어느 시점부터 매출로 인식되는지, 선급금과 단가 구조는 어떤지, 무엇보다 GPU가 설치되는 타임라인이 전력/냉각 공정과 정확히 맞물리는지입니다. 아이렌은 전환 스토리가 강한 만큼 실행 리스크도 정직하게 따라붙을 수 있습니다. 그래서 오라클 이슈처럼 시장이 신중해질 때 아이렌은 기대감만큼이나 변동성도 커질 수밖에 없습니다.

병목이 수익을 가른다

AI 데이터센터 관련 내용을 돌이켜 보면, 결국 GPU가 항상 답은 아님을 알게 됩니다. 물론 출발점은 GPU였으나 시간이 조금만 지나면 질문이 달라지죠. GPU를 얼마나 많이 사느냐가 아니라 GPU를 얼마나 오래, 효율적으로 일하게 하느냐가 수익을 가릅니다. 그리고 그 수익을 가르는 단어가 바로 병목보틀넥입니다.

어렵게 들릴 수 있지만, 사실 우리가 체험해 본 현상입니다. 출근길을 떠올려 보세요. 잘 달리던 차가 어느 지점에서 갑자기 차선이 줄어들면 정체됩니다. 그 순간부터 엔진이 좋은 차는 의미가 없어집니다. 아무리 비싼 차를 몰아도 도로가 막히면 모두 같은 속도로 기어가는 법이죠.

AI 데이터센터도 마찬가지입니다. 아무리 최고급의 GPU를 꽂아도 데이터가 늦게 오거나 전력이 부족하면 GPU는 멈춰 서서 기다릴 수밖에 없습니다. 그 기다림이 곧 비용이고, 비용이 곧 경쟁력입니다.

병목을 읽는 사람이
주도주를 잡는다

주식시장은 '무엇이 중요한지'보다 '무엇이 부족한지'에 더욱 반응합니다. 시장에서 주도주가 바뀌는 순간은 대개 비슷합니다. 모두가 몰려 있는 한쪽이 실제로는 다음 병목에 막혀 있다는 사실이 인지하는 때입니다. 그때 돈은 자연스럽게 다음 병목을 푸는 쪽으로 이동합니다.

인류의 산업사도 마찬가지였습니다. 로마가 강대국이었던 이유 중 하나는 도로에 있습니다. 군대가 강해서도 있겠지만, 군대가 빠르게 이동할 수 있는 길이 잘 정비되어 있었습니다. 대항해시대가 열린 것도 배 제조 기술보다는 항구, 항로, 보험, 금융이 제 역할을 하면서 세계가 연결됐다고 볼 수 있습니다. 산업혁명 역시 증기기관의 발명이 전부가 아니라 석탄과 철도라는 물류/에너지 인프라가 붙으면서 폭발했습니다. 문명은 늘 기술 그 자체보다는 병목의 해소를 거치는 가운데서 성장했습니다. AI 데이터센터도 예외가 아닙니다.

그래서 저는 AI 인프라 투자를 볼 때 기술을 한 단어로 요약하지 않습니다. 대신 지금 병목 요소가 어디에 있는지 그리고 그 병목은 다음에 어디로 이동하는지를 보려고 합니다. 이러한 연결고리를 찾아 채워나가다 보면 주도주의 흐름도 보이기 시작합니다.

훈련의 시대:
컴퓨팅과 전력의 병목

훈련의 시대는 말 그대로 AI를 키우는 시대였습니다. 초거대 모델을 학습시키려면 어마어마한 연산이 필요했고, 그 연산의 중심에 GPU가 있었습니다. 이 단계에서 가장 먼저 터진 병목은 컴퓨팅 성능입니다. 데이터와 아이디어가 있어도 GPU가 없으면 학습이 불가능했습니다. 그래서 시장의 관심이 GPU로 쏠렸고, GPU 공급망이 곧 주도주의 중심이 됐습니다.

하지만 컴퓨팅은 곧바로 다음 벽을 만나는데 바로 전력입니다. AI 서버 랙은 단순히 서버가 많은 수준의 전기를 먹는 차원이 아닌, 전기가 곧 생산량이 되는 구조입니다. 전력 인입이 늦어지면 데이터센터는 건물을 지어도 가동을 못하고, 냉각이 따라오지 못하면 성능을 낮춰야 하고, 성능을 낮추면 매출이 줄어듭니다. 그래서 데이터센터는 IT 산업이라기보다 전기/설비 산업의 성격이 강해지는 것입니다.

추론의 시대:
네트워크와 스토리지의 병목

AI가 서비스되기 시작하면 다음 병목으로 이야기가 연결됩니다. 추론은 학습과 달리 한 번 크게 일어나는 게 아니라 매 순간, 동시에, 끊임없이 발생합니다. 수많은 사용자가 동시에 호출하면 작은 요청이 폭우처럼 쏟아지는 구조입니다. 이때 AI 시스템의 성능은 칩 자체의 속도보다 얼마나 빠르고 안정적으로 연결되어 있느냐에 의해 좌우됩니다. 그래서 추론의 시대에 병목은 자연스럽게 네트워크와 스토리지로 이동합니다.

네트워크 병목은 한마디로 GPU를 묶어 쓰는 시대의 교통 체증과 같습니다. AI 데이터센터는 이제 GPU 한 장이 아니라 GPU 수십 장,

수백 장을 하나의 거대한 시스템처럼 움직이게 해야 합니다. 그런데 GPU 간에 대화가 늦는다면, 모두가 서로를 기다리느라 연산이 비효율적으로 흘러가게 됩니다. 이때 중요한 것은 단순한 대역폭만이 아니라 지연입니다. AI는 큰 데이터를 한 번에 보내는 것도 하지만, 작은 데이터를 엄청나게 자주 주고받습니다. 이 작은 신호가 막히면 전체 시스템이 체감상 느려지게 됩니다.

스토리지 병목은 AI의 기억 창고가 따라오지 못하는 문제 때문에 발생합니다. 추론은 결국 데이터를 불러오는 작업입니다. 모델 자체도 크지만, 더 중요한 것은 서비스 과정에서 필요한 수많은 데이터 조각입니다. 검색, 추천, 로그, 개인화, 문서, 이미지, 영상이 계속해서 읽히고 저장됩니다. 이때 저장장치의 속도가 늦으면 GPU가 기다리게 되고, GPU가 기다리는 시간은 곧 비용이 됩니다. 그래서 추론의 시대에 NAND 기반 SSD, 고속 스토리지 구조가 중요해지고 있습니다. 연산칩의 시대에서 데이터 흐름의 시대로 무게중심이 옮겨 가는 것입니다.

엔비디아가 네트워크를
칩이 아니라 설계로 풀어낸 방식

여기서 엔비디아 이야기를 다시 하지 않을 수 없습니다. 앞서 언급했듯이 엔비디아의 진짜 강점은 GPU 한 장의 성능만이 아닙니다. 엔비디아는 AI 데이터센터를 칩의 집합이 아니라 하나의 컴퓨터로 보려고 하죠. 그리고 그 시선을 실제 제품과 아키텍처로 구현해 왔습니다.

AI 데이터센터 네트워크를 이해할 때는 크게 두 가지로 구분하면 되는데, 하나는 스케일 업scale-up이고, 다른 하나는 스케일 아웃scale-out입니다. 스케일 업은 한 서버 내부에서 GPU들이 빠르게 대화하는 구조입니다. 여러 장의 GPU가 서로 고속으로 붙어야 하고, 여기에는 NVLink 같은 고속 인터커넥트가 핵심이 됩니다. 이 단계는 한 몸처럼 움직이는 느낌이 중요합니다. 축구 경기에서 선수들이 짧은 패스를 촘촘히 주고받아야 골을 넣듯이, GPU들이 빠르게 신호를 주고받아야 모델이 제대로 돌아갑니다. 스케일 아웃은 서버와 서버를 묶는 구조입니다. 데이터센터 전체를 하나의 거대한 클러스터로 만들려면, 서버 바깥으로 나가는 길이 넓고 빠르고 안정적이어야 합니다. 이때부터는 InfiniBand나 고성능 Ethernet 같은 데이터센터 네트워크 기술이 핵심이 됩니다. 결국 추론의 시대에는 이 스케일 아웃 네트워크가 데이터센터의 체급을 결정합니다. 'GPU가 몇 장 있는지'보다 'GPU들을 어떻게 잘 묶어서 실제로 성능으로 뽑아내는지'가 경쟁력이 되는 것입니다.

여기서 중요한 포인트가 하나 더 있습니다. 엔비디아는 네트워크를 단순한 연결이 아니라 최적화된 시스템의 일부로 다룹니다. 연산, 네트워크, 소프트웨어 스택이 서로 따로 놀지 않게 묶어, 데이터센터 전체의 효율을 끌어올리는 겁니다. AI 데이터센터가 커질수록 이런 통합 설계 능력은 더 강력해집니다. 그리고 그 순간부터 엔비디아는 GPU 회사라기보다 AI 데이터센터의 규격을 제시하는 회사에 가까워지는 것입니다.

데이터센터가 커질수록
분산이 필요하다

사람들은 종종 AI 산업의 발달로 데이터센터가 대형화가 될 거라 생각합니다. 물론 초대형 데이터센터는 계속 필요합니다. 그러나 역설적으로 데이터센터가 커질수록 반대 방향의 흐름도 커지는데, 바로 엣지 데이터센터와 마이크로 데이터센터입니다.

이 흐름을 도시로 비유해 보겠습니다. 도시가 커지면 중심 업무 지구가 커지는 동시에 동네마다 작은 상권이 생기면서 생활 인프라가 분산됩니다. 모든 사람이 매일 도심 한복판까지 가야 한다면 도시 교통이 마비될 겁니다. 데이터센터도 이와 비슷한데, AI 서비스가 일상이 되면 모든 요청이 멀리 있는 초대형 데이터센터로만 가는 구조는 비효율적일 수 있습니다. 지연이 늘어나게 되고, 네트워크 비용이 커지게 되며, 지역별 규제와 데이터 주권 이슈도 생길 것입니다.

엣지 데이터센터는 사용자로부터 가까운 곳에서 처리하는 작은 거점 역할을 합니다. 우선 거리가 가깝기 때문에 네트워크가 빠릅니다. 특히 실시간 반응이 중요한 서비스—영상 분석, 산업 현장의 자동화, 로봇/자율주행과 같은 피지컬 AI—에서는 '몇 밀리초'가 큰 의미를 가질 수 있습니다. 그 몇 밀리초가 안전과 경험을 좌우하기도 합니다. 그래서 엣지 데이터센터는 단순한 비용 절감이 아니라, 서비스의 질과 가능성을 여는 열쇠가 됩니다.

마이크로 데이터센터는 더 작은 단위의 분산입니다. 공장, 병원, 물류센터, 오피스 건물 내부에 AI 컴퓨팅이 들어가 있다고 생각하면 됩니다. 이것은 데이터센터가 꼭 건물 밖에 있어야 한다는 고정관념을 깨는 변화입니다. AI가 전기와 열을 먹는 공장이라면, 마이크로 데이터센터는 공장을 현장으로 가져오는 일입니다. 그리고 이런 분산이 늘수록, 전력/냉각/배전 효율 그리고 소형화된 고효율 반도체(전력 반도체 포함)의 중요성이 함께 커집니다.

AI 데이터센터 밸류체인에 대한 투자는 '좋은 기술을 찾는 게임'이 아니라, '다음 병목을 먼저 읽는 게임'입니다. 처음 훈련의 시대에는 컴퓨팅과 전력이 병목이었고, 그래서 그곳에 돈이 몰렸습니다. 그다음 추론의 시대로 오면 네트워크와 스토리지가 병목이 될 것을 예상하여, 메모리 반도체에 투자했다면 훨씬 높은 수익률을 거둘 수 있었습니다. 2025년 초만 하더라도 NAND 플래시는 공급과잉 우려가 커서 대부분의 투자자에게는 매력적인 투자처가 아니었습니다. 하지만 저는 2025년 1월에 있었던 '딥시크 사태'를 통해 추론의 본격적인 확대를 예상했고 스토리지의 병목을 전망했습니다. eSSD의 급성장으로 인해 NAND 시장의 공급 부족을 예상했고, 2025년 4월 저는 페이스북에 NAND의 시대가 올 것이라는 전망과 함께 키옥시아와 샌디스크를 추천했습니다. 키옥시아는 6개월 후 주가가 10배 넘게 상승하는 흐름을 보여 줬습니다.

훈련의 시대에서
추론의 시대로

훈련과 추론을 구분하는 가장 쉬운 비유는 공부와 실전입니다. 시험공부를 할 때는 책을 잔뜩 펼쳐 놓고, 틀린 문제를 다시 풀고, 정답이 나올 때까지 반복합니다. 하지만 시간이 오래 걸리고 체력도 많이 듭니다. 훈련은 수많은 문장을 읽고, 틀리면 고치고, 맞힐 때까지 반복하는 과정입니다. 반면 실전에서 사람들은 정답을 빠르게 원합니다. 그렇다고 전화받는 상담원이 세 번만 더 연습하고 검색도 해 보고 답변을 준다고 말할 수는 없습니다. 추론은 바로 이와 같은 실전의 영역입니다. 질문이 들어오면 즉시 답이 나와야 하고, 동시에 수많은 사람이 몰려도 멈추면 안 됩니다.

훈련의 시대가 강한 근육을 만드는 시대였다면, 추론의 시대는 근육을 효율적으로 쓰는 시대라고 정의할 수 있습니다. 여기서 시장의 주도주가 바뀌기 시작합니다. 훈련은 '절대 연산량'이 중요했습니다. 큰 GPU를 더 많이, 더 빨리 묶으면 이기는 게임이었습니다. 추론에서는 '총소유비용TCO'이 중심으로 올라옵니다. 같은 성능을 더 적은 전기로, 더 낮은 지연으로, 더 안정적으로 뽑아내는 쪽이 승자가 됩니다. 기술이 아니라 '운영'이 승부를 가르는 국면인 것입니다.

이 변화는 역사적으로도 낯설지 않습니다. 전쟁사에서 무기를 만드는 시기와 무기를 보급하고 운영하는 시기가 다릅니다. 화약이 발명되자마자 전쟁의 승패가 뒤집히지 않았습니다. 화약을 안정적으로 생산하고, 대포를 운반하고, 보급선을 유지하는 체계가 갖추어졌을 때 전쟁의 중심축이 옮겨 갔습니다. AI도 똑같습니다. 훈련의 시대에는 '누가 더 큰 대포를 만들었는지'가 중요했다면, 추론의 시대에는 '그 대포를 누가 더 싸게 오래 자주 쏘는지'가 중요해집니다.

한 번의 훈련에서
수억 번의 호출로

추론의 시대를 설명할 때 저는 늘 '호출serving'이라는 단어를 강조합니다. 훈련은 연구에 가깝습니다. 한 번의 거대한 학습을 돌리기 위해 데이터를 모으고, GPU를 모으고, 냉각과 전력을 붙여서 긴 러닝을 합니다. 반면 추론은 '서비스'입니다. 매 순간 호출이 들어오고 끊이지 않습니다. 호출이 늘어날수록 중요한 것은 단순 성능이 아니라 지연 시간, 처리량throughput, 장애 복원력resilience 그리고 무엇보다 비용입니다. 성능이 10% 좋은 것보다 비용이 30% 줄어드는 것이 승부를 가르는 데 있어 더 직접적인 영향을 줍니다.

이는 '소프트웨어 최적화'가 매우 중요해지는 포인트가 됩니다. 훈련의 시대에도 소프트웨어는 중요했지만 하드웨어의 폭력적인 스케일이 많은 문제를 덮어 주었습니다. 반면 추론은 작은 비효율이 곧 돈이 됩니다. 토큰 하나를 만들 때의 전력, 메모리를 불러오는 시간, 네트워크로 왕복하는 지연, 캐시가 미스 나는 순간의 대기, 이 모든 것이 서비스 원가로 직결됩니다.

엔비디아의 생태계
vs. 구글의 통합 전략

이 지점에서 엔비디아와 구글의 차이가 선명해집니다. 엔비디아는 오랫동안 플랫폼을 만들어 왔습니다. GPU만 파는 회사가 아니라 개발자가 고객으로 하여금 그 GPU를 여러 대 묶어 쓰기 쉽게 만들고, 데이터센터가 그 GPU를 안정적으로 운영하게 해 주는 방향으로 확장해 왔습니다. 다시 말해 엔비디아의 강점은 칩의 성능만이 아니라 칩을 중심으로 한 생태계의 완성도에 있습니다.

반면 구글은 '통합integration'의 길을 걷습니다. 구글은 스스로 서비스 사업자이기도 하고, 인프라 사업자이기도 합니다. 이런 회사는 종종

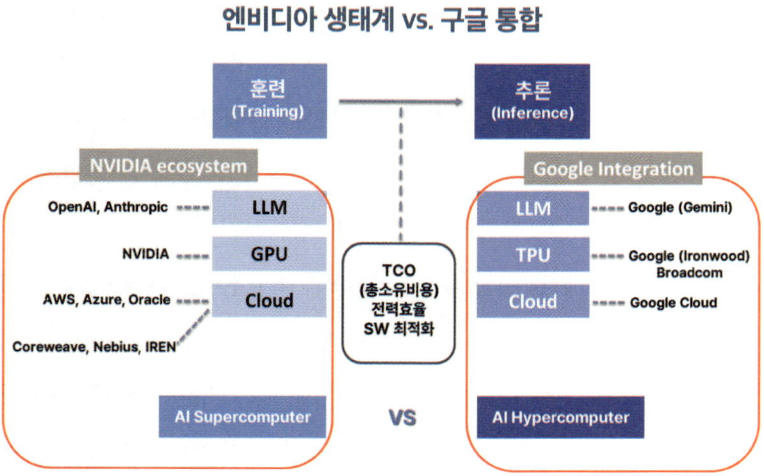

엔비디아 생태계 vs. 구글 통합

범용 제품보다 자기 목적에 맞춘 설계를 택합니다. 그래서 구글은 TPU를 키워 왔고, 클라우드까지 통합해 AI 인프라를 하나의 제품처럼 묶어 냅니다. 어떤 전략이 더 우월하다고 단정할 수는 없습니다만 시대가 추론으로 넘어가면 넘어갈수록, 즉 호출이 폭증할수록 승부는 TCO총소유비용와 운영 최적화에서 갈릴 가능성이 커집니다. 플랫폼은 많은 고객에게 확장되는 힘이 있고, 통합은 내부 최적화에서 강합니다.

흥미로운 점은 이 경쟁이 시장 전체에 풍부한 기회를 만들어 준다는 사실입니다. 엔비디아의 생태계가 커질수록 GPU 클러스터를 묶어 주는 네트워크, 데이터를 먹여 주는 스토리지, 메모리 계층, 전력 변환과 냉각 같은 주변부가 같이 커집니다. 구글 같은 통합 전략이 확장될수록 자체 가속기 생태계를 받쳐 주는 네트워크 칩, 데이터센터 아키텍처, 운영 소프트웨어 그리고 데이터 플랫폼이 같이 커집니다. 즉 추론의 시대는 칩만이 아니라 시스템 전체가 주인공이 되는 시대입니다.

엔비디아의
그록 인수의 의미

엔비디아는 그록Groq의 핵심 자산을 두고 역대 최대 규모의 M&A(약 200억 달러)를 단행했습니다. 엔비디아가 그록과 맺은 계약을 두고 많은 기사에서는 '인수'라는 표현을 썼지만, '추론 기술 라이선스+핵심 인재 영입'에 더 가깝습니다. 비독점 형태로 추론 기술을 라이선스하고, 창업자 조너선 로스를 포함한 일부 핵심 인력을 엔비디아로 데려오면서 그록은 독립 회사로 운영된다는 구도가 핵심인 것이죠. 이 계약이 주는 의미는 AI 산업의 무게중심이 이제 '훈련의 시대'에서 '추론의 시대'로 확실히 넘어가고 있으며, 그 전환점에서 엔비디아조차 포트폴리오를 재정렬하고 있다는 신호입니다.

그록은 추론에 특화된 칩과 시스템을 만들며 LPU language processing unit 라는 정체성을 전면에 내세워 왔습니다. 특히 결정론적 실행과 정적 스케줄링을 강조하며, 예측 가능한 지연과 일관된 처리가 중요한 추론 서비스에서 강점을 보였습니다. 엔비디아 입장에서 이는 GPU의 범용성과 생태계 강점은 유지하되, 추론에서 특히 민감한 구간인 지연과 예측 가능성이 UX를 좌우하는 구간에 대해 선택지를 넓히고자 하는 듯 보입니다. 인수 대신 비독점 라이선스와 핵심 인재 영입이라는 구조를 택한 것도 기술은 흡수하면서 시장과 규제의 리스크는 낮추고, 동시에 다양한 고객/워크로드에 유연하게 대응하려는 계산으로 해석할 수 있습니다.

엔비디아의 그록 인수는 한 번의 학습에서 수억 번의 호출로 산업의 무게중심이 이동하고 있음을 상징합니다. 앞으로의 인프라 투자 방향은 칩을 더 사는 것만으로 설명되지 않을 가능성이 큽니다. 네트워크는 더 낮은 지연과 더 정교한 혼잡 제어로, 스토리지는 더 빠른 데이터 공급과 계층 최적화로, 전력/냉각은 더 높은 밀도와 가동률을 감당하는 방향으로 재편될 것입니다. 그리고 그 위에서 소프트웨어 최적화는 성능 향상이 아니라 원가 절감과 굿풋 goodput, 데이터 처리량. 반대는 badput으로 손실된 데이터량을 의미 극대화의 언어로 진화할 것입니다.

결국 추론의 시대의 승자는 가장 빠른 칩을 가진 회사가 아니라, 가장 싸고 안정적으로 그리고 예측 가능하게 토큰을 생산하는 시스템을 가진 회사가 될 가능성이 큽니다. 어쩌면 엔비디아는 그록을 통해 승부의 시작을 알렸는지도 모릅니다. 이 전환이 깊어질수록 시장은 단일 아키텍처의 독주가 아니라 멀티 아키텍처, 멀티 벤더, 시스템 최적화 경쟁으로 빠르게 흘러갈 것이고, 그 과정에서 네트워크/스토리지/전력/운영 소프트웨어가 동시에 주도주의 무대로 올라오는 장면을 보게 될 것입니다.

제약이 만든 최적화, 중국이 추론에서 강해지는 이유

여기서 중국 이야기를 하지 않을 수 없습니다. 중국은 훈련의 시대에서 분명 불리한 조건을 안고 출발했습니다. 최첨단 GPU를 마음껏 확보하기 어려웠고, 그 결과 대규모 훈련이라는 정면승부에서 제약이 컸습니다. 그런데 역설적으로 그 제약이 추론의 시대에서는 다른 능력을 만들어 냅니다.

제약이 있는 환경에서는 사람의 사고방식이 바뀝니다. 풍족할 때는 더 투자하는 반면 부족할 때는 덜 쓰고 더 뽑아내는 방법을 고민하게 되죠. 역사에서 자원이 부족한 나라가 효율을 먼저 배우는 경우가 많았던 것도 같은 맥락입니다. 중국은 훈련에서 불리한 조건을 가졌기에 추론을 위한 소프트웨어 최적화와 운영 효율화에 더 집착할 수밖에 없었습니다.

최근 중국에서 주목받는 모델과 기업들의 움직임은 이 흐름과 맞물려 있습니다. 딥시크DeepSeek처럼 효율을 전면에 내세우는 사례가 회자되고, 알리바바도 자사 모델(Qwen 계열)을 빠르게 확장하면서 서비스 경쟁을 강화합니다. 이 과정에서 중국은 훈련의 시대의 승자 문법을 따라가는 대신 추론의 시대의 승자 문법을 먼저 체화하려는 모습이 보입니다. 그리고 그 결과는 데이터센터 투자로 나타납니다. 서비스가 늘면 서버가 늘고, 서버가 늘면 메모리와 스토리지까지 연쇄적으로 당겨집니다. 그래서 메모리는 HBM뿐 아니라 DDR, NAND까지 수급이 빠듯해지기 쉬운 구조가 됩니다.

또 하나의 축은 국산화입니다. 엔비디아의 GPU를 충분히 쓸 수 없는 환경에서는 대체재가 필요합니다. 이때 등장하는 것이 중국 내 AI 반도체 기업들입니다. 캠브리콘Cambricon 같은 기업은 바로 이 지점에서 시장의 관심을 받습니다. 물론 단기간에 최첨단 GPU를 완전히 대체하기는 어렵겠지만 추론은 훈련보다 여러 조합이 가능한 영역입니다. 모델을 압축하고, 서버 구조를 바꾸고, 소프트웨어 스택을 튜닝하면 하드웨어 격차를 일부 상쇄할 수 있습니다. 그래서 중국의 추론 투자가 커질수록 '국산화 칩+최적화된 소프트웨어+대규모 운영'의 조합이 더 현실적인 전략이 됩니다.

추론의 정점에서
빛나는 기업들

추론의 시대를 한 문장으로 요약하면 연산만의 시대를 지나 흐름의 시대가 시작됐다는 것입니다. 흐름은 네트워크와 스토리지, 데이터 플랫폼을 뜻합니다. 이때 시장의 주인공도 바뀝니다. 훈련의 시대에는 GPU를 누가 가져가는지가 중심이었다면, 추론의 시대에는 GPU가 놀지 않게 누가 길을 뚫어 주는지가 중요해집니다.

그래서 네트워크 기업이 다시 떠오릅니다. 데이터센터에서 스위치는 도로의 인터체인지와도 같습니다. 인터체인지가 막히면 도시 전체가 멈추게 되죠. AI 데이터센터에서 스위치 성능이 중요해지는 이유는 간단합니다. 추론은 호출이 많고 짧고 동시에 몰립니다. 즉 작은 데이터 조각들이 초고속으로 왕복해야 합니다. 이런 환경에서는 네트워크 장비가 성능의 지붕이 됩니다. 브로드컴의 Tomahawk 5가 51.2Tbps 급 스위치 칩을 생산 물량으로 출하한다고 발표한 것도 AI/ML머신러닝 배치 확대와 함께 네트워크가 핵심 병목으로 부상하고 있음을 보여 주는 상징적인 장면입니다.

데이터 플랫폼도 마찬가지입니다. 추론은 결국 문장을 생성하는 기술이 아니라 정보를 찾아와서 답을 만드는 과정으로 진화합니다. 여기서 검색과 인덱싱 그리고 데이터베이스의 역할이 커집니다. 그래서 MongoDB 같은 데이터베이스 기업이 AI 시대에 새롭게 이야기되고 있습니다. 예를 들어 몽고DB Atlas는 벡터 검색을 제공하고 임베딩을 기반으로 한 검색 및 RAG검색 증강 생성 구현 가이드를 공식 문서로 안내합니다. 추론이 커질수록 모델만큼이나 데이터를 잘 꺼내 오는 능력이 중요해지기 때문에 이런 플랫폼은 서비스 시대의 기반을 받칩니다.

클라우드 사업자들의 의미도 달라집니다. 훈련의 시대에 GPU를 직접 사서 꽂는 것이 소유의 전략이었다면, 추론의 시대에는 운영의 전략이 됩니다. 운영이란 결국 확장성과 안정성 그리고 비용 구조입니다. 이 관점에서 오라클 같은 기업이 재조명되는 이유도 이해할 수 있습니다. AI 인프라는 단순한 서버 임대가 아니라 고대역폭 네트워크와 스토리지, 전력과 냉각까지 포함한 종합 패키지로 진화하고 있습니다. 추론이 확산될수록 기업들은 직접 데이터센터를 운영할 것인지, 아니면 잘 만들어진 인프라를 빌려 쓸 것인지를 고민하게 됩니다.

훈련에서 추론으로 넘어가는 변화는 한 번의 유행이 아니라, 산업이 성숙해지는 방식 그 자체입니다. 인간의 발명품은 늘 비슷한 궤적을 그렸습니다. 처음에는 '가능성'을 증명하고, 그다음에는 '효율'을 추구합니다. 증기기관이 발명된 뒤에도 철도는 곧바로 대중화되지 않았습니다. 선로, 역, 신호체계, 운영 표준이 갖춰졌을 때 비로소 산업이 폭발했습니다. AI도 지금 그 단계로 넘어가고 있습니다.

추론의 시대에서
서비스의 시대로

　AI가 답을 잘 맞히는지가 핵심인 추론의 시기와 달리 서비스의 시대는 AI가 일을 끝내 주는지가 핵심입니다. 둘은 비슷해 보이지만 주식시장과 산업구조를 바꾸는 힘의 방향이 완전히 다릅니다. 추론이 '머리'의 경쟁이라면, 서비스는 '손발'의 경쟁이기 때문입니다. 사람도 시험을 잘 보는 능력과 실제로 일을 해내는 능력이 다르듯이 말입니다.

　추론의 시대를 대표하는 장면은 질문을 던지면 답이 돌아오는 순간입니다. 검색보다 빠르고, 보고서보다 친절한 답이 나오면 사람들은 감탄하게 되죠. 하지만 기업이 돈을 벌고자 한다면 감탄만 해서는 안 되고 실행을 해야 합니다. 답을 가지고 회의하고, 승인받고, 시스템에 입력하고, 협력사에 전달하고, 결과를 확인하는 과정. 서비스의 시대는 이 긴 연속적인 과정을 AI가 끊어 주는 단계입니다.

　이 전환을 소프트웨어 관점에서 연결해 주는 키워드가 에이전틱 AI입니다. 한국어로 굳이 풀면 '대리 수행형 AI'라고 할 수 있겠네요. 챗봇이 대화만 잘하는 상담원이라면 에이전트는 업무를 맡아 끝까지 처리하는 비서에 가깝습니다. "출장 준비해 줘"라는 한 문장으로 항공권 후보를 찾고, 회사 규정에 맞는 호텔을 고르고, 일정을 캘린더에 체크하고, 비용을 예산 항목에 맞춰 결재 라인에 올리고, 필요하면 동료에게 메일을 보내는 일까지 합니다. 이때는 모델의 지능만이 아니라, 모델이 세상과 연결되는 방식이 더 중요해집니다.

AI가 '도구를 쓰는 법'이 산업을 바꾼다: MCP, A2A, RAG

서비스의 시대에는 AI가 혼자 생각만 해서는 아무 일도 일어나지 않습니다. 이메일, 캘린더, CRM, ERP, 문서함, 결제 시스템, 고객센터, 데이터베이스 같은 현실의 도구에 손을 뻗어야 합니다. 그리고 그 연결이 깔끔할수록 기업은 빨리 도입하고 오래 쓰게 됩니다.

여기서 등장하는 개념이 'MCP model context protocol'입니다. MCP는 AI 모델이 외부 데이터, 도구, 시스템과 표준화된 방식으로 소통하고 연결되

MCP와 A2A 프로토콜

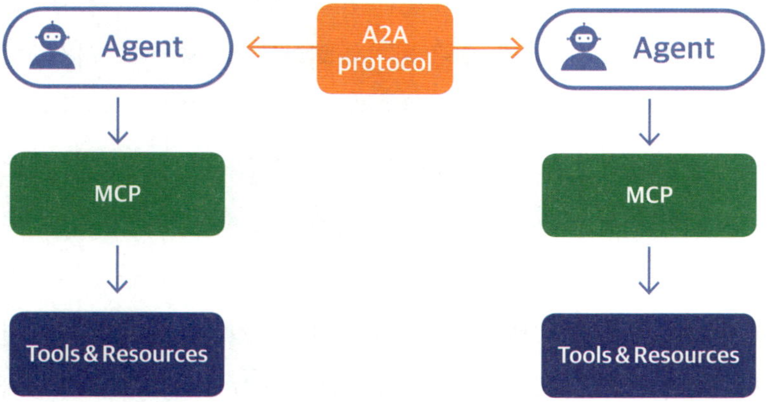

도록 하는 오픈소스 통신 규약(프로토콜)입니다. MCP를 너무 어렵게 이해할 필요는 없습니다. AI가 챗봇처럼 학습된 정보 외에 실제 세상의 정보—Gmail, 구글 드라이브, 검색 엔진 등—에 접근하고 작업을 수행할 수 있게 하는 것으로, 'USB-C' 타입을 떠올리면 됩니다. 충전기와 노트북, 이어폰과 모니터를 한 규격으로 연결해 준 USB-C처럼 MCP는 AI가 외부 도구와 데이터를 일관된 방식으로 연결하도록 도와줍니다. 기업 입장에서는 매번 커스텀 연결을 개발하지 않아도 되고, 보안과 권한 관리도 표준화할 여지가 생깁니다. 서비스의 시대에 표준이 중요한 이유는 표준이 생기는 순간 시장이 기술 경쟁에서 확산 경쟁으로 넘어가기 때문입니다.

다음은 A2A^{agent-to-agent}입니다. 구글이 2025년 4월에 발표한 AI 에이전트 간 통신을 위한 개방형 표준 프로토콜로, 서로 다른 프레임워크나 플랫폼에서 만들어진 AI 에이전트들이 협력하여 복잡한 작업을 수행할 수 있도록 하는 통신 규약입니다. 에이전트를 한 명의 비서라고 했을 때, 여러 비서가 서로 역할을 나눠 움직이는 조직인 것입니다. 마케팅 에이전트가 고객 세그먼트를 정의하고, 영업 에이전트가 제안서를 만들고, 재무 에이전트가 가격 정책을 검증하고, 법무 에이전트가 계약서 리스크를 체크하는 식입니다. 이들은 서로 대화하고 일을 넘기고 결과를 합쳐야 합니다. 서비스의 시대에는 늘어난 에이전트 조직 안에서 서로를 어떻게 믿고, 어떻게 기록하고, 어떻게 책임을 나누는지가 기업 경쟁력이 됩니다.

마지막이 RAG^{retrieval augmented generation, 검색 증강 생성}입니다. RAG은 대규모 언어 모델이 답변을 생성할 때 외부의 신뢰할 수 있는 지식 기반에서 관련 정보를 실시간으로 검색하여 활용하는 AI 기술입니다. RAG은 모델이 최신 정보를 참조하여 '환각 현상^{hallucination}'을 줄이고, 출처가 명확한 답변을 생성하도록 돕습니다. RAG는 에이전트 시대의 현실감 각인 셈입니다. 우리가 기억만으로 일하면 실수하기 쉽기 때문에 매뉴 얼을 열고, 최신 공지를 확인하고, 계약서를 다시 읽듯이 AI도 그러합 니다. 서비스의 시대가 본격화될수록 AI의 지능보다 AI가 참조할 데이 터의 품질이 더 큰 병목이 됩니다. 즉 데이터가 곧 경쟁력입니다. 그리 고 데이터가 중요해지는 순간, 스토리지와 데이터 플랫폼 기업들이 주 목받기 시작합니다.

고객 상담을 자동화하는 에이전트를 만든다고 가정해 보겠습니다. 이 에이전트가 제대로 일하려면 고객의 계약 상태, 최근 문의 이력, 제 품 시리얼, 배송 정보, 환불 규정, 최근 공지사항을 알아야 합니다. 이 데이터가 사방팔방 흩어져 있으면 에이전트는 멍해집니다. 반대로 데 이터가 정리되어 있고, RAG로 빠르게 꺼내 쓸 수 있으면 에이전트는 일을 하기 용이합니다. 결국 서비스의 시대는 모델은 똑똑해지고 데이 터가 정리되는 시대입니다.

작은 디바이스는 온 디바이스 AI, 큰 디바이스는 피지컬 AI

서비스의 시대가 폭발하려면 보급이 필요합니다. PC 혁명은 운영체 제와 소프트웨어의 보급이었고, 스마트폰 혁명은 디바이스의 보급이 었습니다. AI 서비스도 마찬가지입니다. 사람 곁에 상시로 붙어 있어 야 서비스가 됩니다. 이때 디바이스는 크게 두 갈래로 나뉩니다.

첫째가 온 디바이스 AI입니다. 스마트폰, 노트북, 이어폰, AR 글라 스처럼 작은 디바이스에서 AI가 돌아가는 흐름입니다. 이 방식의 장점은 즉시성입니다. 네트워크가 느려도 개인정보가 민감해도 기기 안에서 바로 처리할 수 있습니다. 사용자 경험도 바뀝니다. 버튼을 누르는 순간 카메라가 보고 번역이 뜨고 회의록이 정리되고 일정이 업데이트됩니다. 서비스는 여기서 확산하게 됩니다.

둘째가 피지컬 AI입니다. 자동차, 로봇, 드론처럼 큰 디바이스에서 AI가 현실을 움직이는 흐름입니다. 여기서는 말이 행동이 됩니다. 이 순간부터 AI는 소프트웨어 산업만의 것이 아니라, 제조, 물류, 에너지, 안전, 보험까지 전부 연결됩니다. 서비스의 시대가 무서운 이유는 여기에 있습니다. AI가 산업을 설명하는 게 아니라 작동시키기 때문입니다. 이 연결고리를 요즘은 'LLM에서 LAM으로의 진화'라고도 표현합니다. LLM이 언어를 다룬다면, LAM은 행동을 다룹니다. 말로만 똑똑한 AI에서 행동으로 유능한 AI로 넘어가는 것입니다. 중요한 포인트는 LAM이 되려면 추론 능력만으로는 부족하다는 뜻입니다. 행동에는 책임이 따르고, 책임에는 기록이 필요하며, 기록에는 데이터 구조가 필요합니다. 결국 서비스의 시대는 데이터 플랫폼의 시대와 겹쳐집니다.

창고에서 호수로
그리고 '의미의 지도'로

데이터 플랫폼을 이해할 때 저는 인문학의 오래된 질문을 떠올립니다. 바로 "우리는 세상을 어떻게 이해하는가"입니다. 인간은 분류하고, 이름 붙이고, 관계를 설정하면서 세계를 이해해 왔습니다. 식물학자 린네는 식물을 분류했고, 도서관은 책에 분류 번호를 붙였습니다. 분류는 곧 권력이 됩니다. 무엇을 어디에 놓느냐가, 무엇을 빨리 찾을 수 있느냐를 결정하기 때문입니다.

기업 데이터도 같은 길을 걸었습니다. 처음에는 '데이터 웨어하우스' 의 시대였습니다. 잘 정리된 창고와도 같습니다. 회계, 매출, 재고 같은 정형 데이터를 규칙에 맞게 쌓아 두고 보고서를 뽑는 데 최적화되어 있 었습니다. 경영진이 보는 대시보드는 여기서 나왔습니다. 그다음은 '데 이터 레이크'의 시대였습니다. 창고가 정리된 서재라면 레이크는 일단 다 모아 놓은 호수와도 같습니다. 이미지, 로그, 센서 데이터처럼 비정 형 데이터가 폭발하면서 정리보다 수집이 우선이 됐기 때문입니다. 문 제는 호수가 넓은 만큼 길을 잃기 쉽다는 데 있습니다. 데이터가 많아 질수록 찾기가 어려워집니다.

그리고 지금 서비스의 시대가 요구하는 형태는 한 단계 더 나아갑니 다. 저는 이것을 '의미의 지도'라고 부릅니다. 데이터가 어디에 있는지 뿐 아니라 데이터가 무엇을 뜻하는지, 서로 어떤 관계인지가 정리되어

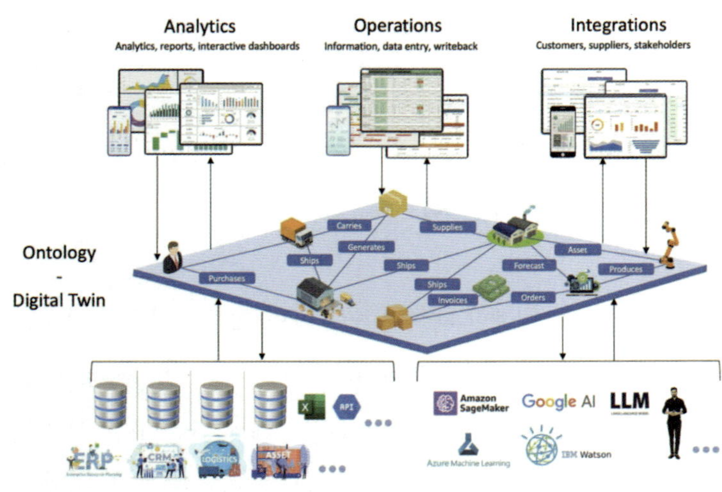

출처: Zenn

야 에이전트가 일할 수 있기 때문입니다. 여기서 등장하는 개념이 바로 '온톨로지ontology'입니다. 저는 앞으로 AI의 시대가 온톨로지의 시대가 될 것이라고 확신합니다. 철학에서 온톨로지는 존재를 다루는 학문입니다. 데이터 세계에서 온톨로지는 우리 회사에서 '고객'은, '주문'은, '납기 지연'은 무엇인가를 정의하는 공용 언어입니다. 같은 단어라도 부서마다 다른 뜻으로 사용하면, 같은 한국어를 쓰면서도 한 조직 안에서 서로 다른 말을 하는 셈이 됩니다. 에이전트가 여러 시스템을 넘나들며 일하려면 이 공용 언어가 반드시 필요합니다.

이 지점에서 팔란티어를 떠올리면 이해가 빨라집니다. 팔란티어가 강조하는 것은 단순한 데이터 저장이 아니라, 데이터를 업무와 연결해 작동시키는 것입니다. 보고서로 끝나는 데이터가 아니라, 의사결정과 실행으로 이어지는 데이터입니다. 서비스의 시대에는 데이터가 곧 행동의 재료가 되기 때문에 이런 운영형 데이터 플랫폼의 가치가 커집니다.

서비스의 시대를 상징하는 두 기업: 애플과 테슬라

제 기준에서 서비스의 시대를 대표하는 기업은 애플과 테슬라입니다. 둘 다 디바이스 기업이지만, 흥미롭게도 정반대 방향으로 AI를 끌고 가기 때문입니다.

애플의 강점은 손안의 생태계입니다. 사용자의 일상—메시지, 사진, 일정, 결제, 건강 데이터—이 기기 안에 쌓입니다. 애플이 AI를 밀어붙일 때 가장 강한 카드는 '개인 데이터의 맥락을 이해한 비서'입니다. 그리고 애플이 고집해 온 철학은 프라이버시입니다. 많은 작업을 기기 안에서 처리하려는 유인은 매우 강합니다. 온 디바이스 AI가 커질수록, 애플은 사용자 경험이라는 이름의 성벽을 더 높게 쌓을 수 있습니다.

테슬라의 강점은 현실의 데이터입니다. 테슬라는 바퀴 달린 로봇을 이미 길 위에 깔아 놓았습니다. 카메라와 센서가 도시를 보고 주행 데이터가 쌓이고 업데이트가 반복됩니다. 테슬라의 가장 강한 카드는 현실에서 학습한 행동입니다. 그리고 테슬라의 철학은 수직 통합입니다. 센서, 컴퓨팅, 소프트웨어, 전력 시스템이 하나의 목적을 향해 조율됩니다. 피지컬 AI가 커질수록 테슬라는 현실의 운영체제를 꿈꿀 수 있습니다.

결국 서비스의 정의 차이입니다. 애플이 만드는 서비스는 내 삶을 더 편하게 해 주는 서비스에 가깝고, 테슬라가 만드는 서비스는 현실의 일을 대신해 주는 서비스에 가깝습니다. 저는 두 방향이 동시에 커질 가능성이 크다고 생각합니다. 그리고 이 둘은 어느 시점에는 AI로 통합되고 연결될 것입니다.

슈퍼 앱이 될 PAA

서비스의 시대에서 투자자가 찾는 기업은 AI를 한다고 말만 하는 기업이 아니라 AI가 서비스로 붙어 돈을 버는 구조를 가진 기업입니다. 저는 이것을 PAApersonal AI agent, 즉 개인 AI 에이전트의 관점에서 바라보는 것이 도움이 된다고 봅니다. 절대 기능이 많아서 슈퍼 앱이 된 것이 아닙니다. 사용자의 시간을 가장 많이 점유했기 때문에 슈퍼 앱이 된 것입니다. 서비스의 시대에 PAA가 슈퍼 앱이 되려면 세 가지가 동시에 필요합니다.

첫째, 에이전트가 일을 하게 해 주는 연결(도구/프로토콜)입니다. MCP 같은 표준이 여기에서 힘을 발휘합니다.

둘째, 에이전트가 실수하지 않게 해 주는 데이터(검색/기억/검증)입니다. RAG와 데이터 플랫폼이 여기에서 중요해집니다.

셋째, 에이전트가 늘 곁에 있게 해 주는 배포(디바이스/생태계)입니다. 온 디바이스 AI와 피지컬 AI가 여기로 이어집니다.

이 세 가지 중 하나만 강해도 훌륭한 기업이 될 수 있습니다. 하지만 세 가지가 맞물리는 순간, 시장은 '기능'이 아니라 '습관'에 투자하기 시작할 것입니다. 사용자가 매일 쓰는 것은 서비스가 되고 서비스는 플랫폼이 됩니다. 플랫폼이 되면 밸류체인은 다시 한 번 재편됩니다. 반도체 투자자는 여기서 기회를 찾을 수 있습니다. 서비스가 커지는 방향으로 병목이 이동하고, 병목이 이동하는 곳에 설비 투자와 공급 부족이 생기며, 그때마다 주도주가 달라지기 때문입니다.

삼성전자의 AI 시대가 열린다

　이러한 시대의 전환은 한국의 삼성전자에도 기회가 될 수 있습니다. 추론의 시대가 본격화될수록 승부처는 가장 빠른 칩이 아니라 가장 싸고 안정적으로 토큰을 생산하는 시스템으로 이동하고, 그 시스템의 비용 구조는 결국 메모리/스토리지/패키징/전력 효율 같은 하드웨어 주변부에서 크게 갈립니다. 엔비디아가 그록을 인수해서 추론 포트폴리오를 넓히고, 하이퍼스케일러가 각자 최적화를 강화하는 흐름은 AI 인프라가 단일 해법이 아니라 여러 조합으로 최적점을 찾을 가능성을 내포합니다. 이때 삼성전자는 메모리와 스토리지 그리고 파운드리/패키징을 동시에 가진 거의 유일한 플레이어로서 수혜 경로가 다층적으로 열릴 것입니다.

　가장 직접적인 수혜는 메모리와 스토리지에서 발생합니다. 추론이 커질수록 토큰을 찍어 내는 가속기 수요가 늘고, 가속기는 여전히 대역폭과 용량을 요구합니다. 그록처럼 온칩 SRAM을 강하게 밀어붙이는 철학이 부상하더라도, 대형 모델과 복합 서비스에서는 메모리 계층이 'SRAM(캐시)-HBM/DDR-스토리지'로 더 정교해질 뿐, 메모리의 중요성이 사라지지는 않습니다. 오히려 메모리의 계층이 더욱 분화되면서 메모리의 역할을 키우게 될 것입니다. 또한 추론 서비스의 병목이 스토리지로 이동할수록 고성능 SSD와 데이터 이동 최적화의 가치가 커지는데, 이 구간은 삼성전자가 구조적으로 강점을 발휘하기 쉽습니다. 결국 추론의 경제학이 확산될수록 칩 자체의 성능 경쟁과 별개로 메모리/스토리지의 성능/전력/원가 최적화가 시스템 TCO총소유비용를 좌우하게 됩니다.

더 중요한 포인트는 삼성전자의 선택지가 넓어진다는 점입니다. 추론 중심 시장에서는 워크로드별로 최적의 칩 조합이 달라지고, 고객은 점점 더 맞춤형과 운영 최적화를 요구하게 됩니다. 삼성전자는 메모리에서의 강점에 더해, 파운드리와 첨단 패키징 역량을 엮어 '추론 친화적 설계'를 제안할 수 있는 포지션에 있습니다. 다시 말해 추론의 시대가 깊어질수록 삼성전자의 기회는 단순히 부품 공급을 넘어 고객의 TCO 목표를 맞추는 시스템 설계 파트너로 확장될 여지가 커지며, 이 확장 여부가 향후 수혜의 크기를 결정할 가능성이 큽니다.

이 흐름이 한 단계 더 진행되면, 추론의 시대는 자연스럽게 서비스의 시대로 넘어갑니다. 추론이 데이터센터 안에서 토큰을 얼마나 싸게 찍어 내느냐의 경쟁이었다면, 서비스의 시대는 그 추론이 제품과 사용자 경험 속으로 스며드는 경쟁입니다. 이때 중요한 축이 엣지 컴퓨팅입니다. 모든 요청을 클라우드로 보냈다가 다시 받는 구조는 지연 시간과 비용, 네트워크 의존성, 프라이버시 측면에서 한계가 분명해지고, 사용자에게 가까운 곳에서 즉시 판단하고 반응하는 온 디바이스 AI가 가치의 중심으로 올라옵니다. 결국 서비스의 시대에는 SoC, AP의 경쟁력이 모바일 칩 성능을 넘어 AI 경험의 품질과 원가를 좌우하는 요소가 됩니다.

이 관점에서 시장에서 거론되는 것처럼 삼성전자가 '엑시노스 2800'부터 자체 GPU 설계를 강화해 간다면 그 의미는 단순한 부품 내재화가 아닙니다. 온 디바이스 AI는 추론을 작게 만드는 게 아니라, 추론을 현장으로 옮기는 것에 가깝습니다. 카메라/음성/언어/제스처/센서 데이터가 실시간으로 섞이고, 멀티 모달 워크로드가 늘어날수록 GPU와 NPU, 메모리 계층, 전력 관리가 한 몸처럼 최적화되어야 합니다. 특히 자율주행, 로봇, 드론처럼 보고 듣고 움직이는 피지컬 AI로 갈수록 지연은 UX가 아니라 안전과 신뢰성의 문제로 바뀌기 때문에, SoC 차원에서의 통합 설계 역량이 곧 경쟁력의 핵심이 됩니다.

결론적으로 삼성전자는 추론의 시대에서 인프라 관점의 수혜를 쌓아 가는 동시에, 서비스의 시대에서는 엣지(SoC/AP) 관점의 승부를 준비할 수 있습니다. 데이터센터에서는 메모리/스토리지/패키징/전력 효율로 토큰 공장의 비용을 낮추고, 디바이스에서는 SoC의 통합 설계로 사용자 경험을 끌어올립니다. 이 두 방향이 동시에 강화될수록 삼성전자는 추론의 시대에서 경쟁력 회복의 전환점을 만들고, 더 나아가 서비스의 시대에서 승기를 잡기 위한 포지션으로 한 걸음씩 이동하게 될 것입니다.

Chapter
06

AI가 바꾼
반도체의 지형

CPU vs. GPU vs. NPU

생성형 AI가 등장하자 사람들은 다시 한 번 컴퓨터의 본질을 묻게 됐습니다. 우리가 쓰는 기계는 왜 이렇게 뜨거워지고, 전기를 많이 먹고, 비싸졌을까? 산업의 역사에서 인프라 투자가 한쪽으로 쏠리면 늘 병목이 생겼고, 병목이 생긴 곳이 다음 시대의 주인공이 됐습니다. 컴

CPU/GPU/TPU/NPU 업체별 구분

출처: seedstudio

퓨터는 오랫동안 폰 노이만 구조 위에서 발전해 왔고, 직렬 처리에 강한 CPU가 중심에 서 있었습니다. 하지만 AI 모델은 책 한 권을 읽듯이 한 줄씩 처리하는 존재가 아니라, 도서관 서가 전체를 동시에 뒤적이며 패턴을 뽑아내는 존재에 가깝습니다. 이때 치명적인 약점이 드러납니다. 연산 유닛과 메모리 사이를 오가는 데이터 이동이 늦으면, 아무리 똑똑한 두뇌가 있어도 손발이 묶인 채로 멈춰 서게 됩니다. 우리가 폰 노이만 병목이라고 부르는 장면입니다.

그래서 GPU가 무대로 올라왔습니다. 딥러닝의 핵심 연산은 거대한 행렬을 반복적으로 곱하는 작업이고, GPU는 이 반복을 병렬로 쪼개 한꺼번에 처리하도록 태어났습니다. 마치 한 사람이 장부를 정리하던 시대에서 수백 명의 서기가 동시에 숫자를 맞추는 시대로 넘어간 것과 비슷합니다. 이 흐름 속에서 컴퓨팅의 헤게모니가 CPU 중심에서 GPU 중심으로 이동했고, 데이터센터는 거대한 연산 공장처럼 변했습니다. 하지만 연산 공장이 커질수록 또 다른 질문으로 연결됩니다. '모든 일을 거대한 공장으로 보내야만 할까? 공장 바깥, 즉 노트북과 스마트폰과 자동차 같은 생활의 현장에서 AI를 돌릴 방법은 없을까?'

여기서 등장한 것이 NPU입니다. NPU는 신경망 연산에 특화된 별도의 두뇌로, GPU처럼 범용 연산을 크게 끌어안기보다 AI가 자주 하는 일만 골라 효율을 극단까지 밀어붙입니다. 숫자 정밀도를 상황에 따라 줄이고, 데이터가 이동하는 거리를 최소화하며, 같은 종류의 연산을 꾸준히 반복해도 전력 소모가 적도록 설계합니다. 만능 장인보다 전문 장인이 각 공정에 배치되면서 생산성이 폭증했던 시기와 닮았습니다. GPU가 거대한 제철소라면 NPU는 마치 공장 옆에 붙은 정밀한 가공 라인과 같습니다. 목적은 단 하나로, 같은 일을 더 싸고 더 조용하게 그리고 더 가까운 곳에서 처리하는 것입니다.

NPU의 확산을 상징적으로 보여 준 사건이 윈도우 PC 생태계의 변화였습니다. 마이크로소프트는 'Copilot+PC'라는 새 범주를 제시하면서 일정 수준 이상의 NPU 성능과 메모리, 저장 공간을 사실상 기준선으로 놓았습니다. 최소 요구 조건으로 제시된 수치—NPU 40 TOPS, 16GB RAM, 256GB 저장 공간—에서 마이크로소프트는 이제 AI가 옵션이 아니라 기본 기능이 된다는 것을 노골적으로 드러낸 셈입니다. 기준선이 생기면 칩 회사들의 전략도 달라집니다. 성능만 올리는 경쟁이 아니라 전력 효율과 온 디바이스 경험을 얼마나 설득력 있게 만들 수 있는지가 제품의 서열을 가르게 됩니다.

AMD의 접근이 NPU 시대의 성격을 잘 보여 줍니다. AMD는 Ryzen AI 300 계열에 XDNA 2 NPU를 전면에 내세우며, 최소 50 TOPS급 성능을 요구하는 온 디바이스 생성형 AI 워크로드를 강조했습니다. 흥미로운 점은 여기서부터입니다. 과거에는 이미지 생성 같은 일은 무조건 클라우드에 맡겼지만, 이제는 노트북 안에서 모델을 돌리며 결과물을 뽑는 시나리오가 현실이 됩니다. 실제로 AMD는 'Stability AI'와 함께 Stable Diffusion 3.0 Medium을 XDNA 2 NPU에 맞춰 로컬에서 구동하도록 최적화한 사례를 제시했고, 이는 NPU가 단순한 보조 칩이 아니라 사용자 경험을 바꾸는 중심축이 될 수 있음을 보여 줍니다.

애플은 이 흐름을 그 전부터 준비해 온, NPU에 진심인 기업입니다. 아이폰의 'Neural Engine'에서 시작해 맥의 M 시리즈까지, 하드웨어와 소프트웨어를 함께 설계하며 온 디바이스 AI의 체감 품질을 끌어올리는 방식으로 생태계를 구축했습니다. 최근 M4에서도 Neural Engine 성능을 38 TOPS로 강조하며, 전력 효율 속에서 AI 기능을 확장하고자 하는 의지를 분명히 보였습니다. 퀄컴, 삼성, 미디어텍처럼 모바일 중심 회사들도 NPU를 카메라 ISP와 엮어 사진/영상의 실시간 보정, 통화 품질 개선, 번역/요약 같은 기능을 생활 속에 스며들게 만듭니다. 자동차 분야에서는 ADAS와 자율주행이 곧 센서 데이터의 폭풍을 의미하기 때문에, 전력을 아끼면서도 지연을 줄이는 NPU형 연산 자원이 점점 더 중요해집니다.

즉 CPU는 범용의 행정가, GPU는 대규모 공장의 생산 라인, NPU는 현장에 배치된 전문 기술자에 가깝습니다. 생성형 AI가 촉발한 첫 병목이 컴퓨팅이었고 GPU가 그 병목을 풀어냈다면, 다음은 클라우드 비용과 전력, 개인정보와 지연 시간, 배터리와 발열이라는 현실의 제약들이 한꺼번에 등장하면서 NPU가 기술적 유행이 아니라 경제적 필연이 될 수 있습니다. 결국 AI가 바꾼 반도체 지형의 핵심은 더 큰 칩을 만드는 경쟁이 아니라 더 적은 에너지로 더 가까운 곳에서 더 많은 지능을 제공하는 경쟁으로 이동하고 있습니다. 다른 말로 엣지 컴퓨팅의 시대가 열리는 것입니다.

이종 칩 결합이
바꿔 놓은 세상

반도체 산업은 오랫동안 하나의 믿음 위에서 커졌습니다. 더 작게 깎으면 더 빨라지고 더 싸지며 더 많이 팔린다는 믿음입니다. 마치 인쇄술이 활자를 더 촘촘히 찍을수록 책이 싸지고 지식이 넓어지듯, 미세화는 전자 산업의 생산성을 끝없이 끌어올렸습니다. 그러나 어느 순간부터 글자를 더 작게 찍는 것만으로 독자의 마음을 움직이기 어려워졌습니다. 종이의 질, 제본 방식, 편집의 리듬 같은 것들이 책의 완성도를 좌우한 것이죠. 반도체도 트랜지스터를 줄이는 것만으로 성능을 설명할 수 없는 시대로 들어왔습니다. AI는 그 변화를 가장 빠르게 드러낸 손님이었습니다. 한 번에 수많은 데이터를 먹고 동시에 계산하고 결과를 끝없이 내놓는 AI는 칩의 설계와 공정뿐 아니라, 칩을 어떻게 결합하느냐 자체를 화두로 끌어올렸습니다.

이 흐름을 이종 칩 결합, 혹은 이종 집적heterogeneous integration이라고 부릅니다. 이는 서로 다른 종류의 반도체 칩, 소자, 소재를 하나의 패키지 안에 모아 통합하는 첨단 기술입니다. 하나의 거대한 궁전을 짓기보다는 기능별로 잘 만든 건물들과 도로와 다리로 연결하여 하나의 도시로 만드는 방식입니다. 예전에는 모든 기능을 한 장의 다이에 욱여넣는 단일 칩이 이상적으로 여겨졌습니다. 이를 우리는 SoC system on chip이라 부릅니다. 그러나 칩이 커질수록 결함 확률이 높아지고, 수율이 흔들리며 비용이 급격히 올라갑니다. 거대한 돔 성당은 아름답지만 한 번 균열이 나면 전체가 위험해지는 것처럼, 거대한 다이는 공정 리스크를 품고 있습니다. 그래서 요즘의 고성능 칩은 기능을 쪼개고 필요한 것들을 모아 붙입니다. 연산은 연산대로 메모리는 메모리대로 입출력 단자는 입출력대로 최적화한 뒤, 가장 효율적인 방식으로 한 몸처럼 묶어 버립니다. 이 결합 기술이 곧 경쟁력이 됐고, AI 시대에는 그 경쟁력이 매출과 공급 병목을 동시에 좌우합니다.

이종 칩 결합의 발전은 크게 두 갈래로 이해하면 쉽습니다. 옆으로 붙이는 2.5D와 위로 쌓는 3D입니다. 2.5D는 로직 칩과 HBM을 나란히 놓고, 아주 넓은 도로를 깔아 데이터를 빠르게 오가게 만드는 방식입니다. 여기서 도로 역할을 하는 것이 인터포저와 기판입니다. 로직과 메모리가 멀리 떨어져 있으면 아무리 연산이 빨라도 데이터가 오가는 동안 숨이 차서 멈칫하게 됩니다. AI가 겪는 진짜 병목은 계산 자체보다 이동에서 생기는 경우가 많습니다. 그래서 HBM을 로직 곁에 붙여 버린 것입니다. 가까이 붙일수록 대역폭이 커지고 전력 효율이 좋아지며 지연이 줄어듭니다. AI GPU 패키지에서 우리가 보는 거대한 인터포저 기반 구조는 더 작은 트랜지스터보다 더 직접적으로 성능을 좌우합니다.

2.5D가 도로를 깔아 옆으로 확장한 도시라면, 3D는 도시를 위로 올린 고층화입니다. 대표 주자가 HBM과 3D NAND입니다. HBM은 메모리 다이를 수직으로 쌓아 올려, 면적을 늘리지 않고도 대역폭을 폭발시키는 방식입니다. 3D NAND는 말 그대로 저장 셀을 위로 층층이 올

리며 비트 생산성을 끌어올렸습니다. 재미있는 점은 두 기술 모두 결합이 본질이라는 것입니다. 트랜지스터를 더 작게 만드는 것만으로는 해결되지 않는 요구를 쌓기라는 물리적 전략으로 풀어냈습니다. 농지를 넓히는 데 어려움을 겪게 되자 다락논을 만들고, 땅이 좁아지자 건물을 높이 올린 역사와 닮았습니다. 더 작은 땅에서 더 많은 생산을 하려면 결국 공간을 다시 설계해야 합니다.

이제 결합은 단순히 붙이는 수준을 넘어서 연결 방식의 질이 중요해졌습니다. 과거에는 와이어로 이어 붙이고 몰드로 감싸는 수준이었다면, 오늘날의 화두는 하이브리드 본딩 같은 미세 결합 기술입니다. 쉽게 말해 접착과 전기 연결을 동시에, 더 촘촘하게 더 얇게 해내는 기술입니다. 연결이 촘촘해질수록 신호 손실이 줄고, 전력과 발열이 개선되며, 패키지 두께가 얇아집니다. 여기서부터는 패키징이 후공정이 아니라 실질적인 성능 공정이 됩니다. AI 가속기에서 패키징이 부족하면 칩이 있어도 못 판다는 말이 나온 것도 결합 공정이 생산능력의 병목이 됐기 때문입니다.

이종 칩 결합이 더 흥미로운 이유는 산업 구조를 바꾸는 이야기이기 때문입니다. 한 장의 다이로 모든 것을 해결하던 시대에는 설계와 공정이 중심이었지만 칩렛과 2.5D, 3D가 표준이 되면 밸류체인의 중심이 넓어지게 됩니다. 인터포저, 브릿지, 팬아웃, RDL, 고다층 기판, 테스트 소모품 같은 것들이 이번 시대에서 주인공의 반열로 올라왔습니다. 도시를 확장할 때 왕궁만 잘 지어서는 안 되고 도로와 상수도, 항만이 함께 커져야 하듯, 반도체도 더 이상 웨이퍼 위의 회로만으로 끝나지 않습니다. 기판의 휨과 열팽창, 미세 범프의 신뢰성, 열을 빼는 구조, 전력 분배망, 테스트 커버리지까지 함께 움직입니다.

중요한 전환점이 하나 더 있습니다. 결합이 복잡해질수록 시행착오의 비용이 커지고, 그 비용을 줄이는 기술이 절실해진다는 점입니다. 과거에는 설계가 끝나면 공정이 따라오는 느낌이었지만, 이제는 패키징 구조를 먼저 정하고 설계를 거기에 맞춰야 하는 경우가 많습니다. 로직과 HBM을 어떤 배치로 놓을지, 인터포저를 어떤 크기로 갈지, 전력과 열이 어디서 모이고 어디로 빠지는지까지 초기에 잡지 못하면 뒤로 갈수록 수정이 거의 불가능해집니다. 그래서 멀티다이 설계 시대의 숨은 주역으로 EDA 툴과 시뮬레이션이 떠오릅니다. 전기적 신호만 보는 것이 아니라 열, 응력, 공정 변동까지 계산해야 하니, 설계는 점점 공학의 종합 예술이 됩니다. 중세 성당이 석공만의 작품이 아니라 구조 계산과 재료, 물류가 함께 얽힌 프로젝트였듯 현대 패키징도 팀 스포츠가 됐습니다.

표준의 등장도 결합 트렌드를 더 가속합니다. 칩렛끼리 무엇으로 대화할지, 어떤 규격으로 연결할지에 대한 합의가 생기면 생태계가 넓어집니다. 예전에는 특정 회사의 방식이 내부에서만 돌았지만, 결합이 표준화되면 설계 자산이 재사용되고 개발 시간이 줄어듭니다. 그러면 새로운 칩이 더 빨리 나오고 더 많은 조합이 실험됩니다. 산업 전체의 속도가 올라가게 됩니다. AI가 빠르게 확산된 이유 중 하나가 소프트웨어 생태계였듯, 하드웨어 결합에서도 표준은 혁신의 속도를 바꿉니다. 그리고 속도가 빨라질수록 병목은 더 자주 더 강하게 나타납니다. 어떤 시기에는 HBM이, 어떤 시기에는 패키징 라인이, 또 어떤 시기에는 기판이 전체 공급을 막아서는 식입니다. 주도주의 순환이 병목의 순서대로 나타난다는 관찰은 이 결합 트렌드에서 특히 선명하게 보입니다.

물론 리스크도 커지는데, 결합이 정교해질수록 수율의 정의가 바뀝니다. 예전에는 한 장의 다이 수율이 중요했다면, 이제는 여러 다이를 묶은 패키지 수율이 중요해집니다. 하나가 잘못되면 전체가 불량이 되니, 값비싼 구성일수록 검사와 테스트는 더 엄격해지고 비용도 올라갑니다. 발열도 더 어려운 문제가 됩니다. 연산 칩도, HBM도 뜨거운 상황에서 이를 촘촘히 모아 놓으면 열은 한곳에 몰립니다. 결국 성능을 끌어올릴수록 냉각과 전력의 난이도가 같이 올라갑니다. 그래서 이종 칩 결합의 발전은 패키징만의 진화가 아니라 전력과 냉각, 테스트, 소재까지 끌고 가는 연쇄반응입니다.

이종 칩 결합은 반도체가 성장하는 방식 자체를 바꿔 놓았습니다. 더 작은 선폭을 향해 달리던 시대가 계속되고는 있지만, 이제 성능의 승부처는 한 장의 실리콘 안에만 있지 않습니다. 옆으로 붙이고, 위로 쌓고, 더 촘촘하게 본딩하고, 그 구조를 설계 단계부터 통합적으로 최적화하는 능력이 새 표준이 됐습니다. 그리고 이 변화의 가장 강력한 촉매가 바로 AI입니다.

반도체 개발 비용이 증가하고 있다

반도체 산업의 성장사는 단순한 공식으로 설명되곤 했습니다. 선폭을 줄이면 성능이 오르고, 성능이 오르면 시장이 커지며, 시장이 커지면 다시 투자가 늘어난다는 선순환입니다. 그런데 AI의 등장은 그 공식을 조금 그리고 어쩌면 아주 많이 비틀어 놓았습니다. 성능을 더 끌어올리고 싶어도 이제는 미세화만으로는 답이 나오지 않습니다. 미세 공정이 한계에 가까워질수록 반도체는 점점 더 거대한 공학 프로젝트가 되고, 그에 비례해 개발 비용이 가파르게 늘어납니다. 작은 공방이 정교한 시계를 만들던 시대가 있었다면, 지금의 최첨단 칩 개발은 대형 조선소가 항공모함을 건조하는 일에 가깝습니다. 배 한 척을 띄우기 위해 설계, 용접, 품질 검사, 항로 시험, 안전 규정이 촘촘히 얽히듯, 칩 하나를 출시하기까지 필요한 단계와 검증의 그물망이 촘촘해졌습니다.

개발 비용이 왜 이렇게까지 커졌는지 이해하려면, 먼저 비용에 대한 생각을 바꿔야 합니다. 반도체 비용이라고 하면 흔히 공장과 장비를 떠올립니다. 물론 웨이퍼를 찍어 내는 제조 비용도 여전히 중요하지만, 최첨단으로 갈수록 돈이 가장 많이 드는 구간은 생산이 아니라 개발입니다. 한 연구에 따르면 공정 세대가 진화할수록 칩 하나를 설계하고 양산 가능한 수준까지 끌어올리는 데 드는 비용이 수천만 달러에서 수억 달러입니다. 65나노 수준에서는 수천만 달러였던 것이 7나노, 5나노로 갈수록 수억 달러 수준으로 커지는 그림입니다. 비용이 한 방향으로만 늘어나는 게 아니라, 여러 층으로 쌓인다는 점이 흥미롭습니다. 설계의 밑그림을 그리는 아키텍처 비용이 있고, 논리 검증과 물리 구현이 있으며, 소프트웨어와 프로토 타입, 최종 검증과 양산 검증 비용이 줄줄이 뒤따릅니다. 마치 대성당을 짓는 데 석재값에 구조 계산과 공정 관리, 장인들의 숙련, 시공 기간의 금융 비용까지 더해지듯이 말입니다.

비용 증가의 첫 번째 원인은 복잡성 그 자체입니다. AI 시대의 칩은 단순히 빠른 계산기가 아니라 메모리와 대역폭, 전력 분배, 발열 관리, 입출력, 보안까지 함께 설계해야 하는 시스템입니다. 트랜지스터 수와 그에 따른 기능이 늘어나면, 설계 오류가 숨어들 자리는 기하급수적으로 많아집니다. 문제는 설계 오류가 생산 라인에서 발견되면 대가가 너무 크다는 데 있습니다. 시행착오가 어느 정도 용인되는 세대도 있었지만, 지금은 한 번의 실수가 수백만 달러짜리 마스크 비용과 수개월의 일정 지연으로 돌아옵니다. 개발 비용의 본질은 결국 시간을 돈으로 바꿔 태우는 과정입니다. AI 인프라가 빨리 깔리는 시기에 칩 출시가 몇 달 밀리는 것만으로도 시장 주도권이 바뀌니, 기업들은 검증에 더 많은 자원을 투입할 수밖에 없습니다.

그래서 등장하는 키워드가 '시뮬레이션'입니다. 최첨단 칩 개발에서 시뮬레이션은 선택이 아니라 생존 장치가 됐습니다. 과거에는 설계 도면을 그리고 실제로 만들어 보며 수정하는 방식이 통했지만, 이제는 만들기 전에 거의 모든 것을 가상으로 확인해야 합니다. 전력이 어디로 흐르는지, 특정 연산에서 열이 어디에 몰리는지, 신호가 긴 배선을 지날 때 왜곡이 얼마나 생기는지, 클럭이 흔들리면 어떤 블록이 먼저 무너지는지 같은 것들을 수없이 반복해 확인합니다. 이 과정이 길어질수록 인력과 툴 비용이 늘어납니다. 그렇다고 이 비용을 아끼면 더 비싼 사고로 돌아옵니다. 대규모 사고를 막기 위해 사전에 보험을 드는 셈인데, 보험료가 계속 오르는 구조가 된 것입니다.

두 번째는 테스트의 중요성이 폭발적으로 커졌다는 점입니다. 칩이 복잡해질수록 불량은 눈에 띄게 나타나지 않습니다. 작동은 하는데 특정 조건에서만 오류가 나기도 하고, 온도가 오르면 미세하게 성능이 흔들리기도 하며, 장시간 구동에서만 드러나는 결함도 있습니다. AI 데이터센터는 이런 불안정성을 특히 싫어합니다. 수천, 수만 대의 서버가 동시에 돌아가고, 그 위에 얹힌 서비스는 24시간 멈추지 않습니다. 그러니 칩 하나의 작은 결함이 시스템 전체의 비용으로 증폭됩니다. 결과적으로 기업들은 테스트 커버리지를 넓히고, 더 혹독한 조건에서 더 긴 시간 검증할 수밖에 없습니다. 개발 비용에서 검증과 밸리데이션validation, 특정 공정이 (설정된 규격과 품질 요소들을 만족하고 있는) 제품을 지속 생산하고 있음을 보증하기 위한 증거를 문서화하는 것이 차지하는 비중이 커지는 이유입니다.

여기까지 오면 자연스럽게 한 가지 결론이 나옵니다. AI 시대에는 칩을 직접 설계하는 ASIC 수요가 늘어난다는 점입니다. 이유는 단순한데, GPU가 만능에 가까워 보이지만 인프라가 커질수록 전력과 비용에서 병목이 발생하기 때문입니다. 대형 데이터센터에서 전력은 곧 돈이고, 돈은 곧 경쟁력입니다. 특정 서비스에 맞춰 연산을 최적화한 ASIC은 같은 일을 더 적은 전력과 더 높은 효율로 처리할 여지가 큽니다. 결국 AI 산업이 커질수록 ASIC 프로젝트는 늘어납니다. 다만 ASIC이 늘어난다는 말은 설계 프로젝트의 수가 늘어난다는 뜻이기도 합니다. 프로젝트가 늘면 개발 비용의 총량도 늘어납니다. 그리고 프로젝트가 늘어날수록 그 프로젝트를 가능하게 하는 설계 자동화 도구의 가치가 더 커집니다.

이 지점에서 EDA 툴의 존재감이 급격히 커집니다. 특히 이종 칩 결합, 칩렛과 패키징 중심 구조로 갈수록 EDA는 단순한 설계 도구가 아니라 전체 개발 비용을 좌우하는 인프라가 됩니다. 여러 다이를 어떤 방식으로 나눌지, 인터페이스를 어떻게 설계할지, 패키지 안에서 전력과 신호를 어떻게 배치할지, 열과 응력을 어떻게 관리할지까지 모두 설계 초기에 결정해야 하기 때문입니다. 설계가 틀어지면 뒤에서 고칠 여지가 거의 없습니다. 그래서 개발 조직은 점점 더 많은 라이선스를 필요로 하고, 더 높은 수준의 시뮬레이션과 검증 툴을 도입하게 됩니다. 시놉시스와 케이던스 같은 EDA 기업이 AI 시대에 다시 주목받는 이유가 여기에 있습니다. 이들의 툴은 칩을 더 빠르고 안전하게 설계하도록 돕는 동시에, 실패의 확률을 낮추는 등 수억 달러짜리 리스크를 줄여 줍니다. 단순히 소프트웨어를 파는 회사가 아니라 시간을 사고파는 회사가 되는 셈입니다.

개발 비용의 상승이 EDA 툴 기업만 비추는 것은 아닙니다. 테스트의 중요성이 커졌다는 이야기는 테스트 인프라를 구성하는 부품과 소모품의 가치가 함께 올라간다는 뜻입니다. 칩을 실제로 측정하고 검증하려면 테스트 장비뿐 아니라 테스트 소켓, 인터포저, 핸들러, 번인 솔루션 같은 것들이 필요합니다. 그리고 AI 칩은 핀 수가 많고, 고속 신호를 다루며, 발열 조건이 까다롭기 때문에 테스트 환경 자체가 어려워집니다. 이런 환경에서는 소켓 하나도 대충 만들 수 없습니다. 신호 손실을 줄이면서도 반복 사용에 견디고 미세한 기계적 정밀도를 유지해야 합니다. 그래서 R&D 단계에서 필요한 테스트 소켓을 얼마나 빠르고 정확하게 지원하느냐가 개발 속도를 좌우합니다. 한국의 리노공업, ISC 같은 기업이 이 구간에서 시장의 관심을 받는 것도 같은 맥락입니다. 개발 비용이 증가하는 시대일수록 개발 기간을 단축해 주는 공급망은 더 높은 가치를 인정받습니다.

여기에 네트워킹과 전력의 문제까지 겹치면 비용 구조는 더 복잡해집니다. AI가 커질수록 계산 능력만큼 중요한 것이 데이터의 이동입니다. 연산 칩이 아무리 빨라도 데이터를 옮기는 길이 좁으면 전체 시스템은 막힙니다. 그래서 데이터센터는 네트워크를 강화하고, 칩도 더 많은 입출력과 더 높은 대역폭을 요구합니다. ASIC이 늘어나는 시대에는 네트워크와 스위치, 인터커넥트까지 고려한 시스템 설계가 필수가 됩니다. 브로드컴과 마벨 같은 기업이 AI 인프라의 중요한 축으로 거론되는 이유는 AI의 병목이 연산에서 네트워크로 확장되고 있기 때문입니다. 결국 개발 비용은 칩 내부의 설계 비용만이 아니라, 시스템 차원의 설계 비용으로 확장됩니다. 이 확장은 필연적으로 예산을 키웁니다.

흥미로운 것은 비용 증가가 단점만 있지는 않다는 점입니다. 역사적으로 대규모 비용이 필요한 산업은 늘 장벽을 만들었고, 그 장벽은 승자에게 긴 호흡의 독점을 허락해 왔습니다. 대항해시대에 함대를 꾸린 나라가 바다의 길을 지배했듯, 최첨단 반도체 개발비를 감당하는 기업과 생태계는 다음 세대의 플랫폼을 주도할 가능성이 커집니다. 반대로 말하면, 개발 비용의 증가는 산업의 집중도를 높이고, 중간 플레이어를 정리하며, 특정 기업의 영향력을 키울 수 있습니다. AI가 만든 반도체 지형의 변화는 여기서 한 번 더 선명해집니다. 기술 혁신은 더 좋은 칩을 만드는 데서 끝나지 않고, 누가 그 칩을 만들 수 있는지의 자격 요건을 바꿔 버린다는 점입니다.

그렇다면 비용을 줄이는 길도 있을까요? 미세화가 느려지는 시대에 비용을 낮추는 가장 현실적인 방법은 재사용과 모듈화입니다. 그래서 칩렛과 이종 집적이 더 중요해집니다. 검증된 블록을 재사용하고, 기능을 분리해 병렬 개발하며, 특정 블록만 새 공정으로 옮기고 나머지는 성숙 공정을 활용하는 방식은 비용을 줄이면서도 성능을 올릴 수 있는 길을 열어 줍니다. 다만 이 길도 또 다른 비용을 부릅니다. 모듈화는 결합의 복잡성을 키우고, 결합을 검증하는 비용을 늘립니다. 그래서 EDA와 시뮬레이션, 패키징 기술이 함께 성장합니다. 비용을 줄이기 위한 선택이 다시 새로운 비용을 만들지만, 그 비용이 전체 리스크를 낮추고 속도를 높여 줍니다. 역설처럼 보이지만 고비용 시대의 합리성은 이런 방식으로 성립합니다.

결국 AI가 요구하는 성능은 단일 칩의 문제가 아니라 시스템 전체의 문제로 바뀌었고, 시스템 전체를 안전하게 설계하고 검증하는 비용이 폭발적으로 증가하고 있습니다. 그 결과 시뮬레이션과 테스트, EDA, 테스트 소켓과 R&D 지원, 네트워크를 고려한 ASIC 설계까지, 과거에는 조연이던 영역들이 핵심 무대로 올라왔습니다.

데이터 저장에서
네트워크로

한 시대의 산업을 바꾸는 것은 언제나 기술 그 자체만이 아니라, 그 기술이 지나가야 하는 길목입니다. 로마가 제국이 될 수 있었던 이유는 군단의 강함만으로 설명하기는 어렵습니다. 돌로 깔아 만든 도로망이 있었고, 그 길을 따라 세금도 물자도 명령도 움직였습니다. AI 데이터센터도 비슷합니다. 컴퓨팅이라는 군단이 강해져도, 데이터가 오가지 못하면 전쟁은 이기지 못합니다.

AI 초창기의 병목은 데이터 저장이었습니다. 학습에 필요한 텍스트, 이미지, 로그, 클릭 스트림을 쌓아 둘 창고가 부족했고, 스토리지는 싸고 빠르게 늘릴 수 있는 인프라처럼 보였습니다. 그래서 한동안 데이터센터의 관심은 어디에 더 많이 저장할 것인가에 머물렀습니다. SSD의 성능, 용량, 병렬 접근, 파일 시스템의 효율이 화제였고, 데이터 레이크라는 말이 유행했습니다. 그런데 생성형 AI가 커지면서 상황이 뒤집혔습니다. 문제는 저장의 양이 아니라, 저장된 것을 꺼내서 연산기로 보내고 연산 결과를 다시 나눠 갖는 속도였습니다. 창고가 아무리 커도 도로가 막히면 물류는 멈추고 공장은 서게 됩니다.

모델이 커질수록 네트워크는 단순한 배관이 아니라 공정 그 자체가 됩니다. 거대한 모델을 여러 GPU에 쪼개 학습시키는 순간, 계산은 각자 따로 하지만 정답을 맞히기 위해 계속 서로의 결과를 맞춰야 합니다. 이때 필요한 것은 저장장치의 순차 읽기 속도보다 GPU 간에 얼마나 빠르게 대화하느냐입니다. 학습에서는 파라미터와 그래디언트를 주고받는 구간이 길어지고, 추론에서는 여러 모델과 데이터베이스가 동시에 호출되며 지연이 체감 성능을 좌우합니다. 결국 데이터센터의 병목은 저장에서 네트워크로 옮겨 갑니다. 그래서 AI 시대의 데이터센터는 창고형 건물이 아니라, 거대한 교차로와 고속도로가 들어선 도시처럼 변합니다.

이 변화는 기술의 언어로는 대역폭과 지연 그리고 혼잡 제어의 문제로 정리됩니다. GPU가 쏟아내는 연산량을 따라잡으려면 네트워크는 더 넓고, 더 짧고, 막히지 않아야 합니다. 그래서 데이터센터의 중심부에는 스위치 ASIC이 들어가고, 랙과 랙 사이에는 고속 이더넷과 인피니밴드가 경쟁적으로 깔립니다. 스위치 칩은 한 세대마다 처리 용량을 키우며, AI 클러스터의 크기를 결정하는 핵심 부품이 됐습니다. 예컨대 51.2Tbps급 이더넷 스위치 칩은 거대한 AI 팜을 한 번에 묶는 토대가 됐고, 이런 흐름은 브로드컴^{Broadcom}의 Tomahawk 5 같은 제품군이 상징적으로 보여 줍니다.

여기서부터는 네트워크가 스토리지의 보조재가 아니라, AI 성능의 주연으로 올라섭니다. 엔비디아는 GPU만으로 AI 인프라를 설명하지 않고, 이더넷 기반 AI 패브릭을 묶어 Spectrum-X라는 플랫폼으로 제시했습니다. 스위치(Spectrum 계열)와 NIC^{network interface controller/card, 컴퓨터를 네트워크에 연결하는 하드웨어 장치. 랜 카드, 네트워크 어댑터}/DPU^{data processing unit, 데이터 처리 장치}(BlueField 계열)를 조합해, 대규모 AI 워크로드에서 병목이 되는 통신 구간을 줄이려는 접근입니다. 이 방식이 의미 있는 이유는 AI 클러스터에서 네트워크가 느리면 GPU가 쉬게 되고, 그 쉬는 시간이 곧 비용이 되기 때문입니다. GPU를 더 사는 것보다 GPU가 쉬지 않게 만드는 것이 성능 향상 측면에서 더 중요한 순간이 왔다는 뜻입니다.

비슷한 맥락에서 마벨Marvell은 AI 클라우드용으로 51.2T급 이더넷 스위치(Teralynx 10)를 전면에 내세우며 낮은 지연과 대규모 스케일을 강조합니다. AI에서 중요한 것은 최고 속도 기록이 아니라 많은 트래픽이 한꺼번에 몰릴 때도 흐름을 무너뜨리지 않는 설계입니다. 학습 클러스터에서는 작은 혼잡이 연쇄적으로 증폭되어 전체 학습 시간을 늘릴 수 있고, 추론에서는 지연이 곧 사용자 경험으로 드러납니다. 그래서 스위치 칩의 가치가 단순 처리량을 넘어 아키텍처와 소프트웨어, 운용 경험까지 포함하는 형태로 커지고 있습니다.

네트워크가 주인공이 되면, 다음 병목은 전기신호가 지나가는 마지막 구간으로 이동합니다. 스위치에서 서버로, 서버에서 서버로 이어지는 링크는 점점 더 굵어지지만, 구리선만으로는 전력과 발열이 부담됩니다. 그래서 광통신이 데이터센터 내부로 빠르게 들어왔고, 800G에서 1.6T로 가는 속도 경쟁이 벌어지고 있습니다. 최근에는 DSP를 줄이거나 없애 전력 소모를 낮추려는 LPO linear-drive pluggable optics 같은 흐름도 주목을 받습니다. 1.6T급 OSFP LPO 트랜시버 같은 사례는 이제 광모듈이 단순 부품이 아니라 전력 예산과 랙 집적도를 결정하는 인프라 부품이 됐음을 보여 줍니다.

데이터 저장은 여전히 중요하지만, 저장장치의 단품 성능보다 저장을 어떻게 분산하고, 어떻게 네트워크로 끌어올지의 설계가 더 중요해졌습니다. NVMe-oF NVMe over Fabrics처럼 네트워크로 SSD를 묶어 쓰는 방식이 확산되는 이유도 여기에 있습니다. GPU가 직접 데이터를 더 빨리 가져오고, CPU가 하던 일을 NIC나 DPU가 대신 처리하는 흐름은 결국 저장에서 네트워크로 그리고 네트워크의 부담을 하드웨어가 떠안는 방향으로 인프라가 재편되고 있다는 것입니다.

여기에 한 가지 중요한 축이 바로 메모리와 저장 그리고 네트워크의 경계가 흐려지는 표준들이 등장한 것입니다. 대표적인 예가 CXL^{compute express link}입니다. CXL은 메모리 확장, 풀링, 장치 간 공유 같은 개념을 시스템 차원으로 끌어올리며, 서버 내부의 병목을 버스와 패브릭의 문제로 바꿔 놓습니다. 이 표준이 성숙할수록 데이터센터는 고정된 서버 한 대가 아니라, 필요한 자원을 그때그때 묶어 쓰는 거대한 조립식 시스템처럼 변해 갑니다. 네트워크는 더 이상 랙 바깥만의 문제가 아니라, 서버 안쪽 구조까지 바꾸는 요인이 됩니다.

역사에서 길이 바뀌면 도시의 형태가 바뀌었습니다. 강을 따라 생기던 도시가 철도를 따라 이동했고, 항만이 컨테이너 규격을 받아들이면서 글로벌 제조업의 지도가 다시 그려졌습니다. AI 데이터센터도 마찬가지입니다. 저장장치의 밀도가 곧 경쟁력이던 시절을 지나, 이제는 얼마나 넓고 질서 있게 연결할 수 있느냐가 경쟁력이 됩니다. 그래서 데이터센터의 핵심 부품 목록은 SSD와 CPU 중심에서 스위치 ASIC, 고속 SerDes, 광모듈, NIC/DPU 그리고 이를 운영하는 소프트웨어로 이동합니다. 그리고 주도주는 늘 그렇듯 병목이 있는 곳에서 태어나 병목이 풀리는 곳에서 다음 주자로 바통을 넘깁니다.

공급자 주도 시장

AI가 반도체의 지형을 바꿨다는 말은 힘의 방향이 바뀌었다는 뜻입니다. 예전 반도체 시장은 대체로 수요자가 왕이었습니다. 주문이 줄면 공장이 멈추고, 가격이 내려가고, 공급자는 할인과 재고 부담을 떠안았습니다. 그런데 생성형 AI 이후, 특히 데이터센터 중심의 투자가 한쪽으로 몰리면서 이야기가 달라졌습니다. 한 번에 수십만 장의 칩이 필요한 거대한 파도가 밀려왔는데, 그 파도를 받아 낼 항구는 제한되어 있었습니다. 항구가 부족하면 배를 가진 쪽이 아니라 항구를 가진 쪽이 규칙을 만듭니다.

대항해시대에는 향신료가 귀했지만, 진짜 권력은 향신료가 아니라 항로와 항구에 있었습니다. 육지의 실크로드가 흔들릴 때 바다길을 장악한 도시와 상단이 부를 쓸어 담았고, 운하와 해협을 쥔 쪽이 관세를 매기고 시간을 결정했습니다. 반도체에서도 비슷한 일이 벌어지고 있습니다. 칩 자체뿐만 아니라 그 칩을 완성품으로 만들어 내는 좁은 관문이 귀해졌고, 그 관문을 지키는 공급자에게 협상력이 이동했습니다. 공급망은 단순한 뒷단이 아니라 산업의 속도를 정하는 시계추가 됩니다.

이 변화의 본질은 속도와 복잡도입니다. 공정이 미세해질수록 필요한 장비는 늘고, 검증은 길어지고, 실패 비용은 커집니다. 한 번 늦어지면 다음 세대 제품이 통째로 미끄러지니, 고객사는 단순히 싸게 사는 것보다 제때 받는 것을 더 중요하게 여깁니다. 그러면 시장의 언어도 바뀝니다. 가격 경쟁보다 배정, 증설, 우선권, 장기 계약이 전면에 섭니다. 공급자는 설비를 풀가동하며 마진을 지키고, 수요자는 물량을 확보하기 위해 더 긴 시간과 더 많은 조건을 받아들입니다. 공급자 주도 시장은 다시 말해, 홍정의 시장이 아니라 줄 서는 시장으로 바뀌는 것입니다.

가장 상징적인 구간은 파운드리와 패키징이 맞물리는 지점입니다. AI 가속기는 단일 칩으로 끝나지 않습니다. HBM을 붙이고, 인터포저로 연결하고, 패키지 안에서 데이터가 빠르게 오가도록 구조를 짜야 합니다. 그래서 첨단 패키징은 더 이상 마무리 공정이 아니라, 사실상 성능을 결정하는 핵심 공정이 됩니다. CoWoS 같은 공정의 병목이 심해지면 칩을 설계하는 능력 못지않게 패키징 슬롯을 먼저 확보하는 능력이 출시 일정과 매출을 좌우합니다. 예전에는 팹리스가 무대의 중앙에 섰다면, 지금은 그 설계가 현실이 되도록 길을 열어 주는 공정 능력이 무대의 조명을 함께 받습니다. 공정의 왕관이 위에서 아래로 내려오는 장면입니다.

장비 쪽으로 눈을 돌리면 공급자 주도는 더 선명해집니다. EUV 장비가 대표적인 사례인데, 이 장비는 돈만 있다고 바로 살 수 있는 상품이 아닙니다. 생산능력 자체가 제한되어 있고, 설치와 운영에는 긴 시간이 걸리며, 생태계 전체가 함께 맞물려야 합니다. 주문이 쌓이고 납기가 길어지는 순간 시장은 자연스럽게 깨닫습니다. 선택권은 구매자에게 있는 것이 아니라 공급자에게 있다는 사실을 말입니다. 고객이 주도하는 시장이라면 잔고가 줄고 납기가 짧아지며 할인 경쟁이 벌어집니다. 반대로 잔고가 두텁고 납기가 길면, 장비를 쥔 쪽이 표준과 일정의 리듬을 쥐게 됩니다. 공급자 주도는 이런 방식으로 공기처럼 퍼집니다.

메모리에서는 HBM이 같은 역할을 맡고 있습니다. AI 학습과 추론이 커질수록 연산 그 자체보다 데이터 이동의 비용이 더 큽니다. 그래서 HBM은 단순한 고성능 메모리가 아니라, AI 가속기의 숨통을 틔워주는 산소통에 가깝습니다. 공급이 타이트해지면 고객은 가격보다 물량을 먼저 봅니다. 이때 구매는 계약이 아니라 배정이 됩니다. 물량을 확보한 기업은 계획대로 서버를 깔고, 확보하지 못한 기업은 모델 개발 로드맵과 서비스 출시 시점을 다시 계산해야 합니다. 반도체의 승패가 성능 비교표가 아니라 공급망의 시간표에서 갈리는 구간이 생깁니다.

네트워크와 스위치에서도 공급자 주도는 조용히 확산됩니다. AI 데이터센터는 전력과 냉각만 먹는 괴물이 아니라, 네트워크 대역폭을 끝없이 삼키는 괴물입니다. GPU가 늘어날수록 서버끼리 더 많은 데이터를 더 낮은 지연으로 주고받아야 하고, 그때 병목은 케이블과 스위치로 이동합니다. 51.2Tbps급 스위치 같은 세대가 의미를 갖는 이유는 단순히 더 빠르기 때문이 아닙니다. 그 수준의 스위치가 데이터센터의 구조 자체를 결정하기 때문입니다. 도로와 다리가 도시의 확장 방향을 정하듯 네트워크는 클러스터의 크기와 효율 그리고 운영의 표준을 좌우합니다. 기반을 제공하는 기업은 단가뿐 아니라 생태계의 방향에도 영향력을 갖게 됩니다.

공급자 주도 시장으로 재편되면 계약의 형태도 바뀝니다. 과거에는 분기 단위 발주와 단기 가격 협상이 흔했지만, 병목이 심해지면 장기 계약과 선확보가 늘어납니다. 고객사는 공급 안정성을 위해 일정 수준의 물량을 미리 약속하고, 공급자는 그 약속을 바탕으로 증설 계획을 보다 공격적으로 짭니다. 이 과정에서 수요 변동의 위험이 일부 고객에게 이전되기도 합니다. 다르게 말하면, 시장의 변동성이 사라지는 것이 아니라 부담이 이동하는 것입니다. 공급자는 가동률과 마진을 지키고, 고객은 확보한 물량을 성과로 바꾸는 실행력이 중요해집니다.

다만 공급자 주도가 영원한 것은 아닙니다. 역사에서 운하를 쥔 쪽이 영원히 부자가 되지 않았듯 병목은 언젠가 완화됩니다. 증설이 진행되고 대체 기술이 등장하고 고객사가 수직 통합이나 다변화로 대응하면 균형점은 다시 움직입니다. 그래서 투자 관점에서는 두 가지를 함께 봐야 합니다. 첫째는 지금 병목이 어디에 있는지이고, 둘째는 그 병목이 언제 풀릴지입니다. 병목이 유지되는 동안 공급자는 왕이지만, 병목이 풀리는 순간 왕좌는 다른 곳으로 이동합니다. 결국 중요한 것은 왕의 이름이 아니라, 왕좌가 놓인 자리입니다.

AI 시대 반도체의 주도주는 병목의 지도 위에서 순환합니다. 컴퓨팅에서 시작해 메모리로, 패키징으로, 네트워크로 옮겨 가는 흐름은 산업혁명기의 석탄과 철, 철도와 항만이 번갈아 주인공이 되던 풍경과 닮았습니다. 한 시대의 성장 스토리는 늘 기술만으로 완성되지 않습니다. 그 기술을 현실로 만드는 공급망의 관문이 어디인지, 누가 그 관문을 쥐고 있는지가 시장의 권력을 결정합니다. 그리고 지금 반도체 산업은 오랜만에 공급자가 규칙을 쓰는 국면으로 들어와 있습니다.

차세대 전공정 혁신

전공정은 반도체 산업의 심장부인 동시에 가장 보수적인 세계입니다. 한 번 검증된 공정이 표준이 되면 그 표준을 바꾸는 데는 시간이 걸리죠. 중세 도시가 돌로 길을 깔고 성벽을 두른 뒤에는, 새로운 도로망을 내기 위해 집을 허무는 결단이 필요했던 것처럼 말입니다. 그런데 생성형 AI가 그 결단을 강요하는 것 같습니다. 더 많은 연산을 더 적은 전력으로 더 작은 면적에서 뽑아내야 하는 시대가 열리면서, 미세화만으로는 한계가 보이기 시작했습니다. 앞서 설명한 후공정에서의 혁신 이외에도 전공정에서도 혁신을 요구하고 있습니다.

전공정의 핵심 혁신은 세 가지로 정리할 수 있습니다. 트랜지스터의 모양을 바꾸는 GAA, 빛의 해상도를 끌어올리는 High-NA, 전류가 지나가는 길을 뒤집는 BSPDN입니다. 이 세 가지는 서로 다른 기술처럼 보이지만 실제로는 같은 질문에 대한 세 가지의 답입니다. 더 촘촘해진 도시에서 사람과 물자와 전기를 어떻게 더 효율적으로 흘려보낼 것인가 하는 질문이죠.

먼저 GAA gate-all-around는 트랜지스터 자체의 구조를 바꿉니다. 오랫동안 반도체는 FinFET이라는 구조 위에서 성장했습니다. 쉽게 비유하면 물길을 더 잘 잡기 위해 둑을 세우고 그 둑을 감싸 물이 새지 않게 만든 방식입니다. 그러나 선폭이 더 줄어들수록 둑은 얇아지고, 물은 더 쉽게 새게 되면서 같은 힘으로 제어하기가 어려워집니다. AI 시대에는 전력이 곧 비용이기 때문에, 이런 누수는 치명적일 수 있습니다. GAA는 이 문제를 근본적으로 다르게 푸는 방식입니다. 물길을 둑 하나로 막는 대신, 수로를 통째로 감싸 쥐어 제어력을 키우는 구조입니다. 게이트가 채널을 둘러싸니 같은 전압으로도 더 단단하게 켜고 끌 수 있게 되어 전력 효율과 성능에서 유리해집니다.

GAA가 특히 흥미로운 이유는 성능을 올릴 뿐만 아니라 공정의 한계를 연장하는 기술이기 때문입니다. 로마의 아치가 등장하면서 돌을 더 높이 쌓을 수 있게 된 것과 같죠. 단순히 재료가 좋아진 게 아니라 구조가 바뀌면서 가능한 높이와 폭이 달라졌습니다. GAA에서도 미세화가 막히는 지점에서 구조를 바꾸어, 같은 공정 세대에서 더 나은 전력과 성능을 끌어내고, 다음 세대로 넘어갈 시간을 벌어 줍니다. 그리고 그 시간은 전공정 기업에게는 곧 시장 지배력으로 이어집니다. 공정이 늦어지면 제품이 늦어지고, 제품이 늦어지면 생태계가 다른 플랫폼으로 옮겨 가기 때문입니다.

삼성은 2nm 세대에서 GAA를 한층 더 밀어붙이며 로드맵을 제시해 왔고, 2nm 공정군에서 성능/전력/면적 개선을 강조하고 있습니다. 인텔도 18A에서 리본펫RibbonFET이라는 GAA 계열 구조와 PowerVia인텔의 후면 전력공급 기술를 함께 전면에 내세우며, 트랜지스터와 전원 배선을 동시에 바꾸겠다는 그림을 그리고 있습니다. 중요한 포인트는 GAA가 단독으로 존재하지 않는다는 점입니다. 더 촘촘한 구조는 더 정교한 노광과 더 복잡한 배선 그리고 더 어려운 수율 관리를 요구합니다. 즉 GAA

는 다음 두 혁신을 자연스럽게 불러옵니다. 더 선명한 빛이 필요해지고, 전류가 다닐 길도 새로 설계해야 하는 것이죠.

그다음이 High-NA EUV입니다. 노광 장비는 반도체의 인쇄기와도 같습니다. 인쇄술이 지식의 확산을 폭발시킨 것처럼 노광의 해상도는 반도체의 생산성을 좌우해 왔습니다. EUV는 이미 기존 세대의 핵심이 됐지만 더 미세하게 갈수록 그림자와 흔들림이 커집니다. 잉크가 번지듯 광자의 통계적 요동이 결함으로 이어질 가능성이 커지고, 마스크와 레지스트, 펠리클, 계측까지 모든 요소가 동시에 난이도를 올립니다. High-NA는 여기서 렌즈의 시야를 넓히고 해상도를 끌어올리는 방향입니다. 단순히 더 밝은 빛이 아니라 더 정교하게 초점을 맞춘 빛입니다. 업계에서는 High-NA가 현 세대 EUV보다 더 미세한 해상도를 제공하며, 이를 통해 다음 세대의 패터닝 부담을 줄일 수 있다는 점을 강조합니다.

하지만 High-NA는 만능열쇠가 아닙니다. 더 정교한 빛은 장비 가격과 운용 난이도를 함께 끌어올립니다. 마치 더 빠른 인쇄기가 종이를 더 많이 먹고, 잉크 품질을 더 가리는 것과 같습니다. 그래서 어떤 회사는 High-NA를 빨리 도입해 선도하려 하고, 어떤 회사는 기존 EUV를 더 정교하게 다듬는 쪽을 택합니다. 인텔은 High-NA 장비를 가장 먼저 확보해 본격적인 학습과 양산 준비에 들어가겠다는 메시지를 분명히 해 왔고, 이에 ASML의 첫 High-NA 시스템이 인텔로 향했다는 소식은 상징성이 컸습니다. 반면 TSMC는 High-NA의 도입 시점에 대해 보다 신중한 태도를 보여 왔고, 당장 모든 노드에서 High-NA가 필수는 아니라는 논리를 지속적으로 강조해 왔습니다. 이는 기술의 우열이라기보다 생산성의 철학 차이로 봐야 합니다. 속도보다 어떤 길이 더 높은 수율과 더 안정적인 고객 납기를 만들 수 있느냐가 전공정에서는 더 중요하기 때문입니다.

마지막 축은 BSPDN back-side power delivery, 후면 전력공급입니다. 이름은 낯설지만 매우 직관적입니다. 지금까지 칩은 신호선과 전원선이 같은 면에서 복잡하게 얽혀 있었습니다. 도시로 치면 도로 위를 사람도 전차도 급수관도 지나가는 상태입니다. 교통 체증이 생기면 단순히 차가 느려지는 게 아니라, 도시 전체의 효율이 떨어집니다. 미세화가 진행될수록 배선은 더 많아지고, 전류가 흐를 길은 더 좁아지며, IR 드롭 같은 전력 손실 문제는 커집니다. AI처럼 전력이 폭발적으로 중요한 워크로드에서는 이 문제가 더 크게 드러납니다. 그래서 전원선을 뒤쪽으로 보내 신호선과 분리하자는 발상이 등장합니다. 전류가 가는 길을 뒤집어서 윗면은 신호에 더 집중시키고 아랫면은 전원 공급에 최적화하는 방식입니다.

이 아이디어가 실전에서 의미를 가지려면, 단순히 배선을 뒤로 넘기는 수준이 아니라 공정 전체의 재설계가 필요합니다. 웨이퍼를 더 얇게 다루고, 뒤쪽을 가공하며 새로운 접속 구조를 만들어야 합니다. 그래서 BSPDN은 공정 난이도와 리스크를 키우지만, 동시에 그 리스크를 감당할 수 있는 기업에게 강력한 방어막이 됩니다. 인텔은 PowerVia를 18A의 핵심으로 내세우며, 트랜지스터 구조 변화와 함께 전원 공급 구조까지 바꾸는 전략을 강조합니다. TSMC도 A16에서 BSPDN과 유사한 개념을 포함한 접근을 제시하며, 성능과 전력 효율의 추가 개선을 노리고 있습니다. BSPDN을 구현하기 위해서는 웨이퍼 뒷면을 깎아내고 배선을 형성하는 '백사이드 그라인딩', 'CMP 공정', '옥사이드 에칭' 등 복잡한 후면 가공 기술과 정밀한 웨이퍼 정렬 기술이 요구됩니다.

이 세 가지 혁신이 한꺼번에 등장하면 무엇이 달라질까요? 첫째, 개발 비용과 검증 기간이 더 늘어납니다. 앞에서 말한 개발비 증가가 전공정에서는 더 극단적으로 나타납니다. 둘째, 공급자 주도 시장의 논리가 전공정에서 더욱 강해집니다. High-NA 같은 장비는 설치부터 운영까지 시간이 길고, 숙련이 쌓여야 생산성이 나옵니다. 먼저 경험을 쌓은 기업이 후발과 더 격차를 벌리는 구조가 됩니다. 셋째, 후공정과의 결합이 더 중요해집니다. 전공정이 아무리 앞서도 패키징과 HBM, 네트워크까지 이어지는 공급망이 막히면 제품은 늦어집니다. AI 시대의 승부는 한 공정의 단거리 경주가 아니라, 전공정에서 패키징까지 이어지는 릴레이 경주가 됐습니다.

투자 관점에서는 이 big 3가 어떤 기업의 미래를 바꾸는지보다 어떤 병목을 새로 만들지를 보는 게 더 유용합니다. GAA는 계측과 결함 관리의 난이도를 올려 프로세스 컨트롤 수요를 키웁니다. High-NA는 노광만이 아니라 레지스트, 마스크, 펠리클 그리고 이를 검증하는 검사 장비의 중요성을 함께 끌어올립니다. BSPDN은 배선과 웨이퍼 박형화, 후면 가공과 신뢰성 검증을 더 어렵게 만들어 관련 공정 장비와 테스트의 존재감을 키웁니다. AI 시대 전공정의 big 3는 더 작은 선폭을 향한 집착이 아니라 더 지속 가능한 미세화를 위한 구조적 전환입니다. GAA는 트랜지스터의 형태를 바꾸고, High-NA는 빛의 한계를 다시 밀어내며, BSPDN은 전류의 길을 재배치합니다. 이것은 반도체가 앞으로도 계속 작아질 수 있다는 낙관이 아니라, 작아지기 위해 지불해야 할 비용과 복잡도가 커졌다는 사실에 가깝습니다.

SEMICONDUCTOR VALUE CHAIN

PART 04

밸류체인별 딥 다이브

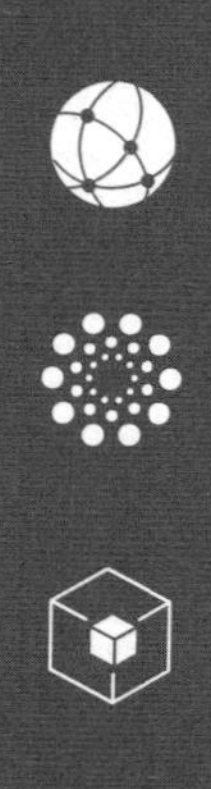

Chapter
07

어드밴스드 패키징

왜 지금 패키징일까

　패키징은 그동안 반도체에서 늘 조연처럼 보였습니다. 스포츠 경기에서 후보의 자리죠. 보통은 주전 선수가 스포트라이트를 받는데, 간혹 후보 선수가 결정적인 기여를 하기도 합니다. AI 산업에서도 경기의 전환점을 위해 변화를 주는데, 축구 경기의 후반전처럼 극적인 성능의 역전을 위해 구조적인 트렌드 변화 속에 있는 것이 지금의 패키징입니다. 트랜지스터의 미세 공정 능력이 중요한 분야였지만 이제는 이것만으로는 설명되지 않는 기술적 병목이 생겼고, 그때부터 성능의 핵심은 결합, 전력, 열로 이동했습니다. 이를 두고 기존의 패키징보다 더욱 진화된 패키징이라고 하여 어드밴스드 패키징advanced packaging이라 부르고 있습니다.

　반도체 산업이 오랫동안 성장해 온 방식은 폰 노이만 구조가 만든 경제였습니다. 연산 장치와 메모리가 분리되어 있고, CPU든 GPU든 연산 유닛이 메모리에서 데이터를 읽어 계산한 뒤 다시 저장하는 흐름 위에서 생태계가 커졌습니다. 이 구조에서 성능을 끌어올리는 가장 직관적인 방법은 연산을 더 빠르게 만드는 일이었고, 그 결과 미세화는 곧 경쟁력이 됐습니다. 하지만 AI가 본격화되면서 이 구조의 약점이 드러나고 있습니다. 생성형 AI는 연산량도 크지만, 더 본질적인 문제는 데이터를 움직이는 횟수와 규모가 폭발한다는 점입니다. 모델의 가중치를 끊임없이 불러오고, 중간 계산 결과를 기록하며, 학습 과정에서는 여러 장치가 서로의 결과를 실시간으로 주고받습니다. 이때 병목은 연산기 자체가 아니라 연산기와 메모리 사이 그리고 장치와 장치 사이를 오가는 이동 경로에서 생깁니다. 비용의 중심도 이동합니다. 과거에는 연산이 가장 비싼 항목으로 인식됐고 데이터 이동은 그 뒤에 따라오는 것으로 취급되기 쉬웠습니다. 그러나 지금은 데이터 이동이 전력 예산을 먼저 갉아먹고, 지연을 만들며, 시스템 전체의 효율을 결정합니다.

이 병목을 푸는 해법은 멀리서 가져오는 게 아니라 가까이에 붙여 버리는 것입니다. 메모리를 연산기 옆으로 끌어당기고, 연산을 여러 조각으로 나눠 필요한 것끼리 한 덩어리로 묶으며, 연결은 더 넓고 더 짧게 만들려는 시도가 많아지고 있습니다. 여기서 패키징은 더 이상 완성품을 포장하는 마지막 공정이 아니라, 실리콘 위의 성능을 실제 시스템 성능으로 바꾸는 변환기의 역할을 맡게 됩니다. 같은 GPU라도 HBM고대역폭 메모리을 어떤 방식으로 붙이느냐, 전력을 어떤 구조로 공급하느냐, 열을 어떤 경로로 빼내느냐, 칩 간을 서로 어떤 인터커넥트interconnect, '상호 접속'이라는 뜻으로, 정보와 신호가 원활하게 이동하도록 하는 연결로 묶느냐에 따라 체감 성능과 원가 구조가 달라집니다. AI 데이터센터에서는 이 차이가 비용과 서비스 품질로 연결됩니다. 전력 소모는 전기 요금으로, '열 저항물질이 열의 전달을 얼마나 방해하는지를 나타내는 물리량'은 냉각 설비와 '랙 밀도데이터센터에서 단일 서버 랙이 소비하거나 처리할 수 있는 전력량'로, 지연은 응답 시간과 처리량으로 이어집니다.

어드밴스드 패키징은 AI 칩이 데이터센터에서 점차 PC와 모바일,

자동차로 번져갈수록 적용 범위뿐만 아니라 시장 규모가 지속적으로 커질 것입니다. 'Bloomberg Intelligence'는 첨단 반도체 패키징 시장이 2033년에 800억 달러까지 커질 수 있다고 보고 있지만, 정확히 어떤 숫자로 못 박기는 어렵습니다. 리서치마다 첨단의 정의가 다르고, 기판과 조립을 어디까지 포함하느냐에 따라 규모가 달라지기 때문입니다. 다만 TSMC의 매출액 전망이 759억 달러(2022년)에서 1580억 달러(2026년)로 크게 성장한 것만 보더라도 어드밴스드 패키징 시장의 성장을 충분히 체감할 수 있습니다. 더불어 AI가 커질수록 성능의 승부처가 연결과 열과 전력으로 이동하고, 그 이동이 곧 패키징의 매출 잠재 수요를 확장시킨다는 점은 확실합니다.

패키징이 성장한다는 말은 공급망에서 중요한 주도권을 가지기 시작했다는 뜻입니다. 팹리스가 아무리 좋은 칩을 설계해도, 그걸 고대역폭 메모리와 결합해 안정적으로 대량생산할 슬롯이 없으면 매출은 미뤄질 수밖에 없습니다. AI 가속기에서 흔히 말하는 병목은 웨이퍼가 아니라 패키징 라인의 용량으로 나타납니다. 이 구간의 상징이 CoWoS chip of wafer of silicon 입니다. 'TrendForce'에 따르면, TSMC와 OSAT 기업들의 어드밴스드 패키징 생산능력이 월 5.5만 장(2025년 1분기)에서 월 13만 장(2026년 4분기)으로 성장할 것으로 전망하는데, 이 중 CoWoS의 생산능력이 월 4.3만 장(2025년 1분기)에서 월 10만 장(2026년)으로 성장이 예상될 정도로 압도적입니다. TSMC는 실적 발표 질의 응답에서 2025년에 CoWoS 생산능력을 2배로 늘릴 계획을 밝힌 바 있고, 2026년에도 수요가 더 강해 갭을 좁혀 가는 국면이라는 표현을 합니다.

시장이 CoWoS 생산능력에 민감하게 반응하는 이유는 CoWoS가 늘어나는 속도가 AI 칩 출하 속도의 상한선처럼 작동해 왔기 때문입니

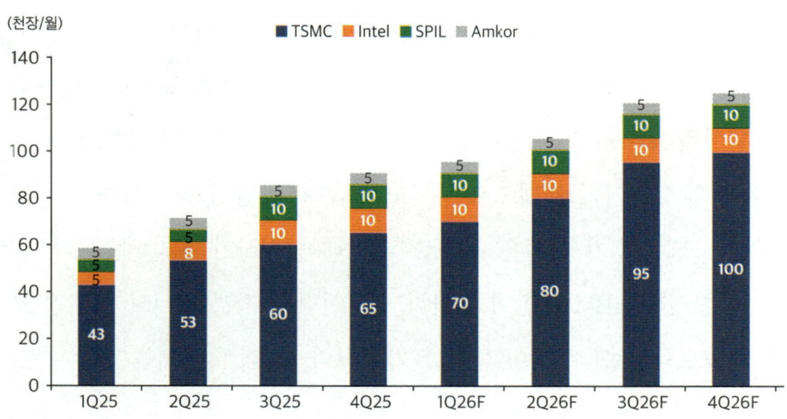

다. TSMC가 CoWoS의 정확한 월 생산량을 모두 공개하는 건 아니어서, 연도별 구체 수치는 보통 업계 추정과 리서치 자료로 보완됩니다. 추정치가 정확히 수치화될 수 없는 이유는 CoW$^{chip-on-wafer}$ 단계, 인터포저, RDL, 기판 실장, 최종 조립 중 어디까지 포함하는지에 대한 정의가 다르기 때문입니다. 그럼에도 실적 발표 컨퍼런스콜에서 지속적으로 수요 대비 공급이 부족함을 이야기하고 있고, 애리조나에 첨단 패키징 팹 2개 건설 계획도 언급한 만큼 중장기 생산능력은 크게 확대될 가능성이 큽니다.

왜 지금 어드밴스드 패키징이냐고 묻는다면, 칩의 크기와 전력 밀도가 임계점을 넘어섰기 때문입니다. AI 가속기는 점점 더 큰 다이를 쓰고, 더 많은 HBM을 옆에 붙이며, 패키지 안에서 더 촘촘한 배선을 요구합니다. 이 순간부터 열과 전력은 패키징의 중요한 성능 요소가 됩니다. 발열을 제대로 빼내지 못하면 클럭을 올릴 수 없고, 전력을 안정적으로 분배하지 못하면 고속 신호의 품질이 흔들립니다. 패키징은 단지 연결을 늘리는 기술이 아니라, 뜨거운 칩을 다루는 물리학의 기술이 됩니다. 이것이 어드밴스드 패키징은 미세화의 후속 공정이 아니라, 미세화와 동급의 중요한 전장으로 올라서는 이유입니다.

이 흐름이 파운드리 경쟁의 결을 바꿨습니다. 겉으로는 공정 미세화 경쟁처럼 보이지만, 실제로는 고객이 원하는 제품을 어떤 형태로 완성해 줄 수 있는가의 경쟁으로 바뀌고 있습니다. 단일 칩 시대에는 가장 앞선 노드에서 가장 좋은 수율로 찍어 내는 회사가 유리했습니다. 그러나 칩렛과 HBM 결합이 일반화되면 선단 공정뿐 아니라 패키징 포트폴리오와 양산 경험이 함께 평가됩니다. 고객이 원하는 것은 가장 작은 트랜지스터만이 아니라, 가장 빠르게 공급 가능한 완성품이기 때문입니다. 결국 파운드리는 전공정만의 산업이 아니라 전공정과 패키징이 한 몸처럼 움직이는 산업으로 재정의됩니다.

여기에서 과거 애플의 선택은 상징성이 큽니다. 애플은 아이폰용 AP를 설계하면서, 단순히 칩을 생산할 파운드리만 고르는 것이 아니라 패키징까지 포함한 제조 방식 자체를 진화시켜 왔습니다. 특히 TSMC의 InFO integrated fan-out 패키징은 모바일에서 두께와 전력, 열 관리에 유리한 방향으로 진화해 왔고, 아이폰용 칩 패키징에서도 중요한 전환점으로 거론됩니다. TSMC와 삼성전자의 파운드리 격차가 벌어지게 된 계기는 2017년 애플의 A10 칩 생산을 TSMC가 10나노 공정에서 전량 맡게 되면서부터입니다. 2016년 삼성전자는 TSMC보다 앞서 세계 최초로 10나노 공정 양산을 시작했는데, TSMC는 애플과의 협력을 통해 패키징 기술에서 앞서 나가며 삼성전자를 따돌리게 됐습니다.

TSMC는 애플의 A10 칩에 InFO 패키징 기술을 최초로 적용했습니다. TSMC는 이후 InFO 기술을 통해 애플뿐 아니라 다른 주요 고객사들에게도 경쟁력을 입증하며 패키징 분야에서 우위를 점했습니다. 대형 고객이 패키징 방식까지 포함해 제조 생태계를 한쪽으로 묶어 선택할 때, 파운드리의 격차는 공정 한 세대 차이로만 설명되지 않고 학습 효과와 공급망의 결속으로 확대될 수 있습니다. 애플 같은 초대형 고객이 요구하는 것은 단순한 미세화가 아니라 완제품 형태의 칩 공급 역량이며, 그 역량에 패키징이 포함되면서부터 경쟁의 잣대가 달라졌다는 것만은 분명합니다. 팬 아웃fan-out은 모바일에서 시작됐지만, 지금은 데이터센터로 확장되며 TSMC의 어드밴스드 패키징의 역량을 이끌고 있습니다.

패키징의 기본 개념

반도체 패키지의
정의와 종류

이삿짐을 싸 본 사람은 알 겁니다. 포장은 깨지지 않게 싸는 데서 끝나지 않습니다. 물건이 도착했을 때 바로 꺼낼 수 있게, 무게가 한쪽으로 쏠리지 않게, 이동 중 충격이 가장 약한 방향으로 들어오도록 짐을 재배치하는 일에 가깝습니다. 반도체의 패키징도 그렇습니다. 칩은 웨이퍼 위에서 만들어지지만, 제품은 패키지 안에서 완성됩니다. 칩이 보드에 연결되고, 전기가 들어오고, 신호가 오가고, 열이 빠져나가는 모든 경로가 패키지에서 결정됩니다. 그래서 패키징은 단순히 외형을 감싸는 포장이 아니라, 실리콘이 가진 성능을 현실의 시스템 성능으로 바꾸는 인터페이스입니다.

지금의 반도체는 예전과 성격이 달라졌습니다. 더 뜨겁고, 더 빠르고, 더 비싸졌습니다. 연산이 강해질수록 전력은 커지고 열은 집중되며, 신호가 빨라질수록 작은 흔들림에도 오류가 생깁니다. 게다가 AI

칩은 한 개가 아니라 여러 개가 한 몸처럼 움직여야 합니다. 이때 패키징은 단순한 마감 공정이 아니라 전력은 안정적으로 공급하고, 신호는 손실 없이 전달하고, 열은 빠르게 빼내며, 여러 칩을 한 시스템으로 묶는 설계의 일부가 됩니다. 요즘 업계에서 패키징이 성능을 만든다는 말이 과장이 아닌 이유가 여기에 있습니다.

반도체 패키지는 칩을 외부 환경으로부터 보호하는 껍데기이면서, 전기적으로는 칩과 기판을 연결하는 인터페이스의 역할을 합니다. 더욱 구체적으로는 다섯 가지 역할을 동시에 수행합니다. 첫째, 외부 충격과 습기, 오염으로부터 칩을 보호합니다. 둘째, 칩의 미세한 패드 신호를 보드가 받기 쉬운 형태로 꺼내 줍니다. 셋째, 전력을 칩으로 안정적으로 공급하고 접지를 분배합니다. 넷째, 열을 밖으로 빼내는 방열 구조를 만듭니다. 다섯째, 여러 칩을 한 몸처럼 묶어 시스템을 구성합니다. 이 다섯 가지가 동시에 충족되지 않는다면, 칩이 아무리 좋아도 제품은 불안정해지고 성능은 흔들리며 원가는 올라가게 됩니다.

패키지는 크게 컨벤셔널conventional 패키지와 웨이퍼 레벨wafer level 패키지로 나눠 이해하면 쉽습니다. 컨벤셔널 패키지는 웨이퍼에서 잘라 낸 개별 다이를 기판이나 리드프레임lead frame 위에 올려 조립하는 전통적인 방식입니다. 여기서 재료와 구조에 따라 세라믹 패키지와 플라스틱 패키지로 다시 구분됩니다. 세라믹 패키지는 우주, 방산, 특수 산업처럼 고온, 고신뢰가 필요한 극한의 환경에서 강점을 가지는 반면 플라스틱 패키지는 대량생산의 표준입니다. 플라스틱 패키지도 내부 구조에 따라 성격이 완전히 다른데, 리드프레임 타입 패키지와 서브스트레이트substrate 타입 패키지로 구분됩니다. 리드프레임 타입 패키지는 금속 리드프레임이 뼈대이고, 전력 소자나 아날로그, 자동차 전장처럼 전류가 세고 열이 거친 영역에서 여전히 강합니다. 반면, 서브스트레이트

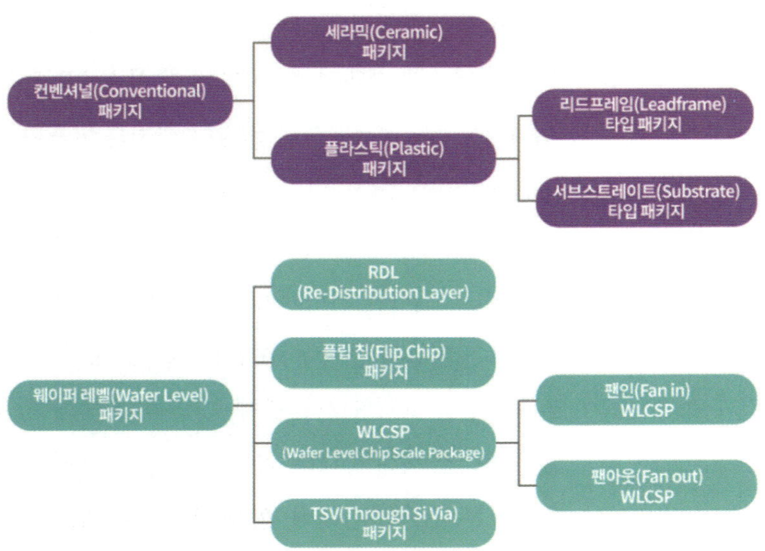

타입 패키지는 유기 기판 위에 배선을 촘촘히 깔아 I/O^{input/output}를 크게 늘리는 방식인데 BGA^{ball grid array} 계열, 특히 플립칩^{flip chip} BGA가 대표적이며 고성능 프로세서로 갈수록 비중이 커지는 구조입니다. 웨이퍼 레벨 패키지는 웨이퍼 상태에서 배선을 재배치하고 범프^{bump}를 만들거나 구조물을 쌓아, 웨이퍼 단계에서 패키징의 상당 부분을 끝내는 방식입니다. 대표적인 키워드가 RDL^{redistribution layer}, 플립칩, TSV^{through silicon via}, WLCSP^{wafer level chip scale packaging}입니다. 특히 WLCSP는 다시 팬 인^{fan-in}과 팬 아웃^{fan-out}으로 갈리는데, 팬 인은 칩 면적 안에 배선을 넣어 컴팩트함을 극대화하고, 팬 아웃은 칩 바깥으로 배선을 퍼뜨려 I/O를 크게 늘리는 방향입니다. 팬 아웃이 커질수록 기판이 웨이퍼 위로 끌어올려진다고 생각하면 됩니다.

컨벤셔널 패키징 공정의
기본 레시피

어드밴스드 패키징의 최신 기술 트렌드를 쫓아가기 위해서는 우선 컨벤셔널 패키지 공정에 대한 기본 이해가 필요합니다. 컨벤셔널 패키징 공정은 반도체 칩을 얇게 만들고 잘라서 자리 잡게 한 뒤 전기를 통하게 만들고, 단단히 보호해서 한 개의 부품으로 완성하는 과정입니다. 겉으로 보면 단순한 조립처럼 느껴지지만, 실제로는 정밀 작업의 연속입니다.

첫 단계는 웨이퍼를 얇게 만드는 작업입니다. 웨이퍼는 얇아질수록 열이 잘 빠지고 높이를 줄이기 쉬워지지만, 동시에 깨지기 쉽습니다. 그래서 백 그라인딩^{back grinding}이라는 공정으로 뒷면을 갈아 두께를 줄입니다. 이 백 그라인딩을 잘하는 기업이 일본의 디스코^{Disco}입니다. 그다음 웨이퍼 절단 단계에서 웨이퍼를 칩 단위로 잘라 개별 다이로 분리합니다. 이 절단하는 장비를 다이싱^{dicing}이라고 부르는데, 역시 일본의 디스코가 가장 잘하며, 이오테크닉스도 글로벌 고객사로 장비군을 확대하고 있습니다.

이제 잘라 낸 칩을 제자리에 붙여야 합니다. 다이 어태치^{die attach}는 칩을 리드프레임이나 기판 위에 고정하는 과정입니다. 집으로 치면 바닥에 기둥을 정확한 위치에 세우는 작업입니다. 붙이는 위치가 조금만 틀어져도 다음 공정에서 문제가 커지기 때문에 정렬과 접착 품질이 중요합니다. 그다음이 전기 연결을 만드는 단계입니다. 인터커넥션^{interconnection}은 칩과 바깥세상을 이어 주는 공정입니다. 전통적으로는 와이어 본딩처럼 아주 가는 금속선을 연결하기도 하고, 플립칩처럼 칩을 뒤집어 범프를 통해 바로 붙이기도 합니다. 이 단계가 끝나야 칩이 전기적으로 동작할 수 있습니다. 와이어 본딩 장비의 글로벌 1위 업체는 미국의 쿨리케앤소파K&S이며, 로직 반도체의 하이엔드 본딩 장비의 선두 주자는 네덜란드의 베시Besi입니다. 최근 HBM의 TC 본딩 시장에서는 한미반도체가 잘하고 있습니다.

전기 연결이 끝나면 칩을 보호해야 합니다. 몰딩은 칩과 연결부를 외부 충격과 습기에서 지키기 위해 보호재로 감싸는 과정입니다. 이 몰딩 장비 분야에서 글로벌 최고는 일본의 토와Towa이지만, 야마다Yamada도 경쟁하고 있습니다. 그다음 마킹marking으로 제품 이름과 정보를 찍어 구분할 수 있게 하는데, 이 분야는 이오테크닉스가 잘합니다.

마지막으로 솔더 볼 마운팅solder ball mounting을 통해 기판이나 보드에 붙일 접점 구조를 만들고, 싱귤레이션singulation으로 한 판에서 개별 부품 단위로 깔끔하게 분리하면 출하 형태가 됩니다. 솔더 볼 마운팅 장비는 한미반도체와 프로텍이 잘하고, 싱귤레이션 장비는 한미반도체와 일본의 디스코가 잘합니다.

AI 시대에는 각 공정이 훨씬 예민해집니다. 칩이 더 얇아지고, 패키지가 더 넓어지며, 발열이 커질수록 공정 중에 조금만 휘어도 접합이 틀어질 수 있고, 작은 기포 하나가 크랙으로 번질 수 있으며, 열팽창과 수축이 반복되면 장기 신뢰성이 흔들릴 수 있기 때문입니다. 그래서 패키징 산업에 투자하는 사람들에게는 공정 순서를 아는 것보다, 각 단계에서 왜 문제가 생기고 무엇이 수율을 무너뜨리는지까지 이해하는 것이 중요해졌습니다.

인터커넥션의 3대 방식:
와이어 본딩, 플립칩 본딩, TSV

전기신호는 멀리 돌아갈수록 느려지고, 손실이 커지고, 간섭도 늘어납니다. 그래서 패키징 기술은 결국 전기 길을 얼마나 짧고 넓게 만들어 주느냐의 경쟁이 됩니다.

와이어 본딩은 칩 위의 작은 접점과 바깥 리드프레임을 아주 가는 금속선으로 이어 주는 방식입니다. 옛날 전화선을 하나씩 연결하듯이 한 가닥 한 가닥 다리 역할을 만들어 줍니다. 오래 써 온 공정 방식이라 안정적이고 다양한 칩에 유연하게 적용할 수 있으며, 비용도 상대적으로 낮은 게 장점입니다. 다만 금속선이 길어질수록 신호가 흔들리고, 고속 신호에서는 전기적 방해가 커지는 단점이 있습니다.

플립칩 본딩은 칩을 뒤집어 접점을 아래로 향하게 만든 뒤, 작은 범프라는 금속 돌기로 기판에 직접 붙이는 방식입니다. 굽이굽이 시골길을 없애고 바로 연결되는 직선 고속도로를 깔아 주는 느낌인 것이죠. 신호 길이가 짧아져서 속도에 유리하고, 칩 가장자리만 쓰는 것이 아니라 칩 바닥 전체에 접점을 깔 수 있어서 I/O를 훨씬 많이 늘릴 수 있다는 장점이 있습니다. 다만 기판 쪽 배선이 더 촘촘해야 하고, 칩과 기판 사이 빈 공간을 메우는 언더필^{underfill} 같은 소재 공정이 중요해지며, 열이 어디로 빠져나가야 하는지까지 함께 설계해야 하기에 난이도가 올라갑니다.

TSV는 실리콘을 관통하는 수직 배선으로, 칩을 층층이 쌓아 올릴 때 층과 층을 엘리베이터처럼 위아래로 연결해 주는 통로입니다. 이 통로가 있어야 3D 적층이 가능해지고, 2.5D에서도 고대역폭 연결이 쉬워집니다. HBM이 대표적입니다. 칩을 쌓아도 위아래로 신호가 오가니 대역폭을 크게 늘릴 수 있고, 같은 기능을 더 작은 공간 안에 넣을 수 있습니다. 하지만 실리콘에 미세한 구멍을 만들고, 그 구멍을 금속으로 채우고, 얇아진 웨이퍼에서 이 구조를 깨지지 않게 유지해야 하기 때문에 기술적 난이도가 높습니다. 즉 기술의 본질은 구멍이 아니라, 구멍을 가진 얇은 실리콘을 공정 내내 안전하게 다루는 역량인 것이죠.

TSV가 발전하기 위해서는 다음 현실적인 세 가지 문제를 줄여 나가야 합니다. 첫째, 언제 TSV를 만들 것인가의 문제입니다. TSV를 공정의 앞쪽에서 만들지, 중간에서 만들지, 뒤쪽에서 만들지에 따라 비용과 수율이 크게 달라집니다. 쉽게 말해, 공정 라인에서 어느 타이밍에 이 어려운 작업을 넣느냐가 전체 효율을 결정하는 것입니다. 둘째, 웨이퍼를 더 얇게 만들수록 다루기가 어려워집니다. TSV는 보통 웨이퍼를 얇게 만든 뒤 비아를 드러내고 연결해야 합니다. 그런데 웨이퍼가 얇아지면 조금만 힘이 들어가도 휘거나 금이 가거나 깨질 수 있습니다. 그래서 얇게 가는 기술뿐 아니라, 깨지지 않게 버티게 만드는 기술이 함께 필요합니다. 셋째, 임시 접착과 지지 기술이 필수가 됩니다. 얇아진 웨이퍼는 혼자 서 있지 못합니다. 그래서 공정 중에는 임시로 지지용 웨이퍼에 붙여서 버티게 하고, 모든 작업이 끝난 뒤 다시 떼어 냅니다. 이 과정을 서툴게 할 경우 마지막에 떼어 낼 때 균열이나 뒤틀림이 생기면서 수율이 무너질 수 있습니다.

WSS 공정과 디본딩의 중요성: 얇아진 웨이퍼를 다루는 기술

WSS _wafer supporting system_는 웨이퍼를 지지해 주는 시스템입니다. 먼저 칩이 있는 웨이퍼를 지지체 역할을 하는 캐리어 웨이퍼에 임시 접착으로 붙이고, 그 상태에서 웨이퍼를 얇게 갈아 내고 필요한 공정을 진행합니다. 모든 공정이 끝나면 웨이퍼를 캐리어에서 떼어 내고 표면을 깨끗하게 정리합니다. 임시 접합과 지지, 디본딩_debonding_, 세정까지 한 세트로 움직입니다. 겉으로는 보조 공정처럼 보이지만, 첨단 패키징에서는 이 단계가 없으면 다음 단계로 넘어가지 않습니다.

임시로 붙이는 일보다 안전하게 떼어 내는 게 더 어렵습니다. 문제는 웨이퍼가 얇아질수록 디본딩 과정에서 깨짐과 균열, 휨과 뒤틀림, 잔여물과 오염이 될 수 있다는 데 있습니다. 디본딩은 단순 분리 작업이 아니라, 웨이퍼를 손상 없이 떼어 내면서 표면을 깨끗하게 유지하는 정밀 공정입니다.

최근 디본딩 기술은 웨이퍼에 가해지는 힘과 열을 줄이는 방향으로 나아가고 있습니다. 한 가지 방법은 기계적으로 떼어 내되, 떼어 내는 경계면이 이동하는 방식을 정밀 제어하는 접근입니다. 다른 방법은 유리 캐리어 같은 투명 지지체를 쓰고 레이저로 접착 계면만 분리하는 방식입니다. 웨이퍼를 잡아당기는 힘을 크게 줄일 수 있어 초박형 웨이퍼로 갈수록 매력적인 방식이 됩니다. 일부 장비 업체들은 이런 레이저 기반 디본딩 기술을 차세대 박형화 공정의 핵심으로 보고 있습니다.

SiP와 SoC:
한 장으로 끝내느냐, 묶어서 최적화하느냐

반도체를 만드는 방식은 크게 두 갈래로 나뉩니다. 하나는 모든 기능을 한 장의 칩에 최대한 담는 방식이고, 다른 하나는 필요한 기능을 여러 개의 칩으로 나눈 뒤 한 패키지 안에서 하나의 시스템처럼 묶는 방식입니다. 전자는 SoC, 후자는 SiP라고 부릅니다.

SoC system on chip는 CPU, GPU, NPU 같은 연산 기능과 메모리 인터페이스, 통신용 I/O까지 한 다이 안에 집어넣는 방식입니다. 한 장으로 끝내면 부품 수 그리고 크기가 줄어들며, 전력 관리도 상대적으로 쉬워집니다. 그래서 배터리로 움직이는 기기나 공간이 제한된 제품에서 SoC의 장점이 크게 드러납니다. 스마트폰 AP가 대표적인 예입니다. 다만 칩이 커질수록 부담이 커지는데, 웨이퍼에서 결함이 한 군데에만 생겨도 큰 칩이 버려질 확률이 높아집니다. 또한 모든 기능을 하나의 공정에서 처리해야 하므로, 어떤 기능은 과한 공정을 쓰게 되고 어떤 기능은 부족한 공정에 묶이게 되는 비효율이 생기게 됩니다.

SiP system in package는 여러 개의 칩을 하나의 패키지 안에 배치해서 하나의 부품처럼 보이게 만드는 방식입니다. SoC가 원룸에 모든 기능을 몰아넣는 방식이라면, SiP는 방을 나눠 설계하고 복도와 배선을 잘 깔아 하나의 집처럼 쓰는 것이죠. SiP는 선택지가 많다는 게 강점입니다. CPU는 최신 미세 공정으로 만들고, I/O나 아날로그 기능은 성숙 공정으로 만들고, 메모리는 별도 칩으로 붙일 수 있습니다. 기능별로 최적의 공정을 골라 쓸 수 있어서, 비용과 수율을 동시에 관리하기가 수월합니다. 또한 특정 기능만 개선해 새 버전으로 교체할 수 있어서 제품 개발 속도도 빨라집니다.

2D, 2.1D, 2.5D, 3D는
무엇이 다른가

패키징을 이해하는 가장 쉬운 방법은 연결이 어디에서, 어떻게 확장되는지를 보는 것입니다. 처음에는 한 장의 칩을 한 개의 패키지에 담는 수준이었습니다. 그러다 데이터가 늘고 칩이 커지면서 옆으로 넓히는 방식이 먼저 등장했고, 이제는 위로 쌓고 있습니다. 2D, 2.1D, 2.5D, 3D는 이 흐름을 단계별로 나눈 표현입니다.

2D는 가장 기본적인 구조로, 하나의 다이를 하나의 패키지에 넣고 바깥 기판과 와이어 본딩이나 플립칩으로 연결합니다. 대부분의 구조가 단순하고 생산성이 높기 때문에, 범용 반도체가 이 범주에서 출발합니다.

2.5D는 2D와 3D의 연결 방식으로 이해하면 됩니다. 로직 다이 옆에 HBM 같은 메모리를 나란히 놓고, 그 아래에 인터포저라는 얇은 배선판을 깔아 두 부품을 넓고 짧게 연결합니다. 고속도로를 새로 간다고 생각하면 됩니다. 같은 속도의 차라도 길이 넓고 짧으면 더 많은 차

2D, 2.5D, 3D 패키징의 구조

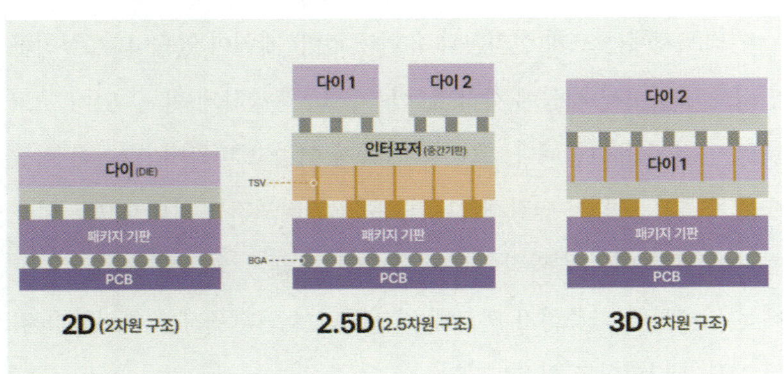

출처: SK하이닉스

가 동시에 빨리 지나갈 수 있죠.

3D는 다이를 위로 쌓는 방식입니다. HBM처럼 메모리를 여러 장 적층하는 구조가 대표적입니다. 최근에는 로직과 로직을 쌓거나, 로직과 메모리를 쌓는 시도도 점차 확대되고 있습니다. 위로 쌓는 순간부터는 수직 연결이 승부가 됩니다. 층과 층을 단단히 붙이면서도 전기신호가 빠르게 오가야 하고, 열과 응력을 견디는 구조여야 하며, 여기에 수율까지 달성되어야 합니다. 기술 난이도는 올라가지만, 성공하면 면적과 전력 효율에서 큰 이득이 생깁니다.

2.1D는 낯설 수 있는데, 2D와 2.5D 사이에서 비용과 난이도를 조정하는 중간 해법으로 시도되고 있습니다. 2.5D처럼 큰 실리콘 인터포저를 전면에 깔기보다는 RDL 기반 배선으로 연결 폭을 넓히거나 브리지 구조로 필요한 구간만 촘촘하게 이어 주는 방식입니다. 전체를 다 바꾸기보다는 필요한 만큼만 업그레이드한다고 이해하면 쉽습니다.

2.5D와 2.1D에서 인터포저는 핵심 역할을 맡습니다. 인터포저는 로직과 메모리 사이 혹은 여러 다이 사이에 놓이는 배선판입니다. 목적은 신호가 지나가는 길을 짧게 만들고, 동시에 많은 신호가 지나가도록 폭을 넓히는 것입니다. 전력도 여러 칩에 고르게 나눠 주고, 노이즈를 줄여 안정적으로 동작하게 만드는 바닥 인프라 역할을 합니다.

인터포저에는 크게 실리콘과 유기(폴리머) 계열이 있습니다. 실리콘 인터포저는 미세 배선에 강하며, 선폭을 더 촘촘하게 할 수 있어 초고대역 연결에 유리합니다. 그러나 만들기 어렵고 비싸며, 면적이 커질수록 수율과 비용이 민감해집니다. 유기 인터포저는 상대적으로 비용 부담이 낮고 대면적 확장에 유리합니다. 그래서 최근에는 유기 쪽도 배선 미세화와 다층화가 빠르게 발전하면서 인터포저를 대체하기 위한 시도가 나타나고 있습니다.

CoWoS와 경쟁 패키지의 진화

고성능 스포츠카에서 사람들의 시선은 보통 엔진 출력에 먼저 꽂힙니다. 하지만 실제 랩 타임을 좌우하는 건 엔진만이 아닙니다. 뜨거워진 열을 얼마나 빨리 빼내는지, 전력을 얼마나 안정적으로 공급하는지, 타이어가 노면을 얼마나 잘 붙잡는지와 같은 전체적인 설계가 기록을 바꿉니다. AI 시대의 반도체도 칩 자체의 연산 능력은 빠르게 좋아졌지만 GPU가 HBM과 한 몸처럼 데이터를 주고받고, 그 결과를 서버 보드와 랙 전체로 흘려보내는 순간부터는 칩을 얼마나 잘 이어 붙이느냐가 성능/원가/공급 속도를 결정합니다. 그래서 AI 시대에 2.5D 패키징이 무대의 중심으로 올라오고, 그 한가운데에 TSMC의 CoWoS가 있습니다.

엔비디아의 AI GPU인 암페어(7나노 공정), 호퍼(5나노 공정) 그리고 블렉웰(4나노 공정) 등은 모두 TSMC의 CoWoS 공정을 통해 생산되고 있습니다. 다만 루빈(3나노 공정)은 여전히 TSMC의 CoWoS 공정을 중심으로 하지만, 삼성전자의 H-Cube 공정에 이원화할 가능성이 있습니다. AI GPU들은 고도의 연산 성능이 필수인 만큼 고성능 패키징 기술이 중요한데, TSMC는 최첨단 파운드리 공정으로 로직 칩(코어 칩)을 생산하는 것은 물론, 실리콘 인터포저를 활용한 2.5D CoWoS 공정을 통해 HBM과 로직 칩을 결합하는 단계까지 책임지고 수행함으로써 AI 칩 제조공정 전반을 지원하고 있습니다.

CoWoS 등 첨단 패키징을 거친 반도체는 결국 서버나 데이터센터의 메인보드MLB에 탑재됩니다. 패키지 단계에서 고밀도/고층화가 진행될수록, 기판 쪽에서도 이를 안정적으로 받쳐 줄 수 있는 고사양 MLBmulti-layer board가 필요합니다. MLB는 여러 층layer의 회로를 하나의 기판에 집적한 고다층 PCB를 의미합니다. AI 서버나 고성능 컴퓨팅HPC 영역 등에서는 40~60층 이상의 초고다층 PCB가 요구됩니다. 고속/고주파 신호를 처리해야 하고, 데이터 전송량이 많기 때문에 미세 회로 공정, 고층화, 정밀 동시 가공 기술 등이 필수적으로 요구됩니다. 이수페타시스는 MLB 분야에서 글로벌 1위 기업으로 주로 네트워크 장비, AI 데이터센터 인프라용 고다층 MLB 제품에 대한 기술력을 보유했습니다. 40층~60층 이상의 초고다층 PCB를 안정적으로 대량 양산할 수 있는 글로벌 업체가 제한적인 현재 시장에서는 미국의 TTM과 한국의 이수페타시스가 주로 경쟁하고 있습니다. 이수페타시스가 최근 국내 주식시장에서 가장 많이 상승한 종목 중 하나였던 이유는 이러한 기술의 병목에서 확실한 낙수효과가 있었기 때문입니다.

TSMC의 CoWoS 기술은 앞서 설명한 바 있는 인터포저라는 얇은 기판 위에 여러 칩을 올려놓아 칩 간 연결을 돕는 방식으로 동작합니다. TSMC는 사용되는 인터포저 종류나 구조에 따라 크게 세 가지(CoWoS-S, CoWoS-R, CoWoS-L)로 나누어 제공합니다.

가장 먼저 등장한 것은 CoWoS-S입니다. 실리콘으로 만든 인터포저를 사용하여 GPU와 HBM을 연결하는 방식입니다. 실리콘 인터포저는

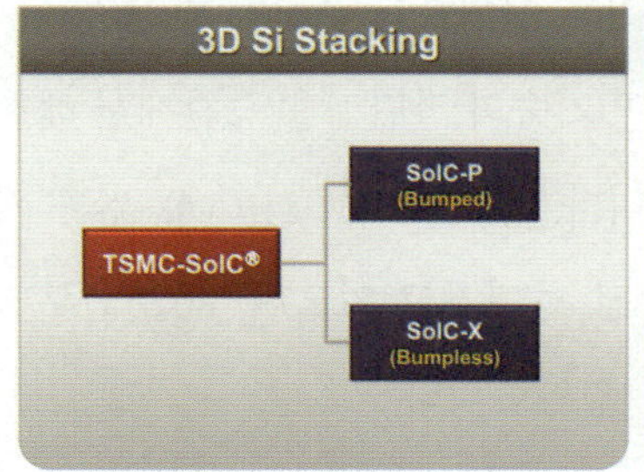
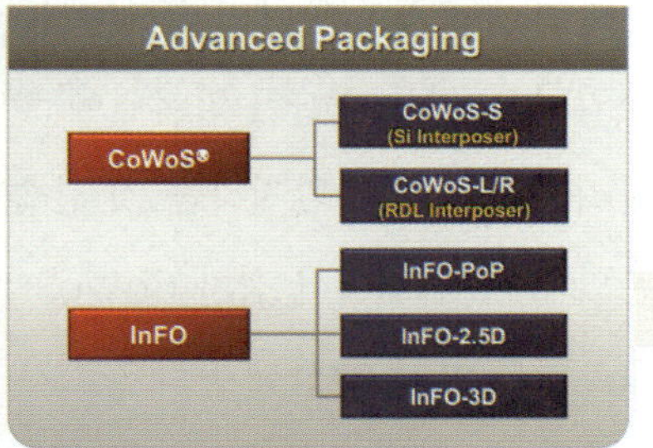

출처: TSMC

비용 부담이 크고 수율이 낮다는 문제가 있습니다. 달리 말하면 공급 능력이 부족할 수 있습니다.

이러한 문제점을 보완하기 위해 등장한 것이 바로 CoWoS-R입니다. 이 방식은 InFO라 불리는 TSMC의 또 다른 패키징 기술과 결합해, 실리콘 대신 유기 물질에 미세 배선RDL, redistribution layer을 형성한 '유기 인터포저'를 활용합니다. 유기 인터포저를 쓰면 제조공정이 상대적으로 간단해지고 비용도 낮아져, 큰 칩을 만들 때 생산성과 수율을 높일 수 있습니다. 다만 고속 신호 전송에 불리하다는 단점이 있는데, 이는 기판과 인터포저 간 열팽창계수 차이를 줄이는 폴리머와 구리선 구조를 적용해 해결할 수 있습니다. 문제는 실리콘 인터포저만큼 아주 미세하고 밀도 높은 연결을 구현하기가 어렵다는 데 있습니다. 따라서 극한의 초고성능 구현에는 제약이 있을 수 있습니다.

마지막으로 CoWoS-L은 실리콘 인터포저와 유기 인터포저의 장점을 결합한 '하이브리드' 패키징 방식입니다. 로직 칩과 HBM 사이 중요한 부분에는 '로컬 실리콘 인터포저LSI, local silicon interposer'를 배치해 초고속/초밀도 연결을 유지하면서, 나머지 구간은 RDL 인터포저를 활용해 비용과 수율 문제를 줄입니다. CoWoS-S가 가진 높은 성능과 TSV 기반 구조는 그대로 가져오면서, 실리콘 인터포저를 거대하게 만들 때 발생하는 제조 난이도나 수율 문제를 RDL 영역으로 분산시켜 해결하는 것입니다. 모든 기술은 양극단에 놓인 기술의 장단점을 중간에서 해결하려는 과정에서 발전하는 것 같습니다. 현재 TSMC의 CoWoS는 기존의 CoWoS-S에서 점차 CoWoS-L로 넘어가고 있으며, 2025년부터 CoWoS-L이 주요 성장 동력으로 자리잡았습니다.

CoWoS가 표준이 된 지금의 관심사는 '과연 다음은 어디로 확장되는지'입니다. 여기서 CoWoS의 확장형 개념들이 등장합니다. CoWoS가 기판 위에서 확장되는 구조라면, 이제는 웨이퍼 스케일의 통합으로 기술이 확장됩니다. TSMC의 SoW^{silicon of wafer} 계열이 상징적인데, 'TrendForce'는 TSMC가 SoW-X를 2027년에 양산할 것으로 예상하며, 레티클^{반도체의 핵심 부품인 포토마스크를 지칭}의 40배 크기까지 확장될 수 있다고 언급합니다. 단순히 큰 칩을 만들겠다는 선언이 아니라, 더 큰 시스템을 더 적은 연결 손실로 묶겠다는 방향입니다. 다만 웨이퍼 스케일 통합은 그 자체가 수율과 테스트, 열 관리의 극한을 요구하고 있습니다.

CoWoS의 생산 병목을 해결하기 위한 대안 패키지도 활발히 개발되고 있습니다. 먼저 인텔의 EMIB가 있습니다. EMIB^{embedded multi-die interconnect bridge}는 실리콘 인터포저를 통째로 사용하지 않고, 필요한 부분에만 작은 실리콘 브릿지를 기판 내부에 삽입해 다이를 연결하는 방식입니다. CoWoS는 CoWoS-L 기준으로도 레티클 크기 확장이 약 3.5배로 제한되는 반면, EMIB는 6배 이상으로 확장될 수 있다는 장점이 있습니다. 엔비디아는 블랙웰에 이어 차세대 아키텍처인 루빈에서도 TSMC의 CoWoS-L의 상당 부분의 CAPA를 차지합니다. 그래서 구글과 AWS 등 미국의 주요 하이퍼스케일러들은 대안으로 인텔의 EMIB 를 고려하고 있습니다.

또 다른 인텔의 패키징 기술인 Foveros는 3D 적층을 통해 로직을 위아래로 쌓아 면적을 줄이고 데이터 경로를 짧게 만드는 방식입니다. 인텔은 더욱 진보된 Foveros Direct 3D 적층 기술을 공개했는데, 활성 화된 베이스 다이 하나에 하나 이상의 칩렛을 직접 연결하는 방식입니 다. 그리고 현재 단일 패키지에 2.5D의 EMIB와 3D의 Foveros를 결합 하여 EMIB 3.5D를 시도하고 있습니다.

삼성전자 파운드리도 선단 공정 경쟁과 함께 첨단 패키징을 포트폴 리오로 강화해 왔습니다. 삼성전자는 단순히 공정을 제공하는 것을 넘 어, 패키징을 묶어 한 번에 제공하려는 방향을 꾸준히 강조해 왔고 그 라인업을 I-Cube(2.5D), X-Cube(3D), H-Cube(HBM 결합)와 같은 이 름으로 정리해 보여 줍니다. 중요한 포인트는 고객 입장에서 공정/패 키징/설계 생태계를 한 세트로 통합하고, 이 세트를 얼마나 빨리 납기 가능한 형태로 만들 수 있느냐입니다. 삼성전자의 패키징 강화는 바로 그 턴키 경쟁력을 키우려는 움직임으로 읽을 수 있습니다.

마지막으로 패키징이 성능을 만든다는 사실을 보여 주는 사례 중 하 나가 AMD의 3D V-Cache입니다. AMD는 CPU 코어를 더 미세화하는 대신에 캐시 메모리를 3D로 적층해 체감 성능을 끌어올립니다. 여기서 캐시 메모리는 CPU와 RAM 사이에서 데이터를 임시 저장하는 엄청 빠 른 특수 메모리를 말합니다. 이제 CPU나 GPU도 성능이 칩 한 장의 문 제가 아니라, 칩을 어떻게 배치하고 연결하느냐의 문제가 된 것입니다.

HBM으로 본
삼성전자와 SK하이닉스

2021년 15만 원에 육박했던 SK하이닉스의 주가는 메모리 불황을 겪으면서 2022년 말 7만 원 중반까지 추락합니다. 그러다 2023년 5월 중순부터 상승 추세로 분위기가 바뀝니다. 엔비디아가 5월 24일 데이터센터 매출 급증과 기록적인 매출 가이던스를 제시하면서 본격적인 AI 밸류체인의 강세가 시작된 것입니다. SK하이닉스의 HBM 비중은 10%가 되지 않았던 2023년에 비해 2026년은 38% 수준까지 성장했습니다.

HBM을 이야기하기 전에 DRAM을 정리해 두겠습니다. 주식시장에서 말하는 메모리 업황 사이클은 대체로 DRAM 사이클을 의미합니다. DRAM 수요는 서버와 모바일이 큰 축을 이루고 PC가 그다음을 받쳐 주는 구조로 움직여 왔습니다. 세부 스펙도 전방 수요에 맞춰 다변화됐는데 대표적으로 서버와 PC 중심의 스탠다드 DDR, 스마트폰 중심의 LPDDR low power DDR, GPU 중심의 GDDR graphics DDR로 나뉩니다. DDR의 개념은 Double Data Rate로 CPU 클럭 한 주기당 두 번 데이터를 전송하는 방식이며, 세대가 올라갈수록 대역폭이 커지고 전력 효율이 개선됩니다. 2000년 DDR1부터 시작되어 2023년부터는 DDR5가 양산을 시작한 상황입니다.

AI가 요구하는 데이터 흐름이 GDDR의 확장만으로는 따라가기 어려워지면서 개발된 제품이 HBM입니다. DRAM 다이를 여러 층으로 쌓고 TSV로 수직 연결을 만든 뒤 로직 칩 옆에 붙여 데이터 길이를 짧게 만드는 구조입니다. 단순히 빠른 메모리를 만드는 것이 아니라 메모리와 로직의 결합 방식을 다시 설계하는 쪽으로 이동한 셈입니다.

HBM을 처음으로 GPU에 적용한 것은 엔비디아가 아닌 AMD였습니다. AMD는 2015년 게임용 외장 GPU에 SK하이닉스가 공급한 1세대 HBM을 적용하여 출시했습니다. 하지만 가격 상승 대비 성능의 개선이 크지 않아 GDDR6로 다시 전환하게 됩니다. 당시 엔비디아도 HBM 채택을 검토했는데 처음으로 찾아간 업체는 SK하이닉스가 아닌 삼성전자였습니다. 당시 삼성전자는 GDDR 메모리 시장의 선도 업체였으며, 엔비디아의 최대 메모리 공급업체이기도 했습니다. 엔비디아는 기존의 협력 관계를 바탕으로 삼성전자를 우선 고려한 것이죠. 그러나 삼성전자는 당시 HBM의 초기 시장이 불확실하다고 판단했고 그렇게 GDDR 메모리에 집중했습니다. 엔비디아와의 협상 과정에서 비용, 일정, 예상 시장 규모에 대한 이견이 있었던 것으로 보입니다. 그렇게 엔비디아는 SK하이닉스와 협력하여 2016년 서버용 GPU인 'Tesla P100'에 HBM2를 공급했습니다. 이어 삼성전자도 HBM2 단계부터 경쟁에 합류했지만, HBM2e도 SK하이닉스가 더 빠르게 양산에 성공하며 시장 주도권을 잡게 됩니다. SK하이닉스는 HBM3 역시 2021년에 가장 먼저 출시하며 이후 생성형 AI 시장의 폭발적인 성장과 함께 독주 체제를 갖췄습니다.

'메모리인 동시에 패키지 제품'이라는 문장이 HBM의 본질을 가장 정확하게 담고 있습니다. 표준 DDR은 규격이 정해져 있고 소켓에 꽂아 쓰면 되는 반면, HBM은 로직 칩과 함께 하나의 패키지 안에서 성능이 완성됩니다. TSV가 뚫린 적층 구조, 마이크로 범프, 언더필과 몰딩 소재, 열을 빼는 구조, 베이스 다이의 설계까지 모두가 성능과 수율을 동시에 좌우합니다. 그래서 HBM 기술 역량은 단순한 DRAM 공정만으로 설명되지 않고, 패키징과 공정 통합 능력이 경쟁력에 중요하게 좌우하는 것입니다. 이러한 변화는 HBM을 고객 맞춤형 성격이 강한 제품으로 만듭니다. 어떤 로직 칩과 어떻게 붙는지에 따라 전력과 발열 조건 그리고 요구되는 신호 품질도 달라집니다. 결과적으로 메모리 업체는 칩을 찍어 내는 회사에서 패키지 완성도를 보증하는 회사로 역할이 확장됩니다.

HBM의 적층이 높아질수록 난이도가 가파르게 올라갑니다. 8단에서 12단으로 가면 얇아진 다이를 다루는 난이도와 적층 길이가 길어지면서 생기는 열과 응력의 문제가 커집니다. 또한 범프 접합의 균일성을 유지하기가 어려워집니다. 이때의 핵심은 본딩과 언더필 공정의 선택입니다.

업계에서 자주 비교하는 축은 TC-NCF와 MR-MUF입니다. 먼저 삼

TC-NCF와 MR-MUF

NCF라는 특수 필름을 활용

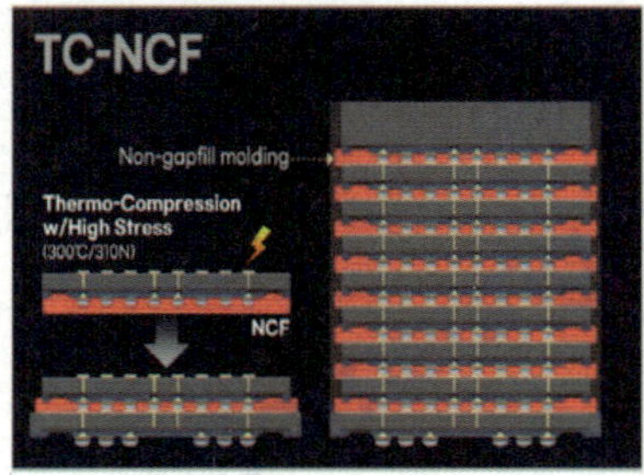

MUF라는 액체성 소재를 활용

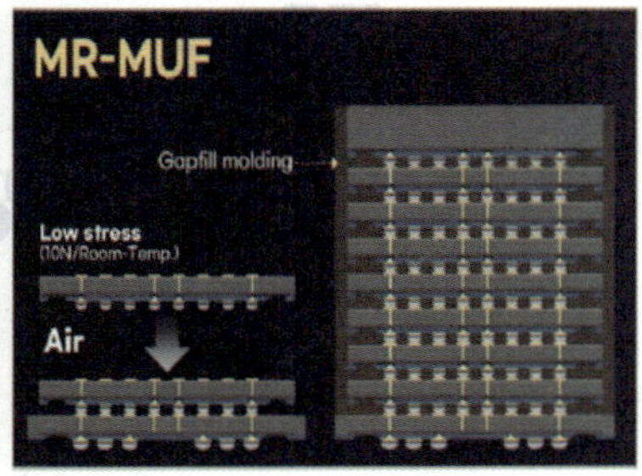

출처: SK하이닉스

성전자가 사용하는 TC-NCF thermal compression nonconductive film 방식은 반도체 칩과 칩 사이 열과 압력을 가하기 전에 샌드위치처럼 절연 필름을 넣습니다. 일정 온도가 넘어가면 필름이 녹으면서 범프와 범프가 서로 연결되도록 하여 칩과 칩 사이를 부착해 주는 언더필 공정이 진행됩니다. NCF는 에폭시와 아크릴 소재로 제작되며, 범프와 배선 외에는 전기 흐름을 제한하는 절연체 역할과 접착제 역할을 동시에 수행합니다. NCF 라는 절연 필름은 일본의 레조낙 Resonac 으로부터 수입하여 사용합니다. 삼성전자는 여전히 HBM3E 제조공정에서 TC-NCF 방식을 고수하고 있으며, 최근 본딩에 사용되던 필름의 종류와 두께를 변화해 수율 개선을 시도하고 있습니다.

SK하이닉스는 HBM2E부터 TC-NCF 방식에서 벗어나 MR-MUF mass reflow molded underfill 방식을 자체 개발하여 사용하고 있습니다. MR-MUF 방식은 반도체 칩을 쌓아 올린 뒤 칩과 칩 사이 회로를 보호하기 위해 액체 형태의 보호재를 공간 사이에 주입하고 굳히는 방식입니다. MUF 재료는 일본의 나믹스 Namics 로부터 수입하여 사용합니다. SK하이닉스 에 따르면 TC-NCF 방식을 사용한 본딩은 1,024개나 되는 I/O 단자에 일정한 열과 압력을 전달하는 게 쉽지 않아 불량률이 높을 수밖에 없다고 말합니다. HBM 제작에 사용되는 개별 DRAM 다이는 일반 DRAM 보다 두께가 얇아야 하기 때문에 후면을 갈아 내는 그라인딩 공정이 필수적입니다. 얇아진 다이에 일정한 열과 압력이 전달되지 않으면 불량률이 높아집니다. 기존의 매스 리플로우 mass reflow 방식은 반도체 배선 사이 간격이 좁아지며 납땜 시 범프가 엉키고 다이가 열 스트레스에 이기지 못하는 단점이 있었는데, 이를 극복하기 위해 SK하이닉스는 일본의 나믹스와 함께 MUF 소재를 공동 개발한 것입니다.

MR-MUF 공정은 마이크로 범프를 부착한 칩에 금속 결합 물질인 플럭스flux를 도포하여 적층하는데, 칩 하나를 쌓을 때마다 순간적으로 높은 열을 가열하여 칩이 휘는 현상을 방지하기 위해 범프와 패드를 임시 접합합니다. 적층이 완료되면 임시로 접합된 범프와 패드에 리플로우납땜 방법 중 하나로 여러 개 칩을 한꺼번에 집어넣은 다음 열을 가해 납을 녹이면서 때우는 방식를 통해 접합합니다. 그다음 에폭시 밀봉재EMC, Epoxy Molding Compound를 주입하여 언더필 작업과 외부로부터 보호하는 몰딩 공정을 동시에 진행합니다. 에폭시 밀봉재는 에폭시 수지 기반 방열 소재로 칩을 밀봉하여 열, 습기, 충격 등 외부로부터 보호하는 역할을 합니다. 앞서 칩 공간 사이에 채워진 에폭시 밀봉재와 칩을 완전히 접합하기 위해 한미반도체 등의 TC본더TC-bonder로 열과 압력을 가해 굳혀서 만듭니다.

TC-NCF 대비 MR-MUF 방식은 열 방출 능력에서 효과적이고, 언더필과 몰딩 작업을 동시에 진행하여 생산성이 높은 편입니다. 나믹스의 MUF 소재를 확보하지 못한 삼성전자로서는 남은 대안이 TC-NCF 공정뿐이었습니다. 엔비디아에 HBM3E 퀄 통과가 계속 지연된 이유에는 앞서 설명한 HBM 제조 방법의 차이 및 언더필 소재의 차이, 본딩 방법의 차이 외에도 HBM을 구성하는 DRAM 코어 다이의 성능 문제도 있었던 겁니다. HBM이 고객 맞춤형 제품이다 보니 고객의 로직 칩과 연결했을 때 원하는 성능, 전력, 열 관리 효율화가 나타나야 합니다. 삼성전자는 HBM에서 1단을 구성하는 베이스 다이를 엔비디아가 제시한 조건에 맞게 대폭 수정하게 됩니다. 삼성전자로서는 DRAM 회로 재설계 등 기본기 강화를 더욱 신경 쓰게 됐습니다.

2026년은 HBM3E의 다음 세대인 HBM4에서 경쟁이 치열할 겁니다. HBM4는 대역폭뿐 아니라 베이스 다이가 AI 연산의 일부를 담당하면서, 기존 DRAM 라인에서 생산하던 것을 파운드리에서 생산하게 됩니다. 삼성전자는 자사 파운드리를, SK하이닉스와 마이크론은 TSMC

를 이용하게 됩니다. 이처럼 인터페이스 구조 변화까지 동반하면 공정 난이도가 다시 올라가고, HBM의 경쟁은 앞으로 더욱더 패키징 경쟁이 될 것으로 보입니다.

HBM4부터는 삼성전자가 자존심을 회복할 수 있을지를 두고 관심이 모아지고 있습니다. HBM4로 넘어가면 인터페이스 구조 변화와 패키징 난제가 재차 리셋되기 때문에 새로운 점유율이 매겨질 수 있습니다. 삼성전자가 자존심을 회복하는 데는 엔비디아와 하이퍼스케일러 고객의 품질 검증 트랙에 다시 올라서고, HBM4에서 성능/열 제어/양산 일정에 대한 긍정적 시그널이 포착되어야 한다는 전제가 붙습니다. HBM4는 기존의 격차가 유지되는 싸움이 아니라, 격차를 재정의하는 싸움이 될 것입니다.

HBM 밸류체인

분류	핵심 제품/공정	국내 밸류체인	해외 밸류체인
고객/플랫폼			
HBM 메모리 제조	HBM 다이/스택 제조	SK하이닉스, 삼성전자	Micron
통합 패키징 플랫폼	2.5D/3D 패키징	삼성(파운드리/패키징) + (국내 OSAT/패키징 체인)	TSMC(CoWoS), Intel, ASE/SPIL, Amkor, JCET
후공정 장비 투자 확대			
TC 본딩	TC Bonder, 마이크로 범프	한미반도체, 한화세미텍, 세메스	ASMPT, Kulicke & Soffa, Yamaha Robotics, Toray Engineering
하이브리드 본딩	D2W/W2W Hybrid bonding	한미반도체, 한화세미텍, 세메스	BESI(AMAT와 협력), ASMPT(Kokusai와 협력), EVG, SUSS MicroTec

분류	핵심 제품/공정	국내 밸류체인	해외 밸류체인
임시 본딩/디본딩	Temporary bonding, IR/laser debonding, carrier	이오테크닉스 (레이저 디본더)	EVG(디본더), Brewer Science (임시본딩 소재)
웨이퍼 박막화	Backgrind, thinning, stress control	국내 장비 공백 (수입 의존)	Disco, Accretech, Okamoto 등
평탄화	CMP(다이/웨이퍼), 폴리싱	케이씨텍(CMP)	AMAT, Ebara, Lapmaster (랩/폴리싱) 등
TSV 관련 공정	TSV reveal/clean, 절연/배리어/시드	국내 장비 공백 (수입 의존)	Lam Research, TEL, AMAT
세정/표면처리	Wet clean, 플라즈마, descum	피에스케이홀딩스 (Descum/Surface treatment)	SCREEN, TEL, Lam Research
디스펜서 (언더필/접착)	Underfill dispense, jetting	프로텍 (후공정 디스펜서)	Nordson, Musashi 등
몰딩/캡슐레이션	EMC molding, compression molding	국내 장비 공백 (수입 의존)	TOWA, ASMPT, BESI(일부 라인)
리플로우(범프/접합)	Fluxless reflow/Laser reflow	피에스케이홀딩스, 에스티아이, 프로텍, 레이저쎌	글로벌 다수: ASMPT/ 기타 SMT·패키징 라인
절단/싱귤레이션	Dicing, laser saw	이오테크닉스(스텔스 다이싱/그루빙)	Disco, Accretech
패키지 조립/마운트	Die attach, placement	프로텍(Die attach)	ASMPT, BESI, Kulicke & Soffa
테스트/검사장비 중요도 상승			
메모리 ATE	HBM 메모리 테스터	와이씨, 디아이	Advantest, Teradyne
프로브카드	웨이퍼/다이 테스트	티에스이, 샘씨엔에스 (세라믹 STF 기판)	FormFactor, Technoprobe, MJC, JEM
테스트 소켓/컨택터	패키지/모듈 테스트	리노공업, ISC, 티에스이, 티에프이	Yamaichi, Smiths Interconnect, TE Connectivity, Enplas

분류	핵심 제품/공정	국내 밸류체인	해외 밸류체인
핸들러	패키지 핸들링/자동화	테크윙	Cohu, Chroma (번인/테스트 연계)
번인	스트레스 테스트(열/전압)	네오셈, 엑시콘	Chroma, Cohu, Aehr(응용별)
SLT/시스템레벨	실제 환경에 가까운 테스트	OSAT 연계	(OSAT/테스트 하우스) ASE, Amkor 등
계측/검사	본딩 정렬/결함/3D 검사	기가비스, 고영, 인텍플러스, 펨트론, 오로스테크놀로지(오버레이), 넥스틴(후공정), 파크시스템스(후공정)	KLA, Onto Innovation, Camtek, Nordson DAGE, Nordson Sonoscan
기판/부품/소재 수요 증가			
ABF 필름	ABF(절연 필름)	동진쎄미켐 개발 진입	Ajinomoto(ABF)
ABF 기판	FC-BGA/고다층 기판	삼성전기, LG이노텍, 대덕전자, 코리아써키트	Ibiden, Shinko, Unimicron, Nan Ya PCB, Kinsus, AT&S
실리콘 인터포저	2.5D용 Si interposer	삼성전자 내재화	TSMC
차세대 인터포저/브리지	브리지/고집적 RDL	삼성전자 내재화	TSMC/ASE/JCET
언더필	Capillary underfill, NCF 등	KCC, LG화학	Henkel, Namics, Resonac
몰딩 컴파운드	EMC	KCC, LG화학	Sumitomo Bakelite, Resonac 등
도금/케미컬	Cu pillar/마이크로범프 도금	솔브레인	Atotech(MKS), JCU 등
솔더/범프 재료	솔더볼/페이스트	제우스(APCT/범프), 덕산하이메탈(솔더볼)	Indium Corp, Alpha(MacDermid Alpha) 등
CMP 슬러리	슬러리/패드/포스트 CMP	솔브레인, 동진쎄미켐	Entegris, Fujimi 등
TIM/열관리 소재	TIM, 방열, Lid	KCC, LG화학, SK머티리얼즈퍼포먼스	Henkel, DuPont, Dow, Shin-Etsu, Laird

대세가 될
하이브리드 본딩

지하철에 문을 늘린다고 사람을 더 태울 수는 없습니다. 해결책은 결국 동선 재설계입니다. AI 시대의 패키징도 같은 지점에 도달했습니다. 칩이 처리해야 할 데이터가 폭증하면서 칩과 칩 사이, 칩과 메모리 사이의 출입문인 I/O가 기하급수적으로 늘어났고, 그 출입문을 더 촘촘히 배치하려는 순간부터 공정 난이도와 신뢰성의 규칙이 완전히 달라지기 시작했습니다. 그에 따라 하이브리드 본딩이라는 새로운 기술을 점차 도입하고 있습니다.

앞서 다이 간 연결을 평가하는 숫자 네 가지를 설명했습니다. 그중 패키지 기술 발전 노드에서 I/O의 밀도density와 I/O의 간격pitch은 서로 반비례 관계를 가집니다. 간격이 좁아질수록 밀도가 증가한다는 아주 당연한 논리인 것이죠. 수학적으로 설명하면 밀도는 간격의 제곱분의 1에 비례하는데, 간격이 좁아지는 정도가 10이라면 밀도가 높아지는 정도가 100으로 커진다는 의미입니다. 간격은 인접한 패드나 범프 사이의 거리를 말합니다. 밀도는 단위 면적당 I/O 개수를 말합니다.

여기서 이제 중요한 함의가 보여야 합니다. 패키징의 세대교체는 간격을 조금 줄이는 경쟁이 아니라 밀도를 한 차원 바꾸는 경쟁이 된다는 점입니다. 밀도가 바뀌면 연결 방식이 바뀌고, 연결 방식이 바뀌면 장비, 소재, 검사, 수율의 기준까지 함께 바뀝니다. 패키징이 단순 조립이 아니라 성능 공정이 되는 순간입니다.

본딩의 진화 과정

패키징의 역사는 연결 방식, 즉 본딩의 역사입니다. 간격이 좁아질수록 본딩의 방식이 진화합니다. 간격 기준 100마이크로미터까지를 와이어 본딩 영역, 50마이크로미터까지를 플립칩 본딩 영역, 10마이크로미터까지를 마이크로 범프 및 TC 본딩 영역으로 보면 됩니다. 원래 반도체를 제조할 때는 와이어 본딩이라는 기술이 적용됐습니다. 와이어 본딩은 금, 알루미늄, 구리 등으로 된 얇은 금속 와이어를 사용하여 칩의 패드와 기판의 패드 사이를 연결하는 기술입니다. 기존의 와이어 본딩 방식으로는 칩의 모서리 부분에만 경로를 만들 수 있었는데, 이보다 경로를 더 많이 만들기 위해 BGA 방식으로 칩의 모든 면에 경로를 만들어 I/O 밀도를 높일 수 있었습니다. 이를 위해 플립칩 본딩을 활용하게 되는데, 플립칩은 칩의 패드를 아래로 향하게 뒤집어 기판에 직접 연결하는 방식입니다. 칩을 뒤집는다고 해서 플립칩이란 이름이 붙었습니다. 플립칩 본딩은 솔더볼로 면 전체에서 연결하는데, BGA를 활용하여 CPU, GPU 등 고성능 반도체 칩에 적용되면서 이때 쓰이는 기판을 FC-BGA라고 부르고 있습니다.

BGA에서 솔더볼이라는 일종의 금속의 공이 신호 경로 역할을 하는

데, 간격을 미세하게 놓을 수 있는 공의 개수가 한정적이라는 단점이 있습니다. 이에 대한 해결책으로 TSV 구조가 쓰였습니다. TSV는 원기둥 모양의 마이크로 범프를 사용하여 BGA보다 밀도를 더욱 높일 수 있습니다. TSV는 아파트를 지을 때 엘리베이터를 연결하는 느낌인데, 빈 공간으로 그냥 두게 되면 매우 불안정한 구조가 되기 때문에 에폭시를 빈틈없이 채워 넣게 됩니다. 이때 고밀도 본딩을 구현하는 열압착 방식의 TC 본딩을 활용해 기계적 안정성을 높이게 됩니다.

이제 I/O 간격이 칩 내부 배선 간격인 BEOL^{back-end of line} 간격 수준에 가까워지면서 하이브리드 본딩을 적용해야 하는 시기로 접어들고 있습니다. BEOL은 반도체 제조공정에서 트랜지스터가 형성된 웨이퍼 표면 위에 금속 배선층을 형성하는 단계를 말합니다. 즉 BEOL 간격이란 BEOL 공정에서 인접한 금속 배선 간의 거리를 의미하며, 10마이크로미터 이하의 매우 촘촘한 간격을 가지게 되면서 문제가 생깁니다. 이때부터는 범프 자체가 장애물이 됩니다. 범프는 높이를 만드는데, 높이는 지연과 손실 그리고 열 경로를 복잡하게 만듭니다. 결국 다음 세대의 답은 범프를 없애는 방향으로 수렴하게 되는 것입니다.

하이브리드 본딩이란

하이브리드 본딩은 칩이나 웨이퍼 표면의 구리 배선과 절연막을 동시에 직접 결합하는 방식입니다. 구리와 구리가 전기적으로 연결되고, 절연체와 절연체가 화학적으로 결합됩니다. 전기적 결합과 화학적 결합이 동시에 일어나기 때문에 하이브리드라는 이름이 붙는 것입니다.

하이브리드 본딩의 장점은 네 가지로 정리할 수 있습니다.

첫째, I/O 밀도를 범프의 제약에서 해방시킵니다.

둘째, 연결 길이와 기생 성분이 줄어 전력과 지연이 개선됩니다.

셋째, 적층 높이를 낮출 수 있어 열 관리에 유리해집니다.

넷째, 본딩이 전공정과 후공정의 경계를 흐리게 만들 정도로 정밀해지면서 패키징이 성능 공정으로 올라섭니다.

이 흐름을 상징적으로 보여 주는 예가 TSMC의 3D 적층 로드맵입니다. TSMC는 3DFabric의 SoIC system of integrated chips 계열에서 본딩 간격을 지속적으로 줄이며 3D 적층을 범프 없는 방향으로 밀어붙여 왔고, 업계 분석에서는 6마이크로미터 수준의 간격이 로드맵의 중요한 이정표로 제시되곤 합니다.

붙이는 방식에 따른 분류

하이브리드 본딩은 무엇을 무엇에 붙이느냐에 따라 공정의 성격이 크게 세 가지로 구분됩니다.

W2W wafer to wafer는 웨이퍼와 웨이퍼를 통째로 정렬해 붙입니다. 대량 생산에 유리하지만 한쪽 웨이퍼에 불량 다이가 섞이면 전체 수율에 영향을 줍니다. 주로 CIS이미지센서와 3D NAND에 적용됩니다.

Collective D2W die to wafer(줄여서 Co-D2W)는 양품(KGD, known good die, 사양을 만족하는 양품의 칩) 다이만 골라 먼저 캐리어(재구성 웨이퍼)

에 한 판으로 배열해 둔 뒤, 그 캐리어를 타깃 웨이퍼에 웨이퍼 레벨로 한 번에 본딩하는 방식입니다. 이 과정은 정렬 단계와 최종 본딩 단계를 분리해, 최종 본딩 직전에 세정/표면 활성화 같은 클린 공정을 끼워 넣기 좋다는 장점이 있습니다. 다만 그만큼 단계가 늘어나 공정이 복잡해지고, 워페이지/정렬 오차/다이 손상 같은 변수가 늘어날 수 있습니다. 엔비디아가 인수한 그록Groq처럼 온칩 SRAM에 적용됩니다.

Sequential D2W(다른 말로 Direct Placement D2W)는 다이를 타깃 웨이퍼 위에 하나씩 순차적으로 프리본딩/본딩을 반복합니다. 공정 흐름은 Co-D2W보다 단순한 편이지만, 배치 헤드가 민감한 본딩 표면에 직접 접촉하기 때문에 파티클이 수율을 좌우하는 약점이 있습니다. 결국 생산성은 정렬 속도, 반복 정밀도, 배치/세정/활성화가 끊김 없이 이어지는 공정 설계에 달려 있습니다. HBM에 대표적으로 적용하려는 방식입니다.

여기서 핵심은 칩 1개의 수율이 아니라 여러 다이가 결합된 결과물의 수율, 다른 말로 시스템 수율로 게임의 정의가 바뀐다는 점입니다. 그래서 하이브리드 본딩은 본딩 장비만으로 승부가 나지 않습니다. 접합 직전 결함 관리, 표면 품질, 계측 역량이 모두 중요한 변수가 됩니다.

엔비디아의 요구가
공식화되다

16단 HBM을 두고 가장 먼저 거론되는 문제는 웨이퍼 박막화입니다. 12단에서는 약 50마이크로미터 수준이던 다이 두께가 16단으로 가면 30마이크로미터 안팎까지 얇아져야 한다는 관측이 나왔습니다. 스택 높이는 JEDEC^{joint electron device engineering council} 규격이 정한 한도 안에 들어와야 하는데 HBM4는 그 한도가 775마이크로미터로 제시되어 있고 HBM3E 대비 높이 여유가 많지 않다는 점이 부담으로 돌아옵니다.

숫자가 의미하는 바는 단수가 늘어날수록 다이는 더 얇아지고, 얇아질수록 휨과 균열, 파티클과 미세 결함의 위험이 커진다는 점입니다. 결국 백그라인딩과 CMP, 다이싱과 핸들링, 임시 접착과 디본딩 같은 웨이퍼 가공 생태계가 HBM의 성능과 원가를 결정하는 구간으로 올라옵니다. 동시에 본딩 소재 두께와 균일도, 접합 후 열을 얼마나 잘 빼느냐가 경쟁력의 핵심이 됩니다.

HBM4 16단 이후부터는 하이브리드 본딩이 필연적으로 고려되는 시점이 도래했습니다. 범프 높이와 언더필이 차지하는 물리적 공간이 그대로인 상태에서는 16단 이후의 확장은 점점 더 불리해집니다. 그래서 업계 자료와 리서치에서는 16단을 넘는 구간 혹은 그 이후 세대에서 하이브리드 본딩이 사실상 선택이 아닌 필수라는 시각이 점점 강해지고 있습니다.

하이브리드 본딩의 공정 단계

하이브리드 본딩은 크게 준비, 접합, 어닐링으로 이해하면 됩니다.

먼저, 준비 단계에서는 증착(CVD/PVD), CMP, 다이싱, 플라즈마 활성화, 수소 결합이 포함됩니다. CVD^{화학 기상} 증착은 절연체를 증착하는 단계에 쓰이고, 구리층은 PVD^{물리 기상}로 증착할 수 있습니다. 다이와 웨이퍼 표면을 화학적/기계적 CMP를 통해 평탄화하는데, 평탄화는 다이

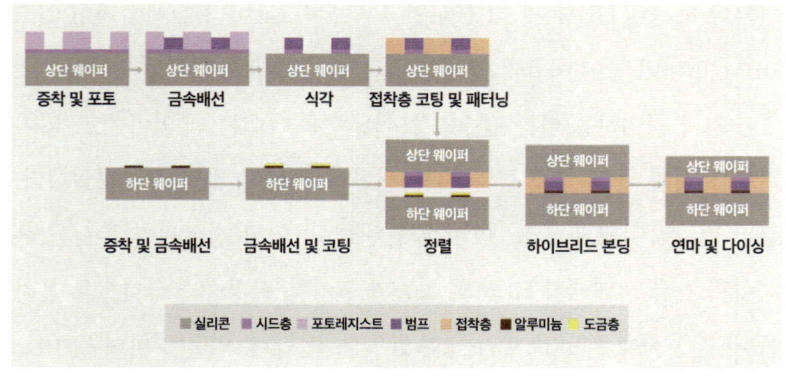

출처: SK하이닉스

와 웨이퍼 접합면이 직접 맞닿기 때문에 표면적 일관성과 균일성이 만족되어야 합니다.

그리고 구리층의 경우 디싱dishing이라는 미세하고 오목한 홈을 CMP 과정에서 일부러 만들어 주는데, 이 디싱이 구리 간 접촉을 더욱 원활하게 해 주는 핵심 역할을 합니다. 다이싱은 제조된 칩을 개별 칩 단위로 분리하는데, 이물질을 거의 없애기 위해 레이저를 활용합니다. 최근에는 피코초 레이저를 넘어 펨토초 레이저를 적용하고 있습니다.

접합 단계에서는 정렬 정확도가 핵심입니다. 다이와 웨이퍼를 초정밀 시스템으로 정렬하여 위치 오차를 최소화해야 하는데, 이때 오버레이overlay 계측이 특히 중요해지고 있습니다. 오버레이 오차가 누적되면 구리 패드가 맞물리지 못하고 그 순간 전기적 연결이 끊기게 됩니다. 접합 후에는 이전 과정으로 되돌릴 수 없기 때문에 접합 전에 표면의 성질 및 이물질의 유무에 대해 완벽히 검사해야 합니다.

어닐링annealing은 온도를 높여서 절연체와 구리를 강하게 접합시키는 단계입니다. 절연체와 구리의 열팽창계수CTE, coefficient of thermal expansion가 다르기 때문에 온도를 변화시켜 가며 접합하게 됩니다. 어닐링 온도는 일반적으로 200~400도 범위에서 설정하는데, 절연체는 150도 미만에서 확산 팽창되어 결합을 형성합니다. 300도 이상에서는 구리도 확산 팽창되어 디싱이라는 공간을 메우면서 결합이 견고해지는 방식입니다.

이 외에도 앞서 설명한 바 있는 웨이퍼 서포팅 시스템wss과 디본딩 공정의 중요성이 더욱 커집니다. 적층을 위해 웨이퍼나 다이를 더 얇게 만들수록 휨과 균열 위험이 늘어나기 때문입니다. 하이브리드 본딩 단계에서는 눈에 보이는 본딩 장비보다 보이지 않는 보조 공정의 완성도가 생산성을 결정하기도 합니다.

과도기의 해법:
플럭스리스 TC 본딩

하이브리드 본딩은 공정의 난이도가 매우 높고, 하이브리드 본더의 가격이 높다는 점 때문에 다소 시간이 필요해 보입니다. 이에 여전히 마이크로 범프 기반 TC 본딩이 대량생산의 중심에 있습니다.

이 구간에서 플럭스리스 TC 본딩이 부상하는 이유는 명확합니다. 플럭스는 접합을 돕지만 잔여물 관리가 어려워 미세한 간격에서 결함과 신뢰성 이슈를 키울 수 있습니다. 그래서 플럭스를 쓰지 않거나 잔여물을 최소화하려는 공정 패키지가 갈수록 매력적인 선택지가 됩니다.

시장은 한동안 두 갈래로 전개될 가능성이 큽니다. 하나는 하이브리드 본딩으로 곧장 넘어가며 범프를 제거하는 흐름이고, 다른 하나는 플럭스리스 TC 본딩처럼 기존 범프 본딩의 한계를 최대한 늦추는 흐름입니다. 고객 요구와 수율, 원가, 장비 성숙도가 이 두 흐름의 균형점을 결정할 것입니다.

투자 영역에서의
지평

하이브리드 본딩은 누가 아이디어를 갖고 있느냐보다 누가 결함을 통제할 수 있느냐가 더 중요합니다. 평탄도를 만드는 CMP와 세정, 초박막 웨이퍼를 안정적으로 다루는 임시 접착과 디본딩, 파티클을 줄이는 다이싱, 나노미터 정렬을 확인하는 오버레이 계측, 본딩 후 빈 공간과 휨을 잡아 내는 3D 검사가 한 몸처럼 움직여야 합니다.

밸류체인은 한 가지 장비 카테고리로만 수렴하지 않습니다. 하이브리드 본더 자체의 경쟁이 커지는 동시에 초박막화가 본격화될수록 웨이퍼 가공과 계측 생태계의 중요도가 높아집니다. 특히 16단 이후를 둘러싼 숫자들이 시장에 공유되기 시작하면, 본딩 장비 관련 종목에서 박막화와 평탄화, 검사와 핸들링으로 확산되는 흐름이 자연스럽게 만들어질 가능성이 큽니다.

데이터를 빛으로
| 실리콘 포토닉스 |

　데이터센터 하면 보통은 거대한 건물과 서버랙을 떠올립니다. 그러나 그 안에서 실제로 움직이는 것은 전자와 광자입니다. 전자는 금속 배선을 따라 흐르며 계산을 완성하고, 광자는 유리섬유를 따라 흐르며 계산의 결과를 다른 곳으로 옮기는 역할을 합니다. AI 시대의 특징은 이 두 세계가 서로를 기다리는 시간이 길어졌다는 데 있습니다. GPU가 아무리 빨라져도 밖으로 나가는 길이 막히면 연산은 멈춘 것처럼 보일 것입니다. 그래서 이제 네트워크는 장비의 문제가 아니라 컴퓨팅의 일부가 됐고, 그 네트워크의 미래는 점점 빛의 언어로 옮겨 가고 있습니다.

　AI 클러스터가 커질수록 데이터는 더 멀리 더 자주 이동해야 합니다. 여기서 전기 I/O가 먼저 부딪히는 벽은 구리선입니다. 고속 신호는 주파수가 올라갈수록 손실이 커지고 신호의 모양이 흐려집니다. 고속 신호는 빠르게 깜빡이는 전기신호인데, 속도가 빨라질수록 케이블/기판을 지나면서 마찰과 저항, 재료 특성 때문에 에너지가 더 많이 깎입니다. 이를 보정하기 위해 '이퀄라이저EQ'가 필요해집니다. 이퀄라이저는 흐릿해진 신호를 원래 모양에 가깝게 만들기 위한 '렌즈/보정 필터'입니다. 그래도 완벽히 복원은 안 되니까, 마지막 안전장치로 FEC forward error correction를 붙입니다. FEC는 데이터를 보낼 때 정답 확인용 힌트를 같이 보내서, 수신 측이 중간에 몇 비트가 틀려도 스스로 맞춰서 복구하게 합니다. 결국 송신기와 수신기 사이에 붙는 보정 회로가 점점 커지고 전력도 같이 늘어나는 것입니다. 속도를 올렸는데 시스템 효율은 떨어지는 역설이 생기는 것이죠.

이 흐름이 더 거칠어지는 지점이 SerDes serializer/deserializer, 직렬/병렬 변환기 세대 교체입니다. 112G SerDes에서 224G SerDes로 넘어가면 같은 포트 수를 유지해도 전력과 열의 부담이 급격히 커집니다. 112G에서 224G로 가는 건, 같은 차선 수를 유지한 채 차선마다 속도를 2배로 올리는 것입니다. 속도가 2배가 되면 신호는 훨씬 더 쉽게 흐려지고, 이를 잡아 주려면 EQ/FEC 같은 보정 동작을 더 강하게, 더 자주 해야 하는 것입니다. 단순히 칩 하나가 뜨거워지는 문제가 아니라, 보드 레벨에서 리타이머중계기가 늘고 케이블 길이가 줄어들며 배선 규칙이 까다로워집니다. 속도가 더 빨라지면 신호가 중간에 더 쉽게 망가지니까, 중간중간 신호를 다시 정리해 주는 리타이머를 더 많이 넣게 됩니다. 또한 신호가 버틸 수 있는 거리가 짧아져서, 케이블이나 보드 위 배선 길이를 더 짧게 설계해야 합니다. 그리고 신호가 예민해지니 배선은 폭/간격/층 구성/굽힘/길이 매칭 같은 규칙이 훨씬 엄격해집니다. 작은 차이도 오류로 이어지니까요. 규칙이 까다로워진다는 것은 그만큼 비용이 오르고 수율이 흔들린다는 뜻입니다. 광이 주목받는 이유는 여기서 시작되는데, 빛은 금속에서 겪는 손실과 간섭의 규칙이 다릅니다. 멀리 갈수록 빛이 유리해지는 영역이 분명히 존재합니다.

이 지점에서 중요한 전환이 하나 더 있습니다. 과거에는 광을 필요할 때만 바깥에서 끼워 넣었습니다. 스위치 포트에 광트랜시버optical transceiver를 꽂으면 됐습니다. 광트랜시버는 장비 안의 전기신호를 빛 신호로 바꿔서 광섬유로 보내고, 반대로 광섬유로 들어온 빛 신호를 다시 전기신호로 바꿔 주는 전기와 광 변환 모듈입니다. 지금 AI가 요구하는 대역폭은 더 이상 플러그형 모듈만으로 감당하기 어려운 레벨로 가고 있습니다. 전력과 발열이 먼저 한계를 만들기 때문입니다. 그래서 광을 패키지 안으로 끌어들이는 흐름이 생겼습니다. 이 흐름이 바로 CPO와 Optical I/O입니다.

빛을 반도체 공정으로
다루려는 시도

실리콘 포토닉스silicon photonics는 빛을 이용해 데이터를 전달하는 기술입니다. 단순히 광섬유를 쓰는 것이 아닙니다. 광학 부품을 실리콘 웨이퍼 위에 집적해 반도체처럼 만들겠다는 뜻입니다. 이렇게 되면 대량 생산의 언어가 바뀝니다. 광학은 정밀한 기계 조립의 세계였고 반도체는 공정과 수율의 세계였습니다. 실리콘 포토닉스는 광학을 수율의 언어로 옮기고 있습니다.

구성 요소를 보면 이해가 쉬워집니다. 실리콘 위에 빛이 지나가는 도로가 필요합니다. 이것이 웨이브 가이드wave guide입니다. 그 위에서 빛에 정보를 실어야 합니다. 이것이 변조기입니다. 수신 쪽에서는 빛을 전기로 바꿔야 합니다. 이것이 포토 디텍터photo director 입니다. 실리콘은 전자에는 강하지만 레이저처럼 빛을 스스로 만드는 데에는 약합니다. 그래서 실리콘 포토닉스에서 레이저 소스가 언제나 핵심 변수가 됩니다.

변조기는 여러 방식이 있지만 AI 데이터센터에서 자주 언급되는 것이 마이크로링 변조기입니다. 마이크로링은 작은 고리 형태의 공진 구조를 이용해 특정 파장의 빛만 강하게 반응하도록 만드는 방식입니다. 면적을 작게 만들 수 있고 집적에 유리한 장점이 있는 반면, 공진 구조가 환경 변화에 민감하다는 단점이 있습니다. 온도가 바뀌면 공진 파장이 미세하게 이동하는데, 이때 필요한 것이 열 튜닝과 보정입니다. 결국 소자 성능만이 아니라 분산과 표준편차 관리가 승부를 가르는 것입니다. 같은 설계를 했는데 어떤 라인은 잘 되고 어떤 라인은 조금 흔들린다면 그 흔들림이 곧 비용이 됩니다. 결국 이 흔들림을 관리하는 게 실리콘 포토닉스의 핵심입니다.

실리콘 포토닉스는 양산 단계로 나아가고 있습니다. Yole에 따르면, 실리콘 포토닉스 시장이 2024년 4억 달러 수준에서 2030년 약 21억 달러로 성장한다고 보고 있습니다. 이 전망이 실현되는지 여부보다 중요한 것은 성장의 방향성입니다. 네트워크 병목이 구조적으로 커질수록 빛으로 데이터를 옮기려는 반도체에서의 변화는 더욱 확대될 것입니다.

광을 패키징으로 끌어들이는 흐름

기존 데이터센터 네트워크는 플러그형 광트랜시버가 표준이었습니다. 스위치 칩이 만든 전기신호를 보드 위 배선으로 포트까지 보내고, 포트에 꽂힌 모듈이 그 전기신호를 빛으로 바꿔 광섬유로 내보내는 구조죠. 구조가 단순해서 필요한 포트만 꽂아 쓰고, 교체가 쉽다는 장점이 있습니다. 그런데 속도가 계속 올라가면 문제가 생깁니다. 스위치 칩과 모듈 사이의 전기 구간이 길수록 신호가 더 쉽게 약해지고 흐려지기 때문입니다. 그래서 그 구간을 버티려면 신호 보정 회로DSP(이퀄라이저 등)가 더 많이 들어가고, 그 과정에서 전력 소모와 발열이 커집니다. 즉 모듈을 꽂기 전까지의 전기 구간이 비용과 열의 원인이 되는 것이죠.

첫 번째 해법은 LPOlinear pluggable optics입니다. LPO는 모듈 안에 있던 DSP 같은 무거운 보정 기능을 줄이거나 빼서 전력과 발열을 낮추는 방식입니다. 대신 그만큼 신호를 깔끔하게 만들어 주는 부담이 스위치 칩의 SerDes 성능과 보드/배선 설계로 넘어갑니다. 쉽게 말해서 모듈이 하던 일을 시스템이 더 떠안는 방향입니다.

그다음 단계가 CPOco-packaged optics입니다. CPO는 한발 더 나아가서, 아예 광을 만드는 엔진광 모듈/광엔진을 스위치 칩 패키지 바로 옆—또는 같은 패키지 주변—에 붙입니다. 그러면 스위치에서 광까지 가는 전기 구간이 극단적으로 짧아져 손실과 보정 면에서 필요도가 크게 줄고, 전

TSMC의 SoIC-X를 적용한 COUPE

출처: TSMC

력/발열 문제도 완화됩니다. 다만 이건 칩과 광을 패키지 수준에서 같이 묶는 구조라서, CPO는 자연스럽게 첨단 패키징 기술과 한 세트로 이해해야 합니다.

시장조사 기관 'LightCounting'은 AI 클러스터에서 쓰이는 LPO와 CPO 시장이 2024년 50억 달러에서 2026년 100억 달러 이상으로 두 배 이상 성장할 수 있다고 전망합니다. 이러한 전망은 광 네트워크 외곽에서 네트워크 중심으로 이동하고 있음을 의미합니다. 그리고 네트워크 중심으로 이동한 광은 결국 패키징 공정과 수율의 문제가 됩니다. 브로드컴 사례가 이 흐름을 가장 직관적으로 보여 줍니다. 브로드컴은 CPO 기반 스위치 플랫폼을 공개하며 플러그형 대비 전력 절감 효과를 강조해 왔습니다. Bailly로 알려진 51.2Tbps급 CPO 스위치가 대표 사례입니다. 여기서 중요한 메시지는 하나인데, 네트워크의 전력 문제를 칩 성능만으로 해결하기 어렵고 아키텍처 자체가 바뀌고 있다는 점입니다.

Optical I/O와
E/O 코패키징

CPO가 스위치 칩 옆에 광엔진을 붙여서 전기 구간을 줄이는 방식이라면, Optical I/O는 한 단계 더 들어가서 컴퓨팅 칩 자체가 빛으로 입출력하는 방식입니다. 쉽게 말해서 예전엔 칩에서 전기신호를 꺼내 보드로 보낸 뒤 어딘가에서 빛으로 바꿨다면, Optical I/O는 패키지 단계에서 광 신호로 보내자는 접근입니다. 이때 광은 칩의 기본 인터페이스가 됩니다. 이 분야에서 자주 언급되는 회사가 아야르 랩스Ayar Labs입

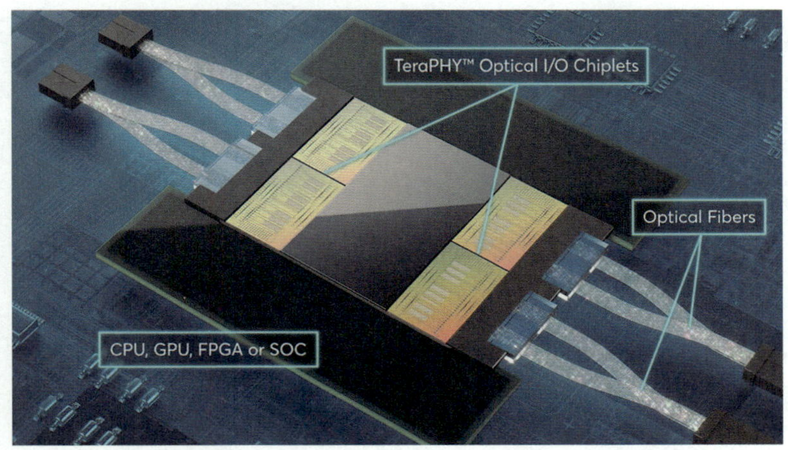

출처: 아야르 랩스

니다. 아야르 랩스는 UCIe 같은 칩렛 생태계와 연결되는 Optical I/O 칩렛을 내세우면서, 광 링크가 갖는 전력 효율을 강점으로 이야기해 왔습니다.

Optical I/O가 잘 되면 뭐가 달라질까요? 첫째, 거리 감각이 바뀝니다. 전기신호는 몇 cm만 길어져도 성능이 흔들리지만, 광은 기본 단위가 몇 m로 올라갑니다. 그래서 보드 위에서 가까이 붙여야만 하는 제약이 줄어듭니다. 둘째, 보드/배선의 족쇄가 풀립니다. 칩 근처에서 바로 광으로 바꾸면 스위치/서버 보드에서 초고속 전기 배선 때문에 생기던 길이 제한, 배선 규칙, 리타이머 의존 같은 부담이 줄어듭니다. 셋째, 열이 나는 위치가 바뀝니다. 예전엔 플러그형 모듈이 뜨거워졌다면, 이제는 광 변환이 패키지 근처에서 일어나니 패키지 주변이 뜨거워질 수 있습니다. 그래서 다시 패키징/냉각이 핵심 이슈로 올라옵니다.

여기서 중요한 포인트는 실리콘 포토닉스가 어려운 이유는 광소자 기술 때문만은 아니라는 것입니다. 진짜 어려움은 전자 칩과 광 칩의 성격이 다르다는 데서 나옵니다. 전자 칩은 전력/열에 민감하고 광 칩은 정렬과 손실에 민감합니다. 이 둘을 한 패키지에 묶으면, 아주 작은 오차나 불일치가 신호 손실 증가로 연결되어 수율이 하락할 수 있습니다.

그래서 E/O전기/광 코패키징에서 설계의 중심은 광소자 그 자체보다 인터페이스가 됩니다. 전자 쪽은 신호를 밀어주는 드라이버, 받아서 키우는 TIA Transimpedance Amplifier, 직류-전압 변환기 같은 회로가 필요하고, 광 쪽은 신호를 빛으로 싣는 변조기, 빛을 전기로 받는 포토디텍터가 필요합니다. 둘 사이 배선은 짧을수록 성능과 전력에 유리하지만, 너무 짧아지면 테스트가 어려워집니다. 즉 짧게 붙이는 게 답이 아니라 성능과 제조 난이도 사이의 적정점을 찾아야 하는 것이죠. 이 적정점을 만들어 주는 게 바로 패키징 기술의 진화입니다. 그래서 2.5D 인터포저, RDL 기반 브리지 같은 기술이 다시 중요해집니다.

TSMC가 COUPE 같은 이름으로 광엔진을 더 작은 단위로 모듈화하려는 것도 같은 맥락입니다. 광엔진을 레고 블록처럼 표준 부품화하면, 조립과 수율 측면에서 더 안정화되고 산업적으로 대량생산하기 쉬워지니까요.

레이저 소스
통합

빛으로 데이터를 보내려면 빛을 만들어 주는 레이저가 꼭 필요합니다. 그런데 이 레이저를 어디에, 어떤 방식으로 두느냐에서 크게 두 갈래로 나뉩니다.

첫 번째 길은 InP인듐인화물 레이저를 쓰는 방식입니다. InP는 원래 레이저를 만들기에 아주 유리한 재료라서, 오래전부터 고성능/장거리 광통신에서 강자였습니다. 어떤 제품은 레이저로 빛을 만들고(발광), 그 빛에 데이터를 싣는(변조) 기능까지 한 칩에서 처리합니다(예: EML). 그래서 성능이 중요할수록 InP라는 흐름이 오래 이어졌습니다.

두 번째 길은 실리콘 위에 레이저를 붙여서 광을 더 가까이 통합하려는 방식입니다. 문제는 실리콘이 레이저 발광에 불리하다는 데 있습니다. 그래서 결국 레이저에 강한 III-V 계열 재료—InP 같은—를 실리콘 위에 이종 접합해야 하고, 이때 웨이퍼 본딩/다이 본딩 같은 공정이 필요해집니다. 정렬/수율/비용이 모두 어려운 고난도 작업입니다.

여기에 더 큰 현실 문제가 하나 있습니다. 레이저는 열에 약한데, 패키지 안은 점점 더 뜨거워지고 있다는 것이죠. 그래서 최근 다시 힘을 얻는 아이디어가 ELS외부 레이저 소스입니다. 레이저를 뜨거운 패키지 밖에 두고, 만들어진 빛만 패키지 안으로 분배해서 쓰자는 거죠. 이렇게 하면 레이저를 더 시원하게 관리할 수 있어 열 설계가 쉬워지고 수명 관리 측면에서도 유리해집니다.

레이저를 어디에 두느냐에 따라 돈이 몰리는 밸류체인이 달라집니다. 레이저를 밖에 두면 레이저 칩 자체, 광커넥터, 파이버 어태치 같은 광 부품/조립 공정의 가치가 커집니다. 레이저를 안(통합)으로 끌고 오면 III-V를 실리콘에 붙이는 본딩 공정 그리고 패키지 내부 열을 다루는 열 관리 소재/패키징 기술의 가치가 커집니다.

정렬과 테스트
병목

실리콘 포토닉스가 막히는 원인은 공장에서 많이, 싸게, 일정한 품질로 만들기 어려워서일 가능성이 큽니다. 전자 칩은 전기신호만 찍어 보면 테스트가 끝나는 반면, 광 칩은 빛을 넣어 보고 빛이 얼마나 잘 나오는지를 확인해야 합니다. 여기에 가장 까다로운 요소가 정렬입니다. 예를 들어 파이버를 웨이브가이드에 붙일 때 머리카락 굵기보다 얇은 수준의 위치 오차가 생기는데, 이 오차가 조금만 커져도 빛이 새서 삽입 손실이 크게 늘어납니다.

삽입 손실이 커지면, 빛이 부족하니 레이저 출력을 더 올려야 합니다. 그러면 전력 소모가 늘고 발열이 증가하죠. 결국 전력 예산과 제품성은 평균 성능이 아니라, 정렬 오차가 얼마나 들쭉날쭉한지에 따라 갈립니다. 이 정렬 문제는 커넥터와도 연결됩니다. 데이터센터에서 광연결이 고밀도로 늘면서, 여러 가닥의 파이버를 한 번에 꽂는 MT 페룰기반(MPO 계열) 커넥터가 중요해집니다. 이런 방식은 포트 밀도를 확끌어올리지만, 대신 조립 난이도가 같이 올라갑니다. 파이버를 붙이는 공정이 자동화되더라도, 검사와 재작업이 어렵기 때문입니다.

그래서 실리콘 포토닉스에서는 다른 반도체 분야보다 테스트 장비/계측 장비의 존재감이 훨씬 커집니다. 업계에서도 정렬과 테스트가 비용과 수율을 좌우한다는 얘기가 반복되고 있습니다. 평균 성능이 좋아도 분산이 크면 제품이 되기 어렵고, 광학은 특히 더 그렇습니다.

실리콘 포토닉스
투자 지형

이 분야는 한 회사가 모든 것을 가져가기 어렵습니다. 대신 병목이 생기는 지점에서 밸류가 크게 생길 것입니다.

첫째는 네트워크 플랫폼 기업입니다. 엔비디아는 GPU만이 아니라 네트워크 스택을 함께 설계해 AI 클러스터의 성능을 끌어올려 왔습니다. 과거 멜라녹스Mellanox 인수로 네트워킹을 내재화한 이후 네트워크가 컴퓨팅의 일부가 되는 흐름을 가장 공격적으로 탔습니다. 엔비디아가 광 기반 스위치와 광학을 더 가까이 두는 기술을 공개적으로 언급하는 것은 네트워크 병목이 구조적이라는 판단을 반영합니다.

둘째는 스위치와 광엔진을 동시에 쥔 기업입니다. 브로드컴은 스위치 ASIC과 CPO를 결합해 전력과 대역폭 밀도 문제를 아키텍처로 풀려는 대표 주자입니다. 마벨도 최근 같은 축에서 존재감을 키우고 있습니다. 마벨은 커스텀 AI 가속기XPU 쪽에 CPO를 통합하는 방향을 제시하며, 클러스터 스케일업이 랙 경계를 넘어갈수록 전력 예산이 민감해지고 광 통합의 매력이 커진다는 논리를 강화했습니다. 또한 2025년 12월 Celestial AI 인수를 통해 포토닉 패브릭까지 포트폴리오를 넓혔습니다.

셋째는 광 부품과 레이저 생태계입니다. 이쪽 분야가 투자의 기회와 영역이 커지는 쪽입니다. 예를 들어 루멘텀Lumentum은 클라우드와 AI 고객의 네트워크 업그레이드에 맞춰 데이터컴 레이저 칩 주문이 기록적 수준으로 늘어났다고 언급해 왔고, CPO를 겨냥한 초고출력 레이저에서도 대형 구매 커밋이 발생했다고 공개했습니다. 또 다른 축으로 코히런트Coherent는 800G/1.6T 트랜시버 확산 국면에서 핵심 광부품 수요가 강해지는 흐름을 시장에 보여 주는 한편, CPO 전환이 빨라질 때를 대비해 외부 레이저 소스ELS 형태의 멀티채널 레이저 모듈을 전면에 내세우고 있습니다.

넷째는 조립과 제조입니다. 실리콘 포토닉스는 칩 공정보다 조립에서 난이도가 확 올라갑니다. 그래서 생산 현장에서는 EMS/모듈 조립 업체의 역할이 커집니다. 예를 들어 패브리넷Fabrinet은 광트랜시버를 대량으로 조립 및 생산하는 대표 제조 파트너이며, 자빌Jabil은 인텔의 실리콘 포토닉스 기반 플러그형 트랜시버 사업의 제조/판매를 넘겨받아 포토닉스 제조 및 패키징 역량을 전면에 내세우며 존재감을 키우고 있습니다.

다섯째는 테스트와 계측입니다. 광 패키징은 공정이 진행될수록 리워크가 어려운 단계가 많습니다. 특히 정렬 후 접착까지 끝나면 수정 비용이 급격히 커져서, 결국 공정 전후방에 계측 정밀도와 테스트 자동화가 원가와 수율을 좌우합니다. 이때 존재감이 커지는 플레이어가 테스트와 계측 기업들입니다. 예를 들어 폼팩터FormFactor는 웨이퍼/다이 단계에서 광소자를 직접 프로빙probing해 측정하는 실리콘 포토닉스 테스트 솔루션을 내세우고 있습니다.

2026년은 왜
실리콘 포토닉스가 중요한가?

2026년 전후로는 네트워크 세대 전환이 여러 층에서 동시에 진행됩니다. 스위치 대역폭은 더 커지고 레인 속도는 200G per lane으로 이동하려는 압력이 커집니다. 그 과정에서 플러그형 모듈만으로 전력 예산을 맞추기 어려운 지점이 나타납니다. 그래서 LPO와 CPO가 실험을 넘어 확산 단계로 가는 조건이 생깁니다.

실리콘 포토닉스는 전기 I/O의 대체재가 아니라 패키징이 네트워크까지 확장되는 과정입니다. 빛을 더 가까이 당길수록 반도체는 더 정교한 조립품이 되고, 정교한 조립품일수록 수율과 표준편차가 중요해집니다. AI 시대에 데이터는 더 많이 흐르고 더 멀리 갑니다. 그 흐름이 전자를 넘어 광자를 요구하는 순간부터 패키징은 다시 한 번 반도체의 중심으로 들어옵니다.

주도주로 부상한 기판

우리는 반도체 섹터가 시장을 주도할 때마다 그 국면의 주도주가 어디로 모이느냐를 찾게 됩니다. 메모리 호황이 오든, 파운드리가 강하든 그사이에서 꾸준히 레버리지가 걸리는 구간은 기판인 경우가 많습니다. 한동안 기판은 부가가치가 적은 산업처럼 여겨졌으나 AI를 만나면서 상황이 달라졌습니다. AI 가속기는 패키지가 커지고 전류와 신호가 거칠어지면서, 기판이 단순 소모품이 아니라 성능과 납기를 좌우하는 부품으로 재평가되고 있기 때문입니다.

우리가 일반적으로 기판이라고 부르는 것은 PCB printed circuit board, 인쇄회로기판의 한 종류인 서브스트레이트substrate를 의미합니다. PCB는 크게 전자기기의 메인보드 역할을 하는 일반 PCB, 반도체 패키지 기판(서브스트레이트) 그리고 FPCB(연성기판)로 나뉩니다. 일반 PCB가 여러 부품을 넓은 면적에 실장해 시스템을 구성하는 판이라면, 반도체 패키지 기판은 칩이 가진 초미세 배선을 바깥세상과 연결해 주는 변환기에 가깝습니다. 칩과 메인보드는 배선의 미세함 면에서 급이 다르기 때문에, 둘을 바로 붙이면 설계와 제조 쪽에서 비용이 급격히 뛰어오릅니다.

그래서 그 중간에 패키지 기판이 다리 역할을 하며, 칩의 미세한 신호를 메인보드가 받아먹을 수 있는 형태로 바꿔 줍니다.

우리는 스마트폰, PC, 데이터센터 장치를 쓰면서 내부에서 수많은 반도체가 어떻게 연결되는지 잘 느끼지 못합니다. 하지만 AI 시대에는 이 연결이 성능의 일부가 됩니다. 반도체 칩은 더 많은 신호를 더 빠르게 주고받아야 하고, 동시에 더 큰 전류를 더 안정적으로 받아야 합니다. 이 변화가 특히 강하게 나타나는 영역이 FC-BGA입니다. FC-BGA는 이름 그대로 칩을 뒤집어 범프로 기판과 직접 연결하는 구조입니다. 과거에 흔했던 와이어로 된 실로 이어 붙이는 방식인 와이어 본딩은 선이 길어질수록 고속 신호에서 불리해지고, 전력/접지 경로도 설계가 까다로워집니다. 반면 플립칩은 접점이 짧고 넓게 깔리기 때문에, 고속 신호와 대전류를 동시에 다루기에 유리합니다. AI 가속기처럼 I/O가 많고 전력 소모가 큰 칩일수록 FC-BGA는 선택이 아니라 필수가 됩니다.

AI 서버용 FC-BGA는 PC용과 급이 다릅니다. 고성능 CPU/GPU는 한 기판 위에 더 많은 칩과 부품을 올려야 하고, 신호는 더 빠르게 전류는 더 크게 흘려야 합니다. 그래서 업계 인터뷰에서도 서버용 FC-BGA는 PC용보다 면적이 4배 이상 크고, 층수도 20층 이상으로 2배 이상 많아지는 식으로 고단화/대면화가 진행됩니다. 실제로 삼성전기도 서버용 FC-BGA를 양산해 왔고, AI 수요 확대에 맞춰 고부가 기판 비중을 확대하고 있습니다. 여기서 층수는 기판 내부에 깔린 배선 레이어의 개념입니다. 도로를 2층, 3층으로 입체화하듯이, 층이 많아질수록 더 많은 신호/전력을 서로 간섭 없이 분리하여 깔 수 있습니다. 대신 공정 난이도와 불량 가능성도 함께 올라갑니다.

하이엔드로 갈수록 수율이 낮아지고 단가가 상승합니다. 기판이 커지고 층이 늘어나면, 내부 배선 구간(내층)에서 미세 결함이 생길 확률이 커집니다. 그리고 AI 가속기용 기판은 대체재가 제한적이라, 고객사는 일정과 성능을 맞추기 위해 더 높은 단가를 감수하게 됩니다. 이때부터 기판 업체의 경쟁력은 불량을 얼마나 빨리 찾아내고(AOI), 얼마나 정교하게 고쳐서(AOR) 양품으로 바꾸느냐로도 갈립니다.

여기서 AOR^{automated optical repair, 광학 수리}은 보이는 불량을 자동으로 고치는 장비/공정입니다. 대표적으로 쇼트^{붙으면 안 되는 구리가 붙어 버린 불량}는 레이저 등으로 정교하게 제거해야 하고, 오픈^{이어져야 하는데 끊긴 불량}은 필요한 도체 형상을 복원해야 합니다. KLA는 이런 영역에서 AOS^{automated optical shaping} 솔루션을 통해 PCB와 패키지 기판의 오픈/쇼트 수리를 지원한다고 설명합니다. 국내에서도 기판/PCB 검사/수리 장비를 공급하는 기업들이 성장 테마로 함께 거론됩니다. 핵심은 하이엔드 기판은 불량을 줄이는 기술만큼 불량을 복구해 양품을 늘리는 기술이 중요해지고, 이 구간에서 장비/공정/소재의 진입 장벽이 올라간다는 점입니다.

칩이 더 복잡해질수록 기판 하나로 끝내기 어려운 구조가 늘어난다는 점도 중요합니다. 데이터 연산과 네트워크 병목을 줄이기 위해 칩렛 구조가 확산되면서, 칩과 FC-BGA 사이에 인터포저를 두는 2.5D 구조가 표준이 되는 경우가 많아집니다. 근본적인 이유는 두 가지입니다. 첫째, 실리콘 칩과 유기 기판(PCB/서브스트레이트)은 열팽창 특성이 달라서, 미세 피치로 바로 붙이면 열/응력에 취약해집니다. 둘째, 칩이 요구하는 배선 미세도를 기판이 곧장 따라가기 어렵기 때문에, 중간에 더 미세한 배선을 구현할 수 있는 인터포저/브릿지/RDL 계열 구조가 필요해집니다. 이 흐름이 곧 기판의 부가가치가 커지는 구조적 이유이기도 합니다. ABF 같은 빌드업 절연 소재가 고다층/고집적 패키지 기판의 핵심 재료로 반복 등장하는 것도 같은 맥락입니다.

엔비디아의
SOCAMM

PC가 대중화된 이후 데스크톱 메모리 모듈의 표준은 DIMM[dual in-line memory module]이었습니다. DIMM은 길쭉한 기판에 DRAM 칩을 배치하여 호환성과 확장성이 뛰어납니다. 이는 성능과 업그레이드를 중시하는 데스크톱 환경에 적합했습니다. 이후 노트북이 보급되고 소형화된 기기들이 늘어나면서 SO-DIMM[small outline DIMM]이 자리 잡았습니다. SO-DIMM은 '작아진 DIMM'으로, 공간 제약이 심한 노트북이나 컴팩트한 폼팩터의 PC에 대응하기 위해 크기를 줄인 형태입니다. 그러나 시간이 흐르면서 노트북에서 요구하는 성능이 점점 높아지자 전송 속도와 대역폭 측면에서 SO-DIMM도 한계를 드러냈습니다.

이 병목을 해소하기 위해 업계가 주목하는 규격이 CAMM2[compression attached memory module 2]입니다. CAMM은 제안은 델[Del]이 먼저 했지만, 이후 JEDEC이 CAMM2를 표준으로 정리했습니다. CAMM2는 모듈 두께를 줄이기 위해 기판을 압축[compression] 방식으로 구성하고, 배선 역시 병렬 전송을 강화해 고속화에 대응합니다. JEDEC의 CAMM2 표준은 DDR5 CAMM2와 LPDDR5/5X CAMM2(일명 LPCAMM2)까지 포괄하도록 정의됐습니다. 특히 LPCAMM2는 LPDDR5X 기반으로 저전력 특성을 유지하면서도 모듈 교체 가능성을 열어 주게끔 전개되고 있습니다. 한 예로 삼성전자는 LPCAMM2가 JEDEC 표준을 충족하며, SO-DIMM 대비 실장 면적을 크게 줄일 수 있다는 점을 강조하고 있습니다.

CAMM2가 주로 PC/워크스테이션의 차세대 모듈 폼팩터라면, 데이터센터 AI 영역에서는 SOCAMM[small outline compression attached memory module]이라는 흐름이 주목받고 있습니다. SOCAMM은 SoC와 메모리를 '하나의 패키지로 통합'한 HBM 같은 온패키지 구조라기보다, LPDDR5X 기반 메모리를 '탈착 가능한 모듈' 형태로 제공하려는 접근입니다. 실제로 마이크론은 SOCAMM을 엔비디아의 GB300 Grace Blackwell Ultra Superchip을 지원하고자 협력 개발한 '모듈형 LPDDR5X 메모리 솔루션'으로 소개합니다.

AI 서버에서 고대역폭 메모리가 필요할 때는 HBM이 핵심 선택지입니다. 다만 HBM은 성능이 뛰어난 만큼 비용 부담이 크고, 전력/열/패키징 난도가 높아 대안으로 SOCAMM이 고려됩니다. SOCAMM은 LPDDR5X 기반의 저전력/고집적 모듈을 통해, HBM이 담당하는 초고대역폭 영역과는 다른 축에서 시스템 메모리의 전력 효율과 용량 확장성을 노리고 있습니다.

삼성전자는 메모리 3사 중에서 LPDDR5X 기반 SOCAMM 개발에 가장 적극적입니다. 한편 엔비디아는 이미 AI 서버 가속기에서 높은 점유율을 보유하고 있는데, SOCAMM을 통해 AI PC 영역까지 아우르려는 움직임을 보이고 있습니다. 삼성전자와 엔비디아는 협력에 약했던 AI 서버향 가속기와는 달리 SOCAMM에서는 협력을 강하게 진행할 것으로 기대됩니다. 디바이스에 들어가는 LPDDR에 대한 삼성전자의 최적화 기술력 덕분이겠죠. SOCAMM이 성장할 때 수혜받을 것으로 기대되는 기판 업체로는 심텍이 있습니다. 심텍에 따르면 SOCAMM은 AI 서버뿐 아니라 AI PC에도 적용하기 위해 테스트 단계에 있습니다. 16GB LPDDR5X 칩 4개짜리 총 8개의 모듈이 들어갈 것으로 추정됩니다.

게임 체인저가 될
유리 기판

최근 글라스로 인터포저뿐 아니라 패키지 기판 자체까지 바꿔 보자는 시도가 나타나고 있습니다. 흔히 말하는 유리 기판glass substrate 흐름입니다. 유리 기판이 지향하는 방향은 유리의 물성—열팽창, 강성, 평탄성—을 활용해 대면적 패키지에서 휨warpage과 변형을 줄이고, 미세 배선을 더 잘 구현해 연결 밀도를 끌어올리며, 그 결과로 지금의 실리콘 인터포저가 맡고 있는 일부 역할을 장기적으로 대체하거나 축소하는 것입니다. 즉 유리 기판은 무조건 인터포저를 제거하는 역할이라기보다 패키징 구조를 단순화할 수 있다고 이해하는 편이 자연스럽습니다.

현재 유리 기판은 크게 유리 인터포저glass interposer와 유리 코어 기판glass core substrate의 두 방향으로 기술 개발이 진행되고 있습니다. 유리 인터포저는 기존 2.5D처럼 '기판+인터포저' 구조를 유지하되, 실리콘 대신 유리를 써서 대면적/비용/배선 자유도 측면에서 개선을 노리는 방식입니다. 반면 유리 코어 기판은 패키지 기판의 중심층을 유리로 바꿔, 기판 자체가 더 평탄하고 더 안정적으로 대형화를 받아내는 바닥이 되도록 만드는 접근입니다. 또한 유리는 공정 선택에 따라 수동소자 내장 등 기판 위 실장 공간을 늘리는 방향도 함께 논의됩니다. 현재 삼성전자가 주로 집중하는 쪽은 유리 인터포저이고, 삼성전기가 주로 집중하는 쪽은 유리 코어 기판입니다.

유리 기판이 다가올 미래인 것은 맞지만, 상용화까지 시간이 걸릴 수밖에 없습니다. 아직은 공정이 표준화되었다고 보기 어렵기 때문입니다. 유리 가공/비아/도금/절연/배선/신뢰성 평가에서 해결해야 할 변수가 많습니다. 그래서 초기에는 고객이 원하는 패키지 구조—대면

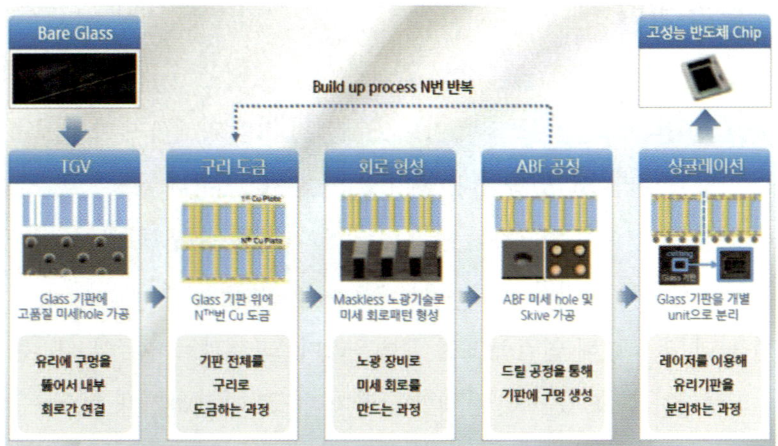

출처: 필옵틱스, 삼성증권

적, 충수, 배선 규칙, 열/전력 조건—에 맞춰 복수의 공정 조합이 병행되고, 그 과정에서 잘 되는 방식이 사실상의 표준으로 굳어질 가능성이 큽니다.

유리 기판 제조공정은 큰 틀에서 'TGV → 회로 빌드 업build-up → 후공정'으로 구분할 수 있습니다. 여기서 TGVthrough glass via는 유리에 미세한 홀비아을 만들고 이를 전기적으로 연결하는, 기초체력을 만드는 단계입니다. HBM에서 TSV가 구멍을 뚫는 기술로 상징되듯, 유리 기판에서도 TGV가 난이도와 수율을 좌우하는 관문입니다. 유리는 소재 특성상 가공 과정에서 미세 크랙이 생기면 이후 공정과 신뢰성에서 손실이 커지므로 TGV부터가 매우 중요합니다.

레이저로 홀을 만드는 방식은 현장에서 보통 두 갈래로 이야기됩니다. 하나는 레이저로 가공의 씨앗을 만들고 식각으로 홀을 완성하는 하이브리드 접근이고, 다른 하나는 레이저만으로 관통 홀을 최대한 끝내려는 접근입니다. 현실적으로는 완전 무결점 레이저 가공이 쉽지 않아서, '레이저+식각' 조합이 유력한 대안으로 많이 거론됩니다. 예를 들어 LIDE laser induced deep etching는 레이저로 유리 내부의 특정 영역을 변형시켜 두고, 이후 선택적 식각으로 깊은 구조를 만드는 방식입니다. 공정의 핵심은 레이저가 모두 해결하기보다는, 레이저로 잘 식각되는 길을 만들어 식각이 균열을 최소화하도록 유도하는 데 있습니다.

다음은 비아 홀 내부와 기판 표면에 구리 도금을 형성해 전기적 연결을 만드는 단계입니다. 여기서 유리는 금속과의 계면 접착이 까다로운 편이라, 공정에 따라 표면 개질—플라즈마/화학 처리/미세 거칠기 제어 등—로 접착력을 끌어올립니다. 또한 도금 후에는 홀 입구나 표면의 단차를 줄이기 위해 평탄화(CMP 등)가 중요해집니다. 표면이 조금만 흔들려도 이후 절연층 적층과 미세 배선에서 결함이 늘어나므로, '가공-도금-평탄화'의 조합이 유리 기판 수율의 핵심 축으로 자주 지목됩니다.

회로 빌드 업 공정은 소재가 유리로 바뀌었을 뿐 큰 흐름은 기존 패키지 기판과 닮아 있습니다. 절연층을 적층하고(빌드 업), 비아를 만들고, 포토 공정으로 회로를 정의한 뒤, 도금과 식각으로 구리 배선을 완성합니다. 업계에서는 1999년부터 주요 반도체 제조업체에 채택되어 발전해 온 ABF ajinomoto build-up film가 고성능 패키지용 빌드 업 절연재의 대표격입니다. 유리 표면은 공정 조건에 따라 포토레지스트 접착성이 까다로울 수 있어, 실제 양산 관점에서는 표면 처리, 프라이머, 레지스트/현상 조건 최적화 같은 보이지 않는 레시피가 수율을 좌우하게 됩니다.

마지막 후공정에서는 검사와 신뢰성 평가 그리고 커팅/분리 같은 단계가 붙습니다. 유리는 마지막까지도 깨지지 않게 다뤄야 해서 기계적 응력 관리와 결함 검출이 공정 전체의 발목을 잡기 쉽습니다. 정리하면 유리 기판은 성능(배선/전력/열)과 원가(대면적/공정 단순화) 모두를 노릴 수 있는 큰 방향이지만, 가공/비아/계면/평탄화/신뢰성이라는 다섯 가지 관문을 넘어야 합니다.

수율의 중요성
| 테스트와 검사 |

반도체 제조공정은 크게 '웨이퍼 공정 → 패키징 공정 → 테스트 공정'의 흐름으로 이해할 수 있습니다. 웨이퍼 제조공정은 보통 전공정front end, 패키지와 테스트는 후공정back end이라고 부릅니다. 과거에는 전공정에서 성능이 결정되고, 후공정은 포장과 검사를 담당한다는 인식이 강했지만, 미세화의 체감 개선이 둔화되고 칩렛/HBM/어드밴스드 패키징이 커지면서 후공정의 중요도가 빠르게 올라왔습니다.

테스트 공정의 목적은 불량품을 걸러 내는 것입니다. 여기서 수율yield은 만들어진 칩 중 정상 동작하는 칩의 비율을 뜻합니다. 수율이 낮으면 같은 웨이퍼를 돌려도 팔 수 있는 칩이 줄어 원가가 뛰고, 고객사에 불량이 나가면 신뢰와 매출에 직접 타격을 줍니다. 그래서 반도체 산업에서 수율은 기술력이고, 원가라는 말이 반복됩니다.

테스트는 대상 형태에 따라 웨이퍼 테스트전공정 단계에서 웨이퍼 상태로 검사와 패키지 테스트후공정에서 패키지 완성품 상태로 검사로 나눌 수 있습니다. 최근에는 칩 한 개의 가격이 비싸지고 고객이 요구하는 신뢰성 기준이 올라가면서, 가능한 한 웨이퍼 단계에서 양품과 불량을 먼저 가려내려는 흐름이 강해졌습니다. 더욱 자세하게는 웨이퍼 단계에서 1차로 걸러 내고, 패키지 완성 후 최종 확인을 합니다.

웨이퍼 테스트든 패키지 테스트든 중심이 되는 장비는 테스터ATE, automatic test equipment입니다. ATE 시장은 상위 업체 중심으로 움직이며, 특히 메모리 테스터는 어드반테스트Advantest, 비메모리 테스터는 테라다인Teradyne 등의 점유율이 높은 편입니다. 국내 기업들 중에서는 넥스틴, 유니테스트, 와이씨가 웨이퍼 테스트 장비를 생산하고 있습니다. 특히 와이씨는 글로벌 3위 안에 들었던 일본의 요코가와Yokogawa를 인수하면서 설립된 업체입니다. 각각의 테스트 공정에는 테스터를 보조해 주는 장비가 필요한데, 웨이퍼 테스트에서는 프로브 스테이션, 패키지 테스트에서는 핸들러가 사용됩니다. 웨이퍼 테스트의 핵심 부품에는 프로브 카드, 패키지 테스트의 핵심 부품에는 테스트 소켓이 있습니다.

웨이퍼
테스트

웨이퍼 테스트는 웨이퍼 위에 있는 수많은 다이를 테스터와 전기적으로 연결해, 설계대로 동작하는지 확인하는 과정입니다. 과거에는 공정 불량을 걸러 내는 필터의 성격이 강했지만, 지금은 칩 가격이 올라가면서 불량을 최대한 앞에서 제거하면서 공정 비용을 줄이는 목적이 더 커졌습니다. 특히 HBM처럼 적층/본딩/언더필/몰딩 등 후공정 난이도가 높은 제품은 뒤로 갈수록 되돌리기 어려워집니다. 그래서 업계 전반에서 양품 다이 확보가 중요해졌고, 그 출발점이 웨이퍼 테스트입니다.

HBM 테스트에서 특히 어려운 구간은, 해당 HBM이 요구 스펙의 대역폭으로 안정적으로 데이터를 주고받는지를 검증하는 과정입니다. 이 단계는 단순 기능 테스트를 넘어 신호 무결성, 전력 무결성, 열 조건이 맞물립니다. 그래서 장비/보드/접촉 부품의 난이도가 동시에 올라갑니다. 이 지점에서 병목이 생기면 HBM을 충분히 빨리, 많이, 확실히 검사해서 출하할 수 있는지가 생산능력을 좌우하게 됩니다.

웨이퍼 테스트의 장비는 프로브 스테이션과 테스터의 조합으로 구성됩니다. 카세트에 담겨 있는 웨이퍼는 픽 앤 플레이스^{pick & place} 장비를 통해 프로브 스테이션에 준비되어 있는 웨이퍼 척에 놓이게 되고, 웨이퍼 척이 웨이퍼의 위치를 조절하여 프로브 카드의 핀과 웨이퍼에 그려져 있는 개별 다이가 접촉하게 됩니다. HBM 공정을 기준으로 프로브 스테이션은 일본의 도쿄일렉트론과 Accretech도쿄정밀이 만들어서 일본의 어드반테스트로 공급하면, 어드반테스트는 자신의 테스터와 조합하여 메모리 업체로 공급하게 됩니다. 장비 업체들은 더 빠르게 옮기고, 더 정확히 접촉하고, 더 안정적으로 온도 및 압력을 제어하는 방향으로 프로버와 핸들러를 고도화합니다. 테크윙을 포함해 국내에서도 HBM 확산과 함께 웨이퍼/패키지 테스트 처리량을 끌어올리는 장비 경쟁이 붙는 이유가 여기에 있습니다.

프로브카드는 웨이퍼 테스트의 끝단이자 수율의 숨은 변수입니다. 패키지 제품은 솔더볼 등 접합 구조가 있어 테스트 장비와 연결하기가 상대적으로 쉽지만, 웨이퍼는 그렇지 않습니다. 웨이퍼 테스트에서는 반드시 프로브카드가 필요합니다. 프로브카드는 웨이퍼의 패드와 접촉할 수 있도록 수많은 핀탐침을 배열한 맞춤형 부품이며, 칩의 패드 배열과 피치에 따라 설계가 달라집니다. 프로브카드는 보통 프로브 팁^{tip}-인터포저-세라믹 STF 기판-메인보드 같은 계층으로 구성되고, 여

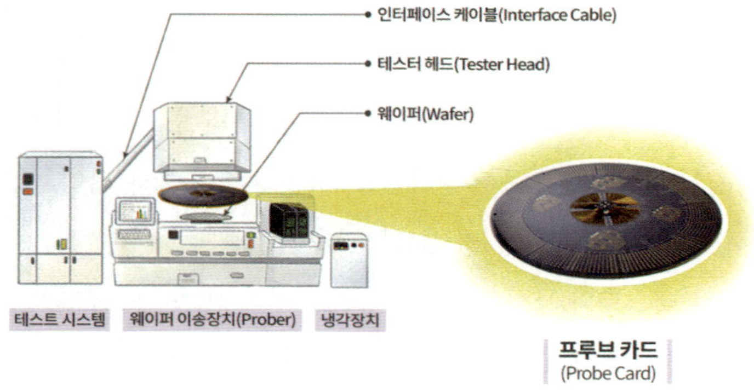

출처: SK하이닉스

기서 피치가 미세해질수록 제작 난이도가 급격히 올라갑니다. 메모리 다이에 전압을 가하면 프로브 팁이 다이로부터 전기신호를 받아 세라믹 STF 기판을 통해 인터포저로 전달하게 됩니다. 세라믹 STF 기판은 MEMS 공법을 이용하는 프로브 카드에 사용되는 고부가가치 기판이며, 국내에서는 샘씨엔에스가 만들고 있습니다.

현재 DRAM용 프로브카드 시장은 미국의 폼팩터, 일본의 MJC Micronics Japan Co.가 양분하고 있으며, 덜 미세한 공정인 NAND 시장에서 국산화가 이뤄졌습니다. NAND용 프로브 카드 시장에는 삼성전자향으로 코리아인스트루먼트, 티에스이, 피엠티(예전 마이크로프랜드)가 있고, SK하이닉스향으로 티에스이, 마이크로투나노, AMST(비상장)가 있습니다. HBM을 포함한 차세대 DRAM의 테스트 공정에 프로브 카드를 공급하기 위한 경쟁력은 결국 팁을 기판에 미세한 피치로 레이저 본딩하는 기술력에 있다고 할 수 있습니다. 에폭시를 활용하지 않고 별도의 화학 소재 레시피를 개발하여 본딩하는 것이 중요합니다.

글로벌 프로브 카드 시장은 비메모리 시장이 메모리 시장보다 더 큽니다. 웨이퍼의 칩의 배열에 따라 맞춤형으로 제작해야 하기 때문입니다. 글로벌 프로브 카드 시장에서 1위 기업은 폼팩터로 매출 구성은 비메모리용이 55%, DRAM용이 17%, NAND용이 3% 정도를 차지합니다. 이외에도 테크노프로브(이탈리아), MJC(일본), 일본전자재료, MPI(대만)가 75% 비율로 시장을 과점하고 있습니다. 최근 테크노프로브가 HBM 공급망에 진입하려는 흐름 속에 세라믹 SFT를 공급하는 샘씨엔에스의 성장이 기대되는 상황입니다.

패키지 테스트

웨이퍼 테스트에서 양품으로 판정된 칩은 패키징 공정을 거쳐 완성품이 되고, 완성된 패키지는 다시 패키지 테스트를 진행합니다. 패키지 테스트는 테스트 소켓을 통해 전기적으로 연결하기 쉬워, 웨이퍼 테스트에서 하기 어려운 항목을 더 깊게 검증할 수 있습니다. 또한 제품군에 따라 고온/저온 조건, 장시간 스트레스 등을 포함한 신뢰성 평가가 강화되는 추세입니다. 이 과정에서 함께 언급되는 것이 번인burn-in 테스트입니다. 번인 테스트는 전압과 온도로 스트레스를 주어 초기 불량을 걸러 냅니다. 과거에는 모바일 제품군 중심이었다가, 서버/AI 등 고신뢰성 요구가 커지면서 적용 논의가 확대되고 있습니다.

패키지 테스트는 일반적으로 핸들러와 테스터 조합으로 구성됩니다. 핸들러는 트레이에서 패키지를 꺼내 테스트 소켓에 정확히 안착시키고, 테스트가 끝나면 다시 분류해 담아내는 역할을 합니다. 핸들러

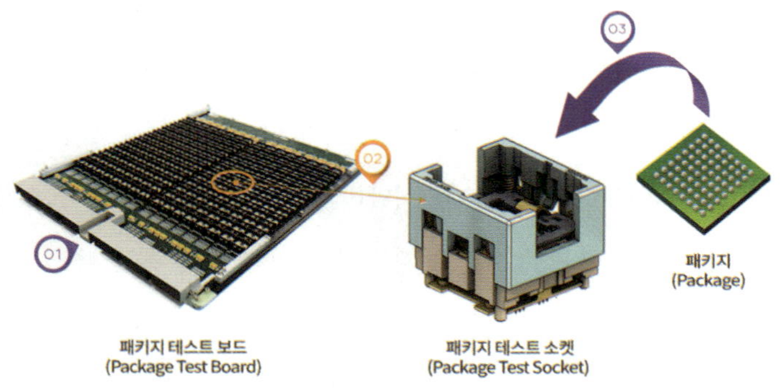

출처: SK하이닉스

시장의 규모는 메모리가 3000억 원, 비메모리가 6000억 원으로 추정됩니다. 메모리 시장에서는 테크윙이 시장점유율 70%로 1위이며, 일본의 어드반테스트와 경쟁하고 있습니다. 비메모리 시장에서는 어드반테스트, 미국의 테라다인Teradyne과 코후Cohu 등이 경쟁하고 있으며, 테크윙의 매출도 증가하고 있습니다.

테스트 소켓은 전극 접촉 방식에 따라 러버 소켓과 핀 소켓으로 구분합니다. 러버 소켓을 만드는 업체에는 ISC와 티에스이가 있고, 핀 소켓을 만드는 업체에는 리노공업, ISC, 티에스이가 있습니다. 러버 소켓과 핀 소켓은 각각 장점이 있어 시장에서는 상호 보완적으로 활용되고 있습니다. 주로 러버 소켓은 메모리에, 핀 소켓은 비메모리에 사용된다고 알려져 있지만 요즘에는 경계가 허물어지고 있습니다. 러버 소켓은 소품종 대량생산이 가능한 AP나 CIS 패키징에 주로 사용됐는데, 최근 CPU나 GPU 패키징까지 확대되고 있습니다. 핀 소켓은 금형으로 제조되어 있어 공정이 용이하고 다품종 소량생산이 가능하여 비메모리에 주로 사용됩니다. 향후 러버 소켓 기술이 더 미세한 피치를 구현할 수 있게 되거나, 핀 소켓 기술의 생산 원가가 더 저렴해진다면 둘 간의 경계는 더욱 허물어질 것으로 전망됩니다.

핀 소켓은 40년 이상 반도체 검사에 사용되어 온 방식으로 작은 프로브 핀을 전극마다 하나씩 사용합니다. 접촉 정확도가 높아 안정적인 전류 공급이 가능하고, 강도와 내구성이 높으며, 제품의 수명이 상대적으로 길다는 장점이 있습니다. 핀 소켓에서 리노공업의 기술 해자는 압도적입니다. 리노공업은 소켓에 탑재되는 핀과 스프링의 디자인부터 생산, 도금 및 조립까지 모든 공정을 내재화하고 있어 고객사가 요구하는 스펙에 맞게 핀의 수, 길이, 두께를 조절해 줄 수 있습니다.

러버 소켓은 ISC가 세계 최초로 양산화한 테스트 소켓입니다. 고무 소재인 실리콘 러버 내부에 전도성 마이크로 볼을 배치한 제품으로, 반도체 칩을 올리고 소켓을 닫아 힘이 가해지면 금 성분의 전도성 마이크로 볼이 강하게 누르면서 전도율이 높아집니다. 전기적 접촉 면적이 넓어 전류 손실이 상대적으로 적으며, 신호를 전달하는 단자의 두께가 핀 소켓보다 얇아 고주파 영역에서 우위를 보입니다. 또한 부드러운 고무 소재가 사용되어 반도체의 단자 손상을 최소화합니다.

미국에서 펼쳐질
어드밴스드 패키징의 미래 전쟁

어드밴스드 패키징의 산업 공급망 측면에서 문제점은 지리적으로 한곳에 과도하게 집중되어 있다는 점입니다. 바로 대만입니다. 미국 상무부BIS가 보고한 바에 따르면, 전 세계 AT&P(조립/테스트/패키징) 중 미국 내 비중이 2% 미만이라고 합니다. 사실상 미국 AI 반도체 생산 밸류체인에 있어 파운드리보다 골치 아픈 게 AT&P인 것이죠.

현재 미국에서 상업적 물량을 크게 소화할 수 있는 어드밴스드 패키징 역량은 인텔(자체 후공정 포함)에 쏠려 있습니다. 그러나 많은 팹리스와 하이퍼스케일 고객에게 인텔은 잠재적인 경쟁자이기도 해서, 민감한 설계/공급을 전적으로 맡기기 어렵다는 구조적 한계가 있습니다.

여기서 언급할 기업이 바로 앰코 테크놀로지Amkor입니다. 앰코는 미국에 본사를 둔 거의 유일한 글로벌 OSAT 기업이지만 인력과 유형자산의 대부분이 아시아에 있고, 게다가 미국 내 AT&P 생산능력이 없습니다. 그럼에도 미국에서 특정한 기업에 지원을 몰아주기에는 앰코가 가장 유리한 상황에 있죠.

앰코는 생각보다 역사가 오래된 회사입니다. 사실 앰코의 모태는 한국 기업으로, 1968년 대한민국 최초로 반도체 사업에 착수한 아남산업입니다. 앰코는 아남산업의 창업주인 김향수 명예회장의 장남 김주진 회장이 미국에서 R&D 및 영업을 위해 세운 '아남그룹 반도체 사업부의 미국 법인'에서 출발했습니다. 앰코라는 이름 자체가 America+Korea의 결합이죠. 1990년대 후반 IMF 때 아남그룹이 해체되면서 미국 법인이던 앰코가 아남그룹 반도체 사업 중 패키징 부분을 인수하여 현재 글로벌 2위의 OSAT 기업이 됐습니다. 반은 한국, 반은 미국 회사죠.

이 출발점이 중요한 이유는 앰코가 단순 하청 조립회사가 아니라 패키징을 산업적으로 키워 온 '후공정 엔지니어링 기업'이라는 정체성에 있습니다. 기술적으로도 앰코는 컨벤셔널 패키징부터 어드밴스드 패키징까지 스펙트럼이 넓습니다. 앞으로 AI 산업에서 A패키징의 핵심은 팬 아웃fan-out, 웨이퍼레벨WLP, 플립칩, 2.5D/3D 패키징 등일 텐데, 이들의 조합을 가장 잘하는 기업이 앰코입니다. 또 하나 중요한 포인트는 설계-패키지-테스트가 함께 움직이는 게 현재의 기술 트렌드인데, 앰코는 케이던스Cadence와의 협업을 통해 자사 패키징에 대한 설계 키트(ADK)를 제공하고, 설계 단계부터 패키징 구현성을 높여 왔습니다. 이미 미국의 큰 팹리스 업체들과 깊숙이 관여되어 있는 것이죠.

이제 본론인 미국 공장입니다. 앰코는 2025년 10월 애리조나 피오리아Peoria에 대형 패키징/테스트 공장을 추진하며, 총투자 규모를 단계적으로 최대 70억 달러로 제시했고, 1단계는 2027년 중반 완공, 2028년 초 생산 시작 계획을 밝혔습니다. 2027년은 고객이 라인 인증qualification, 초도 물량, 공급망 셋업을 진행하며 '미국 내 후공정 공급망'이 현실화되는 분기점이 될 가능성이 큽니다.

2028년은 미국 AI 반도체 산업에 있어 매우 중요한 분기점이 되는 해입니다. TSMC는 애리조나 공장에서 2나노 양산과 CoWoS 양산을,

삼성전자는 테일러 공장의 2나노 양산을 본격화하기 때문입니다. 그동안 TSMC나 삼성전자나 미국 파운드리 팹에서 웨이퍼 생산을 하더라도 각각 대만과 한국의 패키징 팹으로 가져와서 패키징을 하고 내보냈습니다. 관세 부과까지 감안하면 미국 고객 입장에서는 불리한 흐름이며 앞으로 스타게이트stargate 프로젝트와 연결하면 더더욱 미국 현지에서 패키징이 필요한 상황입니다. 그러나 TSMC와 삼성전자 입장에서는 자신들의 라인에서 후공정까지 담당하기에는 부담이 되기 때문에 앰코에 대한 의존도가 높아질 개연성이 매우 큽니다.

Chapter 08

메모리 반도체 트렌드

2024년 7월, 삼성전자의 주가는 8만 원을 넘어가면서 '9만 전자'를 기대하던 분위기였으나 그해 말, 다시 5만 원대로 추락하면서 많은 투자자에게 아쉬움과 한탄을 남겼습니다. 저는 당시 주변에 메모리 반도체 섹터에 투자할 기회라고, 우선 삼성전자와 그 밸류체인에 대해 관심을 가지자고 말하고 다녔지만 주변의 반응은 냉담했습니다. 그랬던 삼성전자가 이 글을 쓰는 현재 16만 원을 넘어서며 많은 투자자에게 부푼 꿈을 심어 주고 있습니다.

1년 사이 메모리 반도체 섹터는 무엇이 바뀌었던 걸까요? 단순하게 공급이 부족하고 메모리 가격이 상승해서 주가가 올랐다고 치부하기에는 설명이 부족하지 않나요? 가장 핵심은 AI 시대의 낙수 효과가 메모리까지 왔다는 것이고, 우리가 간과하는 AI의 메모리 수요가 매우 강력할 수 있다는 점입니다. 업계에서도 메모리의 수요가 이 정도로 강력할 줄은 예상하지 못했습니다. 그래서 몇 년간 HBM을 제외하면 이렇다 할 DRAM과 NAND에 증설이 없었습니다.

우리는 지금 AI 산업에서 메모리를 어떻게 바라봐야 할까요? 지금은 어디쯤 와 있는지 그리고 앞으로 메모리가 가야 할 미래는 무엇일까요?

AI 시대의 메모리 재정의

우리는 보통 스마트폰 용량, 노트북 램, SSD 몇 테라 같은 숫자들에 초점을 맞춥니다. 그러나 AI에서는 이보다 얼마나 빨리 끊기지 않고 공급하느냐가 중요합니다.

비유를 하나 들어 보겠습니다. 식당에서 냉장고가 큰 것도 중요하지만 그보다 재료가 들어오는 통로가 좁지 않아야 합니다. 통로가 좁으면 요리사가 아무리 많아도 요리 속도가 늦어질 수 있습니다. 〈흑백요리사〉라는 넷플릭스 컨텐츠를 보더라도 요리사가 많다고 속도가 더 빨라지거나 맛이 더 좋아지지는 않습니다. 성패를 가르는 건 의견 정리와 일을 분담하고 연결하는 것이죠. AI 가속기는 요리사이고, 메모리 대역폭은 주방으로 들어오는 급식 라인입니다. 급식 라인이 막히면 연산기는 할 일이 없어서 쉬게 됩니다. 그러면 비싼 GPU가 놀고, 전기 요금과 랙 공간만 잡아먹습니다. 투자 관점에서 말하면 TCO총소유비용가 나빠지는 것입니다.

여기서 중요한 개념이 워킹 셋working set으로 컴퓨터가 지금 당장 만지는 데이터 덩어리를 의미합니다. AI에서는 워킹 셋이 크게 두 갈래로 불어납니다. 하나는 모델 가중치로 파라미터라고도 부릅니다. 모델이 커진다는 것은 이 파라미터가 커진다는 것이고, 한 번에 읽어야 할 데이터가 커지는 것을 의미합니다. 다른 하나는 추론 시 KV 캐시KV cache, LLM이 텍스트를 생성할 때, 이전 단계에서 계산된 key와 value값을 저장해 두고 재활용하여 추론 속도를 획기적으로 높이는 메모리입니다. 대화가 길어질수록 메모리에 쌓아 두는 중간 결과가 늘어납니다. 결국 AI는 저장을 많이 하는 산업이면서 메모리에서 읽어 오는 산업이 됩니다. 그래서 메모리는 '저장'이 아니라 '공급'이 됩니다.

메모리의
계층 구조

먼저 DRAM과 NAND의 차이에 대해 설명하겠습니다. DRAM은 휘발성 메모리로 전원을 끄면 내용이 사라지는 대신 연산이 매우 빠릅니다. CPU나 GPU가 일을 할 때 바로 옆에 두는 작업대에 가깝습니다. 반면 NAND는 비휘발성 메모리로 전원을 꺼도 내용이 남아 저장됩니다. SSDsolid state drive의 핵심 재료이기도 한 NAND는 DRAM보다는 느리지만 싸고 용량이 큽니다. 그래서 창고 역할을 하게 됩니다.

AI 서버에서의 DRAM/HBM은 연산이 멈추지 않게 공급하는 층이라면, NAND/SSD는 학습/추론에 쓸 데이터 원천을 담아 두는 층입니다. 그래서 AI에서 메모리는 계층 구조로 이해해야 합니다. 컴퓨터 안에는 기억 장치가 한 종류만 있는 게 아닙니다. 가까울수록 대역폭이 크고 가격이 비싸며, 용량이 작습니다. 반대로 멀수록 느리지만 가격이 싸고 용량이 큽니다.

- 레지스터/캐시(L1/L2/L3): 칩 안쪽에 있는 온칩 SRAM이 대표적입니다. 가장 가깝고 가장 빠르지만, 용량이 아주 작습니다.

- HBM: GPU 옆에 바짝 붙는 초고대역 메모리입니다. 가까이 붙여서 넓게 공급하는 방식입니다.

- 서버 DRAM(DDR): CPU/서버 메모리로 쓰이는 일반 DRAM입니다. 용량은 크지만 HBM만큼 가깝지는 않습니다.

- SSD(NAND): 대용량에 빠른 저장이 장점입니다. 다만 RAM보다는 느립니다.

- HDD: 더 싸고 더 큰 저장이 장점입니다. 대신 속도와 지연 시간 면에서 불리합니다.

AI가 훈련의 시대에서 추론의 시대로 전환되면서 메모리의 계층이 분화하고 수요도 증가하고 있습니다. 예를 들어, 초기에 엔비디아의 GPU로 LLM을 훈련시킬 때는 한 번에 대용량의 데이터를 연산시키는 게 중요해서 HBM의 존재에만 집중했습니다. 학습시켜야 할 파라미터

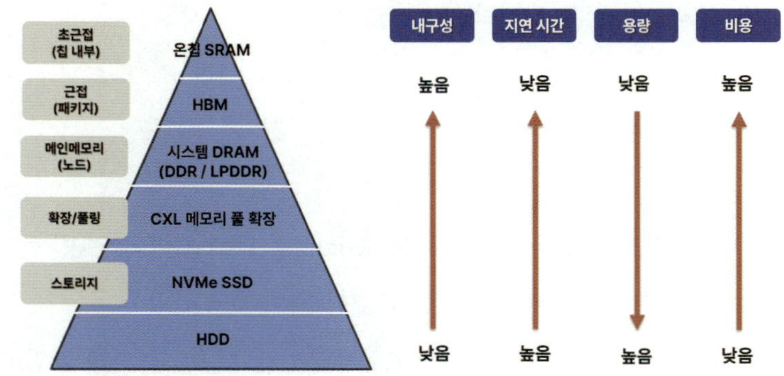

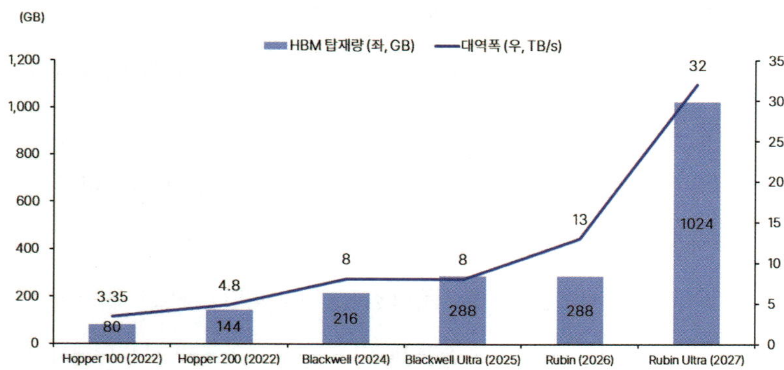

의 크기가 커질수록 GPU의 연산은 올라가는데, GPU의 연산력을 높이기 위해서는 파운드리의 미세화를 통해 트랜지스터 수를 크게 늘려야 합니다. 엔비디아는 2027년에 생산될 루빈 울트라 GPU 아키텍처의 트랜지스터 수를 5000억 개로 예상합니다. 2025년산 블랙웰 울트라 GPU 아키텍처의 트랜지스터 수는 2000억 개였습니다.

연산력이 높아진 만큼 연산 속도가 빨라지기 때문에 이를 받쳐 줘야 하는 HBM의 대역폭도 커져야 합니다. 블랙웰 울트라에는 HBM3e 12단이 탑재되며 총탑재량은 288GB이고, 루빈 울트라에서는 HBM4e 16단이 탑재되며 총탑재량은 1TB(=1,024GB)입니다. 탑재량은 다음의 계산법으로 구할 수 있습니다.

HBM의 탑재 수×단 수×다이당 용량

블랙웰 울트라는 8개 탑재×12단×3GB로 총 288GB이고, 루빈 울트라는 16개 탑재×16단×4GB로 1,024GB가 됩니다.

이렇게 엔비디아 사양이 높아지고 HBM의 탑재량도 커지게 되면 비용 관점에서는 불리하겠죠. 그래서 소프트웨어 관점에서 최적화를 해 주는 방법이 데이터를 자주 쓰는 것과 덜 자주 쓰는 것을 구분하고, 이에 대응되는 메모리에 계층을 두는 겁니다. 앞서 설명했듯 계층 구조상 메모리는 대역폭이 커질수록 용량은 작아지는 특성이 있습니다. 그런데 AI 연산은 대역폭과 용량 모두 커져야 하거든요. 그럼 어쩔 수 없이 더욱 메모리를 세분화할 수밖에요. HBM과 DDR 사이에 GPU와 친화적인 SOCAMM small outline compression attached memory module, LPCAMM low power compression attached memory module을 끼워 넣습니다. 그리고 DDR과 SSD 사이에는 CXL compute express link을 끼워 넣습니다. 이렇게 하면 메모리의 수요가 생기게 되고 범용 메모리의 가격까지 상승하는 것입니다.

요즘 '메모리 센트릭'이란 말이 자주 등장합니다. AI 시대에 컴퓨팅 성능의 핵심이 GPU에서 메모리로 이동하는 기술/산업적 패러다임을 의미합니다. 모델이 커지고 데이터 요구량이 늘면서 GPU만으로는 한계가 있어 고성능 메모리가 병목을 해결하는 핵심이 되고 있습니다. AI 산업의 중심이 '훈련'에서 '추론'으로 옮겨 가며 데이터의 학습보다는 저장, 관리, 접근 속도가 중요해졌기 때문입니다.

SSD vs HDD:
데이터의 온도

모든 저장장치가 HDD hard disk drive에서 SSD로 넘어갈 것처럼 보이던 시기가 있었습니다. SSD는 빠르고 지연 시간이 짧아 저장을 마치 메모리처럼 만들었고, 데이터센터도 그 방향으로 진화하는 듯했습니다. 하지만 AI가 데이터센터의 주인공이 되면서 저장의 세계는 정교한 역할

분담으로 재편되고 있습니다. 저장은 여전히 속도만이 아니라 가격과 용량의 세계이기 때문입니다.

SSD는 자주 꺼내 쓰는 데이터를 위한 장치입니다. 여기저기 흩어진 작은 파일을 빠르게 읽고 쓰기 때문에 서비스의 응답 속도를 좌우하는 실시간성에 적합합니다. 반면 HDD는 느리지만 같은 비용으로 훨씬 큰 용량을 확보할 수 있습니다. 이미지/영상 같은 거대한 원천 데이터, 계속 쌓이는 로그, 장기 보관이 필요한 백업과 아카이브처럼 언젠가 필요하지만 늘 꺼내 쓰지는 않는 데이터에 유리합니다.

AI는 이 구도를 더 분명하게 했습니다. AI가 커질수록 데이터는 폭발적으로 늘어납니다. 학습 데이터, 서비스 운영 로그, 멀티모달 콘텐츠, 기업 내부 문서 그리고 국가별 규제로 인해 중복 저장되는 주권 데이터까지 합쳐지면 데이터센터는 거대한 창고가 필요해집니다. 동시에 AI 서비스가 확대되면서 빠르게 꺼내야 하는 데이터도 늘어납니다. 벡터 검색을 위한 인덱스, 자주 참조되는 메타데이터, 최근 작업 중인 데이터 조각은 '뜨거운 데이터hot data'로서 SSD에 올라가야 합니다. 반면 오래된 원천 데이터나 장기 로그는 '차가운 데이터cold data'로서 HDD에 남아 있는 편이 합리적입니다. AI는 저장장치 간 경쟁을 끝내는 것이 아니라, 데이터의 온도에 따라 저장 계층을 더 굵게 키운 셈입니다.

메모리 사이클의 진짜 원인

　대부분의 투자자는 메모리 사이클을 수요가 늘면 가격이 오르고, 수요가 줄면 가격이 내린다 정도로 단순하게 이해합니다. 그러나 메모리 가격이 만들어 내는 큰 파도는 수요만으로는 설명되지 않습니다. 메모리의 진짜 사이클은 CAPEX의 시간 지연, 재고의 증폭 효과, 고객 조달 방식의 게임이 동시에 맞물리며 발생하는 구조적 현상에 가깝습니다.

　메모리는 대표적인 자본 집약 산업입니다. 공장을 짓고 장비를 깔고 공정을 안정화해 의미 있는 수율을 얻기까지 걸리는 시간은 투자자의 체감보다 훨씬 느립니다. 여기에 산업 특유의 심리가 더해집니다. 호황기에는 증설하지 않으면 점유율을 잃는다는 공포가, 불황기에는 줄이지 않으면 가격이 더 무너진다는 공포가 커집니다. 문제는 업계 전체가 같은 신호를 보고 같은 결론으로 기울어지는 순간 CAPEX는 한 방향으로 몰립니다. 그래서 시장은 생각보다 훨씬 큰 공급 과잉과 공급 부족을 경험하면서 가격의 변동성이 커지는 특성이 있습니다.

　수요는 분명 사이클을 촉발하는 신호지만, 사이클을 결정짓는 것은 공급의 반응 속도와 업계가 동시에 움직이는 집단적 의사결정입니다.

메모리의 가격 사이클을 이해하기 위해서는 전방 시장의 수요를 읽는 것과 함께 CAPEX가 어디로 몰리고 있는지, 재고가 시장에 어떤 레버리지로 작동하는지 그리고 고객들이 조달 전략을 어떻게 바꾸며 가격을 흔드는지를 함께 읽어 내는 것이 필요합니다.

메모리의 가격

DRAM 가격을 검색했을 때 즉시 찾아드는 혼란은 가격이 하나가 아니라는 데서 옵니다. 기사에 따라 현물가가 올랐다고도 하고, 계약가가 올랐다고도 합니다. 여기에 고정 거래 가격과 기업 실적 발표에서 말하는 ASP^{평균 판매 단가}도 있습니다. 이 네 가지 가격을 구분해서 이해해야 합니다.

현물가^{spot}는 소량 거래로 형성되는 즉시 가격이라 변동성이 크고, 업황의 심리를 가장 먼저 반영하는 체온계에 가깝습니다. 고정 거래 가격^{contract price}, 월간 벤치마크은 'DRAMeXchange' 등이 대표 규격(예: DDR5 16GB)을 기준으로 매달 제시하는 '표준 계약 가격'으로, 현물가보다 덜 요동치지만 업황 방향을 빠르게 보여 주는 기준선 역할을 합니다. 계약가는 삼성전자/SK하이닉스 같은 공급업체가 실제 고객사와 물량/스펙/납기/조건을 넣어 협상해 정하는 납품 단가로, 뉴스에서 말하는 분기 협상의 실체이자 기업 실적과 더 가까운 가격입니다. ASP는 한 분기 동안 회사가 실제로 출하한 제품이 전부 섞인 평균 단가입니다. HBM/서버/모바일/그래픽, DDR4/DDR5의 믹스와 고객 조건이 모두 반영되기 때문에 가장 현실적이지만 가장 후행적인 지표에 해당합니다. 즉 현물가가 먼저 변동하고, 벤치마크 고정 거래 가격이 방향을 잡고, 고객 계약가에서 확정되며, ASP로 실적에 찍혀 확인되는 순서로 읽히게 됩니다.

재고가와
주문

메모리 사이클에서 가장 큰 증폭기는 재고입니다. PC 판매나 스마트폰 출하, 서버 증설 같은 최종 수요는 비교적 완만하게 움직이는 반면, 메모리 주문은 훨씬 더 급격하게 출렁입니다. 호황 초입에는 나중에 못 구하면 생산과 판매가 멈춘다는 공포가 생겨 필요 이상으로 주문을 당겨 넣고, 불황 초입에는 창고에 쌓인 것부터 쓰자는 판단이 들어가며 주문을 급격히 줄입니다. 공급이 타이트해지면 납기가 늘어나고, 납기가 늘어날수록 고객은 안전 재고를 더 쌓으려 하며, 이 과정이 다시 수급을 더 타이트하게 해 공포 주문을 증폭시킵니다. 그래서 최종 수요가 10%만 흔들려도 주문은 20~30% 흔들리는 일이 흔하고, 그 충격이 그대로 가격과 실적 변동성으로 전이됩니다.

중요한 포인트는 재고가 하나가 아니라는 데 있습니다. 현업에서 재고는 보통 네 가지 층으로 나뉩니다. 먼저 세트업체(완제품 업체) 재고입니다. PC/스마트폰/서버를 만드는 OEM/ODM은 생산 계획을 맞추기 위해 부품을 들고 있어야 하고, 특히 생산 라인이 멈추는 것을 가장 두려워합니다. 다음은 유통/채널 재고입니다. 메모리를 직접 사기 어려운 중소 고객이나 단기 수요에 대응해야 하는 고객은 유통사를 통해 조달하는데, 유통사는 가격이 오를 것 같으면 선매입으로 재고를 늘리고 가격이 꺾이면 재고를 빠르게 줄이거나 시장에 풀어 버리며 변동성을 키우는 경우가 많습니다. 다음은 메모리 업체(제조사) 재고입니다. 제조사는 웨이퍼 투입부터 완제품 출하까지 시간이 걸리고 공정을 멈추기 어렵기 때문에 수요가 꺾여도 재고가 일정 기간 쌓이는 구간이 생깁니다. 여기에 눈에 잘 보이지 않지만 큰 비중을 차지하는 것이 파이프라인(운송/테스트/패키징 중인 재고)입니다. 물류와 테스트/패키징 리드 타임이 길어질수록, 장부상 재고와 체감 재고의 괴리가 커지고 의사 결정이 더 늦어집니다.

그렇다면 현업에서는 재고를 어떻게 확보할까요? 기본은 '수요 예측 → 안전 재고 설정 → 발주'의 루틴입니다. 세트업체는 BOM^{bill of materials}, 부품 목록과 생산 계획에 맞춰 몇 주치의 재고를 가져갈지를 정하고, 납기가 길어지면 그 기준을 올립니다. 큰 고객—특히 서버/클라우드—은 아예 제조사와 장기 공급 프레임(LTA, 분기 협상 포함)을 두고 물량을 확보하는 경우가 많습니다. 반면 수요가 들쑥날쑥하거나 규모가 작은 고객은 유통 채널을 통해 탄력적으로 조달합니다. 이때 시장이 불안해지면 고객들은 공통적으로 '플랜 B'를 가동합니다. 한쪽에서는 계약 물량을 더 잠그고, 다른 쪽에서는 현물/유통에서 비상 물량을 얹어 리스크를 줄이려 합니다. 결국 재고는 단순히 남는 물건이 아니라, 불확실한 납기와 가격을 상대로 한 보험이자 사이클을 키우는 레버리지가 됩니다.

그래서 메모리 사이클을 제대로 읽으려면 재고 여부만으로는 부족합니다. 어느 층의 재고가 움직이는지를 봐야 합니다. 세트업체 재고가 줄어드는 국면은 생산이 정상화되며 발주가 다시 살아날 여지가 있지만, 유통 재고가 쌓이는 국면은 가격 기대가 꺾일 때 급격한 재고 소진으로 이어질 수 있습니다. 제조사 재고가 늘어나는 국면은 공급이 수요를 앞섰다는 신호로 가격 압박이 커질 수 있습니다. 같은 재고 증가라도 어디에서 쌓였는지에 따라 다음 분기의 주문과 가격 방향은 전혀 다르게 흘러갑니다.

장기 공급계약과 믹스 전환

AI 시대에는 조달 방식의 변화가 강하게 나타납니다. 예전의 범용 메모리는 대체로 필요할 때 사면 됐으나 HBM처럼 대체가 어렵고 공급이 제한적이며 시스템 설계와 함께 움직이는 품목은 이야기가 다릅니다. 고객 입장에서는 가격보다 더 무서운 것이 물량을 못 받는 겁니다. 이에 시장은 점점 장기 공급계약LTA과 선점물량 락인 중심으로 재편되고 있습니다. 즉 단기 가격 신호에 따라 흔들리는 주문이 줄어드는 구간이 생기고, 대신 몇 분기, 몇 년치까지 물량을 묶어 두는 행동이 늘어납니다.

이 변화는 사이클을 단순히 완화시키는 것에서 끝나지 않고, 분리시키기도 합니다. HBM은 장기 계약으로 물량이 사실상 고정되며 별도의 궤도로 움직이는 반면, 그 밖의 범용 DRAM/NAND는 여전히 경기와 재고, 유통 채널의 움직임에 따라 출렁입니다. 그 결과 메모리 업황은 장기 계약으로 견조한 파도와 전통적 재고 사이클의 파도가 겹쳐지는 이중 구조에 가까워집니다. 투자자로서는 변동성이 줄었다고 느끼면서도, 특정 구간에서는 오히려 더 불규칙하게 보이는 이유가 여기에 있습니다.

여기에 더해 AI 시대의 사이클은 이제 '수요 vs. 공급'의 단순한 합산이 아니라, 무엇을 얼마나 만들 것인가의 믹스가 가격을 바꾸고 있습니다. 메모리 업체가 고마진 제품(HBM, DDR5 등)에 생산능력을 우선 배정하면, 저마진 레거시(DDR4, LPDDR4 등)는 의도적으로 줄어들 수 있습니다. 그러면 최종 수요가 폭발하지 않더라도 특정 세그먼트는 갑자기 타이트해지고, 가격이 급등하는 일이 생깁니다. 전체 수요가 좋아서 오르는 게 아니라, 공급이 이동해 생긴 가격 상승일 수 있다는 뜻입니다.

이번 사이클이
과거와 다른 이유

이번 사이클이 과거와 다른 이유는 겉으로 보이는 가격 움직임 뒤에 공급이 흔들리는 방식과 수요가 들어오는 경로가 달라졌기 때문입니다. 그 결과 메모리 시장은 예전과 달리 서로 다른 성격의 파도가 겹쳐지는 구조로 바뀌고 있습니다.

첫째, 선단 공정 전환 비용이 '공급 충격'을 만들 수 있는 환경이 됐습니다. 메모리 전공정 로드맵의 핵심은 단순한 미세화 경쟁이 아니라, EUV 확대와 셀 구조 개선처럼 공정 난이도를 끌어올리는 방향으로 전개됩니다. 문제는 전환 과정이 항상 매끄럽지 않다는 데 있습니다. 신규 노드 초기에는 수율이 불안정해 판매 가능한 칩이 줄어들 수 있고, 라인 전환을 위해 레시피를 바꾸거나 장비 셋업을 조정하는 동안 단기 출하가 출렁이기도 합니다. 이제는 CAPEX를 볼 때 그 CAPEX가 증설인지, 공정 전환인지까지도 함께 봐야 합니다. 전환 CAPEX는 단기적으로 공급을 줄여 가격을 떠받치지만, 시간이 지나면 비트 성장을 다시 키워 다음 국면의 공급을 넓힐 수 있기 때문입니다.

둘째, AI가 수요를 키우는 방식 자체가 이중적입니다. AI는 분명 메모리 수요를 구조적으로 확대시키는 동력이지만 변동성의 관점에서 보면 AI는 한쪽에서는 사이클을 완화시키고, 다른 한쪽에서는 오히려 불규칙성을 키웁니다. HBM처럼 대체가 어렵고 시스템 설계와 맞물리는 품목은 고객이 장기 공급계약으로 물량을 잠그면서 수요가 상대적으로 안정화되는 반면 데이터센터 CAPEX는 기업의 투자 결정, 정책/규제, 전력 인프라, 거시 환경에 따라 덩어리로 움직이는 수요입니다. 한 번 속도가 붙으면 주문이 급격히 몰리고, 꺾이면 조정도 크게 나타날 수 있습니다.

HBM과 서버용 고부가 DRAM은 장기 계약과 공급 제약이 결합되며 견조한 궤도를 만들 수 있지만, 범용 DRAM과 NAND는 여전히 재고와 경기, 유통 채널의 움직임에 크게 좌우됩니다. 따라서 이번 사이클을 읽는 핵심은 수요 지표 하나를 맞히는 것이 아니라 공정 전환이 만든 단기 공급 공백, AI CAPEX의 전체적인 움직임 그리고 제품 믹스가 만들어 내는 세그먼트별부문 제품별 수급 분리를 함께 해석하는 데 있습니다.

메모리 전공정 로드맵

　메모리 전공정 로드맵은 얼핏 보면 몇 나노로 내려갔나, 몇 단까지 쌓았나 같은 기술 경쟁의 연대기처럼 보이지만 원가와 수율이 바뀌는 지점이 곧 사이클과 이익률의 변곡점이 되기에 투자자는 이 로드맵을 읽어야 합니다. 같은 CAPEX라도 단순 증설인지, 세대 전환을 위한 전환 투자인지에 따라 단기 공급이 흔들리고 비트 성장이 달라지며, 그 결과 가격과 실적의 궤적도 변합니다. 전공정의 변화는 곧 공급 곡선을 바꾸는 물리적 사건입니다.

　특히 AI 시대의 메모리는 제품 믹스가 빠르게 고도화되는 만큼, 전공정 로드맵이 더 직접적으로 돈과 연결됩니다. DRAM은 미세화가 어려워질수록 EUV 확대, 재료/구조 혁신, 결함 제어 능력이 수율과 원가를 가르고, NAND는 고단화로 갈수록 식각/증착/CMP/검사/계측 같은 공정 부담이 기하급수적으로 커집니다. 그래서 전공정 로드맵은 다음 세대가 온다는 선언이 아니라, 언제부터 얼마나 빠르게 안정화되느냐 그리고 그 과정에서 어느 구간에서 공급이 일시적으로 줄거나 늘 수 있느냐를 읽는 지도에 가깝습니다. 이제부터는 DRAM과 3D NAND가 왜 점점 더 어려워지고 있는지를 기술적으로 설명드리겠습니다.

DRAM
로드맵

DRAM 로드맵을 이해하는 가장 좋은 출발점은 DRAM이 단순히 더 작게 깎으면 끝나는 반도체가 아니라는 사실입니다. DRAM 셀은 트랜지스터 1개와 커패시터 1개로 이루어진 1T1C 구조로 설명되곤 합니다. 그런데 미세화가 어려운 이유는 트랜지스터를 줄이는 순간 문제가 끝나지 않기 때문입니다. 셀이 작아질수록 커패시터가 담을 수 있는 전하량이 줄어들기 쉬운데, 전하량이 줄면 데이터가 빨리 새는 리텐션 문제가 커지고, 읽고 쓰는 동작의 안정성도 흔들립니다. 그래서 DRAM의 스케일링은 선폭 축소 게임이라기보다, 같은 면적에서 저장 성능을 유지하기 위한 재료/구조의 싸움에 가깝습니다.

이 지점에서 자주 등장하는 키워드가 EUV극자외선 노광입니다. EUV는 13.5nm로 DUV의 193nm보다 짧은 파장의 빛으로 회로를 그려, 한 번의 노광으로 패턴을 형성하여 DUV의 멀티 패터닝의 부담을 줄여 줍니다. 멀티 패터닝이 줄어들면 공정 단계가 감소하고, 그만큼 결함이 생길 확률과 공정 시간, 비용이 낮아집니다. 중국의 SMIC는 EUV 장비가 없어서 여전히 DUV의 멀티 패터닝 방식으로 미세 패턴을 구현하고 있습니다. 아무래도 EUV 없이는 한계가 있겠죠.

다만 EUV가 만능 열쇠는 아닙니다. 장비 자체가 매우 비싸고 공정 조건이 민감하며, 무엇보다 결함과 변동성을 억제하는 것이 쉽지 않습니다. 그래서 최근 DRAM 전공정 로드맵에서는 단지 EUV를 쓰는 것

외에, 미세화의 물리적 한계를 재료 공학으로 해결하려는 노력이 중요해지고 있습니다. 커패시터의 유효 저장량을 유지하기 위한 유전막/전극 재료, 누설을 줄이기 위한 계면 제어, 미세 패턴의 균일도를 유지하기 위한 공정 레시피가 모두 원가와 수율을 좌우합니다. 장비 업체들이 DRAM 스케일링의 해법으로 반복해서 '재료 공학'을 강조하는 이유도 결국 여기에 있습니다.

또 하나 투자자들이 자주 헷갈리는 부분이 노드 표기입니다. 기사에서 1a, 1b, 1c 같은 표현을 보면 그게 몇 나노냐는 질문이 나오지만, 결론적으로 정확한 나노 숫자를 공개하지 않는 대신, 세대 전환을 상징하는 업계의 세대 표기로 이해하는 편이 좋습니다. DRAM은 셀 구조와 공정 조건이 너무 복합적이어서, 선폭 숫자 하나로 경쟁력을 설명하기 어려워졌습니다. 그래서 이 표기는 보통 집적도^{bit density} 개선, 전력 효율, 수율 안정화, 생산성 같은 요소가 묶여 있는 세대의 묶음을 의미합니다. 투자 관점에서 이 세대 표기의 핵심은 다음 세대로 갈수록 비트당 원가가 내려갈 여지가 생기고, 무엇보다 수율이 안정화되는 시점에 이익 레버리지가 크게 열린다는 점을 생각해야 합니다.

3D NAND
로드맵

NAND는 DRAM과 달리 평면에서 선폭을 줄이는 방식만으로는 한계에 일찍 도달하여, 업계는 미세화를 위해 2차원(평면)에서 3차원(적층)으로 옮겼고, 오늘날 NAND 로드맵을 설명할 때 가장 직관적인 숫자는 몇 단^{layer}을 쌓았는가가 됐습니다. 단수가 늘어날수록 같은 면적에서 더 많은 비트를 만들 수 있으니, 겉으로 보면 단수 경쟁은 단순한 높이 올리기 게임처럼 보입니다. 그러나 실제 제조 현장에서는 단수가 늘어나는 순간 전공정 난이도가 갑자기 높아집니다. 3D NAND는 수직으로 채널 홀을 아주 깊고 가늘게 뚫은 뒤 그 안에 여러 층의 구조를 균일하게 형성해야 하는데, 단수가 늘수록 식각은 더 깊어지고 공정 균일도 관리가 극한으로 가기 때문입니다. 결과적으로 고단화는 원가를 낮추기 위한 길인 동시에 공정 난이도를 끌어올려 장비/시간/수율 관리의 부담을 크게 만듭니다.

이 때문에 3D NAND의 기술 경쟁은 몇 단이라는 숫자 뒤에 숨은 공정 역량의 경쟁이기도 합니다. 삼성전자가 9세대 V-NAND에서 286단을 언급하며 고단화 흐름을 공개적으로 설명한 것은 NAND가 결국 적층을 통해 원가 경쟁력을 확보해 왔고 앞으로도 그 경로를 밟을 것이라는 것을 시장에 다시 확인시켜 준 것입니다. 또 SK하이닉스가 이야기한 321단 QLC NAND처럼 '300단+' 구간은 NAND가 단순한 저장장치를 넘어 AI 데이터센터의 고용량 스토리지와 직접 연결되는 방향으로 진화하고 있음을 시사합니다. 데이터센터에서 필요한 것은 단순 용량이 아니라 전력/비용 효율까지 포함한 총소유비용TCO이고, 고단화와 고비트화는 그 지점을 겨냥한 전략이 됩니다.

여기서 함께 등장하는 용어가 TLC와 QLC입니다. NAND는 셀 하나에 몇 비트를 저장하느냐에 따라 제품군이 나뉘는데 TLC triple-level cell는 셀 하나에 3비트를, QLC quad-level cell는 셀 하나에 4비트를 저장합니다. 셀 하나에 저장하는 비트가 많을수록 같은 면적에서 더 많은 데이터를 담을 수 있어 원가 측면에는 유리하지만, 저장 상태를 더 촘촘하게 나눠야 하므로 속도와 수명 측면에서 부담이 커지고 오류 정정ECC과 제어 로직의 중요성이 급격히 올라갑니다. 그래서 QLC 확대는 단순히

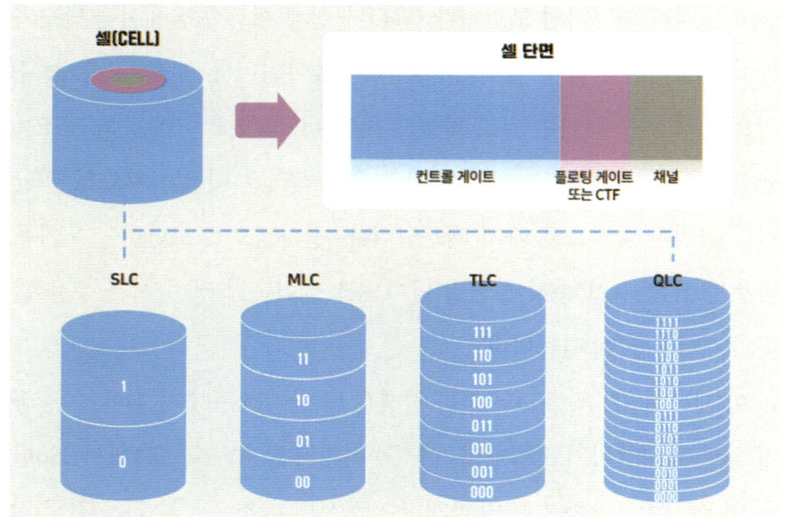

출처: SK하이닉스

더 싸게 만든다가 아니라 컨트롤러와 펌웨어, 캐시 구조, 오류 정정 설계를 포함한 시스템 레벨의 제품 전략으로 이해해야 합니다.

결국 NAND 전공정 로드맵은 '몇 단을 쌓을 것인가'로 끝나지 않습니다. 단수와 비트 그리고 목표 시장(클라이언트용 vs 엔터프라이즈 SSD)이 함께 맞물리며 기술과 제품이 동시에 진화합니다. 이제 300단 시대는 공정 난이도와 원가 곡선 그리고 데이터센터 스토리지 전략이 함께 움직이는 구간입니다.

스케일업을 어떻게
정의할 것인가

스케일업
vs. 스케일아웃

AI 서버는 스케일업과 스케일아웃 방식으로 커집니다. 먼저, 스케일업scale-up은 한 대(또는 한 랙) 안에서 GPU들을 최대한 촘촘히 묶어 거의 한 몸처럼 움직이게 만드는 방식입니다. 모델을 여러 GPU에 쪼개 학습할수록 GPU 간 데이터 교환이 폭증하는데, 이때 내부 연결이 느리면 GPU가 계산을 멈추고 기다리게 됩니다. 스케일업은 기다림을 줄여 주는 쪽입니다. 반면 스케일아웃scale-out은 서버(노드)를 많이 늘리고 네트워크로 연결해 전체 처리량을 키우는 방식입니다. 여기서는 이더넷/인피니밴드 같은 네트워크가 주인공입니다. 정리하면, 스케일업은 짧고 굵은 내부 연결이라면, 스케일아웃은 멀리 보내는 외부 연결의 게임입니다. NVLink와 CXL은 이 중에서도 특히 스케일업을 어떻게 정의하느냐에서 서로 다른 역할을 맡습니다.

NVLink:
내부 고속도로

출처: 엔비디아

NVLink는 엔비디아가 오랫동안 밀어 온 GPU 간 고대역폭 연결입니다. 비유하면, 도시 밖으로 나가는 고속도로가 아니라 도시 내부에 깔린 전용 고속도로에 가깝습니다. AI 학습에서 중요한 통신은 대부분 가까운 곳에서 짧은 시간에 많이 오가야 하는데, NVLink는 그 요구에 맞춰 설계된 연결입니다.

NVLink의 포인트는 GPU-to-GPU 대역을 넓게 잡아 병렬 학습에서 통신 병목을 줄이는 겁니다. 스위치NVSwitch와 결합하여 GPU 수가 늘어날수록 서로 다 연결되는 구조를 만들어 냅니다. 결과적으로 사용자는 여러 GPU를 하나의 큰 가속기처럼 다루는 경험을 얻게 됩니다.

여기서 한 단계 더 흥미로운 변화가 최근에 등장했습니다. 엔비디아가 'NVLink Fusion'이라는 이름으로, NVLink 패브릭을 더 확장하

엔비디아 NVLink

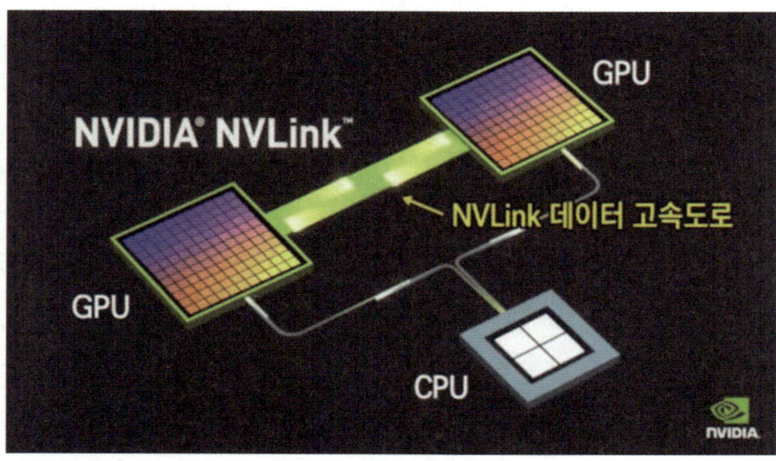

출처: 엔비디아

려는 움직임을 보입니다. 'NVLink 패브릭'은 엔비디아가 개발한 GPU/CPU를 위한 초고속 상호 연결 아키텍처로, 여러 프로세서를 마치 하나의 거대한 프로세서처럼 작동하게 하여 데이터 병목 현상을 해결하려는 방식입니다. 엔비디아는 블랙웰 GPU와 그레이스 CPU에 경쟁사 CPU/AI 칩을 섞어 반맞춤semicustom의 시스템을 만들 수 있도록 합니다. 엔비디아는 블랙웰 GPU 아키텍처부터 랙 스케일로 GB100/GB200/GB300 형태로 판매하고 있으며, 차세대 루빈 GPU 아키텍처에서도 베라 CPU와 연결해 VR100/VR200/VR300 형태로 판매하는 전략을 취합니다. 엔비디아가 AI 데이터센터 플랫폼 회사로 거듭난 만큼 NVLink 역시 엔비디아 내부 전용이라는 인식에서 '생태계 레이어'로 바뀔 여지가 생긴 셈입니다.

CXL:
서버 내부의 공용 언어

CXLcompute express link은 한마디로 CPU와 가속기 그리고 메모리를 더 유연하게 붙이기 위한 표준 연결입니다. 핵심은 데이터를 옮기는 선이 아니라, 메모리를 공유/확장하는 규칙에 있습니다.

일반인 관점에서 CXL을 가장 쉽게 이해하는 방식은 이렇습니다. 예전 서버는 메모리가 CPU 옆에 고정되어 있고, 부족하면 서버 자체를 바꾸거나 노드를 더 사야 했습니다. CXL은 메모리를 외장화하여 필요에 따라 확장하거나 여럿이 풀처럼 공유(메모리 풀링)하는 그림을 가능하게 합니다. 이때 중요한 개념이 일관성coherency입니다. 저 메모리에 있는 값이 최신인지를 시스템이 보장해야 단순한 저장장치가 아니라 메

CXL 1.1 vs CXL 2.0 vs CXL 3.0

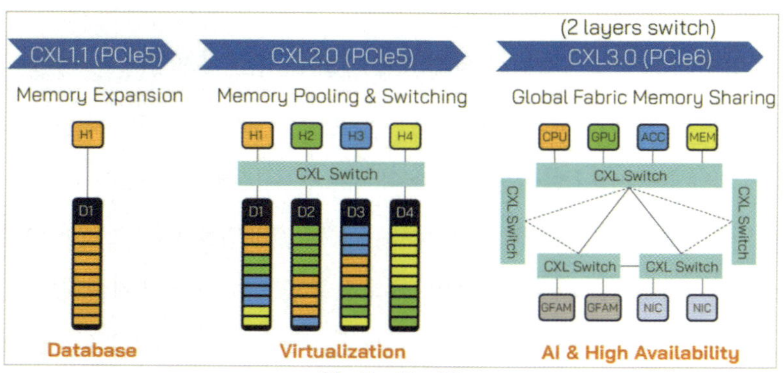

출처: AEWIN

모리처럼 쓸 수 있습니다.

표준도 진화해 왔습니다. CXL 컨소시엄의 발표에 따르면 CXL 2.0
은 메모리 확장/풀링을 위한 장치 생태계를 키우는 방향에서 스위칭
switching 같은 요소를 포함했다고 설명합니다. 그리고 CXL 3.0은 한 단계
더 나아가 패브릭 기반, 멀티-레벨 스위칭, 여러 호스트가 자원을 공유
하는 구조까지 확장하는 방향이 강조됩니다. 쉽게 말해서 한 대 서버의
확장을 넘어, 서버들 사이의 자원 재배치까지 염두에 둔 설계입니다.

겉으로 보면 둘 다 연결의 방식이지만, 지향점이 서로 다릅니다.
NVLink는 GPU끼리의 '연산 동기화'에 최적화된 내부 고속도로에 가
깝습니다. 학습처럼 GPU 간 통신이 폭발하는 구간에서 성능을 지키는
데 강합니다. 반면 CXL은 메모리를 자원으로 재배치하는 공용 규칙에
가깝습니다. 용량의 벽, 비용의 벽을 넘기 위해 메모리를 더 싸고 유연
하게 쓰려는 쪽입니다.

그래서 현실에서는 경쟁이라기보다 계층이 다른 보완 관계가 되기
쉽습니다. 예를 들어 AI 데이터센터에서 가장 빠른 메모리는 HBM이

지만 모든 데이터를 HBM에 올리기엔 비용이 비쌉니다. 그사이 어딘가에 덜 뜨거운 데이터 혹은 덜 자주 쓰는 데이터를 둘 계층이 필요해지고, 이때 CXL 기반 메모리 확장/풀링이 매력적인 선택지로 떠오를 수 있습니다. 반면 GPU끼리 당장 매번 동기화해야 하는 통신은 여전히 NVLink 같은 초고속 내부 연결이 중요합니다.

CXL 축은 메모리의 방식이 바뀌는가의 문제입니다. CXL 2.0에서 3.0으로 변화에서 강조되는 스위칭/패브릭/공유 구조는 단순히 확장 카드 하나 더 생기는 게 아니라 데이터센터 자원 배치 자체를 바꿉니다. 이 방향이 현실화되면 CPU 플랫폼뿐 아니라 스위치/장치/소프트웨어까지 한꺼번에 생태계가 열리는 구조가 됩니다.

이제 AI 인프라는 연산 칩만으로 설명되지 않습니다. 연결이 곧 아키텍처이고, 아키텍처가 곧 원가가 되는 구간으로 들어왔습니다. NVLink는 GPU를 한 몸으로 만들며 스케일업의 기준선을 끌어올리고, CXL은 메모리를 자원으로 재배치해 비용과 유연성의 방정식을 바꿉니다. 두 기술을 같이 보면, 다음 사이클의 승부처가 '칩 성능'이 아니라 '플랫폼 채택'과 '설계 표준'으로 이동하고 있다는 것이 더 분명하게 보입니다.

PCIe 6.0 이후
| 스토리지가 네트워크화된다 |

　AI 데이터센터에서 GPU가 아무리 빨라도 데이터가 제때 공급되지 않으면 GPU는 기다려야 하고, 그 기다림은 곧 전기 요금과 서비스 지연 시간으로 바뀝니다. 그래서 최근 몇 년간 리타이머retimer나 케이블 모듈처럼 겉보기에 부품으로 보이던 기업들이 시장의 관심을 받고 있습니다. 대표적으로 아스테라랩스Astera Labs는 PCIe/CXL 연결용 제품과 케이블 모듈 라인업을 전면에 세우며 AI 인프라 수요의 수혜주로 자주 언급됩니다.

　스토리지가 네트워크화된다는 표현은 SSD가 빠르게 좋아진다는 의미만은 아닙니다. 예전에는 서버 안의 SSD가 그 서버만의 로컬 부품에 가까웠지만, 이제는 SSD가 서버 밖으로 나가 공유 자원이 되고 필요하면 네트워크를 통해 끌어다 쓰는 방향으로 구조가 바뀌고 있습니다. 쉽게 말해서 서랍에서 물류센터로 진화하는 흐름입니다. 이 변화의 무대가 바로 PCIe 6.0 이후의 데이터센터입니다.

데이터센터의
내부 고속도로

PCIe peripheral component interconnect express는 원래 PC에서 그래픽카드나 SSD를 꽂는 확장 규격으로 알려졌습니다. 그런데 AI 데이터센터에서는 PCIe가 단순한 슬롯이 아니라 AI 가속기-네트워크-스토리지-보안 칩을 잇는 내부 고속도로 역할을 합니다.

학습training은 데이터를 대량으로 읽고(입력), 중간 체크 포인트를 쓰고(저장), 여러 노드를 섞어shuffle 처리하는 과정이 반복됩니다. 추론inference도 모델이 커질수록 한 번에 메모리에 올리지 못하는 데이터가 늘어, SSD/스토리지 계층의 설계가 성능과 비용을 좌우합니다.

이때 중요한 사실은 스토리지가 느리면 GPU도 느려진다는 점입니다. 그래서 스토리지는 용량보다 대역폭(얼마나 많이), 지연 시간(얼마나 빨리), 동시성(몇 개가 동시에)이 핵심이 됩니다.

SSD를 서버 밖으로
빼내는 기술

스토리지 네트워크화의 중심에는 NVMe-oF NVMe over fabrics가 있습니다. NVMe non-volatile memory express는 SSD를 빠르게 쓰기 위한 명령어 체계이고, NVMe-oF는 그 NVMe 명령을 네트워크 위로 확장한 방식입니다.

예전에는 SSD가 서버 안에 있고, CPU가 입출력을 중간에서 처리하며, 네트워크가 파일을 전송했습니다. 지금은 SSD를 서버 밖에 모아두고, 컴퓨트 노드(GPU 서버)가 네트워크로 SSD를 마치 로컬처럼 접

NVMe-oF의 구조

NVMe over Fabrics

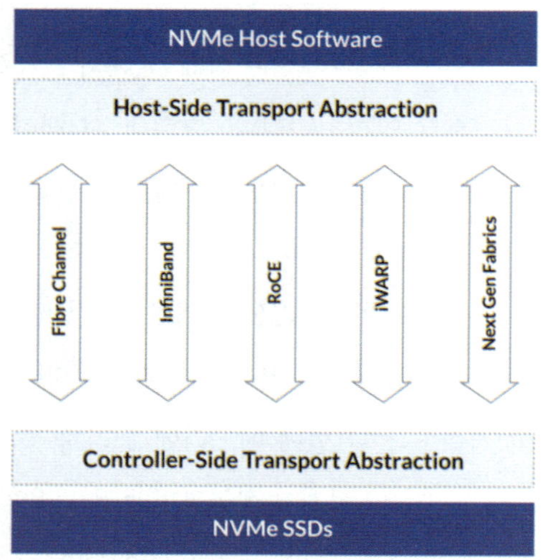

출처: StarWind

근합니다. NVMe-oF는 RDMA**remote direct memory access, 운영체제나 CPU 개입 없이 한 컴퓨터의 메모리에서 다른 컴퓨터의 메모리로 데이터를 직접 전송하는 기술** 같은 전송 방식을 통해 지연 시간과 CPU 개입을 줄이는 방향으로 설계되어 있습니다. 표준 문서들도 NVMe-oF가 RDMA 계열 전송을 포함해 고성능 네트워크 환경을 전제로 한다는 점을 분명히 합니다.

이 구조가 왜 매력적일까요? AI 데이터센터에서 가장 비싼 자원은 GPU입니다. GPU가 데이터를 기다리느라 연산을 쉬는 경우를 없애는 게 비용 차원에서 중요합니다. 그래서 스토리지를 로컬에 잔뜩 붙여서 해결하는 방식만으로는 부족해지고, 스토리지를 풀로 만들어 공유하며, 네트워크를 통해 필요한 만큼 가져오는 방식이 설득력을 얻습니다. 이것이 '스토리지의 네트워크화'입니다.

PCIe 6.0 이후의
구조적 확장

PCIe는 세대가 바뀔 때마다 대역폭이 커지고, 그만큼 신호 품질 관리가 훨씬 민감해집니다. 그래서 PCIe 세대가 올라갈수록 SSD만 좋아지는 게 아니라 SSD를 연결하는 산업도 커집니다. 실제로 아스테라랩스가 리타이머 칩뿐 아니라 스마트 케이블 모듈 같은 형태로 제품 범위를 넓히는 이유도 고객이 결국 연결을 시스템 단위로 구매하기 때문입니다. 마벨Marvell도 PCIe 6.0 세대의 연결 제품(리타이머/스위치 등)을 전면에 내세우며 데이터센터 인터커넥트 포트폴리오를 강화해 왔습니다.

예전에는 케이블이 단순한 구리선이었으나 이제는 케이블 자체에 능동 칩(리타이머 등)이 들어가 거리를 늘리고 품질을 보장합니다. 서버 내부에서 GPU-스위치-SSD가 고속으로 붙을수록, 보드 위 배선만으로는 물리적 한계가 빨리 옵니다. 그래서 '보드 설계+케이블+리타이머'를 한 묶음으로 최적화하는 방향이 강해집니다. 결과적으로, 예전에는 SSD 위주로 보던 밸류체인이 케이블/커넥터/리타이머로 넓어지는 것입니다.

NAND 시대의 화룡점정

DRAM은 전기가 꺼지면 내용이 사라지는 작업대라면, NAND는 전기가 꺼져도 남는 창고라고 설명했습니다. 과거 PC 시대에는 이 구분만으로도 충분했습니다. 그런데 AI 시대에는 창고가 단순한 보관 장소가 아니라, 연산 장치에 데이터를 끊임없이 공급하는 공급망이 됩니다.

특히 추론에서는 이 성격이 더 뚜렷합니다. 학습은 길게 크게 읽고 쓰는 일이 많지만, 추론은 자주 넓게 참조합니다. 서비스는 모델 가중치뿐 아니라 프롬프트 기록, 사용자 컨텍스트, 검색용 인덱스(벡터 DB), 캐시 데이터를 끊임없이 당겨씁니다. 이때 HBM은 가장 빠르지만 비싸고 용량이 제한적이며, DRAM은 그다음 계층의 완충지대입니다. 문제는 그 아래 계층, 즉 SSD가 느려서가 아니라 너무 멀리 있다는 데 있습니다. 그래서 NAND는 이제 용량/원가만이 아니라 tail latency 가장 느린 구간의 지연 시간, IOPS스토리지가 1초 동안 처리할 수 있는 입출력 횟수, QoS quality of service, 네트워크에서 서비스 품질을 보장하는 기술까지 포함해 재평가됩니다.

NAND보다
컨트롤러/펌웨어

노트북 SSD와 데이터센터 SSD는 겉모습은 비슷해도 성격이 다릅니다. 데이터센터 SSD는 전원이 순간적으로 끊겨도 데이터가 깨지지 않도록 보호하는 장치, 24시간 지속 부하에서 성능이 흔들리지 않는 일관성QoS, 수명과 예측 가능한 장애 관리가 핵심입니다. 그래서 컨트롤러와 펌웨어가 사실상 SSD의 '두뇌'가 됩니다.

여기서 펌웨어가 하는 대표 역할이 FTL flash translation layer입니다. NAND는 쓰기/지우기 단위가 커서 데이터를 아무 데나 덮어쓰듯 저장할 수 없습니다. 그래서 컨트롤러가 '논리 주소 ↔ 실제 저장 위치'를 계속 번역하고, 오래된 데이터를 정리하며, 특정 셀만 혹사되지 않게 분산합니다. 이 과정이 조금만 서툴러도 쓰기 증폭이 커져 성능이 흔들리고 수명이 급격히 줄어듭니다. 결국 엔터프라이즈 SSD 경쟁은 더 좋은 NAND를 누가 만드느냐에 더해 급박한 상황에서 성능을 얼마나 덜 무너뜨리느냐의 싸움으로 바뀝니다. 이 컨트롤러 기술을 바탕으로 SSD 업체 나아가 AI 데이터센터 플랫폼 업체와 협력하는 국내 회사가 파두입니다.

그 흐름을 상징하는 키워드가 FDP flexible data placement 같은 SSD를 더 똑똑하게 쓰는 방식입니다. 키옥시아Kioxia는 FDP를 통해 데이터베이스 워크로드에서 불필요한 내부 이동을 줄여서, 쓰기 효율과 성능 일관성을 개선해 왔습니다. 이제 SSD는 단순 부품이 아니라, 데이터센터 소프트웨어와 함께 최적화되는 플랫폼으로 진화하고 있습니다.

층수 경쟁에서
구조 혁신으로

NAND는 3D 형태로 위를 쌓아 올려 원가를 낮춰 온 산업입니다. NAND는 층수가 늘수록 같은 면적에서 더 많은 비트를 뽑아내 원가가 내려갑니다. 다만 300단을 넘는 구간부터는 단순히 높이만 키우는 게임이 아니라, 수율/신뢰성/속도를 함께 잡아야 합니다.

최근에는 300단을 넘는 제품/로드맵이 구체화되며, 고단화가 다시 한 번 비용 곡선을 바꾸려는 시도가 이어지고 있습니다. 예를 들어 SK하이닉스는 321단 NAND 양산을 발표하며 AI 시대의 고용량/고효율 스토리지 수요를 정면으로 겨냥했습니다. 한편 키옥시아는 초고속 IOPS를 목표로 한 XL-Flash 계열(저지연 SLC 기반)로 작은 데이터에 빠르게 접근해야 하는 AI 워크로드를 공략하고, 2026년 이후 샘플/로드맵을 제시하는 등 성능 측면도 강화하고 있습니다.

정리하면, NAND의 진화는 두 축으로 나뉩니다. 하나는 대용량/저원가 축으로 QLC(4bit) 중심으로 대규모 데이터를 싸게 담아 데이터를 많이 들고 있는 능력이 경쟁력이 됩니다. 다른 하나는 저지연/고IOPS 축으로 SLC 계열/특수 플래시로 자주 읽고 쓰는 작은 데이터의 병목을 줄이는 쪽입니다. 이 둘이 동시에 커지는 이유는 AI 데이터센터가 한 종류의 저장만으로 돌아가지 않기 때문입니다. 뜨거운 데이터(자주 쓰는 것), 따뜻한 데이터(가끔 쓰는 것), 차가운 데이터(장기 보관)가 한 랙 안에서도 공존합니다.

화룡점정은
HBF

HBF^{high bandwidth flash}는 대역폭이 높은 플래시를 뜻합니다. 플래시 자체가 갑자기 DRAM처럼 빨라진다는 뜻이 아니라, 플래시를 GPU와 가깝게 당겨서 데이터가 오가는 길을 짧게 만들자는 시도입니다. 지금까지의 SSD는 창고에, HBM은 조리대 바로 옆 냉장고에 가깝다고 했을 때 HBF는 그사이, 주방 안쪽 '팬트리'인 셈입니다. 자주 쓰는 재료를 팬트리에 쌓아 두면 조리대까지 가져오는 시간이 확 줄어들겠죠.

AI 서버에서 데이터가 GPU로 들어오는 길은 대략 이렇습니다. 'HBM → 시스템 DRAM → SSD 구조'입니다. HBF는 이때 SSD에 있는 데이터를 그대로 두지 말고, GPU가 더 가까운 곳에 큰 용량으로 붙여 두자는 발상입니다. 대역폭이 높은 이유는 마치 차선을 늘리듯이 NAND를 여러 개 병렬로 붙이고, 패키징과 인터페이스를 재설계해 한 번에 더 많은 데이터를 밀어 넣는 통로를 만드는 방향으로 가기 때문입니다.

HBF의 구조

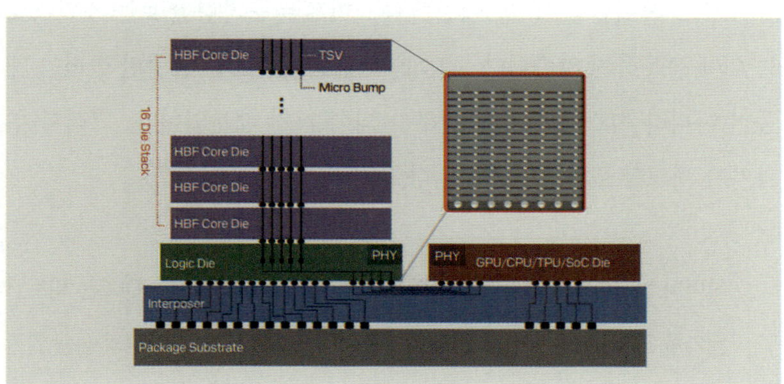

출처: 샌디스크

HBF는 현재진행형의 기술입니다. 키옥시아는 HBF 프로토타입 모듈을 공개하며, NAND를 GPU 가까이 가져가서 대역폭을 크게 확보하는 접근을 제시했습니다. 또한 샌디스크는 SK하이닉스와 함께 HBF 기술의 표준화를 추진한다는 내용을 발표하며, 각자도생이 아니라 규격을 만들고 시장을 키우는 단계로 넘어가려는 시도를 보여 줍니다.

여기서 흔한 오해가 하나 있습니다. HBF는 HBM을 대체하려는 게 아닙니다. HBM은 여전히 즉시 데이터를 꺼내 오는 초근접 메모리이고, HBF는 근본적으로 플래시라서 지연 시간 면에서 HBM처럼 민첩할 수는 없습니다. 대신 HBF는 용량을 훨씬 크게 가져갈 수 있고, 전력도 같은 용량을 DRAM으로 늘리는 것보다는 유리할 수 있습니다. 그래서 HBM과 HBF는 메모리 계층 구조에서 보완적인 역할을 하게 될 것입니다.

NAND의 시대에서
투자자들이 봐야 할 것

NAND 사이클을 볼 때, 예전처럼 스마트폰 출하량만 보는 것만으로는 이제 충분하지 않습니다. AI 데이터센터의 SSD는 용량만 늘리는 제품이 아니라 시스템 설계의 일부가 되어 가기 때문입니다. 그래서 투자자가 체크할 포인트도 바뀝니다.

- 하이퍼스케일러가 QLC를 어디까지 올리는지가 중요합니다. QLC는 비트당 원가를 크게 낮추는 무기이지만, 워크로드가 맞지 않으면 내구성과 성능 일관성에서 손해가 납니다. 결국 채택이 확대된다는 의미는 데이터센터 소프트웨

어 최적화가 같이 성숙하고 있다는 신호로 읽을 수 있습니다.

• 저지연 스토리지가 확대되는지 봐야 합니다. AI는 작은 데이터를 수없이 만지므로, IOPS/QoS가 가격만큼 중요해지는 구간이 커집니다.

• HBF가 표준화로 갈지, 특정 고객 전용으로 갈지가 핵심 변곡점입니다. 표준화가 진행되면 부품 생태계가 넓어지고, 몇 개 회사의 특수한 프로젝트가 아니라 산업으로 확장합니다.

결국 NAND의 시대는 단순히 판매량이 늘었다는 이야기로 끝나지 않습니다. AI가 커질수록 데이터는 더 많이 쌓이고, 더 자주 움직이며, 더 가까이 있어야 합니다. 엔터프라이즈 SSD는 컨트롤러와 펌웨어로 진화하고, NAND는 고단화/고성능화로 비용과 성능을 동시에 밀어 올리며, 그 끝에서 HBF는 스토리지를 메모리 계층으로 끌어당기는 새로운 혁신을 제시하고 있습니다.

3D DRAM 시대가 온다

　DRAM 자체가 더 이상 평면(2D)으로는 버티기 어려워지는 순간이 오고 있습니다. 이제 3D DRAM 시대를 준비해야 합니다. HBM은 여러 장의 DRAM을 쌓아 옆에 붙이는 방식이라면, 3D DRAM은 아예 DRAM 셀메모리의 최소 단위을 칩 내부에서 위로 쌓아 올리는 방향입니다. 이 변화가 현실화되면 미세 공정 경쟁의 지도와 메모리 CAPEX의 성격, 장비/소재의 판도가 함께 바뀝니다.

　이게 왜 중요할까요? HBM은 GPU 옆에서 대역폭을 키워 주는 해법인 반면, 3D DRAM은 그보다 더 근본적으로 DRAM을 어떻게 더 작고 더 많이 집적할 것인가에 대한 답이기 때문입니다.

DRAM은 왜
위로 올라가야 할까?

　반도체 업계 사람들은 DRAM 셀을 설명할 때 종종 $6F^2$, $4F^2$ 같은 말

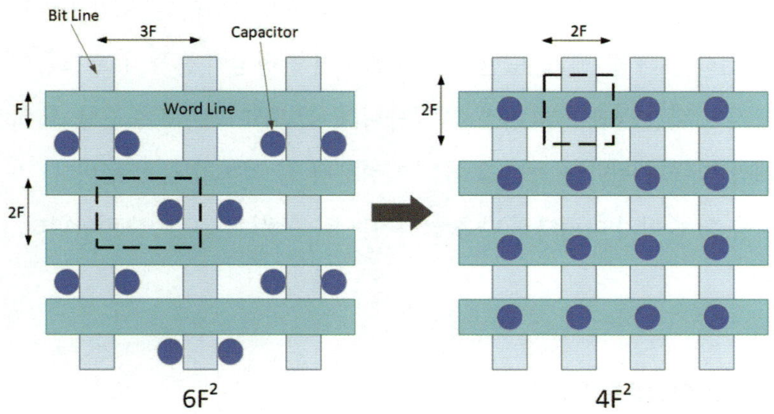

출처: Semiconductor Engineering

을 씁니다. 처음 들으면 암호 같지만 쉽게 설명을 해 보면, 셀 하나가 바닥에서 얼마나 자리를 차지하느냐를 '피처 크기F의 제곱'으로 단순화 해 부르는 방식입니다. $6F^2$면 셀 하나가 6칸, $4F^2$면 4칸을 쓴다고 생각 하면 됩니다. 셀 바닥이 작아질수록 같은 칩 면적에 더 많은 셀을 넣을 수 있으니 집적도는 올라갑니다.

문제는 DRAM의 2D 구조에서 $4F^2$는 사실상 바닥을 더 줄이기 어려 운 수준이 된다는 점입니다. 물론 더 미세하게 깎으면 되지 않느냐고 생각할 수 있습니다. 하지만 $4F^2$ 아래로 내려가려면 단순한 선폭 축소 만으로는 부족합니다. 구조나 재료를 바꾸거나 아예 만드는 방식을 바 꿔야 합니다. 그래서 업계가 $4F^2$ 이후를 이야기할 때 자연스럽게 꺼내 드는 단어가 바로 3D DRAM입니다.

셀은 작은 물컵과 비슷합니다. 물컵에 물을 담아 두듯 DRAM 셀은 전하(전기)를 담아 둡니다. 이 비유가 중요한 이유는 DRAM이 겉보기 에는 0과 1을 다루는 디지털 장치 같지만 실제로는 전하를 안정적으로 보관해야 하는 '아날로그 성격'이 강한 소자이기 때문입니다.

전하를 담아 두는 제품은 늘 민감할 수밖에 없습니다. 온도가 올라가면 전하가 더 잘 새고, 주변 간섭이 커지면 안정성이 흔들리고, 잡음이 생기면 저장 상태가 흐려질 수 있습니다. 그래서 DRAM은 그냥 더 작게만 만들면 된다는 논리가 어느 지점부터 잘 먹히지 않게 됩니다. 바닥을 더 줄이기 어렵다면 다음 선택지는 위로 쌓는 것으로 수렴합니다.

3D DRAM의
세 가지 방향

3D DRAM이라고 하면 마치 한 가지 정해진 기술이 있는 것 같지만 실제로는 여러 경로가 동시에 실험되고 있습니다. 현재 시도되는 방향성은 크게 세 갈래로 볼 수 있습니다.

첫째는 구조를 세우는 방법입니다. 평면에 펼쳐 놓던 핵심 구조를 수직으로 세워 면적을 줄이는 방식입니다. 삼성전자가 연구해 온 VCT^{수직 채널 트랜지스터} 계열이 이런 흐름과 맞닿아 있습니다. 이 방식은 바닥 면적을 줄이는 데 유리하고, 이후에 층을 쌓는 3D로 넘어갈 때도 설계가 이어지기 쉽습니다.

둘째는 재료를 바꾸는 방법입니다. 3D로 쌓으면 내부 구조가 더 얇아지고, 열과 전기적 간섭이 커질 수 있습니다. 그래서 얇아도 성능이 버티는 재료가 중요해집니다. 산화물^{oxide} 반도체나 2D 재료(TMD 등)가 후보로 거론되는 이유입니다. 반도체 산업에서 자주 반복되는 패턴으로, 재료 혁신이 구조 혁신을 끌어당기는 순간이 온다는 것입니다.

셋째는 조금 다른 접근입니다. DRAM을 어떻게 쌓을지보다 먼저 우리가 정말로 많은 층을 대면적 웨이퍼에서 균일하게 쌓을 수 있는지부터 증명하는 방식입니다. 예컨대 IMEC 같은 연구기관들이 100층 이상에 해당하는 스택을 균일하게 구현하는 연구를 내놓는 이유도 3D DRAM이 현실이 되려면 결국 300mm 웨이퍼에서 균일도가 확보되어야 한다는 제조의 첫 관문이 있기 때문입니다.

3D DRAM 시대
투자처

3D DRAM이 오면 투자 대상은 '주인공 1개+인프라 2개'로 정리됩니다. 주인공은 메모리 회사입니다. 하지만 투자자에게 더 실용적인 수혜는 인프라에서 먼저 나올 수 있습니다. 3D는 공정이 늘어나 장비가 먼저 들어가고, 쌓인 만큼 불량을 찾아야 하니 검사/계측/테스트가 더 중요해집니다. 그리고 마지막 관문은 늘 '열'이 되기 때문에 열관리/본딩 기술이 보너스가 됩니다.

초고층 아파트를 짓는다고 생각해 보면 이해가 쉬울 텐데요. 핵심은 균일하게 층을 올리는 장비인 증착 장비, 층을 정교하게 깎아 내는 장비인 식각 장비, 표면을 다듬고 다음 층을 받을 준비를 하는 공정인 표면 제어/CMP 등 장비가 중요합니다. 이 영역은 미국과 일본 중심의 글로벌 장비 리더들이 강하겠지만, 이들 장비 클러스터에 공급할 수 있는 국산 소부장까지 폭이 넓어질 수 있으니 관심 있게 지켜봐야겠습니다.

3D DRAM의 승부는 쌓을 수 있는지보다 쌓았을 때 불량이 어디서 났는지 찾아내고, 빠르게 고치느냐로 넘어갈 수 있습니다. 층이 많아지면 생기는 현실적인 문제는 불량이 어디서 났는지 찾기가 어렵다는

데 있기에, HBM에서 겪었던 것처럼 수율 관리가 중요해질 것입니다. 그래서 3D 시대에는 제조만큼이나 검사/계측/테스트가 존재감이 커질 것입니다.

아직 3D DRAM은 먼 미래의 테마성이 강하겠지만, 아래 세 가지 힌트에서 투자 타이밍을 잡아 볼 수 있습니다.

- 메모리 회사가 연구 발표가 아니라 '양산 로드맵/파일럿' 단계로 말하기 시작할 때
- 장비 회사들이 실적 발표에서 '3D 메모리' 관련 수요를 구체적으로 언급할 때
- 검사/계측/테스트 쪽이 '적층 구조 대응' 솔루션을 전면에 내세울 때

중국 메모리의 위협

반도체 슈퍼사이클의 하락 전환을 논할 때 중국 메모리 반도체에 대해 생각을 안 해 볼 수가 없습니다. 중국 메모리 이야기가 나올 때마다 삼성전자와 SK하이닉스 주가가 흔들리는 이유는 다른 산업들처럼 중국이 따라오면 메모리 산업의 가격도 무너질 수 있다는 공포가 주가에 반영되기 때문입니다.

중국은 국가 차원에서 DRAM은 CXMT, NAND는 YMTC로 축을 세우고, 자국 내 수요를 자국산으로 채우고 있습니다. CXMT창신메모리, ChangXin Memory Technologies는 위협이 되려면 아직 멀었다는 평가와 생각보다 격차를 빨리 좁히고 있다는 평가가 공존하는 기업입니다. 최근 보도들을 종합하면 CXMT는 DDR5를 양산하고 있으며, 기술 유출 의혹 보도에서는 10나노급 DRAM 공정까지 언급될 정도로 공정 세대가 빠르게 올라오고 있습니다. 'Reuters'는 CXMT가 2025년 2분기 기준 글로벌 DRAM 출하 점유율이 4% 수준까지 올라왔다고 전했는데, 아직은 주로 중국 내 스마트폰/서버 고객 중심의 판매가 핵심입니다. 더 중요한 포인트는 CXMT의 HBM에 대한 의지입니다. 같은 'Reuters' 보도에서 CXMT가 HBM 생산을 목표로 자금을 조달하려 하고, 상하이에 HBM 패키징(첨단 패키징) 시설을 건설해 2026년 말 가동을 추진한다는 계획이 언급됩니다. 즉 CXMT의 단기 위협은 HBM이 아니라 DDR/LPDDR 같은 범용 DRAM 구간에서 중국 내 자급률을 올려 중국 수요의 글로벌 흡수력을 낮추는 것이고, 중기 위협은 HBM을 따라 하는 단계로 들어오려는 시도입니다.

NAND의 YMTC양쯔메모리, Yangtze Memory Technologies는 기술은 상당 수준 올라왔고, 문제는 비용/수율/장비라는 한 문장으로 요약됩니다. YMTC를 포함한 중국 NAND의 기술 로드맵과 적층 경쟁 흐름을 꾸준히 추적해 온 'TechInsights'는 YMTC가 자체 Xtacking 접근 방식을 통해 기술을 끌어올리는 방향을 정리합니다. 시장에서는 YMTC가 200단대 이상의 고단 NAND로 재진입하며 존재감을 키우는 흐름이 반복해서 언급됩니다. 다만 NAND는 한 번 만들면 끝이 아니라 수율과 원가가 경쟁력의 대부분을 차지합니다. 고객 입장에서는 성능도 중요하지만, 엔터프라이즈 SSD에서는 특히 펌웨어/컨트롤러/내구성/전력까지 묶여 TCO로 평가되기 때문에, YMTC의 위협은 결국 싸게, 많이, 안정적으로 얼마나 빨리 달성하느냐로 보입니다. 한국의 NAND는 중국과 격차를 벌리기 위해서 펌웨어와 컨트롤러 등 소프트웨어 기술력을 차세대 AI 데이터센터에서 더욱 발전시켜야 합니다.

여기서 중국의 속도를 가장 크게 바꾸는 변수가 미국의 수출 통제입니다. BIS Bureau of Industry and Security, 미국 상무부 산하의 산업안보국는 2024년 말 첨단 컴퓨팅/반도체 제조 관련 통제를 정교화했고, 그 안에 HBM에 대한 통제/정의 정비가 포함되어 있음을 Federal Register 문서가 명시합니다. 또한 현행 규정에는 HBM 관련 License Exception 조항이 별도로 존재할 정도로, HBM은 정책적으로도 '민감 품목'으로 분리되어 다뤄집니다. 이 구조는 중국 업체의 첨단화에서 특히 치명적입니다. DRAM/NAND는 따라가는 것이 가능해도, 선단 공정 장비/재료/EDA/계측/수율 램프업이 막히면 고부가 제품(HBM, 최상단 SSD)으로 올라가는 속도가 급격히 느려지기 때문입니다.

그렇다면 삼성전자와 SK하이닉스가 중국 메모리 산업의 위협에 대비해 어떤 기술 전략을 고수해야 할까요? 첫째, 중국이 가장 늦게 따라올 수밖에 없는 구간, 즉 HBM의 세대 전환과 패키징 통합 능력에 투자를 집중해야 합니다. 둘째, 메모리 제품이 아니라 플랫폼 부품으로 고도화해야 합니다. HBM은 고객별 전력/열/신호 조건에 최적화될수록 다른 공급자로 바꾸기 어려워지므로, 공동 설계/장기 공급 계약/검증 생태계를 통해 전환 비용을 높이는 전략이 중요합니다. 셋째, 범용 DRAM/NAND에서는 중국발 공급 충격이 반복될 수 있으니, 원가 구조(공정 전환, EUV 적용, 수율/재고 운영)와 믹스(프리미엄 모바일, 서버, 엔터프라이즈 SSD)를 통해 가격 하방을 견디는 체력을 키워야 합니다. 중국의 위협은 한 번에 시장을 빼앗는 방식이 아니라, 시간이 흐르면서 서서히 시장을 잠식해 오는 방식이 될 것이기에 미리 준비하지 않으면 늦습니다.

Chapter
09

피지컬 AI와 반도체

AI의 최종 진화, 피지컬 AI

2026년 CES의 최대 화두는 '피지컬physical AI'였습니다. 지난해에 이어 젠슨 황 엔비디아 CEO가 등장해 로봇을 중심으로 한 피지컬 AI 전환 전략을 전면에 내세우면서 이제 AI가 물리 세계로 확장하고 있음을 상징적으로 보여 줬습니다.

피지컬 AI란 단순히 화면 속에서 텍스트를 생성하고 이미지를 그리는 AI가 아니라, 현실 세계를 보고 이해하고 스스로 움직이며 물체를 다루는 인공지능을 뜻합니다. 트랜스포머Transformer 아키텍처의 본질은 맥락에 맞는 다음 토큰을 예측하는 것인데, 토큰에는 텍스트뿐만 아니라 이미지나 영상도 해당됩니다. 실제로 맥락에 맞는 다음 행동을 예측하는 방식이 Robotics Transformer RT 모델의 기본 원리이며, 주변 환경에서 인지하는 다양한 데이터를 바탕으로 최적의 행동을 하도록 기술이 개발되고 있습니다. 트랜스포머의 등장으로 로봇의 제어 영역에서 언어 모델과 행동 예측 모델이 서로 연결되어 있다는 것이 증명됐습니다. 이를 통해 얼마나 효과적으로 데이터를 학습하고, 제어할지에 주목하고 있습니다.

　　최근 휴머노이드 로봇은 인간의 움직임을 관찰하고 모방하여 학습하는데 이는 딥러닝, 강화 학습과 결합되어 있습니다. 결국 현재의 휴머노이드 로봇 연구의 핵심은 딥러닝을 중심으로 하는 모방 학습과 강화 학습에 있습니다. 강화 학습이란 AI가 보상을 통해 스스로 최적의 학습을 하는 것을 말합니다. 대표적으로 2016년에 구글 딥마인드의 알파고가 강화 학습을 통해 이세돌과 커제에 승리한 바 있습니다. 아이를 키워 본 사람들은 잘 알 텐데, 어린아이가 처음 일어나서 걷기 전까지는 많은 시행착오와 실패가 필요합니다. 어느 정도로 다리에 힘을 줘야 하는지, 무게중심은 어떻게 잡아야 하는지 등은 결국 스스로 학습해야 합니다. 경험이 쌓이면서부터 성장의 속도는 매우 빨라집니다. 휴머노이드 로봇의 경우 사람처럼 움직이고 작업을 수행하는 것을 목표로 합니다. 스스로 움직여 보고 사람처럼 물리적 현상과 감각을 터득해야 합니다. 최근 들어 RLHF^{reinforcement learning from human feedback}, 인간 피드백을 통한 강화 학습라는 응용 버전의 강화 학습이 주목받고 있습니다. 이 RLHF를 통해서 피지컬 AI는 매우 빠른 속도로 상용화의 문턱까지 도달했습니다.

　　2026년부터는 피지컬 AI라는 단어가 대중에게 각인될 가능성이 높습니다. 자율주행차, 휴머노이드 로봇, 드론 같은 기계들이 더 이상 연구소나 공장 안에 갇혀 있지 않고, 실제 도시와 일상 속으로 들어오는 전환점이 되기 때문입니다. 여기서 핵심은 세 가지입니다. 센서로부터 세상을 인지하는 능력, 대규모 AI 모델로 상황을 판단/예측하는 능력 그리고 모터/액추에이터를 통해 물리적으로 정교하게 움직이는 능력입니다.

테슬라 vs. 엔비디아 vs. 현대차 그룹

나만을 위한 칩, AI, 데이터

테슬라는 피지컬 AI를 '차량+로봇+AGI^{Artificial General Intelligence}'라는 하나의 세계관으로 보고 있습니다. 일론 머스크는 일찍부터 자율주행을 단순한 운전 보조 기능이 아니라, 현실 세계를 이해하는 '실전형 AI 테스트베드'로 규정해 왔습니다. 그 결과가 FSD^{full self driving}와 옵티머스라는 두 개의 축으로 나타납니다. 하나는 바퀴를 달고 도로를 달리고 다른 하나는 두 다리로 공장을 걸어 다니지만, 둘 다 비전 기반의 AI와 동일한 학습 구조를 바탕으로 하드웨어를 공유하는 플랫폼입니다.

테슬라의 FSD 전략은 카메라 기반 비전 온리^{only vision} 방식으로 대표됩니다. 사람도 두 눈으로만 운전하니, 기계도 카메라만으로 세상을 이해해야 확장성 있는 알고리즘을 만들 수 있다고 생각한 것입니다. 이 선택은 단기적으로 수많은 논란과 품질 이슈를 불러왔지만, 장기적으로는 데이터/모델/하드웨어 구조를 단순하고 강력하게 만드는 기반이

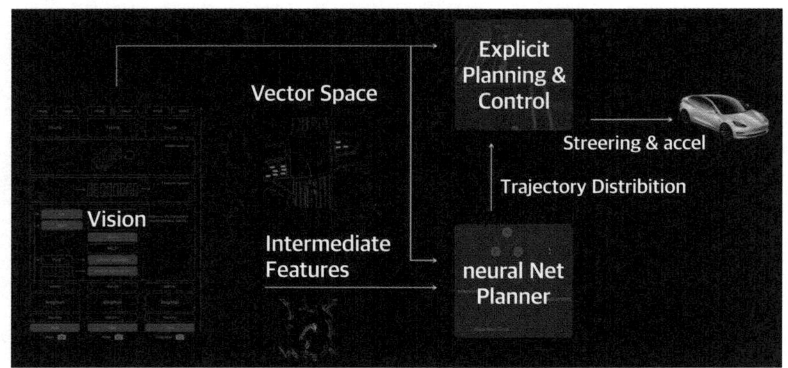

출처: 테슬라

되고 있습니다. FSD의 진짜 혁신은 코드를 줄이고 데이터를 늘리는 방법에 있습니다. 예전 자율주행 시스템은 사람이 규칙을 짜고, AI는 보조적으로 인식을 담당했습니다. 하지만 테슬라는 인식뿐 아니라 공간 이해occupancy network, 경로 계획planner neural net, 심지어 운전 스타일까지도 end-to-end 뉴럴넷neural network으로 대체하는 방향을 택했습니다.

이제 이 자율주행 테스트베드에서 얻은 성과는 옵티머스로 확장되고 있습니다. 옵티머스는 FSD와 마찬가지로 카메라 기반 비전 시스템을 사용하고, 객체 분할과 행동 예측에도 같은 계열의 알고리즘을 씁니다. 다만 차량이 평면 위에서 움직인다면, 휴머노이드는 3차원 공간에서 균형을 유지하며 걷고, 물체를 쥐고 비트는 고난도 제어를 수행해야 합니다. 그래서 발목 관절, 힘/토크 센서, 손가락의 미세 제어 같은 메카닉 기술이 마지막 퍼즐이 됩니다. Optimus Gen 1/Gen 2/Gen 3로 이어지는 테슬라의 개발 속도는 투자자의 체감보다 훨씬 빠른 편입니다. 2022년 범블비 프로토타입prototype, 무언가 제품을 만드는 과정에서 시험용으로 미리 만들어 보는 물건 공개 이후 5개월 만에 Gen 1, 1년 안에 Gen 2가 등장했습니다. Gen 2는 Gen 1 대비 30% 빠른 보행 속도와 10kg 경량화, 더 자연스러운 손동작을 보여 줬습니다. 2026년에 공개될 Gen 3는 손과 팔의 자유도(덱스트러스_{사람 손과 유사한 현태의 휴머노이드 작업부})가 크게 증가한 형태가 될 것입니다. 그에 따라 공장 내 실사용 비중 확대 그리고 FSD와의 하드웨어/소프트웨어 통합이 핵심 키워드가 될 가능성이 높습니다. 테슬라 내부에서는 이미 수천 대가 제조 라인에 투입되는 그림을 그리고 있습니다.

이 모든 것을 가능하게 하는 기반이 바로 FSD 칩입니다. 테슬라는 기존에 사용하던 모빌아이/엔비디아 칩을 버리고, HW3_{하드웨어3}/HW4에 이어 HW5(향후 AI5로 통합)를 자체 설계하고 있습니다. HW4 기준으로 이미 250~300TOPS_{tera operations per second, 초당 몇조번의 연산을 할 수 있느냐를 말하는 지표}급 연산을 제공하며, 카메라 12개에서 들어오는 고해상도 데이터를 실시간으로 처리합니다. HW5는 로보택시 상용화와 옵티머스 공용화를 염두에 두고 500~1000TOPS급 성능, 모듈형 칩 구조, 차량 전체 컴퓨팅 통합을 목표로 하고 있습니다. 결국 테슬라는 나만을 위한 칩, 나만을 위한 AI, 나만을 위한 데이터를 가진 피지컬 AI 왕국을 짓고 있는 셈입니다.

피지컬 AI 인프라 기업

엔비디아는 완전히 다른 길을 걷고 있습니다. 엔비디아는 스스로 자동차를 만들지도, 로보택시를 운영하지도 않습니다. 대신 전 세계 OEM과 로봇 기업의 두뇌와 학습 도구, 시뮬레이션 세계를 공급하는

'피지컬 AI 인프라 기업'이 되는 전략을 택했습니다. 엔비디아의 자동차용 플랫폼 진화는 '자비에Xavier → 오린Orin → 토르Thor'로 이어집니다. Xavier가 레벨 2+ADAS 시대의 문을 열었다면, Orin은 250TOPS급 연산으로 레벨 3~4 SDV 시대의 실질적인 표준 칩이 됐습니다. 이제 양산이 본격화되는 Thor는 2000TOPS 이상, 자율주행/인포테인먼트/AI 비서/HUD까지 통합하는 차량 중앙 두뇌 역할을 하게 됩니다. OEM 입장에서는 더 이상 수십 개의 ECU를 따로 설계할 필요 없이, Thor를 중심으로 차량을 칩 위에 다시 설계할 수 있게 되는 것입니다. 하드웨어만으로는 피지컬 AI가 완성되지 않습니다. 그래서 엔비디아는 옴니버스Omniverse, DRIVE Sim, 월드 파운데이션 모델, 로봇용 그루트Groot, 코스모스Cosmos 등 소프트웨어와 AI 레이어를 함께 쌓고 있습니다. 옴니버스와 DRIVE Sim은 현실 도시/도로/날씨/물리법칙을 디지털 트윈으로 복제한 가상 훈련장이고, 월드 파운데이션 모델은 이 현실/가상 데이터를 모두 학습한 '운전용 GPT'에 가깝습니다. 여기에 코스모스는 로봇/자율주행을 위한 물리 세계 시뮬레이션 플랫폼, 그루트는 휴머노이드 로봇을 위한 범용 파운데이션 모델로 자리 잡고 있습니다.

1X, Agility, Apptronik, Figure, Fourier, Unitree, Sanctuary, Xpeng Robotics 등 각기 다른 기업들이 서로 다른 형태의 로봇을 만들지만, 그 두뇌/시뮬레이션/AI 모델의 상당 부분은 엔비디아의 플랫폼 위에서 돌아가게 됩니다. 최근 엔비디아는 '알파마요Alphamayo'나 알파마요 R1 같은 차량용 VLAvision-language-action, 거대 비전-언어-액션 모델 데모를 보여 주었습니다. 이것은 안드로이드처럼 완제품 OS는 아닙니다. OEM이 실제 차량에 탑재하려면 프루닝pruning, 가지치기, 파인튜닝fine-tuning, 미세조정 같은 아주 긴 최적화 과정을 거쳐야 합니다. 엔비디아는 이 완제품을 라이선스 판매하는 것이라기보다, 이런 모델을 만들 수 있는 GPU/툴

체인소프트웨어 개발에 사용되는 프로그래밍 도구의 집합/SDK소프트웨어 개발 키트를 파는 데 가깝습니다.

현대차그룹의
피지컬 AI

현대차그룹은 2020년대 들어 '자동차 제조사'에서 '모빌리티/로보틱스/UAM 플랫폼 기업'으로 변신을 시도하고 있습니다. 2024, 2025년에 보여 준 글로벌 판매량과 수익성은 현대차그룹이 규모/수익/제품력 삼박자를 갖춘 몇 안 되는 OEM이라는 것을 증명했습니다.

현대차그룹의 강점은 피지컬 AI의 세 가지 층위를 한 국가 안에서 엮어 낼 수 있다는 데 있습니다. 차량/UAM/로봇/물류 시스템을 설계하고 양산할 수 있는 제조 기반, 현대모비스/현대오토에버가 담당하는 시스템 통합/제어 기술, 삼성전자/국내 팹리스/부품사들이 제공하는 반도체/센서 라인업 그리고 여기에 얹을 AI/모빌리티 소프트웨어 역량이 그것입니다. 어느 나라에나 좋은 완성차 회사, 훌륭한 반도체 회사는 있지만, 이 전체 밸류체인을 한 나라 안에서 엮어 낼 수 있는 국가는 거의 없습니다.

엔비디아와의 관계에서도 현대차는 단순 고객을 넘어 '피지컬 AI 파트너'가 될 여지가 있습니다. 이미 제네시스/아이오닉 등에 Orin 기반 시스템을 도입해 SDV 실험을 시작했고, 향후 Thor 기반의 차세대 플랫폼도 검토하고 있습니다. 현대차는 한 손으로는 자체 자율주행 알고리즘과 SDV 아키텍처를 개발하면서, 다른 손으로는 엔비디아의 월드 모델/코스모스/툴체인을 활용해 개발 속도를 끌어올릴 수 있습니다.

테슬라처럼 모든 것을 혼자 만들 수는 없지만, 엔비디아와의 협력을 통해 테슬라에 준하는 경험을 상당 부분 재현하는 것이 가능합니다.

로봇 분야에서도 현대차그룹의 잠재력은 큽니다. 보스턴 다이내믹스를 통한 휴머노이드/물류 로봇 기술, 현대제철/현대차 공장이라는 거대한 테스트베드, 모터/감속기/센서/배터리 등 부품 내재화 역량이 모두 갖춰져 있습니다. 여기에 엔비디아 코스모스와 그루트를 결합하면 테슬라식 수직 통합이 아닌 '현대차+엔비디아식 하이브리드 피지컬 AI' 구조가 나올 수 있습니다. 공장/물류/항만/건설 현장 등 한국이 강점을 가진 산업 현장은 그 자체로 피지컬 AI의 실전 무대가 됩니다.

피지컬 AI
투자 방향

투자 관점에서 보면, 2026년 이후 피지컬 AI의 가치는 네 가지 축으로 나눠 볼 수 있습니다.

첫째, 테슬라처럼 자율주행/로봇/AGI를 수직 통합하는 플랫폼 플레이어

둘째, 엔비디아처럼 글로벌 산업에 두뇌/툴체인/시뮬레이션 세계를 공급하는 인프라 기업

셋째, 현대차그룹처럼 제조/부품/반도체/AI를 묶어 실제 산업 현장에서 피지컬 AI를 구현하는 '리얼 이코노미 플랫폼' 플레이어

넷째, 액추에이터/센서/배터리/파운드리/소프트웨어 툴 등을 공급하는 밸류체인 주변부 기업들

피지컬 AI는 이 밸류체인을 한 번에 끌어올리는 장기 테마가 될 가능성이 높습니다. 따라서 2026년에는 테슬라와 엔비디아와 현대차를 비교하는 내용들이 자주 나올 가능성이 큽니다.

피지컬 AI의 화두, end-to-end

피지컬 AI는 생각만 하는 AI가 아니라, 실제 세계에서 움직이고 상호작용하는 AI를 뜻합니다. 자율주행차, 휴머노이드, 물류 로봇, 드론처럼 센서로 현실을 인식하고 곧바로 행동을 해야 하는 AI가 대표적입니다. 이 피지컬 AI가 고도화될수록 시스템의 중심에는 'E2E[end-to-end]'가

전통적 모듈 방식 vs end-to-end 방식

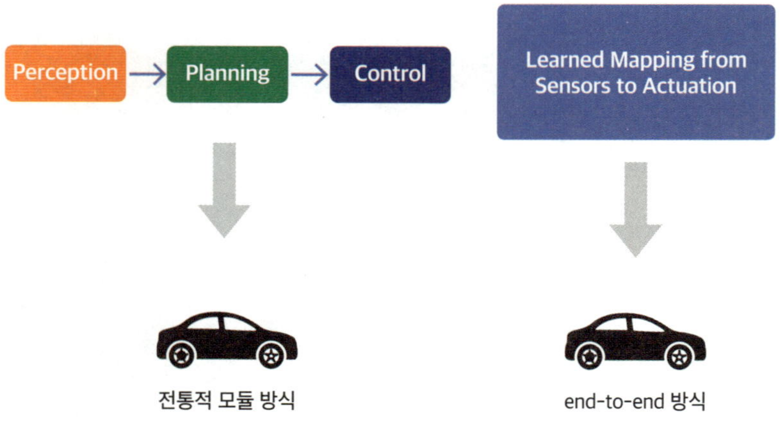

있습니다. E2E는 인지, 판단, 제어의 전 과정을 하나의 인공지능 모델로 통합하여 처리하는 방식을 의미합니다.

전통적인 자율주행 시스템은 인지, 판단, 제어의 각 단계를 별도의 모듈로 처리하는 한편, E2E는 센서로부터 입력된 데이터를 단일 신경망이 직접 제어 명령으로 변환합니다. 이러한 접근 방식은 시스템의 복잡성을 줄이고, 지연 시간을 최소화하며, 예외 상황에 대한 대응력을 향상시킵니다.

E2E가 기술적으로 중요한 이유는 현실 세계의 변수가 너무 많아 사람이 규칙을 모두 나열하는 접근이 구조적으로 한계에 다다르기 때문입니다. 데이터가 쌓일수록 모델이 예외 상황을 학습할 수 있다는 점이 E2E의 핵심 장점입니다. 또 하나의 포인트는 '공동 최적화'입니다. 모듈형은 각 단계가 자기 목표를 최적화하기 쉽지만, E2E는 최종 목표 관점에서 전체를 한 번에 최적화할 수 있다는 기대가 있습니다.

테슬라의 E2E 기술 방향

테슬라는 오래전부터 비전 중심 접근을 강하게 밀어붙여 온 회사입니다. 테슬라는 일부 모델에서 레이더를 제거하고 카메라 기반으로 Autopilot/FSD 기능을 제공한다는 방향을 제시한 바 있습니다. 테슬라가 E2E를 대중적으로 각인시킨 계기는 FSD 소프트웨어의 스택 통합입니다. 2023년 FSD Beta v12에서 단일end-to-end 신경망이 도시 주행을 수행하며 기존의 대량 C++코드가 신경망으로 대체된다는 내용을 처음 공개했습니다. 결국 중요한 점은 사람처럼 보고 이해하고 핸들을 꺾는 과정을 최대한 하나의 학습 체인으로 묶어 지연을 줄이고, 예외 상황을 데이터로 흡수하는 구조를 만드는 데 있습니다. 즉 테슬라의 E2E는 데이터로 더 잘 학습하는 경쟁으로 무게중심을 옮긴 것입니다.

테슬라가 앞서 나간 부분은 모델 아키텍처만이 아니라, 실제 운행에서 축적되는 데이터와 이를 학습에 반영하는 체계(데이터 파이프라인, 라벨링/자기지도학습, 학습 인프라)가 결합된 형태에 있습니다. 글로벌 경쟁사들도 E2E를 빠르게 따라오고 있습니다. 투자 관점에서 E2E를 하느냐 여부보다 E2E를 가능하게 하는 입력 데이터의 품질과 규모를 누가 더 빨리 확보하느냐가 장기 승부를 좌우할 것입니다. 그리고 그 입력 품질의 시작점이 다시 한번 강조되는데, 비전 센싱(카메라, 이미지 센서, ISP)의 중요성이 높아질 것입니다. 결국 테슬라의 E2E가 강해질수록, 테슬라 자체뿐 아니라 비전 파이프라인 전체가 더 중요해집니다.

현대차의 E2E 기술 방향

현대차그룹은 최근 몇 년간 'SDV software-defined vehicle'로 전환을 가속하고 있고, 이 흐름의 중심에 자율주행 고도화가 있었습니다. 현대차그룹은 'Pleos'라는 소프트웨어 브랜드/플랫폼을 공개하며, 차량 내외부의 소프트웨어/서비스를 통합하는 방향을 제시했습니다. E2E는 결국 '센서 → 연산 → 행동'의 루프를 빠르게 돌려야 하고, OTA 업데이트로 지속적으로 학습/개선을 해야 합니다. 차량이 하나의 컴퓨터처럼 작동해야 하기 때문입니다.

현대차그룹은 42dot을 통해 자율주행 소프트웨어 역량을 강화해 왔고, 그룹 차원에서 E2E 딥러닝 기반 자율주행 모델인 Atria AI를 언급하며 개발 방향을 공개한 바 있습니다. 현실 주행에 필요한 입력을 바탕으로 E2E 모델을 고도화하는 방향성이 드러납니다. 이는 테슬라식 강한 비전 중심과 유사한 축을 공유하고 있습니다.

현대차그룹은 차량 하드웨어, E/E 아키텍처, 소프트웨어 플랫폼을 함께 끌고 갈 수 있는 구조를 갖고 있습니다. 이는 차량 전체를 업데이트 가능한 컴퓨터로 만드는 회사에서 더 빠르게 성과가 날 수 있다는 뜻입니다. 이 지점에서 피지컬 AI의 큰 줄기가 연결됩니다. 자율주행이든 로봇이든, E2E는 결국 고품질 센서 입력과 이를 안정적으로 처리하는 전처리ISP/전송/연산 체인 위에서 제대로 작동할 수 있습니다.

피지컬 AI의 핵심은 SoC

　피지컬 AI를 가능하게 만드는 기술의 핵심은 디바이스로 들어오는 모든 정보를 종합적으로 해석하고 판단하는 SoC system on chip 입니다. 자율주행의 기능을 담당하는 SoC를 ADAS advanced driver assistance system SoC라고 부르는데, 이 ADAS SoC가 로봇에도 쓰이고자 개발이 진행되고 있습니다. 엔비디아는 젯슨 토르를 통해 피지컬 AI를 통합하는 SoC를 내세우고, 테슬라는 기존의 도조 칩과 FSD 칩을 통합한 AI5, AI6칩을 개발 중입니다. 자율주행을 옵티머스까지 확장하는 SoC 전략입니다.

ADAS Board Layout

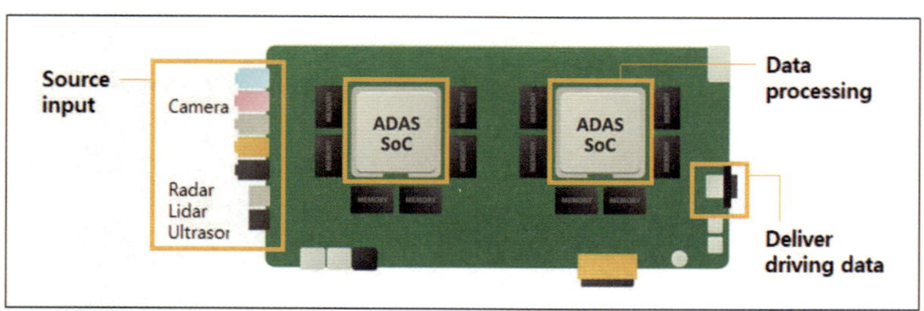

Figure1. ADAS board layout

출처: 삼성전기

ADAS SoC는 자율주행차의 두뇌입니다. 센서가 수집한 방대한 데이터를 실시간으로 받아들이고, 딥러닝 기반 알고리즘으로 의미 있는 상황을 추론한 뒤, 차량의 움직임을 제어하는 수백 개의 명령을 동시에 실행합니다. 센서만 있어도 주변 환경은 볼 수 있지만 해석은 다른 문제입니다. 차선인지 그림자인지, 보행자인지 가로등인지, 멈출 상황인지 진행할 상황인지, 이 모든 판단은 결국 SoC의 AI 연산 능력에 달려 있습니다. ADAS SoC는 단순한 제어용 칩이 아닙니다. 이 칩 하나에 수십 개의 CPU, GPU, NPU, ISP, DSP, 메모리 컨트롤러가 있으며, 초당 수조 번의 연산을 통해 차량을 실시간으로 판단하고 움직입니다. 센서 퓨전, 객체 인식, 행동 예측, 주행 계획, 제어 명령 등 자율주행이 가진 모든 '지능'은 이 하나의 칩 안에서 발생합니다.

자율주행용 ADAS SoC를 로봇용 SoC로 전환할 때 유리한 점은 이미 대규모 양산을 전제로, 검증된 고성능 연산 구조와 안전/신뢰성 체계를 갖추고 있다는 데 있습니다. ADAS SoC는 카메라/레이더/라이다 기반의 멀티센서 퓨전, 고대역폭 메모리, 저지연 AI 추론, 기능 안전(ISO 26262)과 같은 핵심 요소를 선행 확보하고 있어, 이를 기반으로 실시간 제어 코어, 액추에이터 I/O, 로봇 전용 소프트웨어 스택만 보강하면 빠르게 로봇용 SoC로 확장할 수 있습니다. 특히 자동차 산업에서 축적된 원가 절감형 대량생산 경험, 장기 공급 안정성, 전력/열 관리 노하우는 향후 로봇 산업이 대중화 단계로 진입할 때 결정적인 경쟁 우위로 작용할 것입니다.

아마도 가장 큰 장점은 AI 데이터 활용 측면에서도 강력한 시너지가 발생한다는 점일 겁니다. 자율주행 과정에서 축적된 방대한 주행/영상/센서 데이터는 로봇이 요구하는 시각 인식, 공간 이해, 물체 추적, 행동 예측 학습에 그대로 전이될 수 있으며, 여기에 로봇의 조작/행동 데이터가 결합되면 '인식 → 판단 → 행동'으로 이어지는 통합 학습 루프가 형성됩니다.

이러한 AI 데이터 활용 시너지는, 최근 VLA^{vision-language-action} 모델의 부상으로 더욱 구조화되고 있습니다. 자율주행에서 축적된 대규모 주행/영상/센서 데이터는 VLA 모델의 Vision(환경 인식)과 World Model(공간/상황 이해) 학습에 그대로 활용될 수 있고, 여기에 로봇의 조작/이동/상호작용 데이터가 결합되면 언어 기반 명령 → 행동 정책 생성 → 물리적 실행으로 이어지는 end-to-end 학습 루프가 완성됩니다. 즉 차량 데이터는 '보는 능력'을, 로봇 데이터는 '행동하는 능력'을 강화하며, VLA는 이 둘을 하나의 모델 공간에서 통합하는 촉매 역할을 하는 것입니다.

특히 테슬라처럼 차량과 로봇에 유사한 SoC/소프트웨어 아키텍처를 적용하는 전략은 VLA 시대에 결정적입니다. 동일한 추론 칩과 작업 시간 위에서 학습 및 배포가 이뤄지면 데이터 포맷, 라벨링 체계, 모델 구조를 공유할 수 있어 학습 비용과 시간을 크게 줄일 수 있고, 차량에서 쌓이는 수억 km 규모의 실세계 데이터가 로봇 VLA 모델의 인식 및 판단 성능을 끌어올립니다. 반대로 로봇이 생성하는 Action 데이터(조작/힘/실패 경험)는 자율주행 모델의 예외 상황 대응과 행동 일반화를 강화합니다. 결과적으로 ADAS SoC 기반의 데이터 자산은 VLA를 중심으로 피지컬 AI 전반의 성능을 가속적으로 진화시키는 공통 연료로 작동하게 됩니다.

글로벌 ADAS
SoC 업체

① NVIDIA

- **대표 제품**: DRIVE Orin, DRIVE Thor
- **성능**: Orin 최대 254 INT8 TOPS, Thor는 1,000+INT8 TOPS/최대 2,000급 FP4(트랜스포머 최적화)
- **강점**: GPU 기반 병렬 처리, CUDA/TensorRT/DRIVEWorks/Isaac으로 이어지는 강력한 개발 생태계
- **주요 고객**: 메르세데스, BYD, 지리, 니오, 샤오펑 등
- **피지컬 AI 관점**: 차량용 ADAS SoC를 출발점으로, Jetson/Isaac/GR00T까지 연결해 로봇/휴머노이드로 자연스럽게 확장 가능한 유일한 플랫폼형 사업자
  - → ADAS SoC와 로봇 SoC를 하나의 AI 컴퓨팅 계보로 통합하는 전략

② Tesla

- **대표 제품**: FSD Chip(full self-driving computer)
- **특징**: 완전 자체 설계 SoC, 추론 중심 아키텍처, 차량에 최적화된 AI 가속 구조
- **강점**: 칩 설계-소프트웨어-데이터-차량까지 완전 수직 통합
- **피지컬 AI 관점**: FSD SoC와 소프트웨어 아키텍처를 Optimus 로봇으로 확장하며, 차량 주행 데이터와 로봇 행동 데이터를 하나의 학습 체계(VLA/행동 정책)로 통합
  - → ADAS SoC를 로봇 SoC로 플랫폼 전환하는 가장 급진적인 사례

③ Mobileye(Intel)

- **대표 제품**: EyeQ5, EyeQ Ultra
- **특징**: 카메라 기반 ADAS 특화, HW-optimized 딥러닝 엔진
- **주요 고객**: BMW, 폭스바겐, GM 등 글로벌 OEM
- **피지컬 AI 관점**: ADAS에 최적화된 인식 중심 SoC로, 로봇용 실시간 제어/행동 생성(VLA) 확장성은 제한적
  → 로봇 SoC보다는 OEM 친화적 ADAS 표준에 집중

④ Horizon Robotics(중국)

- **대표 제품**: Journey 5, Journey 6
- **특징**: 고성능 NPU, 저전력 설계, 중국 로컬 소프트웨어 최적화
- **주요 고객**: BYD, 니오, 샤오펑 등 중국 OEM
- **피지컬 AI 관점**: 차량용 AI SoC를 기반으로 칩-프레임워크-OTA까지 수직 통합 중이나, 로봇/휴머노이드보다는 중국 ADAS 시장 중심
  → 중국형 NVIDIA로 불리지만 로봇 확장성은 아직 초기 단계

⑤ Qualcomm

- **대표 제품**: Snapdragon Ride, Ride Flex
- **특징**: ADAS/통신/인포테인먼트 통합 SoC
- **주요 고객**: BMW, GM, 현대차 등
- **강점**: 스마트폰 칩에서 축적된 저전력/통신/온디바이스 AI 역량
- **피지컬 AI 관점**: SDV 플랫폼을 기반으로 로봇/엣지 AI까지 확장 가능한 범용 SoC 후보, 다만 로봇 전용 제어 스택은 아직 제한적
  → ADAS ↔ 로봇 사이의 범용 엣지 AI SoC 포지션

- **대표 제품**: Exynos Auto 시리즈

- **특징**: ADAS 전용 SoC는 아직 초기 단계

- **전략**: 파운드리/메모리/패키징/이미지센서까지 아우르는 종합 반도체 역량

- **피지컬 AI 관점**: 단일 로봇 SoC보다는 ADAS/로봇/엣지 AI를 포괄하는 반도체 공급망 플랫폼으로 참여 가능성

  → 완성형 로봇 SoC보다는 생태계형 플레이어

자율주행과 로봇의 연결, 핵심은 센서

E2E의 성패는 모델만으로 결정되지 않습니다. 모델이 먹고사는 것은 데이터이고, 데이터의 시작점은 센서입니다. 피지컬 AI는 보고(카메라), 재고(레이더/라이다), 느끼고(IMU), 합쳐서 판단(센서 퓨전)합니다. 센서가 많아질수록 AI 성능이 좋아지지는 않습니다. 그보다 센서마다 데이터의 성격이 달라서 칩 구조 자체가 달라진다는 점이 중요합니다. 카메라는 픽셀로 가득 찬 밀집 형태의 데이터라 대역폭과 메모리 압박이 큽니다. 레이더는 전파 반사 신호를 주파수 영역으로 풀어내는 과정이 핵심이라 실시간 신호처리 능력이 중요합니다. 라이다는 점군point cloud 형태로 3D 지도를 만들며, 거리/각도 정밀도와 함께 데이터 파이프라인이 성능을 좌우합니다. IMUinertial measurement unit는 관성측정장치로, 가속도계와 자이로스코프를 묶어 지금 내가 얼마나 움직이고 있는지를 빠르게 알려 주는데, 데이터 양은 적어도 드리프트시간이 지날수록 오차가 누적되는 현상를 줄이는 안정성이 중요합니다.

비전 센싱에서
이미지 센서와 ISP의 중요성

사람이 운전할 수 있는 이유는 눈으로 보고 즉시 행동하기 때문입니다. 도로는 신호등 색, 표지판 텍스트, 차선, 보행자 동선 등 시각 정보 중심으로 설계된 인프라입니다. 그래서 자율주행에서 카메라는 가장 먼저 도입되고 대량으로 쓰이는 센서가 됐습니다. 이는 로봇도 다르지 않습니다. 로봇이 공장을 벗어나 가정/매장/물류센터처럼 비정형 환경으로 갈수록 시각은 범용 센서가 됩니다. 동일한 카메라로 사람, 물체, 문 손잡이, 계단, 바닥 재질을 모두 인식할 수 있기 때문입니다.

하지만 카메라가 곧바로 이해 가능한 시각을 주는 것은 아닙니다. 카메라의 시작점은 이미지 센서입니다. 이미지 센서는 빛을 전기신호로 바꾸어 픽셀로 만들고, 그 픽셀의 집합이 영상의 원재료가 됩니다. 자율주행과 로보틱스에서 이미지 센서가 중요해진 이유는 단순 고화소 경쟁 때문만은 아닙니다. 현실 도로와 현장은 조명 변화가 극단

이미지 센서와 ISP

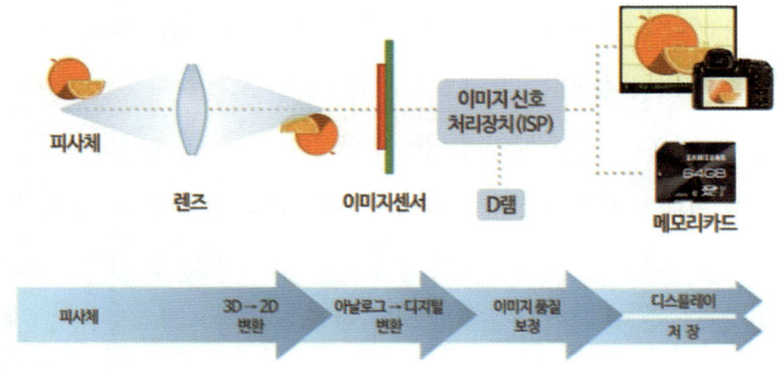

출처: 삼성전자

적이며, LED 신호/가로등/전광판 같은 깜빡임(플리커)도 많고, 야간/
우천/역광/터널 진출입처럼 어려운 조건이 상시 발생할 수 있습니다.
그래서 차량용 이미지 센서 스펙에서 반복적으로 등장하는 키워드가
HDR high dynamic range과 LFM LED flicker mitigation 입니다.

여기서 많은 분이 놓치는 포인트가 하나 더 있습니다. 이미지 센서
가 만든 신호는 아직 보기 좋은 영상이 아니라는 점입니다. 센서가 만
든 데이터는 노이즈가 있고, 색이 왜곡될 수 있고, 역광에서 정보가 날
아가기도 합니다. E2E는 입력 품질에 매우 민감하기 때문에, 이 원재
료를 정제하는 단계가 곧 성능의 바닥을 결정합니다. 이 정제의 핵심
이 바로 ISP image signal processor 입니다. ISP는 센서가 만든 신호를 받아 색
보정, 노이즈 제거, 디모자이킹, 왜곡 보정, HDR 합성 등 수많은 처리
를 수행해 AI가 사용하기 좋은 데이터로 바꿔 줍니다. 특히 자율주행/
로봇은 멀티 카메라를 동시에 돌리는 경우가 많아, ISP에는 멀티 채널
병렬 처리, 지연 최소화, 저전력, 일관된 품질(프레임 간 안정성)이 함께
요구됩니다. 결국 좋은 ISP는 단순한 화질 칩이 아니라 피지컬 AI의 입
력 표준을 만드는 전처리 두뇌가 될 수 있습니다.

흥미로운 흐름은 ISP가 점점 카메라 모듈 내부(센서+ISP 일체형), 중
앙 컴퓨팅 근처(고성능 독립 ISP/도메인 SoC)로도 진화한다는 점입니다.
카메라 데이터가 차량/로봇의 메인 컴퓨팅으로 들어가기 위해서는 표
준 고속 인터페이스가 필요하고, '센서 → ISP → 전송 → 중앙 연산'의
전 구간이 하나의 성능 체인이 되어야 합니다.

결국 미래의 차별화는 몇 메가픽셀이냐만의 싸움이 아니라, 어려운
조건에서 일관된 입력 품질을 만들어 내는 이미지 센서와 ISP의 조합
으로 이동하고 있습니다. 그리고 이 입력 품질이 좋아질수록 E2E 모델
은 더 빠르게 고도화될 수 있습니다.

레이더:
비와 안개 속에서도 '거리'는 남는다

비가 오거나 안개가 짙게 낀 날, 운전할 때 가장 먼저 체감되는 건 우리의 눈을 믿기 어렵다는 사실입니다. 카메라는 결국 세상을 사진처럼 보기 때문에, 역광이 생기거나 먼지가 날리면 정보가 갑자기 흐려집니다. 그럴 때도 레이더는 비교적 흔들리지 않습니다. 자동차용 레이더는 보통 76~81GHz 대역의 밀리미터파^{mmWave}를 쓰는데, 핵심은 감지하는 것을 넘어 그게 옆 차선 차량인지, 같은 방향으로 달리는 물체인지 아니면 표지판 같은 고정물인지를 얼마나 정밀하게 가려 내느냐에 있습니다. 그래서 요즘 '이미징 레이더'와 4D 레이더'가 대두되고 있습니다. 거리와 속도에 더해 좌우 방향(방위각)뿐 아니라 위아래 방향(고도각)까지 물체를 입체적으로 분리하려는 시도입니다.

이쯤 되면 레이더는 단순 센서라기보다 '신호처리와 추론이 결합된 모듈'에 가까워집니다. 레이더 특유의 계산—FFT $^{Fast Fourier Transform}$ 같은 변환, 잡음 속에서 목표물을 골라내는 탐지 기법, 물체를 따라붙는 추적 알고리즘—이 대량으로 돌아가야 성능이 나오기 때문에, 앞으로는 카메라 중심의 영상처리^{ISP}에 레이더가 결합된 센서가 발전할 가능성이 있습니다.

라이다:
'정밀한 3D'가 싸질수록 적용처가 많아진다

라이다는 이야기가 조금 다릅니다. 라이다는 레이저를 쏘고 돌아오는 시간을 재는 방식(ToF Time of Flight 등)으로 공간을 3차원 점군으로 찍어 내는데, 이 점군은 '정밀한 3D'라는 한 단어로 요약됩니다. 카메라가 저게 사람인지 표지판인지처럼 의미를 해석하는 데 강하다면, 라이다는 저 물체가 정확히 몇 미터 앞에 있는지를 직관적으로 잡는 데 강합니다. 문제는 늘 가격과 신뢰성이었습니다. 그래서 한동안 라이다는 로봇택시 같은 고가 시스템의 전유물처럼 여겨졌죠. 그런데 최근 들어 가격대가 빠르게 현실화되면서, 라이다가 대중형 ADAS나 물류 로봇 같은 영역까지 내려올 가능성이 커지고 있습니다.

라이다가 본격적으로 확산되면 단순히 센서 하나가 추가되는 게 아닙니다. 시스템의 역할 분담이 바뀝니다. 라이다가 3D 기준점을 제공해 주면 카메라는 부담을 일부 덜고, 추론의 안정성을 높일 수 있습니다. 레이더는 악천후에서 안전 마진을 만들어 주는 마지막 버팀목 역할에 더 집중할 수도 있게 되죠. 결국 라이다의 확산은 센서 조합의 재편 그리고 그에 맞춘 컴퓨팅 구조 변화까지 함께 끌고 옵니다.

IMU:
똑똑해질수록 엣지 AI가 단단해진다

이런 센서들이 아무리 좋아도 현실에서는 늘 빈틈이 생깁니다. GPS가 끊기고, 카메라가 순간적으로 가려지고, 라이다가 난반사에 흔들리는 순간이 반드시 찾아옵니다. 그때 시스템을 조용히 지탱하는 게 IMU입니다. IMU는 가속도계와 자이로를 묶어 움직임을 측정하는 장치로, 사람으로 치면 귀 안쪽의 평형감각에 가깝습니다. 눈이 잠깐 안 보이는 순간에도 몸이 자세를 잃지 않는 것처럼, 로봇과 차량도 IMU를 통해 지금까지 어떻게 움직였는지를 끊김 없이 이어 붙입니다. 관건은 시간이 쌓이면서 생기는 누적 오차, 즉 드리프트를 얼마나 잘 관리하느냐인데, 최근에는 IMU 자체가 더 똑똑해지는 흐름도 나타납니다. 센서 단에서 간단한 학습 기능을 넣어 이벤트를 감지하고, 시스템 전체가 처리해야 할 부담을 줄이려는 시도입니다. IMU는 센서 퓨전의 바닥을 단단하게 만드는 부품입니다. 피지컬 AI가 확산될수록 잘 보이는 날의 성능보다 잘 안 보이는 순간의 안정성이 더 중요해지고, 그럴수록 IMU 같은 보이지 않는 핵심의 가치가 올라갑니다.

엣지 AI 칩의 시대가 온다

엣지edge는 클라우드(데이터센터) 반대편, 즉 기기 가까이를 뜻합니다. 자동차/로봇/드론/CCTV/산업 장비/PC/스마트폰이 모두 엣지입니다. 이곳에서 AI를 돌리는 이유는 간단합니다. 첫째, 지연 시간 때문입니다. 카메라가 장애물을 봤는데 판단이 늦으면 사고로 이어집니다. 둘째, 연결 품질 때문입니다. 네트워크가 끊겨도 로봇은 멈출 수 없습니다. 셋째, 비용 때문입니다. 매번 클라우드로 데이터를 올렸다가 결과를 내려받는 구조는 누적되는 통신비와 서버비를 초래합니다. 넷째, 개인정보/보안입니다. 영상과 음성을 항상 외부로 보내는 서비스는 규제와 신뢰의 벽을 만납니다. 그래서 가능한 것은 기기에서 바로 처리하고, 정말 필요한 것만 클라우드로 보내는 설계가 중요해지고 있습니다.

이 변화는 칩의 역할 분담을 다시 짭니다. 예전에는 SoC 하나가 대부분을 해결했습니다. SoC는 CPU, GPU, 통신 모뎀, I/O를 한 칩에 묶어 넣은 단일 칩입니다. 그런데 AI가 커지면서 SoC 안에 NPUneural processing unit가 별도의 엔진처럼 자리 잡습니다. NPU는 AI 연산 중에서도 행렬곱 같은 반복 계산을 빠르고 전력 효율적으로 처리하는 전용 가속기입니다. TOPS는 초당 몇 조 번의 연산을 한다는 뜻인데, 숫자 자체보다 중요한 것은 같은 일을 더 적은 전력으로 해내느냐입니다. 그래서 PC에서도 AI 전용 숫자가 경쟁력이 되고 있습니다. 예를 들어 애플은 M4 칩에서 Neural Engine 38 TOPS를 강조했고, 퀄컴은 Snapdragon X Elite에서 NPU 45 TOPS를 내세웁니다. 인텔 역시 Lunar Lake에서 48 TOPS NPU 성능을 내세웁니다.

로봇과 산업 현장에서는 이 흐름이 더 커지고 있습니다. 현장에서 중요한 것은 배터리로 얼마나 오래 버티면서, 카메라/레이더/모터 제어를 동시에 처리할 수 있느냐입니다. 이런 시장을 대표하는 사례가 엔비디아의 Jetson AGX Orin 같은 엣지 모듈입니다. 개발자들이 로봇에 바로 붙여 쓸 수 있는 형태로 나오고, AI 처리 성능을 최대 275 TOPS 같은 방식으로 제시합니다. 즉 데이터센터의 GPU가 '학습'의 상징이었다면, Jetson류 모듈은 '현장 추론'의 상징입니다. 그리고 이 엣지 시장은 PC/스마트폰처럼 단일 플랫폼이 지배하기 어렵습니다. 고객이 요구하는 전력, 온도, 안전 규격, 가격대가 너무 다양하기 때문입니다. 그래서 앞으로는 SoC/NPU/MCU가 각자의 자리에서 성장할 것입니다. MCU는 모터/센서/전원 같은 기계의 신경계를 담당하는 작은 두뇌인데, 최근에는 이 MCU급에서도 간단한 AI를 돌리려는 수요가 늘고 있습니다.

그렇다면 엣지 AI 칩의 성능은 무엇이 좌우할까요? 결론부터 말하면, 연산 능력보다 데이터 이동 비용이 더 자주 병목이 됩니다. 메모리에서 데이터를 가져오고 다시 쓰는 데 연산보다 더 많은 비용이 듭니다. 그래서 엣지 칩은 세 가지 방향으로 최적화됩니다. 고정밀 대신 덜 정교하지만 충분히 정확한 수준으로 정밀도를 낮추고, 불필요한 계산을 줄이고, 칩 안에 데이터를 붙잡아 두면서 반복 처리하는 방식을 사용합니다. 이렇게 하면 연산 대비 전력 효율을 높일 수 있습니다.

엣지 AI 시대의 경쟁에서 한 가지 중요한 측면은 칩의 성능뿐만 아니라 개발자가 얼마나 쉽게 쓰고, 얼마나 안정적으로 업데이트할 수 있느냐로 확장됩니다. AMD가 CES 2026에서 발표한 자료에서도 CPU/GPU/NPU를 묶는 소프트웨어 스택과 엣지/임베디드 적용을 함께 강조하는데, 이런 흐름은 결국 엣지 AI가 '부품'이 아니라 '플랫폼'이 된다는 신호로 읽을 수 있습니다. 하드웨어는 한 번 팔면 끝이지만, 플랫폼은 업데이트와 생태계로 오래 돈을 벌 수 있기 때문입니다.

정리하면, 엣지 AI 칩의 시대는 작은 GPU를 기기에 넣는 시대가 아닙니다. 전력 예산 안에서 지연 시간을 지키면서, 데이터를 덜 움직이도록 설계된 AI 전용 엔진이 주인공이 되는 시대입니다. 애플/퀄컴/인텔/AMD는 NPU 성능을 세대교체의 상징으로 내세우고 있습니다. 결국 피지컬 AI의 확산은 더 적은 전력으로 더 확실하게 지금 움직이는 그 위치에서 잘 판단하는 칩을 만드는 경쟁으로 나아가고 있습니다.

전력 반도체가 뜬다

　AI 데이터센터와 피지컬 AI를 연결하는 트렌드가 강해질수록 전기를 얼마나 효율적으로 사용하는지가 중요한 병목이 되고 있습니다. 효율적으로 사용한다는 것은 변환하고 나눠 쓰고 안전하게 쓰는지가 중요해진다는 의미입니다. 실제로 최근에 AI 데이터센터 전력공급 구조를 800V HVDC^{고전압 직류}'로 바꾸려는 움직임이 구체화되면서, 전력 반도체 업체들이 이 변화의 한복판으로 들어왔습니다.

　피지컬 AI는 결국 전력과 열로 수렴합니다. 로봇 팔이 더 무거운 물체를 더 빠르게 움직이려면 모터에 더 큰 전류가 필요하고, 자율주행차가 더 많은 센서와 연산을 돌리려면 배터리 전력을 더 안정적으로 다뤄야 합니다. 데이터센터는 더 직관적인데, 한 서버 랙에 들어가는 가속기와 네트워크가 늘어날수록 전력 밀도가 올라가고, 전력을 그대로 쓸 수 없으니 중간 중간 수십 번의 변환(AC → DC, 고전압 → 저전압, 고전류 분배)이 따라붙습니다. 이 변환을 담당하는 부품이 바로 전력 반도체입니다.

전기를 바꾸는
방식의 차이

전력 반도체를 한 문장으로 정의하면, 전기를 스위치처럼 빠르게 켰다 껐다 하면서 원하는 전압/전류로 바꾸는 부품입니다. 여기서 재료가 바뀌면 스위치의 성격이 확 달라집니다.

- 실리콘(Si)은 가장 오래되고 값이 싸며 생태계가 탄탄합니다. 다만 전압이 높아지고(예: 800V급), 온도가 올라가고, 변환을 빠르게 하려는 순간 손실이 커지기 쉽습니다. 가성비는 좋은데, 극한의 효율 게임에서는 한계가 있습니다.
- 실리콘카바이드(SiC)는 고전압/고온에서 강합니다. 같은 전력을 더 적은 손실로 처리할 수 있어 전기차의 구동 인버터, 고전력 급속 충전 그리고 데이터센터 전력 변환 같은 곳에서 존재감이 커졌습니다.
- 갈륨나이트라이드(GaN)는 더 빠르게 변환하는 데 강점이 있습니다. 변환하는 주파수를 올리면 변압기/인덕터 같은 수동 부품을 작게 만들 수 있어 전원장치가 작고 가벼워집니다. 그래서 서버 전원, 통신 전원, 고성능 충전기 같은 영역에서 채택이 늘어납니다. 최근에는 AI 데이터센터 전력공급 구조 변화와 맞물려 GaN의 역할이 커지고 있습니다.

전력 반도체의 적용처를 가르는 네 가지 질문:
전압/주파수/열/원가

전력 반도체 선택은 복잡해 보이지만, 실제 현장에서는 다음 네 가지 질문으로 정리됩니다.

- **전압 레벨이 얼마나 높습니까?**

  전압이 높아질수록 절연/안전/손실 관리가 어려워지고, SiC가 유리해지는 구간이 생깁니다. 반대로 비교적 낮은 전압에서 빠르고 효율적으로 관리하는 건 GaN이 유리합니다.

- **스위칭 주파수를 얼마나 올려야 합니까?**

  스위칭 주파수는 쉽게 말해 전기를 얼마나 빠르게 잘게 쪼개서 바꾸느냐입니다. 주파수를 올리면 전원장치가 작아지지만, 스위칭 손실과 EMI(전자파 간섭) 난이도가 함께 올라갑니다. GaN은 이 고주파 영역에서 강점이 있습니다.

- **열저항(열을 빼는 능력)은 감당됩니까?**

  효율이 99%여도 1MW를 다루면 1% 손실이 10kW의 열입니다. 작은 수치가 아닙니다. 그래서 전력 반도체는 소재만큼이나 패키지와 냉각 구조가 중요합니다. 같은 칩이라도 어떤 패키지를 쓰느냐에 따라 '쓸 수 있는 제품'이 되기도 하고 못 쓰기도 합니다.

- **원가(그리고 공급망)가 맞습니까?**

  전력 반도체는 성능만으로 기능하지 않습니다. 웨이퍼 공급(특히 SiC 기판), 수율, 패키징 CAPA, 장기 수명이 함께 맞아야 양산이 됩니다. 그래서 전력 반도체는 기술 경쟁인 동시에 공급망 경쟁입니다.

48V에서
800V HVDC까지

AI 데이터센터에서 전력의 핵심은 더 많이 쓰는 것이 아니라 덜 잃고 더 쉽게 나누는 것입니다. 전력이 커질수록 케이블의 저항 손실과 배선 굵기(구리 사용량)가 부담이 됩니다. 이 문제를 줄이기 위해 업계

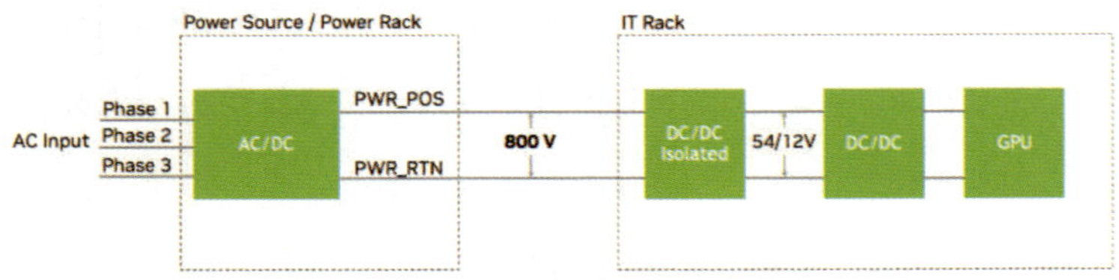

IT 랙에 800V HVDC 배전 및 GPU를 위한 12V로의 DC/DC 변환

출처: 엔비디아

는 이미 48V DC 전력 분배를 표준화해 왔습니다.

여기서 한 단계 더 나아가 시설 전체 전력 분배를 고전압 직류로 가져가자는 논의가 커지고 있습니다. 특히 800V HVDC는 전류를 낮춰 배선 손실을 줄이고, 대전력 랙으로 갈수록 이점이 커질 수 있습니다. 엔비디아의 차세대 AI 인프라가 요구하는 전력 밀도가 커질수록, 전력 반도체 업체들과 함께 전력공급 아키텍처 자체를 재설계하려는 움직임이 나타나고 있습니다.

이 변화는 GPU가 연산 능력만큼이나 전력 효율성 면에서 경쟁력이 있다는 걸 의미합니다. 그래서 데이터센터 전력망의 변화는 곧 SiC/GaN 수요의 구조적 증가로 이어질 수 있습니다. 이는 피지컬 AI의 전력망에도 영향을 주면서 SiC/GaN 수요의 구조적 증가를 가속화하게 될 것입니다.

전력 반도체의 패키징과
모듈화 경쟁

전력 반도체는 칩 하나로 끝나지 않습니다. 전력 소자를 정해진 타이밍에 정확히 켜고 끄는 게이트 드라이버, 고전압에서 신호를 안전하게 분리하는 절연, 열을 빼기 위한 패키지와 방열 구조, 고전류를 흘리기 위한 두꺼운 구리(리드프레임/클립/DBC 등)가 한 세트로 움직입니다. 그래서 전력 반도체 산업을 보면, 소재 경쟁(SiC/GaN)과 함께 패키징과 모듈화 경쟁이 커집니다. 피지컬 AI에서 전력 반도체는 조연이 아닙니다. 로봇/차량/데이터센터가 커질수록 전력 변환의 손실과 열이 비용을 결정하고, 그 비용을 줄이는 기술이 SiC/GaN/패키지로 모입니다.

SEMICONDUCTOR VALUE CHAIN ——————

PART 05

미래 테크와 실전 투자

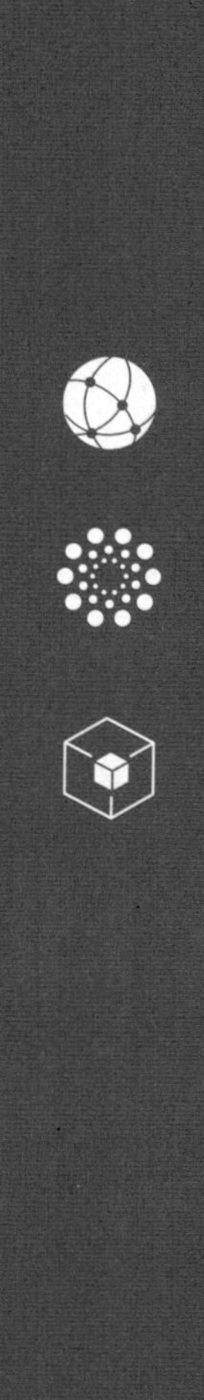

Chapter 10

우주와 양자 시대는
반도체로 확장된다

병목의 다음 전장은
우주와 양자

AI 데이터센터의 가장 큰 병목은 전력과 발열입니다. 지금의 AI 데이터센터 붐boom은 전기와 냉각의 한계에 부딪히면서 다른 어떤 기술보다 인프라 쪽 혁신을 강하게 자극하고 있습니다. 글로벌 리포트들을 보면 데이터센터 전력 사용량은 2025년에 전 세계 전력의 2% 수준(약 5백 TWh)으로 추정되고, AI용 데이터센터 수요는 2030년까지 연평균 30% 이상 성장할 것으로 전망됩니다. 이 말은 단순히 서버를 더 많이 넣는다고 해결될 문제가 아니라, 어떻게 더 적은 전력으로 더 많은 연산을 하고, 그 열을 어떻게 빼 줄 것인지가 중요하다는 것입니다.

먼저 지상에서 진행 중인 기술 개발 방향의 가장 기본은 '와트당 연산량'을 올리는 것입니다. 그동안은 분자인 연산량을 높이는 데 초점을 맞췄다면 앞으로는 분모인 와트를 줄이는 데 초점을 맞추게 될 것입니다. 엔비디아, AMD, 구글 TPU, 각종 AI ASIC들은 같은 전력으로 더 많은 연산을 하기 위해 저전력 공정, 저정밀도 연산(FP8, INT4 등), 전압/주파수 동적 조절(DVFS) 기술을 계속 도입하고 있습니다. 또한 칩간 통신에 쓰이는 인터커넥트(PCIe 대신 NVLink, UALink, CXL 등)와 서버 간 통신에 광 네트워크 기술을 개선하고 실리콘 포토닉스 등을 도입하여 '데이터 이동 에너지'를 줄이는 것도 핵심입니다. AI 시스템 전체를 보면 GPU를 포함하여 스위치, NIC network interface card, 스토리지까지 포함해 랙 단위, 데이터센터 단위의 전력 최적화를 설계하는 회사들이 장기 수혜를 볼 수 있습니다.

두 번째 축은 전력 인프라 자체를 강화하는 것입니다. AI 데이터센터 한 곳이 중형 도시 수준의 전력을 쓰는 시대가 오면서, 변압기/스위치기어/UPS/HVDC 그리고 SiC/GaN 같은 전력 반도체 수요가 동시에 폭발하고 있습니다. 고전압 직류(HVDC) 송전, 배전 효율을 높이는 스마트 그리드, ESS까지 합쳐 보면, AI 데이터센터는 사실상 전력/전력 반도체 슈퍼 사이클을 촉발하는 역할을 하고 있습니다. 인피니언, 온세미, 울프스피드 같은 SiC/GaN 업체와 버티브, 슈나이더, 이튼 등 전력/냉각 인프라 기업들이 대표적인 간접 수혜주입니다.

세 번째 축은 바로 '냉각 기술'입니다. 기존에는 찬 공기를 불어넣는 공랭식이 주류였지만, 랙당 100kW 이상으로 가는 AI 랙을 공기로 식히는 데는 한계가 있습니다. 그래서 2상(두 가지 상, 액체+기체) 직접 칩 냉각 two-phase direct-to-chip, 랙 전체를 액체에 담그는 침전식 냉각 immersion, 후면 도어 열교환기 같은 기술들이 빠르게 확산되고 있습니다. 투자 관점에서는 버티브, 슈나이더 같은 전통 전력/냉각 인프라 기업과 함께 침전식 냉각 장비 전문 업체, 열교환기, 냉매/냉각용 소재 업체들이 장기적인 구조적 수혜군으로 볼 수 있습니다.

그럼에도 불구하고 지상의 물리법칙 안에서 전력과 열을 줄이는 데는 분명한 한계가 있습니다. 땅값이 비싼 곳에서는 용량을 더 늘리기 어렵고, 지역 주민과의 갈등(소음, 열, 전력 사용)도 점점 커지고 있습니다. 그래서 일부 기업과 스타트업들은 지구를 벗어나 우주로 가면 어떨까 하는 급진적인 질문을 던지는데, 그게 바로 우주 데이터센터입니다. 동시에 계산 자체를 완전히 다른 방식으로 수행해 전력 효율을 끌어올리는 양자컴퓨팅도 궁극적인 냉각 기술처럼 거론되고 있습니다. 지금부터는 이 두 가지를 조금 더 자세히 보겠습니다.

첫 번째 해결 방안:
우주

우주에는 거의 무한한 태양광 에너지가 있고, 진공 상태라 자연 냉각이 아주 잘 되며, 지진/홍수/정전 같은 지구상의 리스크에서 벗어나 있습니다. 이미 몇몇 회사는 실제로 시험위성을 발사하고 있습니다. 예를 들어 Lonestar Data Holdings는 2024~2025년에 소형 데이터센터 장비를 달 궤도 및 달 표면에 실어 보내고, 우주에서 데이터를 저장 및 복구하는 실험을 진행했습니다. 이 초기 버전은 아직 GPU 슈퍼컴퓨터 수준이 아니라, 재난복구용 장기 데이터 저장에 초점이 맞춰져 있습니다. 그래도 달에 있는 데이터센터라는 개념 자체가 현실화되고 있다는 점이 중요합니다.

또 다른 흐름은 지구 궤도(LEO, MEO 등)에 떠 있는 위성 및 우주정거장에 기반한 데이터센터입니다. 어떤 스타트업은 엔비디아 GPU를 탑재한 '궤도 AI 슈퍼컴퓨터' 계획을 발표했고, 일부는 크루소 에너지, 'Starcloud'처럼 우주에서 대규모 AI 연산을 돌리려는 구상을 내놓고 있습니다. 우주의 장점은 세 가지로 요약할 수 있습니다.

- **에너지**: 태양광 패널만 깔면 사실상 무한에 가까운 전력을 얻을 수 있습니다.
- **냉각**: 진공과 극저온 환경 덕분에 방열판만 잘 설계하면 물과 전기를 덜 쓰고도 열을 방출할 수 있습니다.
- **보안/안정성**: 물리적 접근이 거의 불가능해 사이버 및 물리 보안 측면에서 매우 안전하고, 지구의 자연재해에서도 자유롭습니다.

단점으로는 발사 비용, 우주 방사선, 유지 보수 및 업그레이드의 어려움, 통신 지연을 들 수 있습니다. 그래서 대다수가 지금 1단계는 저장 및 백업 수준이고, 2단계는 일부 AI 전처리 단계 연산, 3단계에서야 본격적인 AI 학습 및 추론 데이터센터로 진화할 것으로 봅니다.

투자 관점에서 우주 데이터센터는 아직 직접 투자보다는 에코시스템 투자가 현실적입니다. 우선 로켓을 쏘는 스페이스X(비상장), 로켓랩 같은 발사 서비스, 우주정거장 및 모듈식 스테이션을 만들려는 Axiom Space(비상장) 등이 핵심 인프라입니다. 그 위에 올라가는 스토리지 및 컨트롤러 업체로는 Lonestar의 파트너인 피손Phison, 대만 상장 플래시 컨트롤러 기업 그리고 향후에는 마이크론, 삼성전자, 키옥시아 같은 고신뢰성 SSD 업체들이 수혜 후보가 될 수 있습니다. 더 넓게 보면 위성 및 지상국 통신 인프라(SES, Eutelsat, Viasat 등), 우주 구조물 및 태양광 패널, 열관리 소재 기업들도 장기 테마에 들어갈 수 있습니다. 아직은 매출 기여도가 미미하고 리스크가 매우 크지만, AI 데이터센터의 에너지와 발열 문제를 완전히 다른 차원에서 푼다는 점에서 중요한 기술적 발전입니다.

두 번째 해결 방안:
양자컴퓨팅

이제 양자컴퓨팅이 왜 전력과 발열 측면에서 의미가 있을 수 있는지로 넘어가 보겠습니다. 양자컴퓨터는 기본적으로 큐비트라는 단위를 쓰는데, 특정 종류의 연산—아주 큰 행렬 계산, 고차원 최적화, 복잡한 확률 분포 샘플링—을 기존 컴퓨터보다 훨씬 적은 단계로 끝낼 수 있습니다. 예를 들어, 우리가 대규모 딥러닝 모델을 학습할 때 GPU 수천 대를 몇 주씩 돌리는 대신, 양자 알고리즘을 활용하면 같은 문제를 훨씬 짧은 시간에, 적은 연산 단계로 해결할 수 있습니다. 만약 같은 일을 1/100의 시간에 끝낼 수 있다면, 순간 소비 전력이 비슷하거나 조금 높더라도 총에너지를 크게 줄일 수 있습니다. 그래서 많은 연구자가 양자컴퓨팅을 궁극적인 '그린 컴퓨팅' 후보 중 하나로 보고 있습니다.

다만 현실은 아직 쉽지 않습니다. 지금의 양자컴퓨터는 오류율이 높고, 이를 보정하기 위해 추가적인 연산과 냉각(절대온도에 가까운 극저온)이 필요합니다. 또한 최근에는 특정 수학 문제를 풀 때 양자컴퓨터가 고전 컴퓨터보다 에너지를 더 많이 쓴다는 결과도 나오고 있습니다. 단기적으로는 양자컴퓨터가 AI 데이터센터 전력 문제를 해결해 주지 못하지만, 오류가 보정된 대형 양자컴퓨터가 등장하는 어느 시점에는 이야기가 달라질 수 있습니다. 그때가 되면 AI 모델 학습에서 가장 에너지가 많이 드는 최적화/샘플링/행렬 연산의 일부를 양자 쪽으로 넘겨, 같은 수준의 AI 서비스를 훨씬 적은 전력으로 제공하는 하이브리드 구조가 가능해집니다.

양자컴퓨팅이 AI 데이터센터의 전력/발열을 줄이는 방식은 크게 세 가지입니다. 첫째, AI 모델 자체를 더 효율적으로 학습 및 추론하는 것입니다. 양자 머신러닝QML 알고리즘은 고차원 데이터의 패턴을 더 적은 샘플과 연산으로 찾아내고자 합니다. 둘째, 데이터센터 운영을 최적화하는 쪽입니다. 대표적인 최적화 조합 문제인 전력망 부하 배분, 냉각수 흐름, 태양광+ESS 최적 스케줄링에 양자 최적화 알고리즘이 투입될 수 있습니다. 셋째, 통신/암호 영역입니다. 양자암호PQC/양자키분배QKD를 활용해 데이터센터 간 보안 연결을 확립하면, 과하게 중복 및 우회되는 트래픽을 줄여 전체 네트워크 에너지 사용을 줄일 여지가 있습니다.

투자 관점에서 양자컴퓨팅은 아직 연구와 테마 성격에 가깝지만 방향성은 분명합니다. 하드웨어 쪽에는 아이온큐IONQ, 리게티RGTI, D-WaveDWQ 같은 상장사가 있고, 빅테크(AWS, 구글, 마이크로소프트)는 자사 클라우드에 양자 서비스를 붙이는 방향으로 가고 있습니다. 여기에 초전도 및 이온트랩 장비, 극저온 냉동기, RF radio frequency, 무선주파수 컨트롤 전자장비를 만드는 기업들이 숨은 인프라 수혜가 됩니다.

우주는 데이터의 인프라다

　AI 산업 사이클을 '학습 → 추론 → 서비스'로 나눴을 때 우리가 갈수록 투자에서 관심을 가져야 하는 구간은 '서비스'입니다. 피지컬 AI, 온디바이스 AI로 대표되는 게 서비스의 시대죠. 실제 돈을 버는 기업은 AI가 일상 속에서 얼마나 자주, 깊게 쓰이는지에 따라 등장할 것입니다. 다만 AI 서비스가 본격적으로 확산되면 데이터의 병목은 더욱 커질 수밖에 없습니다. 고객의 행동, 물류의 흐름, 공장의 가동, 도시의 움직임처럼 '현실'에서의 데이터가 더욱 빠르게 많이 만들어지는 가운데 얼마나 핵심 데이터를 잘 정제하고 많이 확보해서 기존 데이터와 결합하는지가 기업의 비즈니스 및 국가 경쟁력 측면에서 중요해질 것입니다.

　AI 시대의 인프라는 전력과 반도체만을 의미하지 않습니다. 우리는 데이터도 인프라가 되는 시대를 살고 있습니다. 데이터가 생성되고(센서), 이동하고(네트워크), 저장 및 분석되는(클라우드) 전체 경로가 산업의 성능을 결정합니다. 이 관점에서 우주는 더 이상 먼 산업이 아니라, 지상 인프라의 빈틈을 메우고 현실 데이터를 공급하는 데이터 인프라의 확장판이 됩니다. 위성통신은 하늘에 '두 번째 인터넷'을 깔아 연결의 사각지대를 없애고, 지구관측 위성은 지구를 매일 스캔해 AI가 필요로 하는 현실 데이터를 만들어 냅니다. 결국 '우주는 데이터의 인프라'라는 말은 AI 서비스가 커질수록 우주가 경제의 혈관과 신경처럼 더 중요해진다는 뜻입니다.

하늘에 깔리는
두 번째 인터넷

우리가 매일 쓰는 인터넷은 생각보다 단순한 길 위를 달립니다. 기지국-광케이블-데이터센터. 잘 닦인 고속도로죠. 문제는 이 도로가 언제나 모든 곳으로 뻗어 있진 않다는 데 있습니다. 산과 섬, 사막과 바다처럼 처음부터 길을 내기 어려운 곳도 있고, 재난으로 한 번 끊기면 당장 우회로가 없는 순간도 생깁니다. LEO low earth orbit, 지구 저궤도 위성망은 그 빈틈을 하늘에 우회도로를 하나 더 까는 방식으로 메우려는 시도입니다.

위성통신이 '인프라 산업'처럼 보이기 시작한 이유는 특수 장비의 영역이었던 예전과 달리 구독형 서비스로 굴러가며 가입자와 트래픽, 요금과 품질이 논의되기 때문입니다. 스페이스X의 스타링크는 2025년 12월 기준으로 가입자 수가 800만 명을 넘어섰습니다. 이제는 더 이상 실험 단계가 아니라 실제 운영되는 통신망이라는 인식이 강해졌습니다. 글로벌 사업화 속도가 빨리지는 상황에서 이제 위성은 발사하는 것보다 운영하는 것이 더 중요해졌습니다.

스타링크를 추격하는 업체들은 다음의 특색을 갖고 있습니다. 원웹

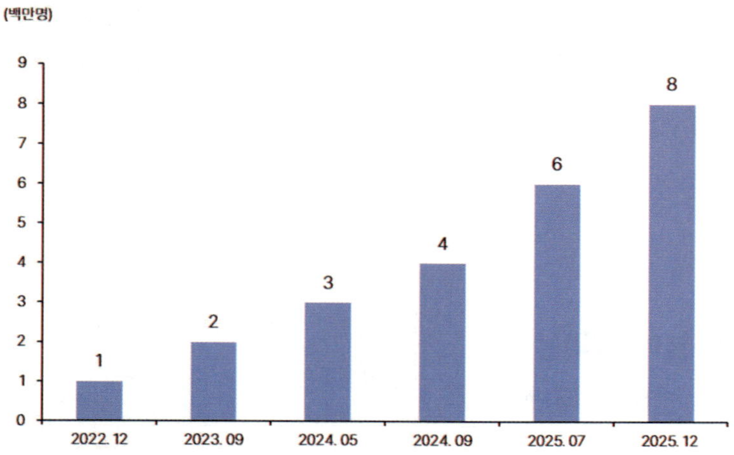

OneWeb은 기업/정부/항공/해상처럼 끊기면 곤란한 수요에 초점을 둔 네트워크로 자주 언급되고, 이를 품은 유텔샛Eutelsat은 위성 발주를 이어가며 확장 국면을 준비하고 있습니다. 아마존의 프로젝트 카이퍼Kuiper는 대규모 위성 배치를 승인받아 일정 조건을 맞춰야 하는 구조로 알려져 있죠. 다만 이런 계획과 실행 사이에는 시간이 흐르고 변수가 생기며 다음의 질문을 만나게 됩니다. "누가 먼저 서비스 품질과 운영 능력으로 증명할까?"

여기서 위성 몇 기보다 중요한 포인트가 있습니다. 위성망이 휴대폰망처럼 운영되기 시작했다는 점입니다. LEO는 위성이 움직이기 때문에, 접속이 끊기지 않도록 핸드오버바통터치가 끊임없이 일어나야 합니다. 지역에 따라 지상 게이트웨이관문 기지국도 촘촘히 깔려야 합니다. 위성끼리 데이터를 넘기는 ISLinter-satellite link, 위성 간 통신이 잘 갖춰지면, 지상국이 드문 곳에서도 길이 더 유연해집니다. 반대로 어떤 네트워크는 ISL이 제한적인 구조로 출발해 지상 인프라 의존도가 더 커지기도 합니다. 설계의 차이가 곧 서비스의 차이로 이어지는 이유입니다.

지상국도 변하고 있습니다. 직접 지어야만 하는 시설에서 필요한 만큼 빌려 쓰는 옵션으로 확장되고 있습니다. 'AWS Ground Station'처럼 위성통신과 데이터 다운링크를 서비스 형태로 제공하는 모델도 있습니다. 위성 사업자에게는 CAPEX 부담을 줄이고 고객에게는 데이터를 곧바로 클라우드 워크플로우로 넣게 도와주는 것입니다.

우주 산업의 중심축이 위성을 만드는 제조업에서 네트워크를 판매하는 인프라업으로 옮겨 가고 있습니다. 투자자 관점에서도 위성 로켓을 누가 많이 발사하는지보다 누가 구독자를 빨리 늘리고 운영 소프트웨어와 단말 설치 경험을 장악하는지가 더 중요해집니다.

하늘에서 내려오는 데이터

우주가 데이터 인프라가 되는 방식은 통신만 있는 게 아닙니다. 위성은 지구를 위에서 내려다보는 거대한 센서이기도 합니다. 이 센서가 만들어 내는 데이터는 기후, 농업, 재난, 물류, 공급망 같은 현실 문제를 촬영하여 문제 해결을 위한 품질 좋은 데이터로 변환하여 판매됩니다. 지금 위성 데이터는 단순히 한 장의 사진이 아니라, 현실이 계속 업데이트되는 로그에 더 가깝습니다.

위성은 탑재체payload에 따라 기능이 달라집니다. 대표적으로 EO optical, 광학과 SARsynthetic aperture radar 위성으로 나뉩니다. EO 위성은 광학/적외선을 활용해 지구 표면을 촬영합니다. 우리가 흔히 보는 도시 항공사진, 농업 모니터링, 산림 관리, 수자원 관측 같은 용도에 쓰입니

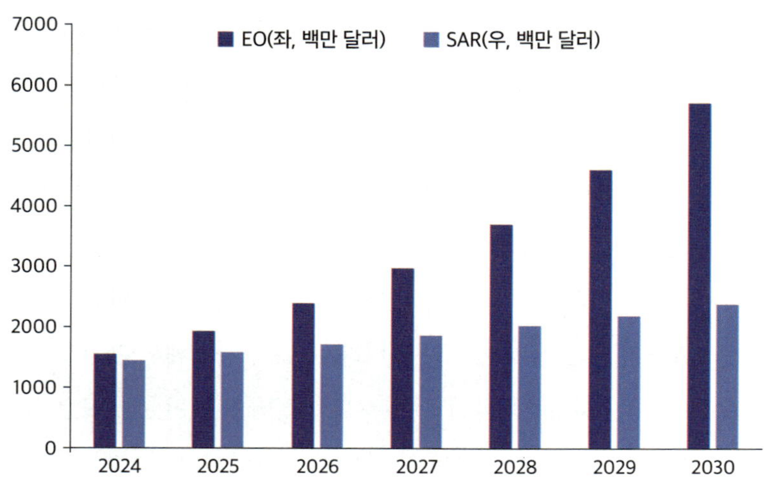

다. 직관적이고 컬러풀한 이미지를 제공하기 때문에 사용자에 친화적이지만, 야간이나 악천후에는 제약이 있습니다. 반면 SAR 위성은 마이크로파를 방출해 반사 신호를 분석하기 때문에 날씨나 빛의 유무와 관계없이 24시간 관측이 가능합니다. 식생, 지질, 해양 변화 같은 정보를 제공하는 데 매우 유용하며, 군사/안보 목적으로도 각광받습니다.

이 시장에서 가장 대표적인 기업이 플래닛 랩스Planet Labs와 블랙스카이BlackSky입니다. 두 기업은 모두 위성 데이터 사업을 영위하지만 전략과 강점은 구분됩니다. 플래닛 랩스는 초고해상도는 아니지만 대규모 위성군을 보유해 지구 전역을 매일 촬영할 수 있다는 강점이 있습니다. 반면 블랙스카이는 소형 고해상도 위성을 통해 특정 이벤트와 변화를 실시간으로 포착하는 데 특화되어 있습니다. 쉽게 말해, 플래닛 랩스가 '빅데이터형 기업'이라면, 블랙스카이는 '이벤트 드리븐형 기업'이라고 할 수 있습니다.

AI 시대에는 이러한 위성 데이터 수요가 더 커집니다. AI가 발전하면서 위성 데이터는 예측/분석/의사결정의 자동화로 확장될 것입니다. 즉 위성 데이터 기업은 글로벌 의사결정 인프라 기업으로 변모할 것입니다.

국내 기업 중에는 대표적으로 쎄트렉아이가 있습니다. 쎄트렉아이는 위성체계 개발 역량을 바탕으로 위성 영상과 분석 솔루션 영역을 강조해 왔고, 우주 데이터가 이미지 촬영에서 AI 분석으로 넘어가는 길목을 보여 줍니다.

이제 승부처는 좋은 카메라(탑재체) 하나로 끝나지 않습니다. 얼마나 자주, 빨리, 쉽게 데이터를 쓸 수 있게 하느냐가 경쟁력이 됩니다. 그래서 투자 아이디어도 위성을 만드는 기업, 데이터를 파는 기업, 그 데이터를 AI 워크플로우로 연결하는 기업이 한 생태계로 움직입니다. 결국 반도체의 수요도 함께 커지는 것입니다.

AI 시대의 신경망:
위치/시간/방산이 하나로

우주 인프라의 마지막 축은 조용하지만 가장 생활 밀착형입니다. 바로 위치와 시간입니다. GPS 같은 위성항법 시스템은 길만 안내하는 게 아닙니다. 통신망과 전력망은 정밀한 시간 동기화가 필요하고, 금융 거래도 언제 일어났는지를 정확히 찍어야 합니다. 우리가 의식하지 못하는 사이에 우주는 사회 전체가 같은 시계를 공유하도록 만드는, 보이지 않는 기준점이 됩니다.

여기에 방산이 결합되면 우주 인프라는 말 그대로 국가의 신경망이 됩니다. 위성통신은 지상 인프라가 흔들릴 때도 연결을 유지할 수 있어, 평시에는 유연한 통신 기반이 되고 유사시에는 '최후의 연결'이 됩니다. 국내에서는 한화시스템처럼 군 위성통신 체계에서 단말/망 제어/생존성 같은 키워드를 강조하는 기업들이 있고, 글로벌로는 이리디움Iridium처럼 전 지구 커버리지와 정부/항공/해상 수요를 기반으로 사업을 전개하는 기업도 있습니다.

AI는 데이터를 먹고 발전하는데, 국가와 산업이 필요로 하는 데이터는 갈수록 실시간, 정밀함, 끊김 없는 모습을 요구합니다. 그 조건을 동시에 만족시키는 지향점이 바로 우주입니다. 그래서 각국이 GNSSglobal navigation satellite system, 전 지구 위성 항법 시스템를 국가 인프라로 바라봅니다. 한국 역시 미국의 GPS 의존 리스크를 언급하며 한국형 위성항법시스템KPS 같은 중장기 프로젝트를 추진하고 있습니다. 방향성은 분명합니다. 데이터 경제가 커질수록 '국가의 시간과 좌표'를 스스로 갖고 싶어 합니다.

우주용 반도체의 특징

우주 산업이 성장하고 투자 대비 부가가치가 높으려면 장비의 기술력이 좋아야 합니다. 위성의 수명을 오래 유지할 수 있도록 투자 비용을 줄이는 기술력이 따라와야 합니다. 우주 공간에서 인프라 투자가 더욱 확대될 경우 하드웨어의 기술력은 더욱 중요해질 것입니다. 이때 중요한 역할을 하는 것이 '우주용 반도체'입니다. 우주용 반도체는 이름 그대로 우주발사체, 인공위성 등 우주 연구 및 인프라에 사용되는 반도체를 말합니다.

우주가 반도체에
가혹한 이유

우주용 반도체는 우주라는 가혹한 환경을 견딜 수 있도록 일반 반도체보다 내구성, 저전력, 고성능 등의 기능을 갖추게 됩니다.

우주가 반도체에 가혹한 첫 번째 이유는 진공과 온도입니다. 우주는 기본적으로 진공에 가깝고, 그림자와 햇빛에 따라 온도가 크게 변화합니다. 그 과정에서 칩과 기판의 재료가 팽창/수축을 반복하며 미세 균열이 발생하기 쉽습니다. 그래서 우주용 반도체는 칩 자체뿐 아니라 패키징이 중요합니다.

두 번째는 발사 스트레스입니다. 로켓 발사 순간의 진동 및 충격은 지상에서 흔히 겪는 수준이 아닙니다. 기판/커넥터/전원부까지 포함한 시스템이 충격 이후에도 접촉 불량 없이 버텨야 합니다. 우주용 반도체가 가성비 측면에서 불리한 이유가 애초에 대량으로 싸게 만드는 방식이 아닌, 고장 확률을 낮추는 방식으로 만들어지고 검증되기 때문입니다.

세 번째이자 가장 치명적인 것이 우주방사선입니다. 전문가들은 우주 반도체 고장 원인의 30% 이상이 방사선 때문이라고 말합니다. 고에너지 입자가 반도체 내부를 지나가며 순간적으로 전하를 만들거나 회로 상태를 뒤집어 놓을 수 있습니다. 최근 연구에 따르면 감마선으로 이뤄진 우주방사선이 반도체소자를 통과하면 '전자 터널링' 현상이 발생합니다. 이 경우 절연체와 경계면의 공기층에서 전력 누수가 발생해 반도체 고장의 원인이 되는 것입니다. 우주용 반도체 제작을 위해선 방사선에 강한 소재 선택이 중요한데, 그래서 '탄화규소SiC'를 활용하는 연구가 활발합니다.

우주용 반도체는 '내방사선+검증'이 핵심

우주용 반도체는 방사선에 버티도록 설계하고, 그걸 검증하는 게 중요한 산업입니다. 이 시장을 이끄는 플레이어들이 '전통 반도체 강자'와 겹치는 이유도 여기에 있습니다. 예를 들어 텍사스 인스트루먼트TI는 전원 관리, 데이터 컨버터, 인터페이스 등 우주 시스템에 필요한 폭넓은 포트폴리오를 우주 등급으로 제공하며, 방사선 시험 지원을 강조합니다. 인피니온Infineon도 우주용 메모리 포트폴리오를 전면에 내세우고 있습니다.

또 한 축은 우주에서 쓸 컴퓨팅입니다. 위성이 똑똑해질수록, 즉 궤도에서 데이터를 더 많이 처리할수록 탑재 컴퓨팅이 중요해집니다. 마이크로칩Microchip은 방사선 내성 FPGA프로그래밍이 가능한 칩를 우주 애플리케이션용으로 제공하며, '우주 등급 FPGA' 포트폴리오를 강조합니다. 애널로그디바이시스ADI도 우주용 제품 리스트를 별도로 운영하며 표준 우주 제품/상용 우주 제품을 구분합니다. 우주망원경이나 관측위성처럼 보는 임무에서는 이미지 센서도 핵심입니다. 테라다인Teledyne은 다수의 우주 미션에서 활용된 CCD/이미징 센서 포트폴리오를 강조합니다.

한국의 우주용 반도체 산업

우주용 반도체 시장이 커지는 배경은 간단합니다. 위성이 많아졌기 때문입니다. 저궤도LEO 통신 서비스가 상용화되면서, 한두 기의 고가 위성이 아니라 수천~수만 기 단위의 위성군satellite constellation이 전제가 됩니다.

이에 따라 국내에서도 우주에서 반도체를 검증하는 단계가 본격화되고 있습니다. 바로 '우주검증위성' 사업이 대표적입니다. 이 사업은 한국항공우주연구원이 2025년부터 발사할 예정인 3기의 큐브위성이며 '국산 소자/부품 플랫폼'이라고도 불립니다. 국내 산업체/연구기관의 기술 경쟁력 확보를 위해 국산 부품과 기술을 실제 우주 환경에서 시험하고자 계획됐습니다. 큐브위성의 제작은 나라스페이스가 맡았고, 2025년 11월 27일에 발사된 1호 위성에는 삼성전자의 DRAM과 UFS^{범용플래시 저장장치} 메모리가 탑재됐습니다.

2호 위성은 누리호 4차 발사에 탑재되어 2026년 3분기 중에 발사될 예정입니다. 2호 위성에는 SK하이닉스의 DRAM과 UFS 메모리, 여러 기업의 고속/정밀 조정 거울, 반작용 휠, 자세결정 및 시스템 모듈, 전기추력기용 할로우음극, 궤도수송선 항전장비 테스트베드 등이 실립니다.

우주 네트워크의 반도체

몇 년 전만 해도 위성 인터넷은 속도가 느리고 끊기기 쉬운, 말 그대로 산속 비상 통신에 가까웠습니다. 그러던 중 어느 순간부터 네트워크 인프라의 재편으로 해석되기 시작했습니다. 결정적 계기는 두 가지입니다. 하나는 위성과 위성을 레이저로 직접 연결하면서 우주에서 우주로 데이터가 흐른 점이고, 다른 하나는 휴대폰이 기지국 없이도 위성과 직접 연결Direct-to-Cell, D2C 되는 시대가 열렸다는 점입니다. 스페이스X가 스타링크에 쓰던 레이저 링크 터미널을 다른 위성 제조사에도 판매하겠다는 보도는 우주 네트워크가 부품과 표준의 산업으로 굳어지고 있음을 상징적으로 보여 줍니다.

우주 네트워크를 반도체 관점에서 이해할 때 핵심은 네트워크가 세 가지 종류라는 사실입니다. 첫째는 위성과 지상을 연결하는 네트워크입니다. 지상국 안테나와 위성의 위상배열phased array이 서로를 향해 빔을 만들 때 RF 프런트엔드(증폭기, 필터, 스위치) 등이 필요합니다. 둘째는 위성과 위성을 연결하는 네트워크인데, 여기서 레이저 ISL이 등장합니다. 셋째는 위성과 단말(휴대폰/차량/드론)을 연결하는 네트워크입니

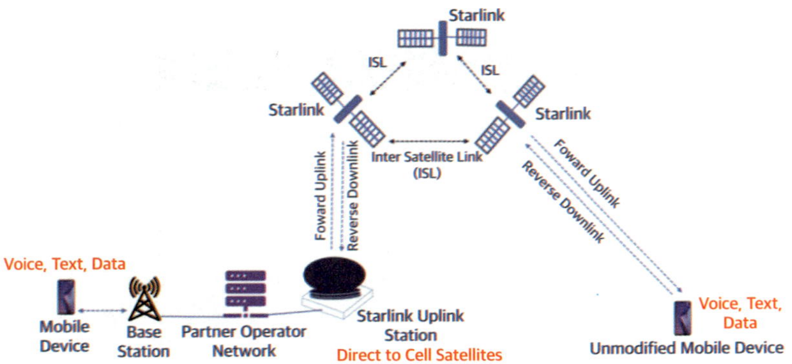

출처: Techplayon

다. 이 구간이 본격화되면 위성은 하늘의 기지국이 되고, 통신은 셀룰러 생태계의 확장으로 성격이 바뀝니다.

레이저 ISL이 중요한 이유는 간단합니다. 위성이 아무리 많아도 데이터를 지상으로 내리려면 지상국이 필요하고, 지상국이 있는 지역/국가/기상 조건에 서비스 품질이 묶입니다. 반면 위성끼리 레이저로 연결되면, 데이터는 지상국을 찾아 내려오면 됩니다. 즉 지상국의 밀도와 정치/지리적 제약을 일부 벗어나 네트워크를 설계할 수 있습니다. 이 구조는 군집 위성망을 진짜 인터넷처럼 만들기 위한 필수 기술에 가깝습니다.

그렇다면 레이저 ISL은 어떤 반도체를 필요로 할까요? 레이저 링크는 흔히 우주에서 쓰는 무선 광섬유로 설명할 수 있는데, 광섬유가 없어도 되는 대신 정밀 조준이 필요합니다. 빛은 전파보다 빔이 얇아서 멀리 갈수록 빗나가기 쉽기 때문입니다. 그래서 레이저 광원만으로는 부족하고, 빛을 데이터로 실어 나르는 변조기/수광기 같은 광소자, 수신된 신호를 복원하는 DSP디지털 신호처리, 빔을 흔들림 없이 유지하는 제어용 센서/칩, 우주 방사선과 온도 변화에 버티는 고신뢰 패키징이 하나의 세트로 움직이게 됩니다.

여기서 '코히런트 DSP' 같은 용어가 나오는데, 쉽게 말해 빛의 미세한 변화를 더 똑똑하게 읽어 내서 같은 빛으로 더 많은 정보를 보내는 기술입니다. 지상 광통신에서 성숙한 이 기술의 역량이 우주로 확장되는 중이며, 이 과정에서 실리콘 포토닉스 같은 접근이 '소형화/양산성'이라는 측면에서 적용되고 있습니다.

위성과 단말의 네트워크에서 최근 가장 중요한 변화는 NTN[non-terrestrial network] 표준화입니다. 3GPP Release-17에서 위성과 스마트폰을 직접 연결하는 D2C[direct-to-cell] 규격이 공식화됐습니다. 이는 위성통신이 기존 5G 네트워크와 통합되는 길을 열었음을 의미합니다. 우리가 사용하는 스마트폰이 위성과 연결되는 시대가 도래하는 것입니다. 애플, 삼성전자, 화웨이 같은 스마트폰 제조사와 AT&T, 버라이즌 같은 이동통신사도 이 흐름에 동참하고 있습니다.

이런 상황에서 스페이스X가 에코스타[Echostar]의 무선 스펙트럼 라이선스 확보에 23.6조 원을 투입했습니다. 스펙트럼은 위성통신에서 주파수 땅과 같은 자산입니다. 아무리 많은 위성을 쏘아 올려도 쓸 수 있는 주파수가 없다면 서비스는 불가능하죠. 따라서 스페이스X가 막대한 자금을 투입해 스펙트럼을 확보했다는 것은 향후 글로벌 시장에서 규제 장벽까지 선점하겠다는 강력한 신호입니다. 또 다른 기업인 AST 스페이스모바일[ASTS]은 그동안 D2C라는 영역에서 가장 파괴적 혁신 기업으로 주목받아 왔습니다. 2024년에는 블루버드 위성 5기를 성공적으로 발사했고, 2025~26년까지 45~60기를 추가로 배치할 계획을 세웠습니다. 또한 AT&T, Vodafone, Verizon 등 글로벌 통신사와 직접 상업 계약을 체결하며 상용화 가능성에 대한 신뢰를 높였습니다.

　우주 네트워크의 반도체는 한 줄로 요약하면 'RF+광+컴퓨팅'의 결합입니다. 지상 네트워크가 기지국과 광케이블로 확장됐다면 우주 네트워크는 위성 자체가 기지국이 되고, 위성끼리는 레이저로 메쉬를 이루며, 그 위에서 라우팅과 보안이 돌아갑니다. 이때 승부는 누가 위성을 더 많이 띄우느냐만이 아니라 누가 더 작고, 더 적은 전력으로, 더 오래 버티는 네트워크를 표준화된 방식으로 대량 구현하느냐로 옮겨 갑니다. 이제 우주 위성통신은 지상통신망과 연결되려 하고 있습니다. 이러한 흐름에 그동안 부진했던 통신 장비 산업이 살아나려는 조짐을 보이고 있습니다. 그리고 이러한 변화의 모든 바닥에는 늘 반도체가 깔려 있습니다.

양자컴퓨팅 핵심 요약

2025년 10월 24일 IBM이 양자컴퓨팅의 오류 정정 알고리즘을 값싼 상용 AMD의 FPGA에서 실시간 구동했다고 발표했습니다. 이에 양자 연산은 양자칩만, 보조 연산은 값비싼 특수 하드웨어라는 관점에 균열이 생겼고, 양자컴퓨팅 개발 업체들의 주가는 떨어진 반면, 양자 보안 업체들의 주가는 강세를 기록하는 차별화 양상을 보였습니다. 오류 정정의 상당 부분을 보편적인 반도체 칩으로 처리해도 된다는 인식을 하게 된 것인데, 사실 많은 연구소에서 이미 이 같은 연구를 진행하고 있었습니다. 다만 이제는 투자자들도 이러한 생각을 투자에 반영할 거라는 점에서 의미가 있다고 생각합니다.

IBM은 2029년 '스타링Starling'이라는 대형 내결함성 양자컴퓨터 로드맵을 내고 있습니다. 핵심은 물리 큐비트 수십만 개를 묶어 200개 내외의 '논리 큐비트'를 안정적으로 오래 돌리는 것입니다. 이번 FPGA 성과는 그 로드맵의 필수 부품(실시간 오류 정정 루프)을 값싸게 구현할 수 있음을 보여 준 예고편입니다.

이것이 왜 의미가 있을까요? 쉽게 연주에 비유해서 설명하면 양자

칩은 섬세한 악기처럼 아주 작은 잡음에도 연주가 틀어집니다. 그래서 양자칩이 연주를 하고 고속의 보조칩이 실시간 튜닝을 하는 협업 과정이 필요합니다. 이번 소식은 그 보조칩을 비싼 하드웨어 대신 범용의 AMD FPGA로도 충분히 돌릴 수 있음을 보여 줬고, 양자 상용화의 병목이 풀릴 수 있음을 시사했습니다. 당연히 양자 상용화의 속도가 빨라지면서 단순 인프라 개발 그다음 영역으로의 투자 시계열이 넘어갈 수 있음을 인지해야 합니다.

양자역학과 양자컴퓨팅

양자는 더 이상 나눌 수 없는 물질이나 에너지의 최소 단위를 의미합니다. 일상에서 스위치는 켜짐/꺼짐 둘 중 하나로 표현됩니다. 반도체 기술도 이러한 스위치의 원리를 응용한 것입니다. 반면 원자/전자 같은 양자 세계에서는 스위치가 0과 1 사이 어딘가에 있을 수 있습니다. 이처럼 양자컴퓨터는 양자역학의 원리를 적용하고, 큐비트quantum bit, qbit라는 새로운 연산 단위를 이용하여 처리하는 기술입니다. 동전이 공중에서 빙글빙글 도는 동안 앞뒤가 동시에 가능하듯, 큐비트는 여러 가능성이 겹쳐져 있는 중첩 상태에 머물 수 있습니다. 이와 같은 특성으로 초고성능의 병렬 연산을 통해 특정 영역에서 복잡한 문제를 매우 빠르게 해결할 수 있습니다.

그동안 컴퓨터칩은 무어의 법칙으로 트랜지스터의 개수를 기하급수적으로 증가시켜 연산 속도와 병렬 처리 성능을 향상시켜 왔습니다. 하지만 트랜지스터가 지나치게 작아지면 양자 터널링quantum tunneling으로

고전 컴퓨터와 양자컴퓨터의 비교

구분	고전 컴퓨터	양자 컴퓨터
기본정보 단위	비트(bit): 0 또는 1만 표현 가능	큐비트: 중첩(superposition)으로 0과 1을 동시에 표현
물리적 원리	고전 물리학 (전기 신호, 트랜지스터)	양자 역학 (중첩, 얽힘, 간섭)
정보 처리 방식	순차적 처리 (단일 계산 경로)	병렬 처리 (다중 상태 동시 계산)
계산 성능 확장성	선형 증가: N개 비트 → 최대 N개 연산	지수적 증가: N개 큐비트 → 최대 2^N개 연산
동작 방식	주어진 규칙에 따라 수행	여러 선택 중 하나를 추측하여 병렬적으로 계산
경로	단일 경로	다중 경로
주요 응용 분야	일상 업무, 데이터 처리, 웹 서핑 등	암호 해독, 복잡한 최적화 문제, 양자 화학 시뮬레이션, AI/머신러닝 등
오류율 및 안정성	낮은 오류율 (안정적)	높은 오류율 (극히 짧은 결맞음 시간, 환경 노이즈 민감)
환경 요구 사항	상온에서 작동	극저온(~-273℃) 또는 진공 환경 필요 (초전도체/이온트랩 기준)
개발 단계	완전히 성숙 (범용적)	초기 단계 (NISQ 시대, 특수 목적 한정)
비용 및 접근성	저렴하고 보편화됨	고가 (구축 비용 수천만 달러 이상), 고객사에 직접 구축하거나 클라우드를 통해 접근
대표적 전력 소모	• 슈퍼컴퓨터: 2~30 메가와트(MW) 이상 • 데이터센터: 수십~수백 MW	• 중성원자 방식: 2.6~10 kW • 초전도체 방식: 10~25 kW
성능 대비 에너지 효율	계산 성능이 선형적으로 증가할수록 전력 소모도 선형 또는 초선형 증가	큐비트 수 증가 시 계산 성능은 지수적으로 증가, 전력 소모는 완만하게 증가
특수 현상	없음	• 중첩: 0과 1 동시 존재 • 얽힘(Entanglement): 큐비트 간 상관관계 • 간섭: 확률 진폭의 보강/상쇄

인해 0과 1의 명확한 구분이 어려워지면서 데이터 오류가 발생할 가능성이 커집니다. 현재 반도체 업계는 3나노 공정 기술부터 양자 터널링 현상이 심화되어 전자의 흐름을 예측하기 어려워지고 있습니다. 양자 터널링은 입자(전자, 양성자 등)가 고전 물리학적으로는 넘을 수 없는 에너지 장벽을 뚫고 지나가는 현상을 의미합니다. 그래서 양자컴퓨터의 개발 필요성이 높아지고 있습니다.

기존 방식의 컴퓨터는 순차적 또는 병렬적으로 계산을 처리하는 반면, 양자컴퓨터는 중첩과 얽힘을 이용해 동시에 수많은 데이터를 계산할 수 있어 특정 영역/문제에서 엄청난 계산 속도를 보일 수 있습니다.

'얽힘'은 떨어져 있어도 연결되는 성질을 말합니다. 두 개의 큐비트를 같은 음악 악보로 맞춘 뒤 서로 다른 방에 두었다고 상상해 보겠습니다. 한쪽이 '도'로 정해지는 순간, 다른 한쪽은 어울리는 '미'로 정해지는 식입니다. 신호가 전송됐다기보다, 애초에 한 곡으로 묶여 있었다고 봐야 합니다. 양자컴퓨팅은 이 얽힘을 계산의 지렛대로 씁니다. 이 특성을 통해 큐비트들이 상호작용하며 복잡한 문제를 해결합니다.

'간섭'은 파동의 더하기/빼기의 개념입니다. 연못에 돌을 두 개 던지면 물결이 겹쳐 어떤 곳은 물결이 커지고(강화), 어떤 곳은 잔잔해집니다(상쇄). 양자 알고리즘은 정답으로 가는 경로의 물결은 키우고(강화), 엉뚱한 경로의 물결은 서로 지워 버리게(상쇄) 설계합니다.

문제는 '측정'에 있습니다. 동전이 탁자에 떨어지는 순간 앞뒤 중 하나로 결정되듯, 큐비트도 들여다보는 순간 중첩이 깨지게 됩니다. 더 골치 아픈 문제는 우리가 보지 않아도 주변 환경(열, 진동, 전자기 잡음)이 슬금슬금 간섭해 중첩을 망가뜨린다는 점입니다. 아이스크림이 더운 방에서 녹아내리듯, '코히어런스 시간coherence time, 중첩을 유지하는 시간'이 짧으면 계산을 길게 하지 못하게 됩니다. 이게 양자컴퓨팅의 첫 번째 난제입니다.

그래서 오류 보정이 필요합니다. 얇은 종이(불안정한 물리 큐비트) 여러 장을 겹쳐 두꺼운 종이(믿을 만한 논리 큐비트)를 만드는 방법입니다. 약한 빨대 여러 개를 다발로 묶어 튼튼한 기둥을 만드는 비유도 자주 씁니다. 여기서 핵심은 내용(정보)은 직접 들여다보지 않고, 맞춤법 검사기처럼 오탈자(오류)만 읽어 내 고치는 절차를 매우 빠르게 반복하는 것입니다.

여기서 얼마나 빠르고 싸게 고치느냐가 관건입니다. 오류를 감지해 내는 '신드롬(오류 신호)'을 실시간으로 읽고, 바로잡는 명령을 즉시 내려야 합니다. 자동차 경주에서 피트크루가 2초 만에 타이어를 갈아 주듯, 보정 루프가 느리다면 계산이 끝나기도 전에 중첩이 녹아 버립니다. 이 즉시성 때문에 양자칩 옆에서 도와주는 보조칩이 중요해지는 것입니다. 그 보조칩의 대표가 FPGA 같은 범용의 고속 칩이 된다는 의미입니다. 쉽게 말해 필요한 알고리즘을 하드웨어처럼 재빠르게 바꿔 가며 돌릴 수 있는 만능 드라이버인 셈입니다. 양자칩이 연주하는 동안, FPGA는 음정이 살짝 흔들리는지(오류 신호)를 계속 듣고 즉석에서 튜닝을 넣습니다.

지구본을 살짝 돌리듯 각도를 조정하는 게 '양자 게이트'입니다. 클래식 컴퓨터는 스위치를 켜고 끄는 느낌이라면, 양자 게이트는 지구본을 동서남북으로 미세하게 돌려 가며 최종적으로 원하는 위도와 경도(정답 확률 분포)에 도달하게 합니다. 이 작은 회전들의 순서를 모아 놓은 것이 '양자 회로'이고, 회로의 길이가 길수록 더 어려운 곡을 연주할 수 있게 됩니다.

문제는 연주 시간과 온도에 있습니다. 녹기 전에 아이스크림을 먹어야 하듯, 코히어런스가 유지되는 시간 안에 연산을 끝내야 합니다. 그

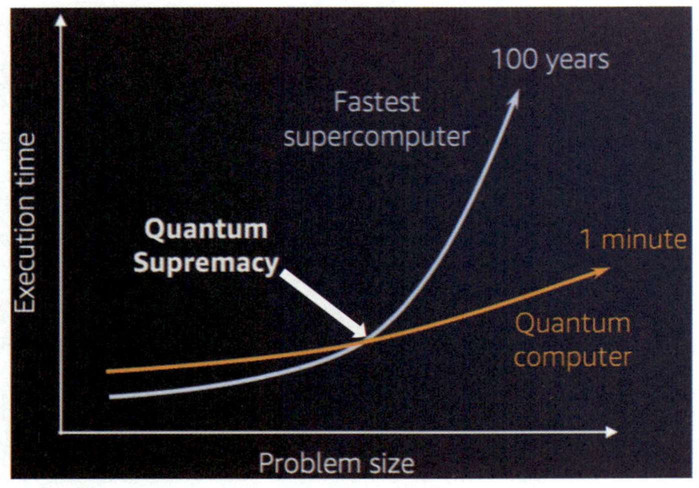

출처: Amazon.com

래서 양자 장비는 매우 낮은 온도(초전도), 흔들림 없는 진공(이온트랩), 정교한 레이저 격자(중성원자) 혹은 광자 경로(광자 방식) 등 연주를 위한 '조용한 방'을 만들기 위해 개발됩니다. 저마다의 장단점이 있어서 업계는 여러 장비를 동시에 시험 중입니다. 양자 섹터의 주도주들은 여기에서 탄생했으며, 다음 단계로 확산이 될 것입니다.

앞으로 오류 보정이 매우 중요해질 겁니다. 튼튼한 한 글자(논리 큐비트)를 만들려면 얇은 종이 수십 수백 장(물리 큐비트)이 필요합니다. 장 수가 늘수록 원가는 올라가지만, 보정이 숙달되면 필요한 장 수를 오히려 줄일 수 있습니다. 즉 좋은 공정과 제어로 오류율을 임계치 아래로 떨어뜨리고, 빠른 신드롬 해석으로 보정 알고리즘을 똑똑하게 만들면 전체 비용을 줄일 수 있습니다. 이렇게 되어야 상용화의 속도를 앞당길 수 있습니다.

상용화의 속도 혹은 시점은 언제 '양자 우위'가 나오느냐가 중요합니다. 세상을 뒤집는 순간이 바로 오기보다는 돈이 되는 특정 과제부터 차례대로 진행될 확률이 큽니다. 예를 들어 신소재/촉매 같은 분자 시뮬레이션, 복잡한 경로 최적화, 확률 샘플링 같은 영역은 상용화가 빨라질 수 있습니다. 연주 시간이 길어지고(오류 보정 안정), 지휘자(FPGA 등 보조 연산)가 노련해질수록 연주를 할 수 있는 무대(상용화 과제)가 늘어날 수 있을 것입니다.

양자 산업의
밸류체인

양자 산업은 크게 세 갈래로 구분할 수 있습니다. 계산을 하는 '양자 컴퓨팅', 정보를 안전하게 주고받는 '양자 통신/보안', 초정밀 측정을 하는 '양자 센싱'입니다. 모두 '양자'라는 공통분모를 갖지만 돈이 되는 속도와 경로는 다릅니다. 컴퓨팅은 통신 및 센싱 기술과의 상호 연계를 통해 점진적 발전을 예상하고 있지만, 보안은 표준 전환으로 조기 수익화가 가능하며, 센싱은 특정 수요(국방/우주/정밀의료 등)에서 이미 매출이 나고 있습니다.

양자 산업은 하나의 도시를 짓는 일에 비유할 수 있습니다. 도시가 튼튼하려면 기초 자재가 좋아야 하고, 건물/설비가 올라가야 하며, 운영 소프트웨어로 전기가 새지 않게 관리하고, 관리 회사가 주민 서비스를 제공합니다.

- 기초 부품(레이저/광학/극저온/검출기 등) = 벽돌/철근
- 시스템/플랫폼(양자컴퓨터, QKD 장비, 센서, 보안칩/HSM) = 건물/설비

- 미들웨어/운영 도구(컴파일러/오케스트레이터/PQC 라이브러리) = 도시의 전기/수도 제어 SW

- 서비스/통합(컨설팅/전환/관리형 운영) = 관리사무소/경비/시설관리

양자 하드웨어와 반도체

양자컴퓨터의 성능을 끌어올리는 가장 근본적인 열쇠는 '스케일링'입니다. 더 많은 큐비트를 단순히 붙이는 일만을 뜻하는 것이 아니라, 큐비트가 얼마나 오래 안정적으로 유지되는지(코히어런스), 게이트를 얼마나 정확히 실행하는지, 서로 얼마나 쉽게 얽힐 수 있는지 그리고 연산 속도까지 함께 끌어올리는 종합 능력을 말합니다. 결국 많은 물리 큐비트를 모아 믿을 수 있는 '논리 큐비트'로 묶고, 그 논리 큐비트로 긴 회로를 무리 없이 돌릴 수 있어야 양자컴퓨터의 진짜 힘이 나옵니다.

양자컴퓨팅은 같은 곡을 서로 다른 악기로 연주하는 것과 닮아 있습니다. 악기가 다르면 음색과 난이도, 관리 비용이 달라지듯, 큐비트를 구현하는 물리 플랫폼마다 장단점이 뚜렷합니다. 초전도, 이온트랩, 중성원자, 광자, 스핀 그리고 위상학적 큐비트까지 각자의 개성이 있고, 어느 하나가 전부를 지배하기보다는 문제의 성격과 비용 구조에 따라 여러 방식이 공존할 가능성이 큽니다.

큐비트 구현 방식

현 방식	장점	단점	주요 기업/연구소
초전도큐비트	빠른 연산 속도, 높은 제어 가능성	극저온 환경 필요, 오류 민감	IBM, 구글, 리게티 컴퓨팅
이온 트랩 큐비트	안정적, 코히런스 시간 김	느린 연산 속도, 확장 어려움	IonQ, Honeywell
광자 큐비트	장거리 통신 가능, 코히런스 시간 김	얽힘 생성 어려움, 낮은 연산 속도	Xanadu, PsiQuantium
스핀 큐비트	소형화 가능, 반도체와 호환 가능	짧은 코히런스 시간, 복잡한 제어	인텔, Delft
위상학적 큐비트	오류에 강함, 안정성 높음	구현 어려움, 이론적 단계	마이크로소프트
Rydberg 큐비트	빠른 얽힘 생성, 고밀도 큐비트 가능	정밀한 레이저 제어 필요	QuEra

출처: 한국지능정보사회진흥원

반도체 공정으로 만들지만 냉장고에서 돌린다

초전도 큐비트는 현재 상용화에 가장 가까운 방식입니다. IBM, 구글, 리게티Rigetti 같은 진영이 대표적입니다. 전기저항이 0에 가까운 초전도 회로를 마이크로파로 제어하는 방식이라 게이트 속도가 매우 빠르고, 반도체 공정과 유사한 제조법을 활용하기에 집적화와 반복 생산에 유리합니다. 다만 초전도는 이름 그대로 초저온이 필요해서 칩은 냉동기 깊숙한 곳에 들어가고, 바깥의 제어 장비가 마이크로파 신호를 주고받습니다. 이때 병목은 배선과 연결이 됩니다. 큐비트 수가 늘수록 케이블, 커넥터, 필터, 증폭기, 패키지 내부 배선이 폭발적으로 늘어나며, 열과 신호 간섭이 동시에 커지는 단점이 있습니다. 따라서 초전도는 큐비트 자체보다는 패키지/배선/공정 편차를 얼마나 억제하느냐가 승부를 가를 것으로 보입니다.

큐비트는 원자인데, 산업은 RF/레이저/칩 트랩

이온트랩 큐비트는 정교한 방식이지만 확장성에서 약점이 있습니다. 퀀티넘Quantinuum(허니웰 계열로 출발)과 아이온큐IonQ가 대표적인 진영입니다. 전자기장으로 개별 이온을 진공 중에 떠 있게 만든 뒤 레이저로 섬세하게 제어하는 방식이라 단일 및 2큐비트 게이트의 정확도가 높고, 작은 규모에서는 사실상 모든 이온이 쉽게 상호작용하는 뛰어난 연결성을 자랑합니다. 그만큼 정밀 연산에 강점을 보입니다. 장비는 상온에 놓이지만, 실제로는 초고진공 챔버와 다수의 정밀 레이저, 안정된 제어가 필수라 운영 난이도가 낮다고 보기는 어렵습니다. 체인이 길어질수록 레이저 정렬과 크로스토크 관리, 상대적으로 느린 게이트 속도 같은 과제가 커지기 때문에, 여러 모듈을 광학 네트워크로 연결하는 방식 등으로 확장성을 보완하는 전략이 함께 연구되고 있습니다. 그래서 실리콘 포토닉스 같은 반도체 광집적 기술을 활용하려는 시도도 있습니다. 따라서 이온트랩의 승부는 '원자'가 아니라 '제어 전자/광학/패키징'에서 나타날 것으로 보입니다.

제어의
자동화

중성원자 큐비트는 자유로운 방식이지만 고도화 과정이 남아 있습니다. 레이저로 중성원자를 '광학 핀셋'처럼 집어 배열하고, 그 상호작용으로 연산을 합니다. 스케일링이 유리하다는 말을 듣는 이유는, 원자 배열을 광학적으로 확장할 여지가 크기 때문입니다. 큐에라QuEra, 아톤 컴퓨팅 등이 이 영역을 개척하고 있습니다. 중성원자는 원자를 제대로 늘리는 것이 어렵습니다. 결국 시스템이 커질수록 원자는 유지하되 제어/계측이 반도체 집적화되어야 비용과 크기가 내려오는 구조라서, 중성원자 진영의 본질적인 과제는 큐비트 공장이 아니라 제어 공장입니다.

광자,
양자 어닐링

광자 큐비트는 단일 광자의 간섭과 위상 제어로 연산을 수행하며, 실온에서 동작하고 광섬유 통신 인프라와 궁합이 좋다는 점이 눈에 띕니다. 실리콘 포토닉스와 결합한 대규모 집적의 꿈도 큽니다. 다만 손실을 줄이고, 고품질 광원과 검출기를 확보하며, 대규모 오류 보정을 위한 거대한 광학 회로를 안정적으로 구현하는 일은 여전히 난도가 높습니다. 사이퀀텀PsiQuantum, 자나두Xanadu가 대표 주자입니다.

양자 어닐링은 범용 게이트 모델과는 다른 니치 마켓을 타깃으로 합니다. 에너지 지형을 설계해 최적화 문제의 낮은 골을 찾는 데 특화되어 있어, 특정 산업 과제의 파일럿과 실전 적용에 유리한 면이 있습니다. 디 웨이브 퀀텀D-Wave이 니치 마켓에서 독자적인 위치를 차지하고 있습니다.

스케일링의
본질

플랫폼 간의 차이는 결국 속도, 정확도, 연결성이라는 세 축의 트레이드오프trade-off로 정리할 수 있습니다. 초전도는 게이트가 매우 빠르지만 배선/열/크로스토크 관리가 어려워지고, 이온트랩은 높은 정확도와 연결성을 확보하는 대신 게이트가 상대적으로 느리며 대규모화에서 레이저 복잡도가 커집니다. 중성원자는 대형 배열과 재구성의 자유도가 높은 대신 균일성과 정밀도를 안정적으로 유지해야 하는 과제가 있습니다.

스케일링의 본질은 '오류 보정'에 있습니다. 얇은 종이 같은 '물리 큐비트'를 여러 장 겹쳐 두꺼운 '논리 큐비트'를 만드는 과정이 오류 보정입니다. 이때 잘못된 철자를 찾아 바로잡는 맞춤법 검사기처럼 오류 신호를 실시간으로 읽고 즉시 교정 명령을 내려야 합니다. 자동차 경주의 피트스톱이 몇 초 차이로 승부를 가르듯, 보정 루프를 얼마나 빠르고 싸게 돌리느냐가 상용화의 관건입니다. 이 보정 루프를 책임지는 존재가 양자칩 옆에 붙는 FPGA 같은 '보조 두뇌'입니다. FPGA는 필요한 연산을 하드웨어처럼 재구성해 오류 신호를 즉시 해석하고 교정 명령을 내릴 수 있습니다. 이 보조 두뇌가 충분히 빠르고 효율적으로 돌아가면, 양자칩은 더 오래 더 복잡한 회로를 연주할 수 있습니다. 최근 업계가 오류 보정 가속화와 운영 자동화에 큰 공을 들이는 이유가 여기에 있습니다.

실제 기업 사례를 통해 비교해 보면, 빅테크 중 IBM은 안정적인 하드웨어 로드맵과 탄탄한 소프트웨어 생태계를 앞세워 end to end 역량을 강화하고 있습니다. 구글은 양자 우월성 증명 이후 에러 보정과 AI와의 결합 연구를 전면에 내세우며 고난도 문제에 선봉을 서고 있습니다. 순수 플레이어 쪽에서는 이온트랩 기반의 아이온큐가 높은 정확도와 클라우드 통합을 무기로 정밀 응용에 집중하고 있고, 리게티는 초전도 풀스택 플랫폼을 표방하며 하드웨어/소프트웨어/서비스를 아우르는 상용화를 추구하고 있습니다. 한편 D-Wave는 양자 어닐링을 앞세워 최적화 니치에서 실전 역량을 쌓고 있습니다.

AI와 양자를 잇는 반도체 기술

    AI 인프라 투자가 커질수록 사람들의 관심은 늘 같은 길을 따라 움직입니다. 처음에는 GPU가 얼마나 연산을 빠르게 하는가에 주목할 때가 있었습니다. 이제는 데이터의 네트워크에 주목할 시기가 오고 있죠. 같은 연산을 하더라도 데이터가 이동하는 동안 전력이 새고 지연이 늘어나면 체감 성능은 물론이고 총비용TCO에서 한계가 드러나기 때문입니다.

    흥미로운 점은 이 문제가 양자컴퓨팅에서도 반복됩니다. 큐비트가 아무리 좋아도 시스템이 커지려면 결국 네트워크/패키징/전력/보안이 뒤따라야 합니다. 다시 말해 AI와 양자는 서로 다른 세계처럼 보이지만, 과정을 들여다보면 몇 가지 공통분모 위에서 만나고 있음을 발견하게 됩니다. 양자컴퓨팅이 상용화되기 전에 연결 고리로써 유망한 이유이기도 합니다.

실리콘 포토닉스와
광 인터커넥트

전기는 금속 배선을 달릴 때 저항과 발열이라는 통행료를 냅니다. 속도가 빠를수록 거리가 길수록 그 비용은 가파르게 커집니다. 반면 빛은 같은 대역폭을 더 낮은 손실로 멀리 보낼 수 있습니다. 그래서 데이터센터 업계는 이제 랙과 랙 사이를 넘어, 서버 내부의 초고속 연결까지 광으로 끌고 들어오는 방법을 진지하게 고민하고 있습니다. 그 대표적인 방향이 실리콘 포토닉스와 CPO co-packaged optics 입니다.

이 빛의 연결은 양자에서도 자연스럽게 이어집니다. 양자 네트워크라는 그림은 결국 정보를 광으로 안정적으로 전달한다는 문제로 귀결됩니다. 더 나아가 대형 양자 시스템이 모듈화되면, 모듈과 모듈을 묶는 연결도 광이 가장 유력한 후보가 될 것입니다. AI와 양자 모두에서 연산 성능이 올라갈수록 연산 자체보다 네트워크가 병목이 될 가능성이 커지며, 그래서 실리콘 포토닉스와 광 인터커넥트는 두 세계를 잇는 첫 번째 다리가 됩니다.

3D 패키징과
하이브리드 본딩

AI 칩이 커지는 이유는 연산을 많이 하려면 메모리가 가까이 있어야 하고, 대역폭이 넓어야 하기 때문입니다. 그래서 회로 설계만의 문제가 아니라, 칩과 칩을 어떻게 붙이느냐가 곧 성능으로 이어졌습니다.

앞으로 화두가 될 단어가 하이브리드 본딩입니다. 접착제로 붙이는 수준이 아니라, 미세한 금속/절연층을 정밀하게 맞물리게 하는 '미세 접합'입니다. 연결이 더 촘촘해질수록 전송 거리가 짧아지고 병목이 줄 어듭니다. 양자도 마찬가지입니다. 큐비트를 키우려면 제어/읽기/보 정 같은 주변 회로가 큐비트 가까이 와야 합니다. 멀리서 제어하면 신 호가 약해지고 잡음이 늘어납니다. 결국 양자 역시 큐비트만 잘 만드 는 것으로 끝나지 않고, 시스템을 키우는 순간 패키징과 집적이 중요해 집니다.

칩렛과
die-to-die 표준

칩이 커질수록 한 장의 거대한 다이로 모든 걸 해결하기는 어려워집 니다. 수율, 비용, 설계 복잡도 문제가 한꺼번에 올라오기 때문입니다. 그래서 업계는 점점 칩렛chiplet 방식으로 갑니다. 연산/입출력/메모리 인터페이스 같은 기능을 나눠 만들고, 패키지 안에서 합쳐 하나의 시스 템처럼 쓰는 것입니다.

그런데 레고도 조립을 위해서는 규격이 맞아야 하듯이, 반도체 칩렛 도 마찬가지입니다. 다이 간 안정적으로 연결되려면, 연결 방식과 프 로토콜이 공용어처럼 정리되어야 합니다. 그래서 die-to-die 표준이 중 요해집니다. 이 흐름은 양자에도 적용됩니다. 앞으로 양자 시스템이 커지면 '큐비트 모듈-제어 모듈-인터커넥트 모듈'처럼 모듈화가 진행될 가능성이 큽니다. 모듈이 늘어날수록 결국 표준화와 상호운용성의 가 치가 커집니다. 양자 산업도 칩 하나의 혁신만으로는 부족하고, 시스 템으로서 비중이 커지게 될 것입니다.

양자가 오기 전에
시작된 변화

양자컴퓨터가 언젠가 기존 공개키 암호를 위협할 수 있다는 이야기는 이제 먼 미래의 이야기가 아니라 현실적인 상용화 일정의 형태로 산업에 들어와 있습니다. 그래서 보안은 양자 기업만의 주제가 아닙니다. 앞으로 AI가 본격 확대됐을 때 피지컬 AI는 상호작용하면서 보안이 더욱 중요해질 것입니다. 시스템이 커질수록 공격 면도 넓어지고, 공급망 신뢰가 중요해집니다. 이때 양자컴퓨터가 상용화되면 단순한 소프트웨어에 그치지 않고 물리 디바이스 및 시스템 전반의 마비를 불러올 수 있다는 경고를 주고 있습니다. 그래서 PQC양자내성암호로의 전환은 현재 진행 중인 시급한 산업의 변화인 것입니다.

양자통신/양자 센서의 현실화

기반 산업이 커질 때는 늘 '곡괭이/청바지'형 기업이 먼저 안정적으로 돈을 법니다. 금광 시대엔 곡괭이, 서부 개척기에선 리바이스 청바지가 그랬죠. AI 사이클에선 엔비디아와 전력 인프라 기업이 그 역할을 하며 주가를 이끌었습니다. 양자 사이클에서도 비슷한 장면이 펼쳐질 가능성이 큽니다. 양자컴퓨터의 '완성'보다 양자 기술이 현실 문제를 해결해 주는 영역—특히 보안과 통신 그리고 센서—에서 먼저 열릴 수 있습니다.

어차피 바꿔야 하는 숙제

양자 보안이 주목받는 가장 큰 이유는 교체가 불가피한 과제이기 때문입니다. 인터넷의 암호화와 전자서명은 한 번 깔리면 수십 년을 사용합니다. 그런데 언젠가 양자컴퓨팅이 기존 공개키 암호를 위협할 수 있다는 전망이 나오면서, 업계는 '미래의 위험'이 아니라 '현재의 전환 과제'로 받아들이고 있습니다. 2024년 8월, 미국 NIST미국 국립표준기술연구소가 포스트 양자 암호 3종(ML-KEM, ML-DSA, SLH-DSA)을 최종 표준으로 확정했습니다. 이는 인터넷 암호화와 전자서명의 기본 규격이 '양자 내성'으로 공식 전환된다는 뜻이고, 정부/금융/클라우드 전반에서 교체 예산과 일정이 본격화된다는 신호입니다.

여기서 핵심 키워드가 HNDL harvest-now, decrypt-later입니다. 암호화된 데이터를 훔쳐 저장해 두었다가 나중에 더 강한 계산 능력(양자 등)이 생기면 풀어 버리는 전략이죠. 특히 AI 시대에는 데이터가 더 많이 쌓이고 더 오래 보관됩니다. 서명도 더 자주 유통됩니다. 그러니 나중에 한꺼번에 바꾸는 건 위험합니다. 총비용 측면에서도 지금부터 단계적으로 전환하는 편이 훨씬 유리합니다. 그래서 '양자 보안'은 당장 예산이 열리는 분야가 되기 쉽습니다.

넓은 길은 PQC,
금고는 QKD/QRNG+센서의 상용화

양자 보안의 큰 그림은 한 줄로 요약됩니다. 넓은 구간은 소프트웨어(PQC), 절대 뚫리면 안 되는 구간은 물리(QKD/QRNG) 기술로 시도하게 될 것입니다.

먼저 PQC post-quantum cryptography, 양자내성암호는 인터넷 기본 프로토콜과 서명 체인을 소프트웨어 업데이트로 갈아 끼우는 방식입니다. 적용 범위가 넓고, 브라우저/운영체제/클라우드의 업데이트 주기를 타고 빠르게 확산될 수 있습니다. 반면 QKD/QRNG는 국가 백본Backbone, 금융 코어,

위성 네트워크처럼 요지부동 구간을 물리 계층에서 보강합니다. 단가가 높지만 보호해야 할 범위가 분명해 프로젝트+운영 구독 모델이 잘 맞습니다. 현실적인 설계는 대개 이 둘을 하이브리드로 엮습니다. 모든 골목은 PQC로, 금고가 있는 주요 길목은 QKD/QRNG로 보완하는 식입니다.

그리고 이 흐름은 AI 인프라와 맞물리면 더 선명해집니다.

- **클라우드/데이터센터(코어)**: 인증/감사/키 관리와 연결되는 암호 전환이 1순위
- **로봇/차량/IoT(엣지)**: 보안칩에 PQC를 넣고, 출고-등록-OTA 업데이트까지 '서명 체인'을 다시 설계
- **국가망/위성 연계(네트워크 코어)**: QKD/QRNG 같은 물리 보강+키 서비스 운영(구독형) 가능성

같은 맥락에서 양자 센서는 '컴퓨팅'보다 더 빠르게 현실로 들어오는 영역입니다. 당장 돈이 되는 정밀 계측을 해결해 주기 때문입니다. GPS가 흔들릴 때도 버텨야 하는 관성항법, 지하 구조를 읽어야 하는 탐사/토목, 시간 기준이 중요한 통신/국방 같은 분야는 성능이 조금만 좋아져도 경제적 가치가 큽니다. 즉 양자 기술이 현실로 스며드는 길은 하나가 아니라 보안(전환)+통신(핵심 링크)+센서(현장 가치)라는 세 갈래로 동시에 열릴 수 있습니다.

어느 층을
잡느냐의 경쟁

이제 미국 상장 3개사, 실스크SEALSQ, LAES, BTQ 테크놀로지스BTQ, 아르킷 퀀텀ARQQ을 같은 기준대로 살펴보겠습니다. 세 회사는 모두 '양자 보안'을 표방하지만 구조가 서로 다릅니다.

먼저 실스크는 하드웨어와 소프트웨어를 수직계열화했다는 점이 가장 강점입니다. 하드웨어 칩과 대량 배포(프로비저닝필요한 IT 자원과 서비스를 할당, 설정, 배포하여 즉시 사용 가능하도록 준비하는 과정/PKI public key infrastructure, 공개 키 기반 구조)를 연결했습니다. 강점은 현장에서 굴러가는 형태로 묶을 수 있습니다. 고객 입장에선 도입이 쉬워지고, 공급사 입장에선 한 번 설계에 들어가면 물량이 늘수록 매출이 자연스럽게 따라갈 여지가 커집니다. 규제/인증 친화적 포지션을 만들수록 조달 시장 접근성도 좋아집니다.

반면 BTQ는 프로토콜과 소프트웨어로 '암호의 뼈대'를 바꾸는 유형입니다. 기존 방식을 그대로 두고 강화하는 것이 아니라, 네트워크나 프로토콜 레벨에서 암호 체계를 갈아 끼우는 쪽에 가깝습니다. 성공하면 네트워크 효과가 크지만, 채택은 기술만으로 결정되지 않습니다. 거버넌스, 표준 적용, 규제 적합성, 생태계 합의라는 시간이 변수로 작용합니다. 상방은 크지만 언제 채택되느냐의 불확실성을 함께 감안해야 합니다.

마지막으로 아르킷 퀀텀은 운영 복잡성을 줄이는 키 배포/합의 플랫폼입니다. 보안은 암호 알고리즘만으로 끝나지 않습니다. 실제 현장에선 키를 만들고, 나눠 주고, 바꾸고, 폐기하는 과정의 비용이 더 큽니다. 아르킷 퀀텀은 이 운영 문제를 줄여 주는 데 집중합니다. 고객이 커질수록 검증과 조달 주기가 길어질 수는 있지만, 한 번 들어가면 운영

시스템으로 남는 성격이 있어 고객 락인이 생기기 쉽습니다.

투자 관점에서 세 회사를 같은 축으로 놓고 보면 '표준/인증 적합성 → 배포 스케일 → 락인 강도'순으로 실스크가 현금화 속도가 가장 빠를 것이기에 현 시점에서 투자하기에 유리합니다. BTQ는 프로토콜 레벨 게임 체인지로 상방이 크지만, 채택 시점의 불확실성이 크고, 아르킷 퀀텀은 운영 복잡성 절감이라는 분명한 가치를 제시하되 대형 고객 검증/조달 주기를 얼마나 빨리 통과하느냐가 핵심 변수가 될 것입니다.

Chapter 11

AI 버블과 반도체 투자

실제 반도체 투자 이야기

저는 2013년, 삼성증권 PB로 첫 발을 디뎠습니다. 아침이면 시황을 훑고, 고객에게 전화를 걸고, 공부도 하고, 다시 종목 이야기를 꺼내는 날들이었습니다. 그때의 저는 솔직히 말하면 '주식을 너무 좋아하는 사람'이었습니다. 일로 시작했지만, 어느 순간부터는 하루의 기분과 에너지가 시장의 호흡에 맞춰 움직였습니다.

전공은 회계학이었고, 회계사 준비도 1년 반 정도 했습니다. 그래서 처음의 저는 정석적인 가치 투자형 인간이었습니다. PER, PBR, ROE 같은 지표를 펼쳐 놓고 '이건 싸다, 이건 비싸다'를 말하는 쪽이 편했습니다. 숫자는 배신하지 않는다고 믿었습니다. 그런데 PB로 현장에서 마주한 시장은 제가 배운 교과서처럼 움직이지 않았습니다.

2013~2015년 국내 시장은 저평가 종목의 시간이 아니라 '중국 모멘텀'의 시간이었고, 소비재와 바이오가 무섭게 달렸습니다. 저는 그때 깨달았습니다. 싸다고 오르는 게 아니라, 오를 이유가 있어야 오른다는 걸 말입니다. 가치 투자는 틀린 게 아니라, 제가 서 있는 자리와 시장의 계절이 어긋나 있었던 겁니다.

그래서 한때 기술적 분석도 파고들었습니다. 서점에서 책을 쓸어 담듯 읽었습니다. 차트, 거래량, 이동평균선, 각종 보조지표들. 그런데 그 옷은 저한테 맞지 않았습니다. '이게 정답이 맞나'라는 질문이 항상 먼저 튀어나왔습니다. 기술적 분석 자체가 나쁘다는 뜻이 아니라, 저는 그게 제 투자를 채워 주지 못한다고 느꼈습니다.

2014년에 국내만 보지 말고 해외도 보자는 생각이 들었습니다. 시작은 후강통이었습니다. 중국이 열리고, 돈이 움직이고, 이야기들이 시장을 끌고 갔습니다. 저는 2014~2015년 중국 주식을 정말 열심히 공부했습니다. 지금 돌아보면 가끔 그런 생각을 합니다. '그때 중국만큼 미국을 더 깊게 파고들었으면 어땠을까.'

2016년부터는 미국 주식을 본격적으로 보기 시작했고, 그때 공부한 것들이 밑거름이 된 게 분명합니다. 시장은 넓었고 기업은 더 입체적이었습니다. 매출이 어디에서 나오고, 고객이 누구이고, 밸류체인이 어떻게 연결되는지, 기술이 매년 무엇을 바꿔 놓는지 등 미국 시장에서 산업을 이해하지 못하면 주식은 결국 이야기로 끝난다는 감각을 얻었습니다. 2018년에 삼성증권 전사 최우수 해외주식 PB로 선정됐을 때 기분이 좋았던 이유는 성과 그 자체보다 '내가 방향을 잘 잡았구나'라는 안도감 때문이었습니다.

그리고 2021년, 저는 여의도의 자산운용사로 옮겨 펀드매니저가 됩니다. 그 순간의 저는 설렘보다 부담이 컸습니다. PB로 8년이 조금 넘는 시간을 보내며 주로 바이오와 소비재에 집중해 왔는데, 펀드매니저가 되니 시야 자체가 달라야 했습니다. '내가 이 산업을 정말 아는가'라는 질문이 매일 따라붙었습니다.

그때 저는 문을 걸어 잠그다시피 하고 1년을 보냈습니다. 리포트, 책, 논문, 컨퍼런스 자료를 가리지 않고 읽었습니다. 무작정 전체 산업을 공부했습니다. 특히 당시 부족하다 느낀 반도체, 배터리, 자동차 같은 산업을 최우선으로 밀어 넣었습니다. 처음에는 솔직히 두려웠습니다. 애널리스트를 만나는 것도, 탐방을 가서 담당자와 대화를 나누는 것도 겁이 났습니다. 모르는 게 너무 많다는 걸 알고 있으니까 더 그랬습니다. 그런데 그 두려움이 저를 움직였습니다.

1년쯤 지나고 나서야 본격적으로 탐방을 다녔습니다. 그때부터는 속도가 붙었습니다. 내가 직접 보고 듣지 않으면 안 되겠다는 마음이 생기니 발이 저절로 움직였습니다. 1년에 200군데 넘게 다녔습니다. 반도체, 배터리 등 테크 상장 기업들은 웬만하면 다 발로 밟았습니다. 공장 냄새가 기억에 남고, 생산 라인의 온도와 소음이 머리에 남고, 담당자의 말투에서 자신감이 묻어나는 순간들이 쌓였습니다. 책으로만 보던 산업이 '사람의 산업'으로 바뀌는 순간이었습니다. 그렇게 조금씩 감이 잡혔습니다. 산업은 숫자로만 존재하지 않습니다. 현장의 리듬, 공급망의 호흡, 고객사의 요구, 기술이 가진 시간표가 함께 움직입니다.

그런 흐름 속에서 2022년 9월, 모 방송사에서 반도체 전망을 이야기할 기회가 있었습니다. 그 자리에서 저는 "이제 반도체 트렌드는 후공정이 될 것"이라고 말했습니다. 그때 제 머릿속에는 반복된 탐방에서 확인한 장면들이 있었습니다. 전공정의 미세화 경쟁이 한계와 비용의 벽을 만나고, 패키징과 테스트가 성능을 완성하는 시대가 오고 있다는 감각 말입니다. 그래서 당시 저는 한미반도체와 이오테크닉스 두 종목을 이야기했습니다. 한미반도체가 12,000원 부근, 이오테크닉스가 7만 원 부근이었던 것으로 기억합니다. 중요한 건 가격이 아니라, 제가 그때 처음으로 '산업의 방향이 바뀌는 순간'을 비교적 선명하게 붙잡았다는 점입니다. 누군가의 입에서 나온 전망이 아니라, 제가 보고 들은 것들이 제 안에서 하나의 결론으로 정리된 첫 경험이었습니다.

그리고 2024년 말은 제 인생에서 큰 전환점이었습니다. '테크밸리'라는 스터디 그룹을 만들었는데, 15명 정도로 시작한 작은 모임이었습니다. 그런데 신기하게도 진짜로 산업을 좋아하는 사람들, 현업에서 직접 문제를 해결하는 사람들, 금융에서 숫자로 산업을 해석하는 사람들이 모이기 시작했습니다. 어느새 80명을 훌쩍 넘었고, 테크밸리는 '테크밸리인사이트'라는 법인이 됐고, 저는 대표가 됐습니다. 저는 이 과정에서 크게 성장했습니다. 혼자 공부할 때는 보이지 않던 것들이 서로의 질문과 반박과 설명 속에서 입체적으로 살아났습니다. 어떤 기술은 현업자의 한 문장으로 이해가 끝나고, 어떤 산업은 투자자의 시선으로 다시 정렬됐습니다. 저는 그 커뮤니티가 제게 준 가장 큰 선물이나 혼자서만 시장을 해석하지 않아도 된다는 확신이라고 생각합니다.

2024년 말의 주식시장은 좋지 않았습니다. 분위기도 차가웠고, 사람들의 표정도 무거웠습니다. 저는 연말 강연회에서 2025년은 메모리 반도체를 주목해야 한다고 이야기했습니다. 특히 삼성전자를 주목해보자고 말했습니다. AI 산업 사이클 속에서 결국 메모리 업황이 살아날 수밖에 없다고 봤기 때문입니다. 당시에는 그 말을 꺼내는 것 자체가 조금 조심스러웠습니다. 시장이 좋아야 박수를 치는 게 아니라 시장이 나쁠 때 다음 장면을 상상할 수 있어야 한다고 믿었지만 말로 꺼내는 건 늘 어렵습니다. 그런데 2025년 하반기에 들어 메모리 업황은 살아나다 못해 공급 부족이라는 단어가 등장했습니다. 격세지감입니다. 시장은 늘 다음 장면이 무엇인지를 묻습니다. 그 질문에 대한 답을 맞히는 건 재능이 아니라, 공부에서 오는 믿음의 문제라고 저는 점점 더 느낍니다.

2024년 7월부터는 새로운 회사로 옮기면서, 그동안 국내주식 펀드 운용에 집중하던 생활에서 해외주식까지 다시 깊게 파고들었습니다.

그 과정에서 저는 산업을 '글로벌 밸류체인'으로 정리하기 시작했고, 이 작업이 제 투자 그리고 시야 측면에서도 큰 도움이 됐습니다. 하나의 기업을 볼 때 이 회사가 뭘 잘하는지만 보는 게 아니라, 이 회사가 어느 영역에서 역할을 하는지, 산업의 다음 병목은 어디로 이동하는지를 함께 보게 된 겁니다.

이제 저는 반도체뿐만 아니라 배터리, 자동차, 로봇, 자율주행, 드론, 우주, 양자, 에너지까지 대부분의 산업을 연결해서 설명하는 사람이 됐습니다. 이 책에서 전하고 싶은 부분이기도 합니다. 산업은 따로 움직이는 것처럼 보이지만, 사실은 서로의 이유가 되어 주며 함께 진화합니다. 한 산업의 성장이 다른 산업의 병목을 만들고, 그 병목을 푸는 기업이 다음 기회를 잡습니다. 저는 그 연결 속에서 투자의 실마리를 찾는 법을 독자에게 선물처럼 남기고 싶습니다.

2026년의 글로벌 반도체 시장은 AI 산업의 확장과 미래 산업인 우주와 양자라는 새로운 축 속에서 또 다른 기회가 열리고 있습니다. 동시에 낙관적인 전망이 시장을 지배하고 있어, 투자자 관점에서는 리스크 관리라는 다른 고민도 필요한 시기입니다. 저는 점점 더 확신하게 됩니다. 기회는 늘 위기와 함께 공존합니다. 그리고 그 사이를 건너게 해 주는 건 결국 투자자 자기 자신입니다. 남이 대신해 줄 수 없는 공부, 발로 확인한 경험 그리고 그 경험에서 나온 믿음입니다.

이 장에서는 제가 그 믿음을 어떻게 쌓아 왔는지 그리고 그 믿음이 AI 버블과 반도체 투자라는 거대한 파도 앞에서 어떤 역할을 하는지, 솔직하게 꺼내 보려고 합니다.

반도체 밸류체인 투자가
중요한 이유

공부할 때 투자자로서 해야 할 가장 중요한 작업이 그 산업의 밸류체인value chain을 완성하는 것입니다. 단일 기업을 보는 것에서 한 단계 더 나아가, 산업 전반의 흐름을 입체적으로 파악할 수 있어야 합니다. 단순히 특정 기업이 어떤 밸류체인에 해당하는지에 그치지 않고, 밸류체인의 시작부터 끝까지를 스스로의 힘으로 그려 보고, 가능하다면 직접 손으로 써 보는 단계까지 나아가야 합니다. 특히 반도체 투자는 밸류체인을 분석하는 게 매우 중요하고 투자에 도움이 됩니다.

밸류체인은 한 산업이 어떻게 '원재료 → 부품 → 완제품 → 유통 → 소비 단계'로 흘러가는지 구조를 보여 줍니다. 밸류체인은 단순한 공급망을 넘어섭니다. 전후방 산업 전체, 경쟁자와 공급자 그리고 단기/장기적인 대체재까지 아우르는 개념입니다. 예를 들어 한 제품이 글로벌 시장에서 주도권을 잡을 때, 밸류체인 내의 여러 단계가 순차적으로 혹은 동시다발적으로 성장 모멘텀을 맞이하는 경우가 많습니다. 초기에는 최종 제품을 제조하는 소수 기업에 주목하다가 시장이 성숙해갈수록 혹은 시장에 대한 이해도가 높아질수록 주변 업체로 상승이 확산됩니다. 이 과정을 이해하면 한 산업 내에서도 다양한 타이밍에 다양한 투자 아이디어로 접근할 수 있습니다. 성장주 투자의 스펙트럼이 넓어지는 것입니다.

저는 반도체를 메모리-파운드리-소부장으로 쪼개서 보기 시작한 뒤에야, 시장이 왜 같은 반도체라는 이름 아래에서 전혀 다른 흐름을 보이는지 이해하게 됐습니다. 메모리는 본질적으로 가격의 진폭이 큰 산업입니다. 수요가 한 번 당겨지면 가격이 치솟고, 재고가 쌓이면 가격이 쉽게 꺼집니다. 반면 파운드리는 고객의 제품 로드맵과 공정 전환 그리고 장기 공급 계약의 성격이 강해서, 메모리처럼 하루아침에 가격이 무너지기보다는 수주와 공정 세대의 흐름으로 움직입니다. 그리고 이 흐름이 한 번 만들어지면 CAPEX와 함께 밸류체인 전체를 끌고 갑니다. 파운드리가 주도하던 구간에는 설비를 얼마나 늘리는지가 시장의 언어가 되고, 메모리가 주도하던 구간에는 가격이 얼마나 더 오르는지가 시장의 언어가 됩니다. 그래서 저는 반도체를 볼 때마다 다음의 질문을 합니다. "지금 이 시장은 가격이 끌고 가는가, 설비가 끌고 가는가?"

2026년의 반도체는 명확하게 메모리 주도 시장입니다. 이 메모리 주도 시장은 한 번 더 쪼개서 봐야 합니다. 메모리 상승장은 두 가지 스타일로 나눌 수 있는데, 바로 Q사이클과 P사이클입니다. Q사이클은 수요$Q_{quantity}$가 넓게 살아나면서 물량이 시장을 밀어 올립니다. PC, 스마트폰, 서버가 동시에 살아나고 채널 재고가 빠르게 줄고, 물건이 없어서 못 판다는 말이 자연스럽게 나옵니다. 반면 P사이클은 가격P_{price}이 먼저 치고 올라갑니다. 수요는 엄청 좋다기보다 특정 구간에서 매우 강한 형태로 나타나고, 공급이 타이트해진 구간에서 가격 협상력이 공급자 쪽으로 기울면서 수익성이 급격히 개선됩니다.

지금은 제가 보기엔 P사이클의 색깔이 더 강합니다. PC와 스마트폰 수요가 예전처럼 광범위하게 폭발하지는 않지만, AI 서버라는 거대한 빨대가 메모리의 전 영역을 강하게 빨아들이고 있습니다. AI 산업의 확산 흐름에 따라 HBM이 먼저 달리고, 그다음에 일반 DRAM이 달려가고, 마지막으로 NAND까지 온기를 받는 식입니다. 이 메모리 계층 분화의 리듬을 이해했다면 2025년 초 시장이 반도체 회복에 대해 반신반의할 때, 메모리 쪽으로 투자의 타이밍을 잡을 수 있었을 것입니다.

다만 메모리 주도 국면이 영원히 이어지기는 힘듭니다. 메모리 반도체 주식의 피크아웃은 대개 두 갈래 길로 옵니다. 하나는 영업이익률입니다. 마진이 올라오다가 어느 순간부터 더 이상 올라가지 못하고 고점에서 평평해질 때가 있습니다. 다른 하나는 영업이익의 성장률입니다. 마진이 더는 확장되지 않아도 이익이 계속 늘면 주가는 버티지만, 이익의 증가 속도마저 둔화되기 시작하면 주도력은 잃기 시작합니다. 저는 2026년이 바로 이 두 지표가 반복적으로 테스트될 거라고 생각합니다.

여기서 밸류체인 관점이 다시 빛을 냅니다. 왜냐하면 P사이클에서 CAPEX는 바로 폭발하지 않기 때문입니다. 가격이 올라서 돈을 잘 버는 국면에서는 공급자(삼성전자, SK하이닉스, 마이크론)가 오히려 설비를 급히 늘릴 유인이 낮아집니다. 지금처럼 타이트한 시장을 유지하는 게 수익성에는 더 유리하기 때문입니다. 그래서 P사이클 초중반에는 메모리 회사들의 현금이 쌓이는 속도에 비해 장비 발주가 생각보다 느리게 따라오는 국면이 나타납니다. 소부장소재/부품/장비의 사이클은 결국 CAPEX가 결정합니다. 번 돈을 언제 다시 공장으로 넣겠다는 결심이 중요합니다.

저는 대체로 영업이익률이 고점에서 정체되는 순간부터 이 결심이 중요해진다고 판단합니다. 마진이 더 올라갈 여지가 줄어들면, 기업은 다음 단계의 성장을 위해 '물량'과 '세대 전환' 쪽으로 에너지를 옮기기 시작합니다. 이때부터는 소위 CAPEX 사이클로 소부장의 낙수 효과가 퍼집니다. 그리고 지금 시장은 그 CAPEX의 다음 단계를 계속 힌트로 흘리고 있습니다.

파운드리 쪽은 이미 CAPEX 상향의 분위기입니다. TSMC는 2026년 CAPEX 가이던스를 520~560억 달러로 제시하며 시장에 긍정적인 영향을 줬습니다. 이 숫자는 단순히 TSMC 한 회사의 투자 규모가 아니라, 밸류체인 전체의 리듬을 바꾸는 신호로 받아들여집니다. 실제로 이 가이던스 이후 주요 장비주들이 동반 강세를 보이며 필라델피아 반도체지수를 강하게 끌어올렸습니다.

AI는 모델이 커질수록 메모리 대역폭과 패키징의 한계를 먼저 건드립니다. 그래서 피지컬 AI, 로봇, 자율주행, 우주, 양자 같은 미래 산업으로 갈수록 계산을 어떻게 담아낼 것인가가 핵심이 되고, 그 답은 점점 패키징과 인터커넥트로 내려갑니다. 실제로 TSMC는 CAPEX 중 첨단 패키징에 10~20%를 배정할 수 있다고 언급했습니다. 반도체 밸류체인을 공부한다는 것은 이런 구조적 이동을 미리 감지하는 연습이기도 합니다.

제가 이 책에서 반도체를 중심으로 로봇과 자율주행, 더 나아가 우주와 양자까지 연결한 이유도 여기에 있습니다. 모든 산업은 반도체 없이 전진할 수 없습니다. 그래서 반도체를 중심으로 산업을 연결하면 기술의 흐름이 의외로 단순해집니다. '어떤 산업이 뜬다'는 말은 '어떤 반도체 계층이 병목이 된다'는 말로 번역됩니다. 그 병목이 전공정인지, 메모리인지, 패키징인지, 광 인터커넥트인지가 보이기 시작하면 투자 대상 기업도 자연스럽게 좁혀집니다.

결국 밸류체인 공부의 목표는 하나입니다. 메모리, 파운드리, 소부장 사이클에서 각각의 기회를 모두 잡는 것입니다. 그리고 더 중요한 전제가 있습니다. 밸류체인은 반드시 글로벌로 분석해야 합니다. 수요는 미국과 중국의 데이터센터에서 폭발하고, 생산은 대만과 한국에서 이루어지며, 장비는 네덜란드와 미국과 일본이 움켜쥐고, 패키징은 아시아 곳곳으로 퍼집니다. 한 나라의 지도만 들고는 이 시장을 끝까지 따라갈 수 없습니다. 반도체는 세계에서 가장 거대한 '공동 작업'이고, 그래서 투자자에게는 세계에서 가장 정직한 '연결 지도'입니다.

소부장 사이클을
준비하자

　그동안 메모리 반도체 산업은 비교적 익숙한 사이클을 반복해 왔습니다. 공급이 부족해지면 가격이 오르고, 가격 상승은 수요 증가를 자극하여 증설 시작으로 이어졌습니다. 반대로 시간이 지나 수요가 꺾이면 가격이 하락하고, 다시 공급 조절이 이뤄졌습니다. 그런데 2023년부터 HBM 사이클이 본격화되면서 AI 산업 안에서 반도체 사이클의 양상이 과거와 달라지기 시작했습니다. 주문형에 가까운 특성을 가진 HBM의 병목이 범용 DRAM, 최근에는 NAND 및 SSD까지 연쇄적으로 영향을 주고 있습니다. 중요한 점은 AI 서버에서 쓰이는 메모리 수요가 기존 범용 수요와 레이어가 분리되기 시작했다는 것입니다.

　이른바 '메모리 계층 분화' 혹은 '메모리 센트릭'이라는 표현처럼, AI 서버에서 메모리는 성능 향상에 결정적인 역할을 하고 있습니다. 이 흐름이 강해질수록 문제는 더 선명해집니다. 과거 몇 년간의 투자 부족으로 인해 공급 부족 현상이 이전보다 훨씬 심각해졌다는 점입니다. 실제로 대만 서버 업체들은 2025년 11월부터 HDD/SSD/범용 DRAM 전반의 공급 타이트함을 언급해 왔고, 1월 말에는 CPU조차 공급이 빠듯하다는 코멘트가 나왔습니다. 이대로라면 반도체 사이클이 과거보다 훨씬 길어지고, 관련 기업들의 실적과 주가가 높은 레벨에서 장기간 유지될 것처럼 보입니다.

하지만 시장은 늘 현재의 호황만을 보지 않습니다. 주가는 이 같은 상황을 이미 매우 빠르게 반영해 왔습니다. 대표적으로 삼성전자와 SK하이닉스의 2026년 합산 영업이익 컨센서스는 160조 원 수준에서 출발해, 짧은 기간에 320조 원을 넘어서는 수준까지 급격히 상향됐습니다. 컨센서스 상향 속도에 비해 주가가 덜 오르면서, 역설적으로 밸류에이션은 더 낮아 보이고 여전히 저평가라는 인식을 투자자들에게 심어 주는 국면이 만들어졌습니다. 이에 많은 투자자는 높은 가격과 타이트한 공급 상황을 최대한 오래 유지하면서 수익을 극대화할 거라는 기대를 갖고 있습니다.

그러나 지금부터는 '투자를 안 한다'는 가정이 계속 맞을지 혹은 '투자가 예상보다 빨리 재개된다'는 시나리오가 현실이 될지를 점검해야 합니다. 저는 다음 세 가지 핵심 질문으로 고민해 봅니다.

- 구매자(수요처)는 현재의 메모리 가격을 어느 수준까지 용인하며 기다려 줄 것인가?
- 키옥시아/마이크론 등 경쟁사의 투자 발표가 삼성전자/SK하이닉스의 전략 변화를 자극하지는 않는가?
- 이미 진행 중인 삼성전자 P5와 SK하이닉스 용인 팹의 가동 시점을 시장이 언제부터 변수로 반영할 것인가?

2026년 들어 미국 반도체 소부장 관련 주식들의 흐름이 더 좋습니다. 미국에 상장된 소재/장비 업체들은 고객사 투자 사이클의 전환을 비교적 빠르게 실적과 컨퍼런스콜에서 드러내는 경우가 많습니다. 인테그리스Entegris, ENTG는 대표적인 반도체 소재 회사로, Q사이클에 민감한 종목 중 하나입니다. 최근 4분기 실적발표 컨퍼런스콜에서 ENTG는 2026년을 최첨단 로직(2nm) 웨이퍼 아웃풋 증가의 해로 보았고, 메모리에서는 NAND 층수 전환(250L → 300L 이상), 차세대 DRAM/HBM 롤아웃이 진행되며 구조적 단가와 물량 믹스가 개선될 수 있다는 힌트를 내비쳤습니다. 2025년에는 팹 건설 지출이 급감하면서 실적이 부진했지만, 2026년에는 팹 건설 지출 증가로 실적 성장이 예상된다는 논리입니다. 이런 '미국 소부장 힌트'는 국내 투자자에게도 중요한 선행지표가 됩니다.

현재 전망 기준으로 삼성전자 DRAM CAPEX는 156억 달러(2024년), 181억 달러(2025년)에서 226억 달러(2026년)가 될 것이라 예상하고 있습니다. 반면 NAND는 74억 달러(2024년), 57억 달러(2025년)에서 올해 역시 57억 달러로 정체될 전망입니다. 한편 SK하이닉스는 DRAM이 116억 달러(2024년), 178억 달러(2025년)에서 214억 달러(2026년)로 확대되고, NAND가 10억 달러(2024년), 25억 달러(2025년)에서 28억 달러(2026년)로 완만한 증가를 예상합니다. 삼성전자가 메모리 합산으로 2026년 283억 달러를 전망하는 셈인데, 저는 이 수치가 오히려 보수적일 수 있다고 봅니다. 왜냐하면 P5와 용인 팹의 건설/가동 속도가 예상보다 앞당겨질 가능성이 있고, 그 경우 2026년 2~3분기부터 장비 업체들에 발주가 시작될 것이기 때문입니다. 이때 시장은 CAPEX 사이클 전환을 더 빠르게 가격에 반영할 수 있습니다.

그렇다면 소부장 투자에서 무엇을 봐야 할까요? 결국 '기술 트렌드'와 '발주의 방향'을 동시에 잡아야 합니다. 이번 '세미콘 코리아 2026'에서 삼성전자는 기조연설 중 두 가지 키워드인 '하이브리드 본딩'과

'CPO'를 유의미하게 언급했습니다. 이 두 키워드는 공정/패키징/인터커넥트 구조가 바뀌는 지점과 맞닿아 있습니다. 하이브리드 본딩은 미세 피치/고집적 시대의 핵심 공정으로, HBM 및 고성능 패키징에서 중요도가 커질 수밖에 없습니다. CPO는 데이터센터 내부의 전력/대역폭 병목을 해결하기 위한 진화 방향이며, 광인터커넥트/패키징/소재/검사 등 연관 산업의 파급 범위가 큽니다. 즉 CAPEX가 늘어난다는 사실에 덧대어 어떤 CAPEX가 늘어나는지를 구분해서 봐야 합니다. 참고로 해당 내용에 대해서는 앞서 언급한 바 있습니다.

또 하나의 변수는 중국의 CAPEX 사이클입니다. Q사이클이 진행되는 속도는 중국의 증설 속도에 영향을 받을 수밖에 없습니다. 중국의 대표 메모리 업체인 CXMT와 YMTC를 주목해야 합니다. CXMT는 DRAM 250K/월 생산능력을 보유한 가운데 상해에서 200K/월 추가 증설을 진행 중이라고 알려져 있습니다. YMTC는 NAND 중심 회사로 150K/월 생산능력을 300K/월로 확대할 계획이며, 향후 DRAM과 HBM까지 생산할 거라는 관측이 나옵니다. 설령 중국 메모리가 미국 AI 서버에 직접 사용되지 않더라도, 다른 사용처의 공급량을 늘리면 전체 메모리 가격과 업황에 영향을 줄 수 있습니다. 결국 중국의 증설은 가격의 천장을 만들거나 업황 전환 시점을 앞당길 수 있는 변수입니다.

이 변수에 대응하는 투자 아이디어는 두 가지로 정리됩니다. 첫째, 중국의 국산화 소부장 기업에 투자하는 겁니다. Naura Technology, AMEC, ACM리서치 등은 중국 내 CAPEX 확대 국면에서 구조적 수혜를 받을 수 있습니다. 둘째, 국내 기업 중 중국 메모리 증설의 수혜를 받는 기업을 찾는 겁니다. 블랭크 마스크 분야에서 중국 내 선두 입지를 가진 에스앤에스텍, 중국 메모리 주요 기업에 프로브카드를 납품하는 티에스이를 중국 CAPEX의 간접 수혜라는 관점에서 점검해 볼 만합니다. 중요한 것은 중국 증설을 단순 리스크로만 보지 않고, '수혜의 경로'를 분해해 투자 아이디어로 바꾸는 것입니다.

정리하면, 이제 반도체 소부장 투자는 전체 업황이 좋아 보인다는 이유만으로 접근하기 어렵습니다. 선택과 집중이 필요합니다. 저는 세 가지 기준을 강조하고 싶습니다. 첫째 기술력, 둘째 신제품, 셋째 고객사 확대입니다. 이미 삼성전자/SK하이닉스와 밀접하게 논의되는 기업들은 CAPA 증설을 진행 중일 가능성이 높습니다. 그 과정에서 실제 수주가 언제, 어떤 품목에서, 어떤 속도로 나타나는지가 주가의 핵심 변수입니다. 결국 해야 할 일은 단순합니다. Q사이클의 전조를 읽고, 그 전조가 가장 먼저 실적으로 드러나는 기업을 선별하는 것입니다. 하이브리드 본딩/CPO/HBF 같은 차세대 트렌드의 방향 위에서, 고객사 투자 톤과 발주 리드타임의 변화를 가장 먼저 포착하는 소부장 기업에 집중해야 할 시점입니다.

AI는 버블일까?

2026년은 'AI 버블'에 대한 의견이 많아지면서 시장의 변동성을 키울지도 모릅니다. 하이퍼스케일러들의 채권 발행과 오라클의 부실한 현금흐름이 AI 버블 우려를 불러왔지만 오히려 메모리 반도체의 주도장세는 더욱 가속화됐고, 언제 그랬냐는 듯 AI 산업은 피지컬 AI, 우주 등 섹터 확산이 나타나고 있습니다.

버블 논란의 진의는 대개 한 가지로 수렴합니다. 지금 이 열기가 진짜 수익으로 연결될지의 질문입니다. 더 솔직하게 말하면, '내가 늦은 건 아닐까?'와 '내가 너무 앞서간 건 아닐까?'가 동시에 싸우는 순간입니다.

강세장과 버블은 겉으로 보면 비슷합니다. 주가가 오르고 뉴스가 넘치고 사람들의 심리가 빨라집니다. 하지만 둘은 엔진이 다릅니다. 강세장은 실적과 기술, 수요와 공급이 차근차근 따라오면서 만들어 내는 상승의 경사로입니다. 반면 버블은 실체가 없는 게 아니라, 실체가 따라오기도 전에 기대가 먼저 도착해 버린 상태입니다. 중요한 차이는 방향이 아닙니다. 버블은 대개 방향이 맞지만 문제는 속도입니다. 시장이 너무 빨리 달릴 때 사람의 마음이 숫자를 앞지르고, 숫자가 다시 사람의 마음을 부추기면서 속도가 스스로를 증폭시킵니다.

저는 버블을 이해할 때 'stock'보다 'flow' 관점으로 봐야 한다고 말합니다. 매일매일의 거래, 신규 자금 유입, 레버리지의 확대 그리고 '이번엔 다르다'는 언어가 조금씩 쌓여서 만들어 내는 흐름입니다. 버블은 어느 날 갑자기 생기지 않습니다. 의심이 사라져서가 아니라 의심과 낙관이 교대로 시장에 투영되면서 만들어집니다. 누군가는 '너무 비싸다'를 외치고, 누군가는 '이제 시작이다'를 말합니다. 그사이에서 가격은 위로 떠밀리고 참여자들의 심리는 다시 가격에 정당성을 부여합니다.

'flow'의 구간에서는 아이러니하게도 버블을 잘 이용하는 사람이 돈을 법니다. 버블이라고 의심하면서도 들어가는 사람이 있고, 확신하면서 더 크게 들어가는 사람이 있습니다. 다만 이때 중요한 건 신념이 아니라 속도 조절입니다. 파도 위에서 돈을 버는 사람은 바다가 안전하다고 믿는 사람이 아니라 파도의 결을 읽고 몸을 세우는 사람입니다. 버블 국면에서 가장 위험한 태도는 '나는 옳다'고 믿는 태도입니다. 그보다 위험한 건 '나는 늦었다'란 생각입니다. 늦었다는 감정은 사람을 무리하게 만들고, 무리한 진입은 리스크 관리의 문을 닫아 버립니다.

이번 AI 버블 논란이 흥미로운 이유는 과거의 반복으로 설명되지 않기 때문입니다. 저는 오히려 '복합적 패턴'이라고 봅니다. 2001년 닷컴 버블의 그림자가 있고, 1929년 대공황의 냄새가 있으며, 2008년 글로벌 금융위기의 메커니즘이 부분적으로 겹쳐져 있습니다. 하나씩 뜯어보면 더 선명해집니다.

먼저 닷컴 버블과의 유사점은 분명합니다. 기술의 방향성은 맞습니다. 인터넷은 세상을 바꿨고, AI도 세상을 바꿀 가능성이 큽니다. 그런데 시장은 늘 그 변화를 '미래 완료형'으로 당겨서 가격에 반영하려고 합니다. 인터넷이 보급되기도 전에, 수익 모델이 검증되기도 전에, 접속자 수와 트래픽이 돈의 언어가 되던 시절이 있었습니다. 지금도 비슷한 장면이 보입니다. AI 데이터센터의 투자, AI 에이전트, 휴머노이드와 자율주행 등과 같은 단어들이 사람의 심장을 뛰게 만듭니다. 기술이곧 돈이라는 내러티브가 강해질 때 시장은 필연적으로 앞서갑니다.

물론 닷컴과 다른 점도 있습니다. 당시 많은 기업은 '본업'이 없었거나 본업이 수익으로 연결되지 않았습니다. 반면 지금의 빅테크는 본업이 견조합니다. 클라우드, 디바이스 생태계, 엔터프라이즈 소프트웨어등 이미 캐시 플로우를 만드는 엔진이 존재합니다. 이 차이는 사이클의 성격을 바꿉니다. 닷컴이 기술만 있으면 된다는 낙관론이 실체 없이 폭발한 시대였다면, 지금은 기술이 더 커지면 본업까지 더 단단해질수 있다는 기대가 붙어 있습니다. 그러니 시장이 바로 붕괴하지는 않지만 이 견조함이 또 다른 함정이 되기도 합니다. 탄탄한 본업이 있다는 믿음은 밸류에이션의 경계를 흐리게 만들고, 어차피 망하지 않는다는 표현으로 레버리지를 정당화합니다. 버블은 언제나 이렇게 합리적근거를 빌려 몸집을 키웁니다.

두 번째로 대공황과의 유사점은 더 깊은 측면에 있습니다. 대공황은단순한 주가 폭락이 아니라, 실물경제의 성장에 대한 과도한 신뢰가 금융시장의 레버리지와 결합하면서 균형이 무너진 사건이었습니다. 신용이 확장되고 생산이 늘고 투자가 늘고 모두가 성장은 계속된다고 믿습니다. 그런데 어느 순간 과잉생산과 과잉투자가 나타나고, 수요가그 속도를 따라오지 못하면 균형이 깨집니다. 그때부터는 '심리'가 아니라 '구조'가 문제를 만듭니다.

AI CAPEX 사이클에 대한 문제가 제기되는 이유도 여기와 닿아 있습니다. 지금은 AI 인프라 투자가 거대한 물줄기처럼 흘러가고 있습니다. 데이터센터, 전력, 네트워크, 메모리 그리고 이를 뒷받침하는 자본조달까지 하나의 긴 사슬로 움직입니다. 이 흐름이 건강하려면 결국 CAPEX가 매출과 이익, 즉 실물의 현금흐름으로 연결되어야 합니다. 과잉투자 자체가 당장 폭락을 의미하지는 않습니다. 문제는 과잉투자가 어느 순간부터는 수익률을 훼손하는 투자로 바뀌는 지점에서 일어납니다. 투자 대비 수익이 둔화되기 시작하면 flow가 느려지고, 느려진 flow는 레버리지의 안정성을 흔듭니다. 그래서 저는 이 사이클에서 무엇보다 '신용 사이클'을 추적해야 한다고 봅니다. 금리 그 자체보다도 자금조달의 문이 얼마나 부드럽게 열려 있는지, 스프레드가 어떻게 움직이는지, 자본이 위험을 어떻게 가격에 반영하는지를 봐야 합니다. 버블은 주가에서만 생기지 않습니다.

세 번째로 글로벌 금융위기와의 유사성은 '금융 상품'의 층에서 나타납니다. 2008년의 핵심은 단순한 부동산 가격이 아니라 새로운 투자 상품이 만들어 낸 시스템 리스크였습니다. 처음에는 유동성을 흡수하고 효율을 높이는 것처럼 보였으나 규모가 커지면서 위험이 분산된 게 아니라 보이지 않는 곳에 응축되어 있었습니다. 어느 순간부터는 한 군데의 균열이 전체를 흔들었습니다.

지금 시장에서도 비슷한 질문이 떠오릅니다. 레버리지 ETF 그리고 더 나아가 스테이블 코인과 토큰화STO 증권 같은 새로운 형태의 유동성 통로가 과해지면 어떤 일이 생길까 하는 질문입니다. 초기에는 분명 긍정적인 면이 있습니다. 거래의 마찰을 줄이고 자금의 이동을 빠르게 만들고 새로운 참여자를 불러옵니다. 하지만 규모가 커질수록 변동성의 증폭 장치가 될 수 있습니다. 다만 아직은 각 요소가 당장 시스템을 무너뜨릴 정도로 문제가 되는 국면은 아닙니다. 그래서 이번 사이클이 더 어렵습니다. 닷컴처럼 '이건 다 거품이야'라고 단순화할 수도 없고, 대공황처럼 '이건 구조적으로 끝났다'고 단정하기도 이릅니다. 금융위기처럼 '어딘가에 숨은 폭탄이 있다'고 확신하기도 어렵습니다. 복합적 패턴이란 결국 어느 하나의 과거에만 기대면 판단이 틀어질 수 있다는 뜻입니다.

저는 버블이라는 단어를 두려워만 할 필요는 없다고 생각합니다. 버블은 시장의 병이기도 하지만 동시에 혁신이 확산되는 방식이기도 합니다. 다만 버블을 없어야 할 것으로만 보면 시장이 만들어 내는 기회를 놓치고, 버블을 영원히 갈 것으로 믿으면 시장이 만들어 내는 리스크에 무너집니다. 결국 핵심은 균형입니다. 균형감을 잘 갖추고 있느냐는 질문을 스스로에게 매일 던질 수 있어야 합니다.

AI 버블 논란은 어쩌면 투자자에게 주는 가장 큰 선물일지도 모릅니다. 이 논란 덕분에 우리는 흥분만으로 시장에 들어가지 않게 됩니다. 낙관을 품되 확인을 게을리하지 않게 됩니다. 그리고 그 확인의 습관이야말로 버블이든 강세장이든 결국 살아남는 사람을 만듭니다.

AI 버블 시나리오

　저는 버블을 언젠가 터질 풍선이라고만 부르지 않습니다. 버블은 한 시대가 가진 기술의 속도와 돈의 속도가 서로를 밀어 올릴 때 나타나는 아주 인간적인 현상입니다. 시장에는 늘 새로운 이야기가 등장하지만 그 이야기가 버블이라는 형태로 커지려면 조건이 맞아야 합니다. 마치 장작만으로는 불이 크게 붙지 않고, 바람과 산소와 건조함이 동시에 있어야 화염이 번지는 것처럼 말입니다.

　버블이 형성되는 조건의 첫째는 기술혁신입니다. 1920년대는 자동차와 전기화, 통신기술이 있었고, 1990년대는 PC와 인터넷이 있었습니다. 그리고 지금은 AI가 그 자리에 있습니다. 혁신은 결국 생산성을 올립니다. 자동차는 공장과 도시의 확장을 가능하게 했고, 인터넷은 네트워크를 확장했습니다. AI는 무엇을 확장할까요? 저는 AI를 데이터와 지식의 확장이라고 생각합니다. 사람의 머릿속에서만 돌던 지식이 코드와 모델로 형태를 갖추며 밖으로 흘러나오기 시작합니다. 시장이 기술혁신에 흥분하는 이유는 생산성 향상이 결국 미래의 이익을 키울 수 있기 때문입니다.

둘째는 매출 대비 과도한 밸류에이션을 정당화하는 분위기입니다. 지금은 적자여도 결국 성장하면 된다는 믿음이 유행하면 그때부터 버블의 분위기가 만들어집니다. 기업은 미래를 팔고, 투자자는 미래를 당겨 투자합니다. 이때부터는 숫자보다 내러티브가 더 빨리 움직입니다. 매출 성장을 기다려 주기 전에 내러티브가 주가를 먼저 끌어올립니다.

셋째는 풍부한 유동성과 낮은 금리입니다. 화폐 가치는 더욱 저렴해지고 돈은 풍부해서 계속 위험한 곳으로 흘러갑니다. 투자 자금이 고위험/적자 기업으로 들어가는 건 인간이 갑자기 용감해져서가 아니라, 시장 전체가 위험을 감당해도 된다는 착각을 공유하기 때문입니다.

넷째는 거래성의 확장입니다. 레버리지, 파생상품 등 새로운 투자 상품이 늘어날수록 시장의 온도는 올라갑니다. 같은 돈이 더 큰 거래를 만들고, 그 거래가 다시 가격을 올리고, 오른 가격은 레버리지를 정당화합니다.

마지막 다섯째는 FOMO 심리 확산입니다. 신규 투자자가 대규모로 유입되고, 대형 IPO가 이어지며 외부 자금을 흡수합니다. 투자를 안 하면 바보가 되는 것 같은 감정이 시장을 붙잡아 끌고 갑니다. 버블의 가장 무서운 연료는 탐욕이 아니라 소외감입니다.

저는 이 다섯 가지 조건을 머릿속에 두고 하나의 시나리오로 그려 봅니다. 이때 전제는 시나리오를 미래를 맞히기 위한 점괘가 아니라, 시장에서 흔들리지 않기 위한 지도라고 생각하는 겁니다. 지도를 들고 있으면 길을 잃을 수는 있어도, 공포에 휘둘려 뛰지는 않게 됩니다.

2025년:
인프라에서 서비스로 그리고 내러티브의 확장

2025년은 인프라가 서비스로 확장되는 원년입니다. 대형 플랫폼 기업은 수익화의 첫 단추를 끼우기 시작합니다. 기업 고객은 AI를 도입하면 무엇이 좋아지는지를 묻던 단계에서 실제로 효용을 검증하는 단계로 넘어갑니다. 이때부터 중소형 비즈니스에도 AI의 효과가 흘러 들어갑니다.

서비스 레이어의 키워드는 세 가지로 확장됩니다. 에이전틱 AI, 온디바이스 AI, 피지컬 AI입니다. AI가 말만 잘하는 존재에서 실행하는 존재로 바뀌는 순간입니다. 시간을 줄여 주는 수준을 넘어 사람의 일을 대체하거나 재설계합니다. 이때 시장에는 아주 강력한 내러티브가 생깁니다. AI는 이제 인프라가 아니라 생활과 산업으로 들어온다는 내러티브입니다. 버블은 늘 이런 내러티브에서 커집니다.

동시에 인프라 투자는 효율화의 방향으로 바뀝니다. 무작정 더 짓기보다는 더 싸게 돌리고 더 잘 연결하는 것이 중요해집니다. 그래서 다음 병목으로 실리콘 포토닉스, 스케일업 네트워크, 스케일아웃 네트워크 같은 단어들이 떠오릅니다. 투자자는 또 하나의 힌트를 얻습니다. 이제는 단순한 연산량이 아니라 연결과 전송이 핵심이 될 것이라는 감각이 자리 잡게 됩니다.

2026년:
본격적 확산 그리고 금융의 가속

2026년은 제가 가장 경계하는 해입니다. 왜냐하면 2026년은 '서비스의 본격 확산'과 '금융의 가속'이 동시에 일어날 가능성이 크기 때문입니다.

우선 서비스 측면에서는 선도 기업의 실적이 중요해집니다. 시장은 지속적으로 AI로 돈 버는 기업이 누구인지를 찾으려고 할 것입니다. 이때부터는 '내러티브'와 '현금흐름'이 갈라서기 시작합니다. 초기에는 이 분리가 오히려 버블을 키우기도 하지만, 몇몇 기업이 진짜 이익을 보여 주면 시장은 그 성공을 전체 산업으로 확대 해석합니다. 시장은 다음 타자를 찾아다니며 주도주는 넓어집니다. 바로 확산입니다. 버블의 후반부가 늘 확산이었던 이유가 여기에 있습니다.

역사에 힌트가 있습니다. 1999년 닷컴 버블의 마지막에는 중소형주의 전반적인 상승이 있었습니다. 2020년 강세장 막바지에서도 중소형주의 시세 폭등이 관찰됐습니다. 지금 시장은 아직 대형 성장주 중심의 상대 강세가 두드러지고, 중소형 성장주가 전반적으로 강세를 보인다는 신호가 보이지 않습니다. 2025년 9~10월에 잠깐 중소형 성장주 확산의 맛을 보였고, 2026년 1월부터 다시 확산이 시작되고 있습니다. 2026년의 미국 주식 투자는 이 확산의 경로를 잘 이해하는 게 수익률 측면에서 중요할 것입니다.

문제는 확산이 '산업'으로 끝나지 않고, '금융'으로 번질 때입니다. 2026년에는 AI 테마 대형 IPO 붐이 일 겁니다. 스토리 중심의 기업이 상장 러시를 하고, 시장은 다음 세대의 주인공을 찾아 환호합니다. 동시에 스테이블 코인, 가상화폐, 토큰화STO 같은 테마가 다시 강하게 부각될 가능성도 있습니다. 처음에는 유동성을 흡수하는 긍정적 장치처럼 보이겠지만, 규모가 커지면 이야기가 달라집니다. AI와 연결된 금융 상품이 늘어나기 시작하면 시장은 더 빨리 달립니다. 데이터센터 파이낸싱, AI ETF, 프라이빗 크레딧 같은 통로가 확대되면서 금융의 속도가 실물의 속도를 앞서기 시작합니다.

다만 이 구간에서는 많은 사람이 돈을 벌지만 잠재 리스크는 쌓여만 갑니다. 그래서 투자자가 해야 할 일은 단순합니다. 흥분에 올라타되 서 있는 위치를 계속 바꾸는 것입니다. 현금흐름과 이익이 개선되는 기업과 스토리만 남은 기업을 분리해서 바라보는 눈이 필요합니다. 같은 AI, 반도체라도 그 안에서 현실과 상상을 구분해야 합니다.

2027년 이후:
붕괴의 트리거 그리고 검증의 시대

버블이 무너지는 방식은 늘 비슷합니다. 작은 균열이 시스템 리스크로 번질 때 무너집니다. 2027년 이후의 붕괴 트리거는 지정학 리스크일 수 있습니다. 관세, 수출 규제, 공급망 충격이 실물과 금융의 연결 부위를 건드릴 수 있습니다. 혹은 금융 내부의 리스크가 먼저 터질 수도 있습니다. 레버리지 상품이 한 방향으로 쏠린 상태에서 변동성이 커지면 시장은 생각보다 급하게 꺾입니다. 실물경제와 금융 리스크가 동시에 심화되면, 조정은 급격히 찾아옵니다.

그다음 장면은 변화입니다. 세계화와 기술혁신에 대한 반발로 관심이 실물경제와 공급망, 국가 단위의 산업 정책으로 이동합니다. '성장'보다 '안보', '효율'보다 '자급' 같은 키워드가 커집니다. 이 시기의 시장은 냉정합니다. 그리고 바로 그 냉정함 속에서 검증된 기업 중심의 실물 강세장이 다시 만들어집니다. 버블이 끝났다고 해서 산업이 끝나는 게 아닙니다. 버블이 끝나면, 산업은 오히려 더 선명해집니다. 거품이 걷히면 핵심이 남기 때문입니다.

이 과정에서 또 하나의 중요한 질문이 등장합니다. '제2의 중국은 어디인가'라는 질문입니다. 인도일 수도 있고 아세안일 수도 있습니다. 자본은 늘 새로운 성장의 지도를 찾습니다. 버블 이후의 시장은 다음 성장 엔진을 향해 천천히 그러나 확실히 방향을 틉니다.

그래서 저는 2027년 이후의 전략을 이렇게 정리합니다. 조정장에 성공한 매수보다 매크로 변수와 포지셔닝이 만든 항복의 순간을 기다리는 것이 더 중요합니다. 조정장에는 늘 저렴해 보이는 가격이 나오지만, 진짜 기회는 아무도 확신하지 못하는 가격에서 나타납니다. 버블 시나리오를 읽을 줄 아는 사람이 그 순간까지 살아남습니다.

이 시나리오를 쓰는 이유는 공포를 주기 위해서가 아닙니다. 오히려 반대입니다. 미래를 몇 가지 장면으로 그려 놓으면 시장이 요동쳐도 마음이 덜 흔들립니다. 그리고 덜 흔들리는 사람이 버블장에서도 돈을 벌고 버블 이후에도 살아남습니다.

AI는 혁신입니다. 혁신은 생산성을 올리고, 생산성은 산업을 키우며, 산업은 결국 이익을 만들어냅니다. 다만 그 과정에서 시장은 늘 앞질러 달립니다. 2026~2027년의 AI 버블 시나리오란 결국 기술의 진실과 시장의 속도 사이에서 벌어질 수 있는 과열의 이야기입니다. 저는 그 과열을 부정하지 않습니다. 다만 그 과열 속에서, 제가 어디에 서 있어야 하는지를 끊임없이 확인하려고 합니다.

독자 여러분에게도 말씀드리고 싶습니다. 버블을 맞히는 사람이 승자가 아닙니다. 버블의 조건과 확산의 리듬을 이해하고, 자신의 리스크 관리 원칙을 끝까지 지키는 사람이 이깁니다. 시장은 늘 변하지만, 살아남는 방식은 변하지 않습니다.

반도체 투자의 교훈

　〈흑백요리사 시즌 2〉에서 최강록 셰프가 한 말의 울림이 굉장히 컸습니다.

　"조림을 사실 잘 못하는데, 잘하는 척을 했다. 공부도 노력도 많이 했지만, '척'하는 인생을 살아왔다. 나를 위한 요리에서까지 조림을 하고 싶지 않았다. 나에게 위로를 주고 싶었다."

　투자에서도 참 많은 '척'을 합니다. 괜찮은 척, 흔들리지 않는 척, 확신이 있는 척, 남들보다 먼저 아는 척 등. 공부도 노력도 많이 했음에도 내 투자가 내게 위로가 아니라 나를 소진시킬 때가 있습니다.

　저는 이 책의 마지막에서 투자에 대한 가장 중요한 교훈을 남기고 싶습니다. 투자는 결국 나에게 위로가 되어야 합니다. 남에게 설명하기 위한 투자가 아니라 내 마음을 지탱해 주는 투자여야 합니다. 그 위로는 '괜찮아'라는 근거 없는 다독임에서 나오지 않습니다. 위로는 나의 이해도에서 나옵니다.

　반도체를 공부하면서 가장 중요하게 생각한 단어가 있습니다. 바로 '시간의 농도'입니다. 반도체는 단기간에 그리고 한 방에 이해되는 산업이 아닙니다. 오랜 시간 관심을 가지고, 같은 자료를 여러 번 보고, 같은 기업을 여러 번 분석하고, 같은 사이클을 여러 번 지나가야 비로소 몸에 쌓이는 산업입니다. 신기하게도 그 시간이 쌓이면 어느 날부터 세상이 달라 보입니다. 어제까지만 해도 눈에 안 들어오던 기사 내용이 밸류체인 전체를 흔드는 신호로 읽힙니다. 시간의 농도가 쌓이면 반도체로 연결된 성장 기업들의 주가 흐름도 보입니다.

반도체 투자는 결국 '겸손한 자신감'을 배우는 과정입니다. 겸손은 시장 앞에서 나오고, 자신감은 공부에서 나옵니다. 둘 중 하나라도 없으면 우리는 쉽게 부서집니다. 겸손만 있으면 기회를 놓치고 자신감만 있으면 버블에서 무너집니다. 반도체는 그 균형을 매번 시험합니다. 그래서 어렵고 아름답습니다.

저는 여러분께 종목을 남기고 싶지 않습니다. 종목은 매번 바뀌기 때문입니다. 그 대신 저는 시간의 농도를 쌓는 습관을 남기고 싶습니다. 그 습관은 투자 실력만 키우지 않습니다. 내 삶을 지키는 힘을 만들어 줍니다.

언젠가 여러분도 그런 순간을 만나게 될 겁니다. 시장이 크게 흔들리는 날, 뉴스가 온통 불안으로 가득한 날, 그런데도 이상하게 마음이 덜 흔들리는 순간. 그때 여러분은 깨닫게 될 겁니다. 내가 버틴 건 용기가 아니라 내가 쌓아 온 시간의 농도였다는 것을.

저는 이 문장으로 이 책을 닫고 싶습니다. 투자는 결국 나를 위로하는 방식이어야 합니다. 남에게 보여 주기 위한 '척'이 아니라, 스스로를 지켜 내기 위한 이해와 믿음이어야 합니다. 그리고 그 믿음은 매일 조금씩 쌓은 공부에서 옵니다.

반도체는 그 공부의 가장 좋은 훈련장입니다. 저는 앞으로도 반도체를 볼 것입니다. 주가를 보기 위해서가 아니라 미래가 어디로 흐르는지 그리고 그 흐름 속에서 내가 흔들리지 않기 위해서입니다.

여러분도 부디 여러분 자신을 위한 투자를 하길 바랍니다. 스스로를 줄이기보다는 내 마음에 위로가 되는 투자. 그 길 위에서, 여러분의 '시간의 농도'가 결국 여러분을 지켜 줄 것입니다.

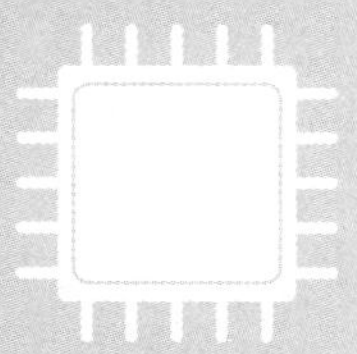

반도체 밸류체인 투자

초판 1쇄 발행 · 2026년 3월 30일
초판 2쇄 발행 · 2026년 4월 5일

지은이 · 손정우
펴낸이 · 이종문(李從問)
펴낸곳 · 국일증권경제연구소

등 록 · 제406-2005-000029호
주 소 · 경기도 파주시 광인사길 121 파주출판문화정보산업단지(문발동)
사무소 · 서울시 중구 장충단로8가길 2(장충동1가, 2층)

영업부 · Tel 02)2237-4523 | Fax 02)2237-4524
편집부 · Tel 02)2253-5291 | Fax 02)2253-5297
평생전화번호 · 0502-237-9101~3

홈페이지 · www.ekugil.com
블 로 그 · blog.naver.com/kugilmedia
페이스북 · www.facebook.com/kugilmedia
E- mail · kugil@ekugil.com

ISBN 978-89-5782-261-6(03320)

* 값은 표지 뒷면에 표기되어 있습니다.
* 잘못된 책은 구입하신 서점에서 바꿔드립니다.